Judicialização da Saúde

Regime Jurídico do SUS e Intervenção
na Administração Pública

Judicialização da Saúde

Regime Jurídico do SUS e Intervenção na Administração Pública

AUTOR
REYNALDO MAPELLI JÚNIOR

EDITORA ATHENEU

São Paulo —	*Rua Jesuíno Pascoal, 30* *Tel.: (11) 2858-8750* *Fax: (11) 2858-8766* *E-mail: atheneu@atheneu.com.br*
Rio de Janeiro —	*Rua Bambina, 74* *Tel.: (21)3094-1295* *Fax: (21)3094-1284* *E-mail: atheneu@atheneu.com.br*
Belo Horizonte —	*Rua Domingos Vieira, 319 — conj. 1.104*

CAPA: Equipe Atheneu
PRODUÇÃO EDITORIAL: MWS Design

CIP-BRASIL. CATALOGAÇÃO NA PUBLICAÇÃO
SINDICATO NACIONAL DOS EDITORES DE LIVROS, RJ

M254j

Mapelli Júnior, Reynaldo
    Judicialização da saúde : regime jurídico do SUS e intervenção na administração
pública / Reynaldo Mapelli Júnior. -- 1. ed. -- Rio de Janeiro : Atheneu, 2017.
    il.

    Inclui bibliografia
    ISBN: 978-85-388-0783-4

    1. Sistema Único de Saúde (Brasil). 2. Política de saúde - Brasil. I. Título.

17-41257   CDU: 614.2(81)

20/04/2017   25/04/2017

MAPELLI JÚNIOR, R.

Judicialização da Saúde – Regime Jurídico do SUS e Intervenção na Administração Pública

©Direitos reservados à EDITORA ATHENEU – São Paulo, Rio de Janeiro, Belo Horizonte, 2017.

Autor

Reynaldo Mapelli Júnior

Graduou-se pela Faculdade de Direito da Universidade de São Paulo (USP) em dezembro de 1991. Ingressou no Ministério Público do Estado de São Paulo em dezembro de 1992 e, depois de exercer as funções de Promotor de Justiça nas Comarcas de Santa Cruz das Palmeiras, Santa Izabel, Santo André (Tribunal do Júri) e Diadema, atuou na Capital como membro do GAERPA (Grupo de Atuação Especial de Repressão e Prevenção aos Crimes Previstos na Lei Antitóxicos), do SAI (Serviço de Apoio e Informação) e do GECEP (Grupo de Atuação Especial de Controle Externo da Atividade Policial). Integrou a seguir, também na Capital, o GAESP (Grupo de Atuação Especial de Saúde Pública e da Saúde do Consumidor), especializado em questões de saúde. Foi assessor do Procurador-Geral de Justiça de São Paulo e Coordenador da Área de Saúde Pública do CAO (Centro de Apoio Operacional) Cível e de Tutela Coletiva do Ministério Público do Estado de São Paulo, bem como, membro da COPEDS (Comissão Permanente de Defesa da Saúde), órgão de assessoria do CNPG (Conselho Nacional dos Procuradores-Gerais do Ministério Público dos Estados e da União). Integrou, também, a Câmara Técnica de Direito Sanitário do Conselho Nacional de Secretários de Saúde (CONASS). Atualmente, integra a Assessoria Jurídica do Procurador-Geral de Justiça de São Paulo para Crimes de Prefeitos.

Com experiência na área de saúde, tem participado como palestrante e debatedor em diversos Congressos e Seminários em todo o país e no exterior, inclusive na condição de coordenador e palestrante de cursos na Escola Superior do Ministério Público (ESMP) e na Escola Paulista da Magistratura (EPM). Tem escrito artigos doutrinários sobre diversos assuntos de Direito Sanitário e é coautor do livro *O Controle da Infecção Hospitalar no Estado de São Paulo*, uma parceria do Ministério Público com o Conselho Regional de Medicina de São Paulo (2010), do livro *Direito Sanitário*, que escreveu com os Promotores de Justiça Mário Coimbra e Yolanda Alves Pinto Serrano de Matos (2012), e do artigo *Ministério Público: Atuação na Área da Saúde Pública*, da coletânea Ministério Público: Vinte e cinco anos do novo perfil constitucional, de Walter Paulo Sabella, Antônio Araldo Ferraz Dal Pozzo e José Emmanuel Burle Filho (coordenadores) (2013).

Foi Chefe de Gabinete do Secretário de Estado da Saúde de São Paulo Giovanni Guido Cerri e Coordenador do Núcleo de Assuntos Jurídicos (NAJ) da Secretaria.

Doutor em Ciências pela Faculdade de Medicina da USP (2015).

Dedicatória

Aos meus queridos pais, Vera e
Reynaldo, exemplos de vida, pelo
amor, alegria de viver e valores.

Agradecimentos

Agradeço, especialmente, a meu orientador, Professor Doutor Giovanni Guido Cerri, pela confiança em meu trabalho e pelas oportunidades que me proporcionou, desde o impulso inicial que foi o convite para ser seu chefe de gabinete na Secretaria de Estado da Saúde, que me permitiu conhecer a gestão estadual do SUS, até as discussões acadêmicas e as conversas fraternas que, ao final, levaram à redação desta tese. Em meu currículo profissional de mais de vinte anos, não poderia acrescentar nada mais honroso do que os projetos com o ilustre e amado professor da Faculdade de Medicina da Universidade de São Paulo.

Ao pensar em minha trajetória como profissional do direito interessado em saúde pública, defensor de um diálogo possível entre a Medicina e o Direito, não poderia deixar de registrar aqui, também, meu muito obrigado às Procuradoras de Justiça do Ministério Público do Estado de São Paulo, Doutora Vânia Maria Ruffini Penteado Balera, pelo apoio de sempre e pelas viagens inspiradoras do CAO Itinerante (Centro de Apoio Operacional Cível e de Tutela Coletiva do MPSP), e Doutora Eloísa de Sousa Arruda, pela conversa incentivadora no Conselho Superior do MPSP, pelos cursos de Direito Sanitário na Escola Superior do MPSP e pelas políticas públicas que lutamos juntos para implementar na atuação conjunta da Secretaria de Estado da Saúde e da Secretaria da Justiça e da Defesa da Cidadania do Estado de São Paulo. Tenho a alegria de poder chamá-las de amigas.

Pensando no Ministério Público, ainda, preciso destacar os Procuradores de Justiça José Adalberto Dazzi (Ministério Público do Espírito Santo) e Marco Antonio Teixeira (Ministério Público do Paraná), pelo exemplo de humildade, conhecimento interdisciplinar e militância incansável na implantação gradual e segura do SUS de acordo com os princípios e diretrizes da Constituição Federal.

Pelas sugestões e orientações científicas que me fizeram refletir, anoto sinceros agradecimentos, também, ao Professor Doutor Masao Iwasaki, membro da Faculdade de Medicina Veterinária e Zootecnia da Universidade de São Paulo e parceiro na Secretaria de Estado da Saúde, e aos Professores Doutores Carlos Alberto Buchpiguel e Fernando Mussa Abujamra Aith, ambos membros da Faculdade de Medicina da Universidade de São Paulo, o primeiro médico e o segundo advogado, bem como, à Doutora Maria Cecília M.M.A. Correa, a "Ciça", que me acompanhou no CAO Itinerante e nas conversas sobre a judicialização. Pela ampla pesquisa bibliográfica agradeço, além disso, à Maria do Carmo Cavarette Barreto, Diretora do Serviço de Biblioteca, Documentação Científica e Material Didático do InCor (Instituto do Coração) do Hospital da Clínicas da Faculdade de Medicina da Universidade de São Paulo, e pela pesquisa retrospectiva das ações judiciais à equipe do CODES, especialmente à sua Coordenadora, Paula Sue Facundo de Siqueira, e ao Marcelo Amorim Martins.

Com muito amor e gratidão eterna, agradeço a meus queridos pais, Reynaldo Mapelli, exemplo de juiz de direito e cidadão que me faz acreditar ainda na Justiça e no correto viver, e Vera Maria Rodrigues Mapelli, sempre esbanjando alegria e inteligência, a meus irmãos

José Antônio Diana Mapelli e Cibele Diana Mapelli Corral Boia, presentes em todos os momentos de minha vida, e a meus sobrinhos, alegria da nossa família, Reynaldo Neto, Edu, Ana Luiza e Júlia. E ao Raphael Terranova Ferreira, pela paciência, apoio e cumplicidade.

Por fim, expresso um derradeiro obrigado aos amigos que arrumam tempo para acompanhar e prestigiar meus projetos, apoiando e incentivando os caminhos por mim trilhados. Felizmente, eles são muitos.

There are two kinds of physician – those who work for love, and those who work for their own profit. They are both known by their works; the true and just physician is known by his love and by his unfailing love for his neighbour. The unjust physicians are known by their transgressions against the commandment; for they reap, although they have not sown, and they are like ravening wolves; they reap because they want to reap, in order to increase their profit, and they are heedless of the commandment of love.

Paracelsus: Selected Writings, editado, com uma introdução, por Jolande Jacobi, traduzido por Norbert Guterman. Princeton/ New Jersey: Bollingen Series XXVIII/ Princeton University Press; 1979. p. 68.

Apresentação

A judicialização na saúde tornou-se um grande desafio a ser vencido pela Sociedade por ter se transformado em um fator de desequilíbrio do já insuficiente financiamento da Saúde, fazendo com que no Brasil de hoje, parte dos cidadãos tenha acesso a remédios e procedimentos caríssimos, exclusivos, alguns nem aprovados pelas autoridades sanitárias, enquanto a maioria da população, mais carente, luta para ter algum tipo mínimo de atendimento que nem sempre obtém.

Esses aspectos controversos da judicialização, somados ao fato de os tratamentos solicitados não serem muitas vezes os mais adequados, às vezes são até contraindicados, e existirem tratamentos equivalentes de muito menor custo oferecidos pela rede pública, enfrentam ainda o oportunismo de redes criminosas que se aproveitam do caos instalado para obter lucros. Todos estes elementos dão cores carregadas ao pano de fundo desse grave problema.

Tive o privilégio de trabalhar com o autor do livro quando ele aceitou meu convite para a Chefia de Gabinete da Secretaria Estadual da Saúde e resolveu estudar a fundo o tema que resultou na sua tese de doutorado defendida na Faculdade de Medicina da Universidade de São Paulo. O Dr. Mapelli, Promotor de Justiça do Ministério Público Estadual, desenvolveu inúmeras iniciativas importantes para melhorar o diálogo do Executivo com o Poder Judiciário e o Ministério Público para tentar reduzir o impacto da judicialização no Estado de São Paulo, muitas com sucesso.

O tema passou a ser tão relevante, que recentemente o CNJ (Conselho Nacional de Justiça) criou um grupo para buscar alternativas para oferecer aos juízes informações técnicas que permitissem maior respaldo nas suas decisões.

O livro discute os temas controversos com a experiência do autor colhida pelo seu trabalho na Secretaria e por suas atividades como Promotor de Justiça sempre com grande interesse pela área da Saúde.

Considero uma leitura obrigatória para quem se interessa pelo assunto.

Giovanni Guido Cerri
Professor Titular da FMUSP
Presidente do Conselho Diretor do Instituto de Radiologia do HCFMUSP
Diretor Científico da Associação Médica Brasileira
Vice-Presidente do Instituto Coalizão Saúde
Membro do Comitê de Saúde do CNJ

Prefácio

Ao anunciar, já no seu Preâmbulo, a instituição de um Estado Democrático, a Constituição do Brasil estabeleceu como um dos seus objetivos, o de promover o bem-estar da sociedade. Enunciou ainda, como princípio fundante da República, a dignidade da pessoa humana. No rol dos direitos e garantias fundamentais, mais especificamente entre os direitos sociais, fez constar a saúde (art. 6º). Assim, determinou o legislador constituinte que a saúde é um direito de todos, sendo dever do Estado a sua efetivação.

Para dar concretude à determinação constitucional, a rede pública de saúde do país promove, entre outras incontáveis ações, a distribuição gratuita de medicamentos para os que deles necessitem.

Todos os medicamentos distribuídos pelo SUS (Sistema Único de Saúde) possuem registro na ANVISA (Agência Nacional de Vigilância Sanitária) e são incluídos na rede pelo Ministério da Saúde após análise criteriosa e técnica, baseada em evidências clínicas. A despeito disso, é conhecido e preocupante o vertiginoso aumento de decisões do Poder Judiciário obrigando Prefeituras, Estados e o Ministério da Saúde a comprar medicamentos não padronizados, alguns dos quais sem registro no Brasil ou usados em tratamentos experimentais.

Constatam-se, ainda, reiteradas decisões liminares que determinam a entrega de medicamentos já distribuídos na rede, mas que não são da marca específica prescrita pelo médico. Há até decisões que obrigam a distribuição de fraldas descartáveis, xampus e outros materiais não vinculados à terapia medicamentosa. E isso tem levado a exorbitantes gastos públicos para atender às demandas resultantes de decisões judiciais que determinam a entrega de medicamentos não padronizados.

Dessa situação, posta de modo singelo, emerge um conflito. De um lado, está um magistrado que ao emitir sua decisão (liminar ou definitiva) invoca a universalidade do sistema público de saúde. Do outro, está a necessidade de se garantir a organização, a racionalidade e a normatização quanto aos tipos de medicamentos distribuídos por meio da assistência farmacêutica gratuita, e as patologias a que irão atender.

Atento à atualidade e relevância do tema envolvendo a judicialização da saúde, o Promotor de Justiça Reynaldo Mapelli Júnior, que integra o Ministério Público do Estado de São Paulo, se dispôs a sobre ele discorrer.

E, com grande satisfação, recebi o convite para prefaciar a obra do autor, a quem conheci pessoalmente no ano de 2008, quando integrava o Conselho Superior do Ministério Público e recebi sua visita. Sabendo do seu exitoso trabalho no GAESP (Grupo de Atuação Especial de Saúde Pública e da Saúde do Consumidor), incentivei-o a ingressar na carreira acadêmica até como forma de viabilizar a pesquisa científica e a extensão do seu conhecimento. A partir de então, foram muitos os projetos na área da saúde que compartilhamos seja na Escola Superior do Ministério Público, que dirigi no ano de 2010, seja no Governo do Estado de São Paulo, eu Secretária da Justiça e da Cidadania e ele Chefe de Gabinete da Secretaria da Saúde. E as discussões acerca da judicialização da saúde e políticas públicas sempre presentes, permeando projetos e ações.

O envolvimento do autor com o tema desta obra foi se aprofundando, tendo ele integrado inúmeras comissões, conselhos e câmaras técnicas, escrito artigos e proferido palestras no Brasil e no exterior, tendo a oportunidade de compartilhar sua expertise.

Sua condução para o mundo da produção acadêmica se deu pelas mãos sábias e seguras do Professor Doutor Giovanni Guido Cerri que aceitou orientá-lo no programa de pós-graduação da Faculdade de Medicina da Universidade de São Paulo. A trajetória foi coroada com a tese de doutorado, geradora da presente publicação, apresentada e aprovada na banca final, no ano de 2015.

O trabalho parte da análise jurídica, abrangendo a Constituição Federal e a legislação sanitária infraconstitucional. Depois, avança para a análise fenomenológica, realizando criteriosa pesquisa, que abrangeu o interregno de 2010 a 2014, das ações judiciais de medicamentos, insumos terapêuticos e produtos de interesse à saúde registrados no sistema próprio da Secretaria da Saúde de São Paulo. E, dos dados, emergiu a conclusão de que o Poder Judiciário tem descumprido o ordenamento jurídico sanitário, na medida em que expede reiteradas ordens para compra de medicamentos de alto custo, sem registro na ANVISA, não previstos nos protocolos clínicos e nas relações de medicamentos e, alguns deles, sem qualquer relação com as atividades assistenciais do SUS. Tudo a causar sensível desequilíbrio financeiro nos serviços da saúde pública do país.

O esforço para que a pesquisa não se limitasse a considerações eminentemente teóricas, descoladas da realidade da prática jurídica foi rigorosamente cumprido. Preocupou-se o autor em apresentar propostas para o enfrentamento da desmedida judicialização da saúde. E a obra certamente poderá servir à consulta daqueles que lidam com o tema, quer na área da saúde, quer na área do Direito.

Pesquisa expressiva e bibliografia rica também contribuem para assegurar o mérito do livro, que presta, sem dúvida, extraordinária contribuição ao desafio de esmiuçar um tema tão cercado de polêmicas.

Agradeço, assim, a Reynaldo Mapelli Júnior, pela deferência com que me distinguiu e expresso minha certeza de que, na literatura jurídico-sanitária brasileira, ocupará lugar compatível com a seriedade e o esmero que inspiraram sua elaboração.

Eloisa de Sousa Arruda
Procuradora de Justiça e Professora de
Direito Processual Penal da PUC-SP

Lista de Siglas

AB	Assistência Básica
Adin	Ação Direta de Inconstitucionalidade
AF	Assistência Farmacêutica
AME	Ambulatórios Médicos de Especialidades
AMPASA	Associação Nacional do Ministério Público de Defesa da Saúde
ANS	Agência Nacional de Saúde Suplementar
ANVISA	Agência Nacional de Vigilância Sanitária
CACON	Centros de Assistência de Alta Complexidade em Oncologia
CAP	Coeficiente de Adequação de Preços
CAPS	Centros de Atenção Psicossocial
CEM	Código de Ética Médica
CEME	Central de Medicamentos
CEP	Comitês de Ética em Pesquisa
CF	Constituição Federal de 1988
CFF	Conselho Federal de Farmácia
CFM	Conselho Federal de Medicina
CIB	Comissão Intergestores Bipartite
CID	Classificação Internacional de Doenças
CIT	Comissão Intergestores Tripartite
CITEC	Comissão de Incorporação de Tecnologias
CMED	Câmara de Regulação do Mercado de Medicamentos
CNJ	Conselho Nacional de Justiça
CNPG	Conselho Nacional de Procuradores-Gerais do Ministério Público dos Estados e da União
CNS	Conselho Nacional de Saúde, Conferência Nacional de Saúde ou Confederação Nacional de Saúde, Hospitais e Estabelecimentos e Serviços de Saúde
COAP	Contrato Organizativo da Ação Pública da Saúde
CONASEMS	Conselho Nacional de Secretarias Municipais de Saúde
CONASS	Conselho Nacional de Secretários de Saúde
CONEP	Conselho Nacional de Ética em Pesquisa
CONITEC	Comissão Nacional de Incorporação de Tecnologias no SUS
COPEDS	Comissão Permanente de Defesa da Saúde do CNPG
CREMESP	Conselho Regional de Medicina do Estado de São Paulo
CRS	Colegiados Regionais de Saúde
DCB	Denominação Comum Brasileira
DCI	Denominação Comum Internacional
DENASUS	Departamento Nacional de Auditoria do SUS
DRS	Departamentos Regionais de Saúde da SES/SP
EC	Emenda Constitucional

EMEA	*European Medicines Agency*
FDE	*Food and Drug Administration*
GAESP	Grupo de Atuação Especial da Saúde Pública e da Saúde do Consumidor do MPSP
INAMPS	Instituto Nacional de Assistência Médica e Previdência Social
INTERFARMA	Associação da Indústria Farmacêutica de Pesquisa
IPJS	Índice Paulista de Judicialização da Saúde
IPVS	Índice Paulista de Vulnerabilidade Social
JEFAZ	Juizado Especial da Fazenda Pública da SES/SP e do Poder Judiciário do Estado de São Paulo
LC	Lei Complementar
LOS	Lei Orgânica da Saúde
MBE	Medicina Baseada em Evidências
MPSP	Ministério Público do Estado de São Paulo
MS	Ministério da Saúde
NAT	Núcleos de Apoio Técnico ao Poder Judiciário
NHS	*National Health System*
NICE	*National Instituto for Health and Clinical Excelence*
NOAS	Normas Operacionais de Assistência à Saúde
NOB	Normas Operacionais Básicas
OAB	Ordem dos Advogados do Brasil
OMS	Organização Mundial da Saúde
ONU	Organização das Nações Unidas
P&D	Pesquisa e Desenvolvimento
PDCT	Protocolos Clínicos e Diretrizes Terapêuticas
PGE	Procuradoria-Geral do Estado de São Paulo
PNAF	Política Nacional de Assistência Farmacêutica
PNAIGC	Política Nacional de Atenção Integral em Genética Clínica
PNM	Política Nacional de Medicamentos
PSF	Programa de Saúde da Família
PTC	Parecer Técnico-Científico da CONITEC
RAS	Redes de Atenção à Saúde
RDC	Resoluções de Diretoria Colegiada da ANVISA
RE	Recurso Extraordinário do STF
REMUME	Relação Municipal de Medicamentos Essenciais
RENAME	Relação Nacional de Medicamentos Essenciais
RENASE	Relação Nacional de Ações e Serviços de Saúde
SCODES	Sistema de Coordenação de Demandas Estratégicas da SES/SP
SES/SP	Secretaria de Estado da Saúde de São Paulo
SJC	Sistema de Controle Jurídico da SES/SP
SS	Suspensão de Segurança do STF
STA	Suspensão de Tutela Antecipada do STF
STF	Supremo Tribunal Federal
STJ	Superior Tribunal de Justiça
SUS	Sistema Único de Saúde
UBS	Unidades Básicas de Saúde
UNACON	Unidades de Assistência de Alta Complexidade em Oncologia

Sumário

1. Introdução... 1

2. Objetivos 5

3. Revisão da Literatura 7

4. Saúde como Direito... 35

5. O Conceito Jurídico de Saúde e a Assistência Farmacêutica..................................... 41

6. O Regime Jurídico do Sistema Único de Saúde (SUS)............................ 47
A institucionalização das políticas públicas pelo direito............................ 47
Regime jurídico do SUS na concepção de um sistema............................ 49
Redes de Atenção à Saúde: fluxo de atendimento e padronização 55

7. Integralidade da Assistência em Saúde 61
Integralidade sistêmica ou regulada.. 61
Novos marcos legais da integralidade: Lei 12.401/11, Lei 12.466/11, Decreto 7.508/11 e Lei Complementar 141/12.. 68
Incorporação de tecnologias de saúde no SUS....................................... 75

8. A Política Nacional de Medicamentos 79
Política nacional de medicamentos como programa organizado de ações assistenciais 79
Programas de pesquisa clínica, acesso expandido, fornecimento de medicamento pós-estudo e uso compassivo 84
Prescrição médica... 86

9. Material e Métodos: o SCODES da Secretaria de Estado da Saúde 91

10. Resultados: Ações Judiciais Contra o Estado de São Paulo (2010 a 2014) 93

11. Discussão 113

    A possibilidade de controle judicial das políticas públicas *113*

    Judicialização: opinião pública e experiências *117*

    O incremento da intervenção do Poder Judiciário nas políticas de assistência farmacêutica *120*

    O custo da judicialização da saúde: entre a reserva do possível e o desvio de recursos orçamentários *124*

    Repartição de competências administrativas e desorganização da atividade administrativa *131*

    Prescrições médicas particulares no contexto das políticas públicas de saúde *134*

    Prescrições por médicos do SUS *139*

    Desrespeito à tipicidade das ações e serviços públicos de saúde *141*

    Medicamentos não padronizados, escolha de marca, ausência de registro na ANVISA, importados e experimentais: o casuísmo jurisprudencial contra legem *145*

    Estratégias da indústria farmacêutica: um choque de realidade necessário *165*

12. Propostas de Enfrentamento da Judicialização 171

    Preferência pela solução extrajudicial de conflitos *172*

    Gestores do SUS *173*

    Agentes jurídicos *175*

    Ações judiciais: parâmetros para o controle jurisdicional *175*

13. Conclusões 181

    Os parâmetros legais da assistência farmacêutica integral *182*

    A pesquisa retrospectiva das ações judiciais em face da legislação sanitária *190*

    As propostas para a judicialização *197*

14. Ponderações Finais 199

15. Referências 205

16. Índice Remissivo 213

CAPÍTULO 1

Introdução

Durante o processo de redemocratização do Brasil, após a ditadura militar (1964-1985), os movimentos sociais, a sociedade civil e as autoridades públicas mobilizaram-se para a construção de um novo país democrático, com ênfase na necessidade de uma nova Constituição da República garantidora dos direitos fundamentais. O movimento sanitarista da década de 1980, ao construir sua crítica ao modelo assistencial-privatista da saúde existente na época e formular a proposta política de um sistema público de saúde destinado a todos os brasileiros, cujo acontecimento mais emblemático foi a VIII Conferência Nacional de Saúde de 1986, insere-se nesse contexto histórico de reconstrução das instituições democráticas e efetivação dos direitos fundamentais.

Direito fundamental por definição, a saúde não obteve a devida atenção das autoridades públicas brasileiras pelo menos até o início do século XX, pois, sendo o Brasil caracterizado por uma economia essencialmente agrária e voltada à atividade exploradora, as políticas públicas sanitárias concentravam-se praticamente em ações de limpeza e incolumidade dos espaços por onde circulavam mercadorias destinadas à exportação, com vistas a controlar doenças que pudessem prejudicar o comércio exterior. Ainda que o início do processo de industrialização tenha modificado um pouco o panorama sanitário brasileiro, na medida em que mecanismos de prevenção de doenças como a imunização surgiram para proteger as pessoas que residiam nas grandes cidades, a assistência pública em saúde no Brasil consistia basicamente na oferta de serviços em grandes hospitais privados com superespecialistas, contratados pelo Instituto Nacional de Assistência e Previdência Social (INAMPS) para atender apenas os trabalhadores formais que pagavam impostos, ficando grande da população brasileira descoberta. Esse modelo assistencial-privativa de saúde, de caráter nitidamente contributivo, em vigor no Brasil daqueles anos por força do art. 158, inciso XV, da Constituição da República de 1967, era marcado pela insuficiência de recursos, pela disputa de comando entre o INAMPS e o Ministério da Saúde, pela restrição do acesso e pela oferta de tratamentos especializados segundo a lógica do mercado. A partir da década de 1980, no contexto dos movimentos sociais de defesa dos direitos humanos, passou a ser fortemente questionado.

A constitucionalização da saúde, na Constituição Federal de 1988, como proposto pelos idealizadores do movimento sanitarista brasileiro, como direito social (art. 6º) e dever do Estado, que deve ser garantido por meio de "políticas sociais e econômicas que visem a redução de doenças e outros agravos e ao acesso universal e igualitário às ações e serviços para sua promoção, proteção e recuperação" (art. 196), modificou então a concepção jurídica de saúde, trazendo para o plano do direito a responsabilidade solidária dos entes da federação (art. 23, II) na construção de políticas públicas que promovam o atendimento integral das necessidades da população, da atenção básica a procedimentos de maior complexidade (art. 198, caput, II), para todos os residentes no Brasil. Foi criado, nesse momento, o Sistema Único de Saúde (SUS) (art. 198, CF).

A ideologia consagrada em nossa Constituição, decorrente do constitucionalismo do começo do século XX construído à luz das críticas dos movimentos socialistas que o antecederam, formatava a saúde pública ou coletiva como direito fundamental integrante da cidadania (art. 6º, CF), compreendida como um bem-estar biopsicossocial amplo como proposto pela Organização Mundial de Saúde, não restrito à mera cura ou tratamento de doenças (Preâmbulo da Constituição da OMS, 07 de abril de 1948), a ser garantido por políticas públicas de Estado que devem enfatizar os cuidados primários da população, nos termos da Declaração de Alma-Ata[1]. Com o desenvolvimento dogmático da ciência do direito no Brasil, que aos poucos foi se apropriando das concepções da CF e defendendo a imperatividade dos princípios e normas constitucionais, que deveriam produzir efeitos jurídicos imediatos em todo o ordenamento jurídico, naturalmente direitos humanos constitucionalizados como a saúde passaram a ser exigidos perante o Poder Judiciário, de quem a apreciação de nenhuma lesão ou ameaça de direito pode ser afastada (art. 5º, XXXV, CF).

A exigibilidade judicial de direitos sociais, porém, depara-se com o problema da escassez dos recursos orçamentários, que foram previamente alocados para os programas públicos que constituem as políticas públicas. No campo da saúde, especialmente, como as políticas adquiriram caráter universal e a assistência médico-hospitalar passou a fazer parte das atribuições precípuas do Estado, o Brasil repentinamente passou a se defrontar com o aumento progressivo dos gastos públicos com a saúde em patamar nunca antes visto, uma preocupação para os gestores públicos, que naturalmente têm dificuldades em acompanhar as modificações do perfil epidemiológico da população e os custos por vezes estratosféricos das tecnologias em saúde. O dilema, comum a todos os países que se propõem a construir um modelo universal e gratuito de saúde, é facilmente identificável: os recursos sanitários são limitados e os custos da tecnologia médica nem sempre podem ser suportados. A ingerência do Poder Judiciário por meio de decisões que determinam prestações positivas em saúde agrava ainda mais a tensão entre escassez de recursos e elevados custos da tecnologia médica.

Isso tem se mostrado especialmente preocupante no caso da assistência farmacêutica do SUS, pois o Poder Público brasileiro tem o dever de garanti-la integralmente segundo os dizeres da Lei Orgânica da Saúde (art. 6º, inciso I, d, Lei 8.080/90), e para tanto a limitação dos recursos orçamentários e o surgimento cotidiano de novos produtos fármacos, frequentemente caros e nem sempre inovadores do ponto de vista terapêutico, exigem um esforço de padronização e controle de farmacovigilância. Trata-se de tarefa muito difícil, se pensarmos nas já bem conhecidas estratégias lamentáveis da indústria farmacêutica, que começam nos bancos das faculdades de medicina e continuam a circundar a atividade dos médicos prescritores.

---

1 Conferência Internacional sobre Cuidados Primários de Saúde, realizada na antiga URSS, de 06 a 12 de setembro de 1978.

Introdução

No Brasil, a incorporação de tecnologias em saúde por determinação do Poder Judiciário, sobretudo para casos individualizados em ações judiciais, tornou-se um fenômeno com abrangência e características tão complexas, que o Supremo Tribunal Federal (STF), em abril e maio de 2009[2], realizou uma audiência pública em razão do grande número de demandas envolvendo a assistência à saúde e o representativo dispêndio de recursos públicos decorrente dos processos judiciais. Entrava em pauta nacional a judicialização da saúde, compreendida como o incremento gradual e significativo de ações judiciais para a obtenção por meio do Poder Judiciário de medicamentos, insumos e outros produtos de interesse da saúde, e procedimentos terapêuticos ambulatoriais e hospitalares, nem sempre de acordo com o previsto nas políticas públicas de saúde.

O debate sobre a judicialização da saúde no Brasil vem sendo contaminado, desde então, pela radicalização de dois posicionamentos antagônicos marcados acentuadamente por divagações teóricas, com pouca ou nenhuma consideração sobre o comportamento dessas ações judiciais empiricamente. Um número considerável de juristas, possivelmente a maioria, tem se utilizado de conceitos de filosofia e de teoria geral do direito para defender a judicialização da saúde como uma forma legítima de concretização do direito social garantido na Constituição Federal, pressupondo que as omissões e as deficiências da Administração Pública justificam a via judicial, que acabaria ao final auxiliando no aperfeiçoamento das políticas públicas sanitárias. Praticamente nenhum dado estatístico é apresentado para fundamentar seus argumentos[3]. Para outros, porém, juristas com alguma experiência no campo da saúde ou sanitaristas especializados, a judicialização da saúde no Brasil estaria se mostrado uma intervenção ilegítima e perniciosa do Poder Judiciário em setor para o qual ele não está preparado, pois geralmente são reconhecidos apenas direitos individuais e os juízes desconsideram por completo as políticas públicas. A falta de maior embasamento estatístico para fundamentar suas conclusões, porém, tem possibilitado certa desconfiança na comunidade jurídica.

Quem chamou a atenção para a necessidade de conhecer melhor empiricamente as ações judiciais de assistência em saúde, para identificar as consequências práticas das ordens judiciais nas políticas públicas, saindo do comodismo de posicionamentos antagônicos meramente dogmáticos, foi o jurista Octavio Luiz Motta Ferraz, para quem:

> *Public opinion about this phenomenon, referred to as the 'judicialization of health', is divided into two highly polarized camps. On one side, there are those (mostly lawyers and health-related pressure groups), who applaud judicialization as a legitimate vindication of the constitutional right to health so often violated by the political branches. On the other side, we find those (mostly congressmen and public health officials) who decry judicialization as an incompetent and illegitimate interference by courts on the realm of politicians and public health experts. As I have argued above, neither of these extreme positions can be supported in the abstract, i.e., without further empirical inquiry into the actual consequences of judicialization[4].*

---

2 Em duas semanas, o STF realizou uma inovadora audiência pública sobre o setor da saúde, presidida pelo Ministro Presidente Gilmar Mendes, na qual participaram especialistas, autoridades, agentes jurídicos, gestores, prestadores, associações médicas e de pacientes e outras instituições da sociedade civil, cujos argumentos serviram para nortear posteriores decisões da suprema corte brasileira, conforme pode-se verificar em pesquisa no sítio eletrônico www.stf.jus.br.

3 Flávia Piovesan, citada por Virgílio Afonso da Silva e Fernanda Vargas Terrazas, representando bem esse pensamento jurídico tradicional, defende a judicialização da saúde como o "único meio" de garantir maior transparência e responsabilidade do Estado na garantia do direito à saúde. Contra esse tipo de argumentação se insurgem os autores, no estudo curiosamente intitulado Claiming the right to health in Brazilian Courts: The exclusion of the already excluded?, 2011.

4 Ferraz OLM. Harming the poor through social rights litigation: Lessons from Brazil, 2011, p. 1.652.

Além da ausência de conhecimento empírico sobre as características e os efeitos das ações judiciais de saúde em confronto com as politicas públicas, é preciso ter em mente que a comunidade jurídica brasileira, esteja ela inserida no mundo acadêmico das universidades ou na atividade profissional desenvolvida nos processos judiciais por advogados, defensores públicos, procuradores do estado e membros do Ministério Público e do Poder Judiciário, não absorveu ainda o que se convencionou chamar de Direito Sanitário, campo de conhecimento jurídico específico e multidisciplinar voltado para a dimensão social do direito à saúde (direito subjetivo público oponível ao Poder Público, isto é, passível de exigência pela via judicial) e para a normatização das atividades estatais destinadas à sua promoção, proteção e recuperação (direito da saúde, compondo um quadro de regulamentação legal da Administração Pública). Apesar de defendido no Brasil por militantes da saúde pública pelo menos desde a década de 1980 do século passado[5], o Direito Sanitário não integra as disciplinas de graduação das Faculdades de Direito e raramente está incluído nas matérias obrigatórias dos concursos da OAB (Ordem dos Advogados do Brasil) e de ingresso nas carreiras públicas, ficando confinado a um grupo pequeno de especialistas.

Na tentativa de ajudar a preencher esta lacuna, este estudo pretende fazer uma revisão da literatura científica sobre o tema para, em seguida, promover uma pesquisa e uma análise sistêmica da legislação sanitária, constituída por normas constitucionais e infraconstitucionais, que permita elaborar um conceito jurídico de integralidade da assistência em saúde de acordo com o regime constitucional do SUS, incluindo seus contornos jurídicos e os procedimentos de elaboração e atualização dos protocolos clínicos e listas oficias para a inclusão de novas tecnologias. À análise jurídica será acrescentada uma análise fenomenológica da judicialização, tomando por base o Sistema de Coordenação de Demandas Estratégicas (SCODES) da Secretaria de Estado da Saúde do Estado de São Paulo, banco de dados que registra as ações judiciais de assistência farmacêutica em face do gestor estadual do SUS, no período compreendido entre os anos de 2010 e 2014.

A avaliação retrospectiva das ações judiciais com condenação em prestações positivas de assistência farmacêutica por parte da Secretaria de Estado da Saúde de São Paulo, consistentes no fornecimento de medicamentos, insumos terapêuticos e outros produtos por determinação do Poder Judiciário, com base em conjunto significativo de informações registradas em um longo período de tempo, permitirá conhecer o fenômeno empiricamente, com suas principais características, para confronto posterior com o regime jurídico do SUS. A contraposição da análise fenomenológica com a análise jurídica permitirá, então, verificar como se comportam as decisões judiciais em relação ao modelo jurídico de saúde pública instituído pela CF e, em última análise, como fica o princípio da legalidade subjacente ao Estado Constitucional ou Democrático de Direito. Em suma, pretende-se demonstrar se os juízes de direito consideram ou não as políticas públicas e o regime jurídico-constitucional do SUS em suas decisões, formulando-se uma avaliação crítica da intervenção do Poder Judiciário e propostas para a questão da judicialização.

---

5 Em geral, os registros apontam os estudos da Profa. Sueli Gandolfi Dallari da década de 1980 como precursores do tema, pois já naquela época, juntamente com profissionais do direito e da saúde pública da Universidade de São Paulo (USP), ela insistia no aumento da responsabilidade do Estado na efetivação do direito da saúde e, como a "a atuação do Estado contemporâneo – de Direito – é orientada por normas jurídicas", "a implementação do ensino do direito sanitário, no Brasil, é urgente" (Dallari SG. Uma Nova Disciplina: O Direito Sanitário, 1988). Essas palavras foram escritas em 1988, ano de criação do Centro de Estudos e Pesquisas de Direito Sanitário (CEPEDISA) junto à Faculdade de Saúde Pública da USP, não no Direito, e ainda hoje a grande maioria das Faculdades de Direito do Brasil não têm o Direito Sanitário em sua grade de disciplinas de graduação.

CAPÍTULO **2**

Objetivos

Na primeira parte deste estudo (primeiro objetivo), pretende-se verificar se é possível extrair do ordenamento jurídico brasileiro um conceito jurídico de integralidade de acordo com o regime constitucional do SUS, ou seja, os contornos ou parâmetros legais que devem ser observados na implementação das políticas públicas e na hermenêutica jurídica sobre o direito à saúde[1].

Em uma segunda etapa, depois da análise da legislação sanitária (análise jurídica), pretende-se realizar uma pesquisa retrospectiva de ações judiciais de medicamentos, insumos terapêuticos e produtos de interesse para a saúde ajuizadas contra o SUS no Estado de São Paulo, em um período de tempo estatisticamente significativo (análise fenomenológica), para constatar se o Poder Judiciário, na prática, respeita o ordenamento jurídico brasileiro que trata da integralidade da saúde (segundo objetivo).

Como objetivos secundários, por conta da pesquisa realizada, almeja-se formular um quadro descritivo da assistência farmacêutica judicializada no Estado de São Paulo, considerando o custo da judicialização da saúde, o seu impacto financeiro no orçamento sanitário e as principais características das demandas judiciais.

Por fim, o trabalho irá formular propostas para o enfrentamento da judicialização, respeitando-se o atendimento integral sem desvirtuar o regime jurídico-constitucional do SUS (terceiro objetivo).

---

1 A palavra "hermenêutica", que corresponde à interpretação jurídica das leis manejada pelos operadores do Direito, tem origem em Hermes, deus da mitologia grega que fazia originariamente trocas lícitas e ilícitas entre mercadores, negociantes e ladrões e, por conta da facilidade de transição entre mundos de linguagem diferentes, tornou-se o mensageiro entre os mortais e o mundo divino. Mensageiro por vezes de mentiras, juramentos e logros, a facilidade de comunicação de Hermes o transformou também no transportador de almas para os infernos. A ciência (dogmática) hermenêutica constitui uma das vertentes da dogmática jurídica, como o são a teoria da norma (dogmática analítica) e a teoria dogmática da argumentação jurídica (dogmática da decisão); além delas, situam-se considerações de ordem psicológica, sociológica, política, filosófica, etc., que constituem a zetética jurídica (Ferraz Júnior, 2013).

CAPÍTULO 3

Revisão da Literatura

A literatura científica existente a respeito do direito à saúde, geralmente elaborada sob o prisma da constitucionalização dos direitos sociais ou, ainda, da judicialização da saúde, compreendida como um ativismo do Poder Judiciário que intervém cada vez mais nas políticas públicas, raramente tem um embasamento estatístico consistente.

No plano do Direito Constitucional, por exemplo, é comum a afirmação de que as condições históricas e as fontes de inspiração filosófica que embasaram o reconhecimento e a afirmação das liberdades públicas (direitos fundamentais de primeira geração) foram sendo superadas pelo processo histórico-dialético das condições econômicas, que deram nascimento a novas relações objetivas com o desenvolvimento industrial e o aparecimento de um proletariado amplo sujeito ao domínio da burguesia capitalista. Essas condições materiais da sociedade teriam que fundamentar a origem de outros direitos fundamentais – os direitos econômicos e sociais (direitos fundamentais de segunda geração) – e concomitantemente a transformação do conteúdo dos direitos que serviam à burguesia em sua luta contra o absolutismo. Os direitos econômicos e sociais, como dimensão dos direitos fundamentais do homem, são prestações positivas proporcionadas pelo Estado direta ou indiretamente, enunciadas em normas constitucionais, que possibilitam melhores condições de vida aos mais fracos, portanto tendentes a realizar a igualização de situações sociais desiguais. Valem como pressupostos do gozo dos direitos individuais na medida em que criam condições materiais propícias ao auferimento da igualdade real, o que, por sua vez, proporciona condição mais compatível com o exercício efetivo da liberdade (Silva JA, 1999, p. 289/290).

Historicamente, a concepção dos direitos sociais está atrelada aos primórdios do capitalismo industrial e aos movimentos de resistência e afirmação de direitos da classe operária, que lutava contra a desigualdade social e as deficiências do Estado Liberal. O primeiro documento histórico, com maior significação no campo dos direitos sociais, foi a Constituição Francesa de 1848 que, em seu art. 13, garantia aos cidadãos franceses a liberdade de trabalho e indústria, com igualdade nas relações de trabalho, bem como, o ensino primário gratuito profissional e a assistência às crianças abandonadas, aos doentes e aos idosos sem recurso e que não podiam ser socorridos por suas famílias. Malgrado a falta de firmeza das fórmulas empregadas, não se pode deixar de assinalar que a instituição dos deveres sociais do Estado para com a classe trabalhadora e os necessitados em geral, nesse art. 13, aponta para a criação do que viria a ser o Estado do Bem-Social, no século XX (Comparato, 1999, p. 147-149).

No século XX, inaugurando o modelo do bem-estar social, a Constituição Mexicana de 1917 promoveu a constitucionalização dos direitos de proteção do trabalho, com minudente tratamento do tema. A Constituição de Weimar de 1919, embora não tenha discriminado os direitos trabalhistas como sua antecessora mexicana, consubstanciou significativos avanços no campo dos direitos fundamentais, pois, além de instituir a república da Alemanha, estabeleceu um rol muito mais amplo de direitos sociais, com especial destaque à educação, prescrevendo o direito ao ensino básico por meio de escolas públicas, bem como determinando que escolas privadas só poderiam funcionar mediante autorização do Poder Público. Além do ensino, a lei fundamental alemã contemplou o direito à saúde e à previdência (art. 161) e previu a função social da propriedade (art. 153), servindo de inspiração para diversas Constituições posteriores.

Com o fim da Segunda Guerra Mundial, o ocaso provocado pelo Holocausto e pelos instrumentos de destruição em massa deu lugar ao ressurgimento de uma perspectiva ética nas relações humanas, baseada na revigoração dos direitos humanos. Nesse contexto, foi adotada e proclamada pela resolução 217 A (III) da Assembleia Geral das Nações Unidas a Declaração Universal dos Direitos Humanos, em 10 de dezembro de 1948, com um amplo reconhecimento dos direitos sociais, como direitos intrínsecos à natureza humana, portanto, de observância obrigatória por todos os Estados do mundo. O Pacto Internacional sobre Direitos Sociais, Econômicos e Culturais de 1966, que constitui uma espécie de desdobramento dos princípios antes adotados pela ONU, acrescenta que os direitos sociais devem se realizar mediante a proteção das relações de trabalho, da família, da infância e da juventude, da saúde, da educação e da cultura (art. 11). No Brasil, depois dos avanços e retrocessos na afirmação dos direitos fundamentais na lei maior, a Constituição da República de 1988, que instituiu os princípios da dignidade da pessoa humana (art. 1º, inciso I), da justiça social (art. 5º, XXII e 170) e da proibição do retrocesso em matéria de direitos sociais (resguardados em razão da segurança jurídica), como informadores do Estado Democrático Social de Direito, prescreveu como direitos sociais a educação, a saúde, a alimentação, o trabalho, a moradia, o lazer, a segurança, a previdência social, a proteção à maternidade e à infância e a assistência aos desamparados (arts. 6º) (Nunes Júnior, 2009, p. 51-63 e 110-122).

A saúde é reconhecida como direito na Declaração Universal dos Direitos Humanos (ONU) apenas indiretamente, onde é afirmada como decorrência do direito a um nível de vida adequado, capaz de assegurá-la ao indivíduo e à sua família (art. 25). O preâmbulo da Constituição da Organização Mundial da Saúde, de 7 de abril de 1948, exprimiu importante conceito de saúde, além de delimitar diversos princípios nesta matéria: saúde é um estado de completo bem-estar físico mental e social e não meramente a ausência de doença ou enfermidade. O Pacto Internacional sobre Direitos Sociais, Econômicos e Culturais, que entrou em vigor em 3 de janeiro de 1976, por sua vez, dispõe que:

> 1. Os Estados Partes do presente Pacto reconhecem o direito de toda pessoa desfrutar o mais elevado nível possível de saúde física e mental; 2. As medidas que os Estados partes do presente Pacto deverão adotar com o fim de assegurar o pleno exercício desse direito incluirão as medidas que se façam

necessárias para assegurar: a) a diminuição da mortalidade infantil, bem como o desenvolvimento são das crianças; b) a melhoria de todos os aspectos de higiene do trabalho e do meio ambiente; c) a prevenção e tratamento das doenças epidêmicas, endêmicas, profissionais e outras, bem como a luta contra essas doenças; d) a criação de condições que assegurem a todos assistência médica e serviços médicos em caso de enfermidade (art. 12).

Pode-se verificar, portanto, que o conceito de saúde adotado nos documentos internacionais relativos aos direitos humanos é o mais amplo possível, abrangendo desde a típica face individual do direito subjetivo à assistência em caso de doença, até a constatação da necessidade do direito ao desenvolvimento, personificada no direito a um nível de vida adequado à manutenção da dignidade humana (Dallari; Nunes Júnior, 2010, p. 8 e 17-20).

Como um direito social, a efetivação do Direito à saúde depende da ação estatal, que corresponde a um rol de diversas medidas possíveis, sejam elas econômicas, educacionais, culturais, sociais ou assistenciais. Dentro desta perspectiva, convém compreender que existem diferentes tipos de políticas públicas sociais ou econômicas; algumas são direcionadas especificamente para a proteção, promoção e recuperação da saúde (política nacional de medicamentos, por exemplo) e outras, embora protejam o Direito à saúde de forma indireta, não são políticas de saúde propriamente ditas (as políticas de prevenção do meio ambiente e algumas políticas econômicas, por exemplo). Nesse sentido, políticas públicas que visem ao aumento de empregos e melhorias nas condições de infraestrutura urbana possuem óbvio reflexo sobre a saúde do cidadão, tratando-se de fatores determinantes da saúde, mas não são políticas de saúde diretas, ou políticas de saúde no sentido estrito. Para que o Estado seja capaz de cumprir as políticas públicas de saúde, foi criado o Sistema Único de Saúde (SUS), instituição-organismo de Direito Público sem personalidade jurídica própria, que tem o seu conceito (art. 198), principais diretrizes (art. 198, incisos I e III), algumas de suas competências (art. 200), parâmetros de financiamento (art. 198, §§ 1º a 3º) e orientação para a atuação de seus agentes públicos estatais (arts. 196, 197 e 198, *caput*) estipulados na Constituição Federal. Todas as ações e serviços de saúde executados pelas instituições-organismos de Direito público serão considerados ações e serviços públicos de saúde e estarão, portanto, dentro da esfera de atuação do Sistema Único de Saúde e se submetem a seus princípios e diretrizes (Aith, 2007, p. 134-135 e 339-343).

As políticas públicas tornaram-se uma categoria de interesse para o direito há menos de vinte anos, havendo pouco acúmulo teórico sobre sua conceituação, sua colocação dentre os diversos ramos do direito e o regime jurídico a que estão submetidas a sua criação e implementação. Com fundamento imediato na própria existência dos direitos sociais, as políticas públicas hoje são ações de governo, sendo, portanto, a função de governar o seu fundamento imediato atualmente. Deixando em suspenso o problema da situação topológica das políticas públicas no direito, se devem ser tratadas pelo direito constitucional ou administrativo, do ponto de vista conceitual as políticas públicas consistem em programas de ação governamental, desenvolvidas através de planos e planejamento, mas há uma grande variedade de formas que assumem, por meio de leis, programas de ação em sentido estrito, caráter geral e política "de meios" para sua realização, diversidade que encontra correspondente no campo jurídico. Em qualquer hipótese, existe um processo político de escolha de prioridades pelo governo e a atividade de planejamento, sendo o fenômeno de procedimentalização da política, no qual se sobressai o poder de iniciativa do governo, o ângulo sob o qual se justifica o estudo dentro do direito administrativo. Sobre a quem compete a sua formulação, o mais correto seria que pudessem ser realizadas pelo Executivo, mas segundo as diretrizes e dentro dos limites aprovados pelo Legislativo. Sem entrar no mérito da proposta de Fábio Konder Comparato sobre a instituição de um órgão de planejamento desvinculado do Poder Executivo, cujas decisões seriam tomadas por um Conselho corporativo diverso do Congresso Nacional, a verdade é que o modelo de estruturação do poder político caberá justamente às próprias políticas públicas. As soluções dos problemas inseridos no processo administrativo de sua realização e implementação determinarão, no plano concreto, os resultados da política pública como instrumento de desenvolvimento, razão pela qual os administrativistas podem e devem voltar seus olhos para a temática das políticas públicas (Bucci, 1997).

O controle da constitucionalidade das políticas públicas pelo Poder Judiciário não se faz apenas sob o prisma da infringência frontal à Constituição pelos atos do Poder Público, mas também por intermédio do cotejo desses atos com os fins do Estado. É que a transição do Estado liberal para o Estado social promoveu a alteração substancial na concepção do Estado e de suas finalidades, no denominado Estado Democrático de Direito. Os tribunais brasileiros vêm acolhendo a possibilidade de controle judicial das políticas públicas, que não se traduz em interferência na atividade do Poder Executivo, como demonstrou o Ministro Celso de Mello, na ADPF 4509, do Supremo Tribunal Federal, em voto que se tornou o posicionamento mais representativo em favor da intervenção do Poder Judiciário nesta hipótese. A posição do STF, analisada sob a ótica da doutrina, revela que são necessários alguns requisitos para que o Judiciário intervenha no controle de políticas públicas: 1) limite fixado pelo mínimo existencial a ser garantido ao cidadão, ou seja, somente quando o núcleo central de direitos que garantam vida digna às pessoas, como o direito à educação fundamental, o direito à saúde básica, o saneamento básico, a concessão de assistência social, a tutela do ambiente e o acesso à justiça, é descumprido é que se justifica a intervenção do Poder Judiciário; 2) razoabilidade da pretensão individual/social deduzida em face do Poder Público, ou seja, deve haver uma análise do caso concreto para verificar o direito e a razoabilidade da escolha do Poder Público, conforme o princípio da proporcionalidade no sentido de busca do justo equilíbrio entre os meios empregados e os fins almejados, devendo intervir o Poder Judiciário em casos de atos administrativos desarrazoados; e 3) existência de disponibilidade financeira do Estado para tornar efetivas as prestações positivas dele reclamadas, a denominada "reserva do possível", com a ressalva de que não basta mera alegação de falta de recursos por parte do Poder Público, que têm o ônus de prova sobre isso. A estrita observância desses limites, assim como o correto entendimento do que sejam políticas públicas, é suficiente para coibir os excessos do Poder Judiciário, como tem ocorrido, por exemplo, em demandas individuais que determinam tratamentos caríssimos no exterior, ou a aquisição de medicamentos experimentais sequer liberados no Brasil. Para fazer face ao descumprimento da ordem ou decisão judicial pelo Poder Público, as sanções mais eficazes são a responsabilização por improbidade administrativa e a intervenção federal ou estadual no estado ou município e, em âmbito mais limitado, a imputação ao prefeito municipal do crime de responsabilidade. Todas as espécies de ações coletivas, individuais com efeitos coletivos e meramente individuais são idôneas a provocar o controle e eventual intervenção do Judiciário nas políticas públicas, desde que respeitados os requisitos ou limites propostos (Grinover, 2010).

A expressão "neoconstitucionalismo" tem sido utilizada por parte da doutrina para designar o estado do constitucionalismo contemporâneo. Do ponto de vista metodológico-formal, o constitucionalismo atual opera sobre três premissas fundamentais: i) a <u>normatividade da Constituição</u>, isto é, o reconhecimento de que as disposições constitucionais são normas jurídicas, dotadas, como as demais, de imperatividade; ii) a <u>superioridade da Constituição</u> sobre o restante da ordem jurídica; e iii) a <u>centralidade da Carta</u> no sistema jurídico, devendo os demais ramos do Direito serem compreendidos e interpretados a partir do que dispõe a Constituição. Do ponto de vista material, dois elementos ao menos merecem nota: i) a incorporação explícita de valores e opções políticas nos textos constitucionais, sobretudo no que diz respeito à promoção da dignidade humana e dos direitos fundamentais; e ii) a expansão de conflitos específicos (colisão entre comandos constitucionais) e gerais (Constituição como um conjunto de valores essenciais que se impõem *versus* Constituição como garantidora do sistema democrático, devendo a maioria, em casa momento histórico, definir seus valores e suas opções políticas; ou seja, substancialismo *versus* procedimentalismo) entre as opções normativas e filosóficas existentes dentro do próprio sistema constitucional. Quando a Constituição trata de direitos relacionados, *e.g*, a aquisição de educação formal, prestações de saúde ou condições ambientais, os fins constitucionais somente podem ser atingidos por meio das políticas públicas, que atuam de forma sistemática e abrangente, mas elas envolvem gasto público, dependem de recursos públicos limitados e é preciso fazer escolhas. Essas escolhas são vinculadas pela Constituição, mas a definição de gastos públicos é um momento típico de deliberação político-majoritária, pois a Constituição não pode invadir o espaço da política em uma versão de substancialismo radical e elitista, em que as decisões políticas são transferidas, do povo e de seus representantes, para os reis filósofos da atualidade: os juristas e operadores do direito em geral. No Estado republicano, apesar disso, a definição das políticas públicas e o destino dos recursos públicos sofrem uma limitação genérica, sendo possível o seu controle judicial. Para transformar essa possibilidade de controle judicial em dogmática jurídica aplicável no dia a dia da interpretação jurídica, é necessário o desenvolvimento teórico de ao menos três temas: a) <u>a identificação dos parâmetros de controle</u>, que são ao menos três: parâmetros puramente objetivos previstos no texto constitucional (recursos para o ensino e a saúde); avaliação do resultado final esperado pela atuação estatal, considerando as metas concretas estabelecidas na Constituição; e o controle da própria definição das políticas públicas a serem implementadas, no sentido de se afastar os meios comprovadamente ineficientes para a realização das metas constitucionais; b) <u>a garantia de acesso à informação</u>, quanto aos recursos públicos disponíveis, a previsão orçamentária e a execução orçamentária; c) <u>a elaboração dos instrumentos de controle</u>, consistentes na punição dos responsáveis, na ineficácia do ato que viola a regra constitucional e na possibilidade de, substitutivamente ao agente competente, produzir coativamente o que foi determinado pela Constituição. Sem a soberba de pretensos reis filósofos, deve-se então fazer uma reflexão dogmática que permita transformar o discurso da juridicidade, superioridade e centralidade das normas constitucionais em geral, e dos direitos fundamentais em particular, em técnica aplicável ao cotidiano da interpretação do direito, em favor das pessoas que vivem em um Estado de direito constitucional (Barcellos, 2005).

O federalismo brasileiro é predominantemente cooperativo e consensual, por força das competências comuns e concorrentes estabelecidas pela Constituição Federal, especialmente perceptível no caso da conjugação de esforços para a prestação de serviços públicos essenciais como a saúde pública. A CF previu, ao instituir a reforma administrativa do Estado (EC nº 19/1998), a gestão associada na prestação de serviços públicos, a ser implementada, através de lei, por convênios de cooperação e consórcios públicos celebrados entre a

União, os Estados, o Distrito Federal e os Municípios. A noção de gestão associada emana da própria expressão: significa uma conjugação de esforços visando a fins de interesse comum dos gestores. Com relação à gestão associada de serviços públicos, pode-se adotar a conceituação de que corresponde ao exercício das atividades de planejamento, regulação ou fiscalização de serviços públicos por meio de consórcio público ou de convênio de cooperação entre entes federados, acompanhadas ou não da prestação de serviços públicos ou da transferência total ou parcial de encargos, serviços, pessoal e bens essenciais à continuidade dos serviços transferidos (Carvalho Filho, 2012, p. 351-352).

O modelo assistencial-privatista brasileiro, caracterizado pelo desenvolvimento capitalista do setor médico e pela criação de um complexo médico industrial por intervenção política, e tendo como instituição central o Instituto Nacional de Assistência Médica e Previdência Social (INAMPS) que prestava serviços contratados da iniciativa privada apenas aos trabalhadores com vínculo empregatício formal e que contribuíam de forma autônoma para a previdência social, foi duramente criticado na VIII Conferência Nacional de Saúde de 1986, durante o movimento de reforma sanitária. Logo após esta conferência, foi criado o Sistema Unificado e Descentralizado de Saúde (SUDS), com a finalidade de implementar a indispensável descentralização político-administrativa da saúde pública – nota caracterizadora do sistema atual, e pouco depois, na Constituição Federal de 1988, o Sistema Único de Saúde (SUS), constituído por ações e serviços públicos de saúde que integram uma rede regionalizada e hierarquizada, com vistas ao adequado atendimento da população (art. 198, CF).

A Constituição Federal trouxe os princípios fundamentais do direito à saúde e estabeleceu os princípios norteadores do SUS (arts. 196 e 198), dentre os quais se destacam: a) universalidade, que se consubstancia no direito de qualquer indivíduo, independentemente de suas condições pessoais (nacionalidade, naturalidade, classe social, etc.), de ser atendido pelos órgãos de saúde pública, ser beneficiado pelas ações que programam políticas públicas direcionadas à saúde da população e ter à sua disposição todos os medicamentos e insumos indispensáveis para prevenção e proteção de sua saúde; b) integralidade, princípio segundo o qual deverão ser destinadas àqueles de que necessitem toda a assistência necessária para a recuperação da doença e sua prevenção, assim como políticas sociais e econômicas que visem à redução do risco de doença e de outros agravos; c) igualdade, segundo o qual a todos aqueles que necessitarem de atendimento deve o Estado dispensar tratamento equânime, sem discriminações de qualquer natureza e sem oferecer privilégios ou preferências de origem subjetiva, devendo as ações e serviços de saúde ser distribuídos de maneira igualitária pelo gestor; d) gratuidade, significando, basicamente, que as ações e serviços voltados à área de saúde não podem conter nenhuma forma de contraprestação por parte do usuário; e) regionalização e hierarquização, significando a necessidade de se organizar a prestação do serviço por meio de divisões territoriais, bem como, a divisão da prestação do serviço em classes, de acordo com a complexidade, no sentido de série contínua de graus (do menos complexo ao mais complexo); f) descentralização, significando que as ações e serviços devem ser passados à responsabilidade dos municípios, permanecendo os poderes públicos estatal e federal como corresponsáveis; g) participação social, consistente na participação da comunidade em Conferências de Saúde e Conselhos de Saúde (Lei nº 8.142/ 90); e h) informação, ou seja, o direito de todas as pessoas atendidas de terem conhecimento amplo e ilimitado, diretamente ou por meio de seus familiares, sobre o seu real estado de saúde, sobre os meios terapêuticos existentes e de eventuais implicações do tratamento, bem como, o dever de divulgação de informações quanto ao potencial dos serviços de saúde e a sua utilização pelo usuário (art. 7°, inciso VI, da Lei n° 8.080/90). A legislação do SUS é constituída pela Lei Orgânica da Saúde (Lei n° 8.080/90), a Lei n° 8.142/90, as Leis n° 12/401/2011 e 12.466/2011 que alteraram significativamente a Lei Orgânica da Saúde, e o Decreto n° 7.508/2011 que regulamenta a LOS, além de outras fontes legislativas complementares (Mapelli Júnior et al., 2012, p. 21/39).

Sempre houve uma preocupação com o pensamento sistemático do Direito, seguindo-se, ao longo da história, uma sucessão de modelos sistemáticos que procuraram dar ordem e unidade ao Direito. Sobre o conceito geral de sistema é ainda dominante, porém, a definição clássica de Kant, que caracterizou o sistema como "a unidade, sob uma ideia, de conhecimentos variados" ou, ainda, "um conjunto de conhecimentos ordenado segundo princípios". Depois surgiram diversas outras definições, como as de Savigny, Stammler, Binder, Hegler, Stoll e Coing, mas o que importa é a constatação de que em todas elas duas características sempre estão presentes: a) a *ordenação*, que permite, quando se recorre a uma formulação muito geral, exprimir um estado de coisas intrínseco racionalmente apreensível, isto é, fundado na realidade; e b) a *unidade*, que não permite uma dispersão em uma multitude de singularidades desconexas, antes devendo deixá-las reconduzir-se a uns quantos princípios fundamentais. A ordem interior e a unidade do Direito pertencem às mais fundadas exigências ético-jurídicas e radicam na própria ideia de Direito, no sentido de tratar o igual de modo igual e o diferente de modo diferente, na medida da sua diferença. Tanto o legislador quanto o juiz têm que proceder a um pensamento sistemático, sob pena de violação ao princípio da igualdade e também ao da segurança jurídica, pois decisões concretas assistemáticas prejudicam a determinabilidade e previsibilidade do Direito, a estabilidade e a continuidade da legislação e da jurisprudência, e a prática decisória justa, como ocorre com a tópica de Theodor Viehweg, em sua "técnica do pensamento problemático". Assim, sistema deve ser definido como uma "ordem axiológica ou teleológica de princípios jurídicos gerais", resultante diretamente do conhecido postulado da justiça, inclusive o sistema jurídico, que precisa ser compreendido em termos de ordem e unidade. Ao contrário do pensamento sistemático, o pensamento tópico causa insegurança e contradições, pois se baseia em premissas genéricas e a "opinião de todos, da maioria ou dos sábios". A oposição entre o pensamento sistemático e a tópica, porém, não é absoluta, pois a tópica pode servir para resolver algumas situações específicas, como nos casos de lacunas na lei e remissões legislativas ao "*common sense*". Nesse sentido, ambas as formas de pensamento se completam mutuamente (Canaris, 2012, p. 9-101, 243-277 e 279-289).

A reivindicação da saúde como direito tem levado o Estado a assumir responsabilidades crescentes pela promoção, proteção e recuperação da saúde do povo. A atuação do Estado contemporâneo – de Direito – é orientada por normas jurídicas e o direito da saúde pública, parte do direito administrativo ou aplicação especializada do direito administrativo, é constituído por um conjunto específico de normas que precisam ser conhecidas pelos sanitaristas, para a efetivação desse direito humano. Assim, seguindo experiências estrangeiras, a implementação do ensino do *direito sanitário*, no Brasil, é urgente (Dallari, 1988).

As ações e serviços de saúde foram caracterizadas como sendo "de relevância pública" pela Constituição Federal de 1988. A única função cumprida pelo conceito de relevância pública no quadro constitucional parece ser, porém, a de ensejar que o Ministério Público atue, em relação a eles, nos termos do que dispõe o art. 129, II, da Constituição. Qual a consequência definida pela Constituição como decorrente da qualificação das ações e serviços de saúde como serviços de relevância pública? Salvo a de permitir o desenvolvimento de um discurso retórico, parece ser nenhuma, senão a de sujeitar o efetivo respeito aos direitos assegurados na Constituição por tais serviços (isto é, no desempenho de tais serviços, inclusive pelo setor privado) ao zelo do Ministério Público. A definição constitucional dos serviços de saúde como serviços de relevância pública – isto é, de a eles atribuir-se esse predicado axiológico (conceito) – apenas os inclui entre aqueles considerados pelo preceito inserido no art. 129, II, da Constituição, nada mais (Grau, 1992).

O positivismo jurídico aplica os fundamentos do positivismo filosófico no mundo do Direito, na pretensão de criar uma *ciência* jurídica, com características análogas às ciências exatas e naturais. A busca pela objetividade científica, com ênfase na realidade observável e não na especulação filosófica, apartou o Direito da moral e dos valores transcendentes, não devendo se discutir em seu âmbito questões como legitimidade e justiça. As características principais do positivismo jurídico, que teve algumas variações e no mundo romano-germânico atingiu o seu ponto culminante no normatismo de Hans Kelsen (a sua obra prima, *Teoria Pura do Direito*, foi publicada em 1934, embora seus primeiros trabalhos remontassem a 1911, e foi ampliada em 1960), são: i) a aproximação quase plena entre Direito e norma; ii) a afirmação da estatalidade do Direito, produzido sempre pelo Estado; iii) a completude do ordenamento jurídico, que é suficiente para a resolução de qualquer caso, não havendo lacunas a serem preenchidas por elementos de fora do sistema; iv) o formalismo: a validade da norma decorre do procedimento seguido para sua criação, independente do conteúdo e, por isso, o trabalho do intérprete consiste apenas na submissão do fato concreto à lei (dogma da subsunção). Com a derrota do fascismo na Itália e do nazismo na Alemanha, movimentos políticos e militares que ascenderam ao poder dentro da legalidade vigente e promoveram a barbárie em nome da lei, a decadência do positivismo jurídico tornou-se irreversível. Não bastava mais um ordenamento jurídico como estrutura meramente formal, indiferente a valores éticos. A superação histórica do jusnaturalismo (movimento anterior, que defendia a existência de uma lei estabelecida pela vontade de Deus ou ditada pela razão, o *direito natural*) e o fracasso político do positivismo abriram caminho para um conjunto amplo e ainda inacabado de reflexões sobre o Direito, sua função social e sua interpretação, o *pós-positivismo*, no qual se incluem algumas ideias de justiça além da lei e de igualdade material mínima, ao lado da teoria dos direitos fundamentais e da redefinição das relações entre valores, princípios e regras, aspectos da chamada *nova hermen*êutica (Barroso, 2013, p. 261-264).

Existem contornos jurídicos da integralidade da atenção à saúde, conforme definido em lei, pois não se pode admitir o argumento de que tudo, irrestritamente, cabe no direito à saúde ou, ao contrário senso, tudo pode ser negado em nome da falta de financiamento. Caso não se demarque urgentemente a extensão da integralidade, a saúde poderá sofrer um grande revés em virtude do crescimento das ordens judiciais que estão gerando uma desestruturação do SUS. Do ponto de vista jurídico, integralidade da atenção à saúde tem os seguintes contornos ou limitações: a) o paciente deve observar todas as regras do SUS no tocante ao acesso, ao optar pelo atendimento público, ingressando no sistema e nele tendo acesso à assistência terapêutica integral disponibilizada segundo esse regramento, não fora dele; b) o direito à saúde deve ser efetuado dentro do montante de recursos constitucionais destinados a seu financiamento (EC 29/2000); c) a integralidade tem um padrão que corresponde aos regulamentos técnicos e científicos, protocolos de condutas, limites para incorporação de tecnologias e protocolos farmacológicos, não admitindo toda e qualquer terapêutica existente; d) deve-se respeitar o planejamento imposto pela lei ao gestor do SUS, baseado em epidemiologia, não sendo legítimo o Judiciário interferir no plano de saúde. Ao Judiciário compete coibir os verdadeiros abusos das autoridades públicas de saúde, mas as decisões judiciais, quando desbordam de sua competência e interferem nas políticas sem respeitar estes contornos, acabam desestruturando o SUS e privilegiando aqueles que recorrem ao Judiciário em prejuízo dos que ingressam no SUS voluntariamente, o que coloca em risco o princípio da igualdade (Santos, 2009, p. 63-72).

O sistema público de saúde e a iniciativa privada formam corpos distintos de prestação de serviços. As estruturas e as ações do sistema público são afetas aos usuários efetivos do SUS, que as acessam conforme regras e procedimentos específicos, e não ao usuário potencial do SUS que optou pela assistência privada de saúde. O SUS deve ser estruturado para permitir o acesso igualitário e equitativo (CF, 196) dos cidadãos, tendo um regime jurídico diverso daquele das ações e serviços privados. Há portas de entrada disciplinadas e regulamentadas, tanto para proteger a organização do sistema como para garantir o acesso democrático, isonômico e não discriminatório ao serviço público. O atendimento, apenas quando obedecidas estas regras, deverá ser integral. O SUS não está – como regra constitucional – obrigado a fornecer insumos isolados àqueles que optaram pelo uso de serviços privados. Em resumo, pode-se concluir que os gestores do SUS precisam reconhecer a legitimidade constitucional e democrática da intervenção do Poder Judiciário e do Ministério Público nas questões de saúde, tão frequentes no caso da assistência farmacêutica, mas, de outro lado, estes precisam compreender que não se pode confundir direito à assistência farmacêutica com direito ao consumo de medicamentos. Em primeiro lugar, devem ser respeitados os protocolos de atenção e os esquemas terapêuticos do SUS, mas, como o cidadão que tem necessidades especiais não pode ficar desassistido e a medicina não é ciência exata, devem ser atendidos os casos excepcionais, por um canal administrativo ou via judicial, desde que lastreados na medicina baseada em evidências. Em segundo lugar, o SUS não está constitucionalmente obrigado a atender prescrições médicas advindas de fora do sistema. De qualquer forma, talvez o crescimento no número das demandas judiciais tenha causado um efeito colateral favorável, pois provoca a aproximação dos agentes políticos e impõe a mútua compreensão de seus papéis e deveres (Weichert, 2010).

Como o direito à saúde tem *status* de direito fundamental e como tal merece e exige eficácia, a omissão e/ou ineficácia do Estado deu azo ao fenômeno da judicialização da saúde. Quando o Judiciário determina ao Estado que forneça determinado medicamento, atendimento médico ou insumo terapêutico deve fazê-lo com cautela, a fim de não ofender a lei, bem como não inviabilizar o funcionamento da máquina estatal. Algumas regras: (1) observância do princípio ativo prescrito; (2) observância da existência de registro do medicamento pleiteado; (3) observância da pertinência da prescrição no tratamento do paciente; (4) observância dos programas de assistência farmacêutica do SUS. Não é possível atribuir à prescrição médica o caráter absoluto que se vem dispensando. Não há direito líquido e certo a justificar a utilização do mandado de segurança e a concessão de tutela de urgência nos processos é suficiente para garantir o direito à saúde, desde que presentes seus requisitos legais. Iniciativas inovadoras envolvendo os gestores, o Ministério Público e o Judiciário, como ocorreu na comarca de Ribeirão Preto/SP, mostraram-se exitosas (Gandin et al., 2008).

A escassez de recursos requer a formulação de políticas para alocação compatível com os princípios de universalidade, integralidade, igualdade e equidade do SUS. Existem critérios técnicos por meio dos quais o Poder Executivo prioriza os gastos para formular a política de saúde, cabendo ao controle social averiguar a observação aos princípios do SUS. O Poder Judiciário, porém, parece associar mais a integralidade à noção de consumo, ao determinar o fornecimento de produtos sem considerar a existência de política pública para tratar as doenças, como se a negativa de fornecimento de algum produto farmacêutico significasse a negativa do direito do cidadão à saúde. O registro de um produto por si só não implica em sua incorporação ao SUS, que precisa usar de critérios técnicos e econômicos para organizar a política, e não existe nenhum sistema de saúde no mundo que oferte todos os medicamentos existentes em seu mercado. A preocupação com os custos crescentes dos tratamentos atinge até mesmo o Reino Unido, cujo gasto com medicamentos de alto custo cresceu 10% entre 2001 e 2002, sendo que quatro classes terapêuticas foram responsáveis por 25% do incremento (antidislipidêmicos – 33%; anti-hipertensivos – 18%; antipsicóticos – 32% e hipoglicemiantes – 23%). Como o SUS trabalha com a Relação Nacional de Medicamentos Essenciais (RENAME), seguindo a orientação da Organização Social da Saúde que publicou a primeira Lista de Medicamentos Essenciais em 1975, e com o Programa de Medicamentos de Dispensação em Caráter Excepcional para as doenças mais raras, a concessão de medicamentos pelo Poder Judiciário sem a observância das normas consolidadas que disciplinam o acesso à saúde compromete o esforço do Poder Executivo e a organização legal do SUS, em última análise prejudicando a equidade na saúde (Vieira, 2008).

A Lei Orgânica da Saúde (Lei nº 8.080/90), em seu art. 7º, dispõe que tanto as ações e serviços públicos de saúde executados diretamente pelo poder público, como aqueles executados por meio de terceiros (serviços contratados ou conveniados), são desenvolvidos de acordo com as diretrizes e os princípios da Constituição (art. 198). No que diz respeito à integralidade, é preciso observar, em primeiro lugar, que a assistência integral combina as ações e serviços de saúde preventivos com os assistenciais e curativos, apesar da prioridade dos primeiros; em segundo lugar, a assistência implica em uma atenção individualizada, para cada caso, segundo as exigências do usuário e em todos os níveis de complexidade do sistema (art. 7º, LOS). O direito à saúde, entretanto, deve pautar-se por alguns pré-requisitos, dentre eles o de o cidadão, livremente, ter decidido pelo sistema público de saúde e acatar seus regramentos técnicos e administrativos. O SUS é integral e não "complementar" ao setor privado, não podendo a integralidade da assistência terapêutica ser um direito aleatório e ficar sob a mais total independência reivindicatória do cidadão e da liberdade dos profissionais de saúde indicarem procedimentos, exames, tecnologias não incorporadas ao sistema, devendo a conduta profissional pautar-se pelos protocolos e pelos parâmetros técnicos da comunidade científica. Apenas em relação à AIDS, em razão de lei específica (Lei nº 9.313/96), justificada por questões epidemiológicas, o medicamento deve ser garantido a todos, até para aqueles não tratados no SUS (Carvalho; Santos, 2006, p. 64/71).

É certamente na condição de direito a prestações materiais, diante da insuficiência das referências constitucionais às noções de cura, prevenção ou promoção (art. 196) e a um imperativo genérico de "integralidade" (art. 198, II), que o direito à saúde suscita as maiores controvérsias. De um lado, há que se reconhecer a dimensão pessoal e individual do direto à saúde e o acesso à jurisdição garantido constitucionalmente (art. 5º, XXXV); de outro, tem-se o problema da limitação dos recursos públicos e o efeito colateral questionável e até perverso que as decisões judiciais têm causado ao assegurar o direito apenas àqueles que têm acesso ao Judiciário. Quanto à integralidade do atendimento em saúde, importa lembrar a existência de limites de ordem técnica e científica ao deferimento de certas prestações materiais, calcados em critérios de segurança e eficácia do tratamento dispensado que, em sentido mais amplo, reportam-se também às noções de economicidade. Neste contexto, algumas diretrizes podem se sugeridas: a) deve-se reconhecer uma presunção em favor da adequação das diretrizes terapêuticas e dos protocolos clínicos estabelecidos pelas autoridades sanitárias competentes; b) pode-se sustentar uma presunção de vedação aos tratamentos e medicamentos experimentais (o que inclui as hipóteses de inexistência de registro junto à ANVISA, ou registro para finalidade diversa do pretendido); e c) o estabelecimento de uma preferência pelo uso da Denominação Comum Brasileira (DCB), ou quando isso não for possível, pela Denominação Comum Internacional (DCI), além da prevalência pelo uso dos "medicamentos genéricos" nas imposições de tratamentos ao SUS ou de alguma forma custeados por recursos públicos. Em suma, não se pode elastecer de modo desproporcional os riscos impostos ao Estado e à sociedade sem qualquer limitação, mormente em homenagem aos princípios da prevenção e da precaução e aos imperativos de tutela decorrentes da proteção à saúde, individual e coletiva (Sarlet; Figueiredo, 2009).

Os novos direitos sociais, como aqueles previstos na Constituição Federal de 1988 (mormente, os direitos à educação, à saúde, à previdência social, à proteção à maternidade e à infância, à assistência aos desamparados e ao meio ambiente ecologicamente equilibrado, sem mencionar os direitos dos trabalhadores), têm característica especial. E esta consiste em que não são fruíveis, ou exequíveis individualmente, embora isto não queira dizer que não possam, em determinadas circunstâncias, ser exigidos judicialmente como outros direitos subjetivos. Torná-los eficazes judicialmente, porém, como é exemplo o caso do direito à saúde, não se trata de aplicar uma norma qualquer entre indivíduos que disputam determinada coisa. E as contradições (em garantir condições ao exercício de direitos não submetidos ao regime da propriedade, da disponibilidade do consumo, da mercadoria) surgem quer pela deficiência do Judiciário em resolver problemas de caráter coletivo ou comum, quer pela falta de equilíbrio na aplicação de princípios aparentemente contraditórios: de um lado, a valorização da exploração mercantil da saúde, de outro a preocupação com a decadência dos serviços públicos da área. Ao Judiciário incumbe, para desempenhar o seu papel histórico em um Estado democrático, a despeito de sua formação intelectual, ideológica e profissional baseada no direito individual, participar ativamente das reformas sociais no Brasil, escapando da ilusão liberal de que sua missão se reduz à proteção da propriedade privada (Lopes, 2010).

Racionar os cuidados de saúde envolve "escolhas trágicas" porque isso implica na distribuição de escassos bens, em decisões que impactam diretamente a vida e a saúde do homem. Governos evitam assim debater publicamente este tópico e o Supremo Tribunal Federal (STF) também tem tentado se esquivar do enfrentamento dos pontos mais controversos do tema. No período de 1997 a 2006, o STF constantemente reafirmou o posicionamento de que o sistema público de saúde deve sempre garantir qualquer tratamento, pouco importando se experimental ou caro, porque o direito à saúde se sobrepõe a qualquer interesse financeiro e secundário do Estado. Assim ficou decidido no caso de um paciente com distrofia muscular de Duchenne, que obteve um tratamento experimental existente apenas nos Estados Unidos em 1997, e depois outras decisões da Suprema Corte adoraram essa abordagem centrada no paciente, pouco importando outros aspectos, como a escassez dos recursos, custo-efetividade e possibilidade de outra terapia oficial alternativa. No período de 2006 a 2009, inicialmente o STF apontou para limitações no direito da saúde, condicionando-o à "razoabilidade da demanda" e à "disponibilidade de recursos"; chegou mesmo a negar o tratamento de drogas em dois casos de fevereiro de 2007, para pacientes com doença crônica renal e câncer, reconhecendo que a não consideração da custo-efetividade significaria prejudicar a maior parte da população. Ao depois, a Suprema Corte estipulou pela primeira vez um critério de limitação do direito à saúde, em uma abordagem agora centrada na população: as listas oficiais de remédios, aprovadas pelo Ministério e pelas Secretarias de Saúde; em decisões posteriores, porém, voltou a focar apenas a necessidade do tratamento em questão para aquele paciente. No período de 2009 a 2010, o STF debateu profundamente os aspectos do problema em audiência pública e balizou diretrizes em decisões judiciais seguintes, reconhecendo o direito ao tratamento se: 1. já previsto na política pública de saúde; 2. reconhecido como eficaz e seguro pelo registro da ANVISA; 3. usado com consenso científico, excetuando-se, portanto, os tratamentos experimentais. Além disso, um tratamento pode ser garantido judicialmente, se o autor da ação: 4. provar que o tratamento público não é apropriado no seu caso ou que não é oferecido; 5. provar que o tratamento vem sendo usado "por um longo período" por outros pacientes e os protocolos não o acolheram porque sua atualização é "muito lenta". Na análise destes critérios do STF, percebe-se sua insuficiência porque os juízes não consideram o cenário no qual a concessão do tratamento se insere, em termos de impacto na política pública (há um exemplo de determinação judicial para triplicar o serviço de UTI em uma pequena cidade no inexequível prazo de 90 dias e desconsiderando recomendação da OMS) e prejuízo na assistência de outros indivíduos. No fundo, acaba prevalecendo a "regra do salvamento" (*rule of rescue*), que pode se definida como um sentimento de dívida moral imediata de atender o que for possível para salvar uma pessoa identificada cuja vida ou saúde está em perigo, independentemente do custo. As Cortes com facilidade se preocupam com uma pessoa individualizada, mas não estão preparadas para lidar com o suposto prejuízo de anônimos cidadãos: "as cortes conhecem quem vence, mas não podem identificar quem perde". De todo jeito, a Suprema Corte tem falhado em examinar os dilemas mais fundamentais e difíceis na distribuição dos cuidados em saúde, acabando por priorizar alguns pacientes e excluindo outros, até mesmo concedendo terapias de última chance discutíveis (Wang, 2012).

As principais teses de defesa apresentadas pelo poder público em ações civis e mandados de segurança que tratam de assistência farmacêutica, não acolhidas pela jurisprudência majoritária do Brasil, são: (1) ausência de solidariedade entre as três esferas de governo, que não se sustenta porque a responsabilidade solidária dos gestores que integram o mesmo sistema (SUS) decorre da Constituição Federal (art. 23, II) e da Lei Orgânica da Saúde (art. 7º, XI); (2) conteúdo programático da norma contida no artigo 196 da CF, que apenas indica diretriz ao gestor público, ideia não aceita porque os contornos precisos do art. 196 exigem concretude das políticas públicas e a saúde é direito fundamental de aplicação imediata (art. 5º, §1º, CF); (3) princípio da reserva do possível e ausência de dotação orçamentária, ambos inaplicáveis na medida em que questões orçamentárias levantadas de forma genérica não podem se sobrepor ao mínimo existencial, ou seja, àquilo sem o qual o ser humano não consegue alcançar a condição de dignidade (art. 1º, III, CF), devendo ser demonstrada objetivamente a escassez absoluta de recursos públicos no caso concreto; (4) impossibilidade do Poder Judiciário se imiscuir em questões relativas a políticas públicas – violação do princípio da separação de poderes, o que se afasta com a sistemática constitucional de controle recíproco entre os poderes, de garantia da proteção judiciária (art. 5º, XXXV, CF) e da interferência do Poder Judiciário para sanar toda conduta ilegal do Poder Executivo; (5) ausência de obrigação do Estado de fornecer medicamentos ou tratamentos que não constem de listas oficiais e protocolos clínicos do SUS, hipótese em que o deferimento judicial é possível se comprovada a necessidade do usuário, a despeito da importância dos protocolos clínicos, porque o direito à saúde e a integralidade do atendimento são garantidos constitucionalmente; (6) ausência de registro do medicamento na ANVISA, regra geral que não pode ser considerada absoluta e cujo afastamento depende diretamente do conjunto probatório produzido nos autos, devendo-se, porém, respeitar os programas oficiais de uso de medicamento experimental e do acesso expandido e; (7) necessidade de esgotamento da via administrativa e comprovação da negativa do poder público em fornecer o medicamento ou tratamento, exigência que afronta o art. 5º, inciso XXV, da Constituição Federal e que fica suplantada com a contestação do mérito no bojo da ação pela Administração; (8) necessidade de relatório ou receituário médico firmado por médico do SUS, exigência desvinculada da legalidade estrita, embora se reconheça que as prescrições médicas devam respeitar o regramento ético e legal quanto a seu conteúdo (nomenclatura genérica ou princípio ativo das substâncias, posologia e duração do tratamento, preferência pelos produtos padronizados e justificativa científica ao se optar por outro, etc.); e (9) desrespeito ao disposto no artigo 100 da Constituição Federal e inadmissibilidade do bloqueio de verbas públicas, por ser lícito ao magistrado determinar o bloqueio de valores em contas públicas para garantir o custeio de tratamento indispensável, como meio de concretizar o princípio da dignidade da pessoa humana (Mapelli Júnior et al., 2012, p. 112-137).

Iniciada na década de 1990, com pedidos de medicamentos antirretrovirais para o HIV/ AIDS, a judicialização da saúde consolidou-se nas diferentes regiões do país com três características comuns: a maioria dos pedidos tem caráter individual e é baseada apenas em uma prescrição médica; a prescrição contém medicamentos incorporados ou não pela Assistência Farmacêutica (AF) do SUS, alguns sem registro no país ou com indicação terapêutica não constante do registro sanitário; há um crescimento exponencial das demandas judiciais e dos gastos com medicamentos. A AF do SUS ganhou importância e organização após a instituição da Política Nacional de Medicamentos (PNM), que foi seguida pela I Conferência Nacional de Medicamentos e Assistência Farmacêutica em 2003 e pela Política Nacional de Assistência Farmacêutica (PNAF) em 2004, mas a interferência da judicialização de medicamentos no ciclo da AF, em suas etapas de seleção, programação, aquisição, armazenamento e utilização (prescrição, dispensação e uso) dos produtos fármacos, tem se revelado um grande problema para os gestores da saúde e os profissionais do sistema de justiça. Na tomada de decisão para o fornecimento de medicamentos, propõem-se os seguintes passos: a) verificação se o medicamento possui registro sanitário; b) no caso de haver o registro, verificação se a indicação terapêutica é compatível com ele, evitando-se a prescrição e o uso *off label*; c) verificação se o medicamento registrado e com correta prescrição está nas listas de financiamento público; d) não coincidindo as indicações terapêuticas, é preciso verificar se há atraso na incorporação aos protocolos ou se inexistem evidências científicas para a incorporação, procurando sempre o tratamento alternativo do SUS; e) no caso de prescrições com medicamento não constante de lista pública oficial, é necessário verificar a possibilidade de alternativa terapêutica de financiamento público e, não existindo essa ou comprovada sua ineficácia para aquele paciente, se há evidência científica para o pretendido, nessa última hipótese considerando a possibilidade de fornecimento do produto fármaco. Na busca de uma melhora na interlocução entre os profissionais da saúde e do sistema da justiça, que deve contar com a obtenção e a troca de informações sobre as demandas judiciais, o gestor deve intensificar o diálogo com o Judiciário, Procuradorias Estaduais e Municipais, Ministério Publico e Defensoria. O ideal seria exigir, no momento do ajuizamento da ação, documento médico com indicação de diagnóstico, nome genérico na prescrição, condição patológica do autor e o tipo de tratamento e, em sendo deferida a ordem judicial, a sua reprodução na íntegra, com a indicação dos medicamentos concedidos, no banco de dados informatizado dos Tribunais de Justiça (Pepe et al., 2010).

A análise individualizada de processos judiciais de fornecimento de medicamentos contra o Estado de São Paulo no período de 1997 a 2004 possibilitou a conclusão de que o Poder Judiciário, ao proferir suas decisões, não toma conhecimento da política pública de medicamentos e vem prejudicando a tomada de decisões coletivas pelo sistema político, sobrepondo as necessidades individuais dos autores dos processos às necessidades coletivas. A política pública de medicamentos, porém, é editada conforme o direito para dar concretude ao direito social à assistência farmacêutica. As ideias centrais das decisões judiciais demonstraram que os juízes ignoram que os direitos sociais tendem a realizar a igualização de situações sociais desiguais, ligando-se ao ideal de justiça distributiva que vincula tanto o sistema político quanto o jurídico na tomada de decisões sob a perspectiva coletiva. 93,5% das decisões interlocutórias concederam liminar para que o Estado fornecesse o medicamento pleiteado pelo autor. Das sentenças proferidas pelos juízes, 90,3% julgaram a ação procedente, condenado o Estado de São Paulo a fornecer a medicação pleiteada pelo autor. Nenhuma sentença julgou o pedido do autor improcedente com o exame de mérito da ação, sendo que 96,4% das sentenças condenatórias determinaram o fornecimento do medicamento exatamente nos moldes requeridos na petição inicial. Em 10,7% das sentenças o Estado foi condenado o fornecer, ainda, outros medicamentos que venham a ser prescritos ao autor, de acordo com prescrição médica futura. Quando a decisão jurídica não considera as políticas públicas, como nesses casos, corre o risco de atuar fora dos limites estruturais do sistema jurídico, o que ameaça a própria manutenção da democracia (Marques; Dallari, 2007).

A judicialização da saúde por si só não importa em *ativismo judicial*, compreendido o fenômeno como a ultrapassagem das linhas demarcatórias da função jurisdicional, em detrimento principalmente da função legislativa, mas, também, da função administrativa e, até mesmo, da função de governo. Boa parte das decisões judiciais que pretendem garantir o direito à saúde, senão todas, porém, assumem perfil ativista e constituem inaceitável usurpação de competências cometidas pelo Constituinte a outros Poderes. A despeito da existência de farta doutrina e jurisprudência em sentido contrário, o direto à saúde é direito fundamental derivado, pois depende de concretização por meio de políticas públicas e de regulamentação legislativa, conforme se depreende da redação dos arts. 196 e 197 da CF. Essa caracterização é relevante porque demonstra que o exercício do direito à saúde resta condicionado e limitado pelas medidas de implementação adotadas pelo Poder Público, não se podendo admitir que magistrados, ao invés de exercerem o controle sobre as políticas de saúde, determinem a adoção de providências, que, na verdade, as substituem. Além disso, como as decisões em matéria de saúde são opções de conduta, com embasamento técnico, normativamente asseguradas ao Poder Executivo, estamos no campo da discricionariedade administrativa imprópria técnica. O ativismo judicial na implementação do direito à saúde equivoca-se ao pensar que pode solucionar as questões que lhes são apresentadas pela técnica da ponderação de normas-princípios constitucionais, fazendo tábula rasa da caracterização constitucional do direito à saúde como direito fundamental derivado, completado mediante medidas de implementação infraconstitucional. Uma das nefastas decorrências do ativismo dessas decisões judiciais é, assim, o completo olvido de normas legais que, de modo expresso e taxativo, impedem determinadas prestações em saúde, como nos casos dos medicamentos ou procedimentos médicos experimentais, bem como o dos medicamentos sem registro na Agência Nacional de Vigilância Sanitária (ANVISA). A ineficácia ou impropriedade da prestação de saúde preconizada pelo protocolo clínico ou relação de medicamentos somente poder ser reconhecida pelo Poder Judiciário se houver *erro manifesto de apreciação* por parte do gestor do SUS competente, sob pena de desrespeito à discricionariedade administrativa. Novas tecnologias em saúde somente podem ser introduzidas pela via judicial se estiverem presentes duas condições: I) a demonstração, após o devido contraditório, de que atendem a condições mínimas de eficácia, acurácia, efetividade e segurança; e II) a determinação da medida por meio de decisão revestida de efeitos *erga omnes*, em decorrência da propositura de ação civil pública. O ativismo judicial em matéria de saúde pública produz efeitos perniciosos, consistentes em uma intervenção do Poder Judiciário permeada de elementos potencialmente destrutivos das bases jurídico-normativas do regime democrático da CF, por distorções na solução de conflitos de justiça distributiva mediante o uso de raciocínios e instrumentos processuais construídos para a solução de conflitos de justiça comutativa, e pela desorganização do SUS com a redistribuição irracional dos limitados recursos financeiros e humanos para atender os autores que, em regra, pertencem aos extratos médio e superior da sociedade. O Supremo Tribunal Federal, fazendo uso de suas prerrogativas, deve editar súmula vinculante a respeito do tema, fixando alguns parâmetros para o controle judiciário das políticas públicas de saúde (Ramos, 2013).

No Estado de São Paulo, as demandas judiciais para o fornecimento de medicamentos vêm aumentando consideravelmente. No ano de 2006, a Secretaria de Estado da Saúde de São Paulo (SES/SP) gastou 65 milhões de reais para cumprir decisões judiciais somente da comarca da capital, referentes a 3.600 pessoas supostamente beneficiadas. Ao mesmo tempo, foram gastos 838 milhões de reais para o atendimento de 380 mil pessoas inscritas no programa de medicamentos excepcionais. Nesse mesmo ano foram gastos 18 mil reais por paciente de ação judicial, aproximadamente, enquanto o Programa de Medicamentos de Dispensação Excepcional consumiu 2,2 mil reais por paciente. Muitas das decisões judiciais infringem ou distorcem princípios do SUS, sobretudo o da equidade. Para comprovar isso, fez-se uma análise de dados cadastrados de 1º de janeiro a 31 de dezembro de 2006 no Sistema de Controle Jurídico (SJC) da SES-SP, na época contendo apenas demandas individuais ajuizadas na Capital contra o Estado de São Paulo; os dados encontrados foram comparados, então, com informações sobre a origem da receita médica, considerando a área de residência dividida em 06 extratos sociais, segundo o Índice Paulista de Vulnerabilidade Social (IPVS). Verificou-se que 954 itens diferentes de medicamentos foram solicitados, dos quais 28 (3%) não estavam disponíveis para venda no mercado nacional e 77% não pertenciam a programas de assistência farmacêutica do SUS. Com relação ao local de prescrição, 48% eram de receitas médicas da rede do SUS, 47% do sistema complementar (isto é, estabelecimentos particulares) e em 4% não foi possível identificar a origem do receituário. A maioria das ações analisadas foi ajuizada por advogados particulares, 47% com receitas da rede privada, e aproximadamente 73% dos pacientes residem nos três estratos de menor vulnerabilidade social no Município de São Paulo (a maioria no estrato 2). Esse quadro difere do encontrado em outros Estados em estudos científicos recentes (Prefeitura Municipal de SP, RJ e DF). Em conclusão, não resta dúvida de que a interferência do Poder Judiciário na política de saúde rompe o princípio da equidade ao favorecer as demandas dos que menos necessitam, em detrimento daqueles que só podem contar com o sistema público de saúde, ampliando a iniquidade já existente (Chieffi; Barata, 2009).

Esse fenômeno, que impõe por vezes o uso de tecnologias, medicamentos ou insumos de forma desorganizada e com forte impacto financeiro, vem sendo bastante sentido pela Secretaria de Estado da Saúde de São Paulo, que criou a Coordenação de Demandas Estratégicas do SUS (Codes), vinculada ao gabinete do Secretário, para auxílio da gestão da saúde. A análise do sistema informatizado de Codes no dia 31 de maio de 2010 permitiu destacar os seguintes aspectos: a) é crescente o processo de judicialização da saúde em São Paulo, estando registradas na ocasião 23.003 ações judiciais ativas (com dispensação ativa e periódica de itens); b) mandado de segurança e rito ordinário representaram 92% das ações; c) existe evidente concentração de ações judiciais em determinados municípios e também nos Departamentos Regionais de Saúde, destacando-se Bauru, Ribeirão Preto e São José do Rio Preto como os DRS com maiores índices de ações judiciais; d) poucos advogados (27) foram responsáveis por mais de 25% das ações em todo o Estado; e) as unidades de saúde que atendem exclusivamente o SUS responderam por cerca de 40% dos registros referentes ao local de tratamento do paciente; f) diabetes mellitus foi a doença principal mais frequente que demandou ações judiciais; g) os medicamentos foram os itens mais solicitados por via judicial, com destaque para as insulinas, nas suas diferentes apresentações; h) grande parte dos medicamentos solicitados judicialmente está incorporada na assistência farmacêutica do SUS ou possui similar terapêutico disponível; e i) estima-se em pouco mais de 512 milhões de reais ao ano o montante envolvido somente na aquisição dos itens destinados às ações judiciais no Estado, valor que supera em muito importantes programas assistenciais do Sistema Único de Saúde (Naffah Filho et al., 2010).

É muito comum, o deferimento de liminar para que a Secretaria de Estado da Saúde forneça medicamentos sem registro na ANVISA (Agência Nacional de Vigilância Sanitária), o que significa que não passaram por procedimentos de testes para a população brasileira, como exige a lei. E tudo baseado em uma simples prescrição médica, frequentemente contrária ao que exige a legislação sanitária, sem ouvir previamente o gestor da saúde (como aconselha a Recomendação nº 31 do Conselho Nacional de Justiça, de 30 de março de 2010) e em sede de liminar, sem produção de qualquer prova. Somente produtos fármacos com comprovada eficácia científica e segurança terapêutica obtêm registros e podem ser comercializados no país. Qualquer exceção a essa regra depende de rigorosa comprovação técnica, a ser realizada em instrução probatória do processo judicial, impossível em mandados de segurança. Também é comum a determinação judicial de produtos importados, um contrabando oficial ao arrepio da lei (art. 12 da Lei nº 6.360/76 e art. 19-T, incisos I e II, da Lei Orgânica da Saúde, na alteração promovida pela Lei nº 12.401/2011); de produtos de uso hospitalar para pacientes que os levam para sua casa e os aplicam sob sua conta e risco; de produtos que têm equivalentes na rede pública de saúde, com preferência por marca, uma apresentação e posologia; e produtos diversos como *shampoo*, creme de pele, papel higiênico, fralda descartável, pilha, copo plástico, filtro de água, como demonstram os dados da Secretaria de Estado da Saúde de São Paulo. A retirada de recursos econômicos de políticas públicas voltadas à população mais carente para o cumprimento de decisões judiciais que beneficiam poucos privilegiados, muitas vezes tratados em hospitais de elite e com médicos privados e caros, é coisa comum demais para ser ignorada (Mapelli Júnior, 2012b, p. 28-34).

No ano de 2005, foram ajuizadas 170 ações contra a Secretaria Municipal de Saúde de São Paulo requerendo o fornecimento de medicamentos, tendo os serviços do SUS sido responsáveis por 59% das prescrições médicas dos processos (26% municipais e 33% os demais). As doenças mais referidas foram câncer e diabetes (59%) e 62% dos itens constavam das listas oficiais do SUS. O gasto total para os itens não padronizados foi de R$ 876 mil e 73% dos produtos podiam ser substituídos por equivalentes disponíveis na rede de saúde. 75% do gasto total foi para a aquisição de antineoplásico, cuja eficácia terapêutica depende ainda de mais ensaios clínicos, e dois medicamentos judicializados não tinham registro no

Brasil. A falta de observância das diretrizes do SUS, da organização do atendimento em oncologia e das relações de medicamentos essenciais nestes processos compromete a Política Nacional de Medicamentos, a equidade no acesso e o uso racional de medicamentos no Sistema Único de Saúde (Vieira; Zucchi, 2007).

Na história brasileira, a saúde já foi vista como um favor do Estado (Império e República Velha, até o início da década de 1930), um serviço decorrente de um direito trabalhista ou um serviço privado (a partir da Era Vargas, na década de 1930) e como um direito fundamental e dever do Estado (após a Constituição de 1988). Os estudos da judicialização surgida após a configuração das instituições jurídicas na Constituição de 1988, entendida como a discussão, no campo do direito, dos conflitos político-sociais, surgiram com os contornos do direito fundamental da saúde, tendo como característica fundamental a centralidade do juiz na efetivação dos direitos. Diante dos limites do referencial judicial (o Poder Judiciário é inerte; supervalorização da decisão judicial, em detrimento de discussão maior com todos os atores sociais; redução do problema à proposição de ações judiciais julgadas, esquecendo-se de outras formas de intervenções extrajudiciais, sobretudo do Ministério Público), defende-se a ideia da juridicização da saúde, calcada na solução extrajudicial dos conflitos, por meio de diálogo e construção de consenso dos atores sociais, sem relação de hierarquia, evitando-se levar o conflito ao Poder Judiciário. Como verdadeiro ator de bastidores, o Ministério Público, deixando de lado a limitada via judicial, vem adquirindo um protagonismo na efetivação de direitos e na implementação de políticas públicas no Brasil, em uma nova forma de atuação jurídica que vai além da mera judicialização (Asensi, 2010).

A análise de ações judiciais individuais para o fornecimento de medicamentos propostas contra o Estado do Rio de Janeiro em 2005 (2.245 ações judiciais, sendo que 2.062 já tinham sentença proferida em dezembro de 2006), ano que registrou um aumento de 350% em relação a 2001, demonstrou que os pedidos foram julgados totalmente procedentes em 1.829 casos (89%), em 153 processos houve julgamento parcial para deferir o medicamento e não outros produtos (7% dos casos) e em 1% Estado e Município reconheceram que os medicamentos solicitados eram devidos (os restantes 3% dizem respeito a falecimento do autor, desistência da ação, etc.). Dos 334 fármacos e associações medicamentosas identificados nesses processos, 175 (52%) estão listados nos programas específicos ou na RENAME e os restantes, 159 produtos encontrados (48%), não estão padronizados. Não houve, ressalta-se, um único indeferimento de pedido pelo Poder Judiciário. Na fundamentação jurídica, os juízes utilizam-se apenas do art. 196 da Constituição Federal e da Lei n. 8.080/90, não fazem qualquer referência à seleção de medicamentos e às listas ou programas oficiais e ignoram completamente a política pública de medicamentos (Borges; Ugá, 2010).

Em um estudo descritivo sobre 827 processos judiciais com 1.777 pedidos de medicamentos de 2005 a 2006, no Estado de Minas Gerais, a origem do atendimento médico foi identificada em 535 processos: 70,5% receberam atenção no sistema privado de saúde e 25,8% no SUS. Dos medicamentos, aproximadamente 5% não continham registro na ANVISA, 19,6% estavam presentes na RENAME e 11,1% eram essenciais, de acordo com a lista da OMS. Quase um quarto compunha o PMAC (Programa de Medicamentos de Alto Custo), 10,9% eram do componente básico, 3,5% eram dos Programas Estratégicos e 56,7% não pertenciam a nenhum programa da SES/MG. Dos 1.008 medicamentos não incluídos em programas da SES/MG, observou-se existência de alternativa terapêutica para 79,0% e falta de alternativas para 16,9% (Centro Cochrane e literatura científica). Como grande parte dos pacientes que buscaram o Poder Judiciário de MG era atendida no sistema privado de saúde e procurou a advocacia particular, aproximadamente 56% dos medicamentos não estavam incluídos em programas do SUS, e cerca de 80% dos produtos tinha alternativa terapêutica na rede pública, conclui-se que a judicialização excessiva pode ser um obstáculo para a consolidação da PNM (Política Nacional de Medicamentos), que objetiva garantir à população medicamentos eficazes, seguros e de qualidade por meio da promoção de seu uso racional (Machado et al., 2011).

A partir de dados compreendidos no período de 2000 a 2007, no âmbito do Tribunal de Justiça de Minas Gerais, é possível apontar o perfil das decisões judiciais mineiras. Em regra, o direito à saúde é elevado a um *status* superior a qualquer outro direito, já que interpretado como intimamente ligado à vida, pouco importando contingências econômicas e administrativas e até mesmo o direito à participação democrática da população na formulação de políticas públicas. O TJMG não considera que a concessão de diversos serviços de saúde por meio de decisões judiciais seja uma interferência no Executivo, entende que as questões orçamentárias e as políticas públicas de saúde são entraves burocráticos que não podem inviabilizar o direito à saúde (21,5% dos julgados assim decidiram), e frequentemente concede pedidos de medicamentos sem registro na Agência Nacional de Vigilância Sanitária (ANVISA), a despeito do risco que podem correr os pacientes. Uma das justificativas para a concessão destes medicamentos é a de que apenas o médico que acompanha o paciente pode questionar a prescrição, raramente se permite a utilização de perícia (apenas 0,32% dos casos) e a grande maioria dos julgados aceita o mandado de segurança como meio processual adequado (78,8% das ações interpostas no período). Apesar da principal ferramenta utilizada pelo Ministério Público ser a ação civil pública, 72,1% das suas ações trata de interesses individuais. O Poder Judiciário mineiro associa a integralidade à ideia de consumo e a desvincula das políticas públicas, reafirma a solidariedade entre os gestores do SUS em detrimento da descentralização instituída pela legislação, e concede os medicamentos em sede de liminar com frequência (no ano de 2006, dos 1.077 acórdãos estudados, em aproximadamente 84% deles). Deve-se reconhecer, porém, que começa a se preocupar com o possível abuso do uso da via judicial e a ampliação do diálogo com diversas instituições para analisar a judicialização da saúde, como no Fórum Permanente de Discussão de Questões Relacionadas ao Direito à Saúde (Zhouri et al., 2010).

No período de 1º de janeiro de 2009 a maio de 2010, foram encontradas 33 ações judiciais para medicamentos sem registro na ANVISA, beneficiando o mesmo número de indivíduos, que levaram a processo de importação da Secretaria de Estado da Saúde de Minas Gerais. Esse número corresponde a aproximadamente 1% dos pedidos judicializados na SES/MG. Dos 30 itens adquiridos, 14 ainda não possuíam registro na ANVISA, no final da pesquisa. Aproximadamente 17% também não possuíam registro junto ao departamento americano FDA (Food and Drug Administration) e à agência europeia EMEA (*European Medicines Agency*). Do total de 12 medicamentos, dez tinham registro no FDA e 06 na EMEA. A análise dos dados permite verificar que atualmente exige um maior cuidado por parte do judiciário nesse tipo demanda. Apesar disso, tem prevalecido uma ética individualista, segundo a qual a saúde não tem preço e vale qualquer esforço para salvar uma vida, o que tem levado à concessão de medicamentos em registro, sobrepondo-se as decisões às regras sanitárias do país. O registro no exterior, por outro lado, não é prova definitiva da eficácia plena e segurança do produto, que não se submete ao controle das autoridades sanitárias brasileiras. Conclui-se que a regulamentação sanitária de medicamentos é uma forma de proteção do usuário/paciente, devendo ser fortalecido o papel da ANVISA, e que 33 pacientes passaram a fazer uso de medicamentos sem o devido nível de evidência desejado quanto a sua segurança e eficácia e sem um acompanhamento adequado da farmacovigilância (Fagundes; Chiappa, 2010).

A regulação da pesquisa científica no Brasil é feita pelo Conselho Nacional de Ética em Pesquisa (CONEP) e pela ANVISA, devendo o interessado em tratamento experimental assinar um Termo de Consentimento Livre e Esclarecido (Resolução RDC/Anvisa nº 39/2008). Existem decisões do Tribunal de Justiça do Rio Grande do Sul indeferindo pedido de tratamento experimental de uma única pessoa em Cuba, caro e de resultado duvidoso, em prejuízo de milhares de outras que não recebem os remédios indispensáveis; ou determinando a participação do laboratório no processo na condição de litisconsórcio necessário, porque os custos seriam de sua responsabilidade. No Superior Tribunal de Justiça (STJ), em caso praticamente idêntico a outro anterior cuja segurança foi deferida, mandado de segurança para tratamento experimental em Cuba foi indeferido por não haver recomendação médico-científica, critério a ser exigido inclusive para não comprometer toda a política de saúde. No Supremo Tribunal Federal (STF) a discussão apenas se inicia. Apesar disso, como a judicialização da saúde tem atingido também tratamentos experimentais e remédios sem registro sanitário, autoridades têm reagido contra esse abuso, como fez o Senador Tião Viana com o Projeto de Lei nº 219/2007, para incluir uma proibição expressa na Lei Orgânica da Saúde. Debates ocorreram no STF (audiência pública de 2009) e no Conselho Federal de Medicina. Ao final, tem-se que não há permissão legal para que recursos públicos sejam utilizados para custear tratamentos experimentais, e a obtenção judicial dos produtos sem registro sanitário viola normas de ética em pesquisa, coloca em risco a saúde de pacientes e desvia recurso financeiro do SUS para custeio de pesquisa científica (Moreira et al., 2010).

A indústria farmacêutica é uma das indústrias mais poderosas e ricas do mundo, lucrando em torno de US$ 200 bilhões de dólares por ano nos Estados Unidos com a venda de medicamentos vendidos sob prescrição médica. Esse valor não inclui, porém, as elevadas quantias gastas com medicamentos administrados em hospitais, asilos ou consultórios médicos, pois nesses casos geralmente o valor é embutido no custo destas instituições. As empresas do setor farmacêutico gastam um valor ínfimo com Pesquisa & Desenvolvimento, mas grandes quantias em marketing e administração; de outro lado, não são particularmente inovadoras e dificilmente podem ser consideradas um modelo da livre-iniciativa norte-americana, já que dependem totalmente de monopólios e recursos concedidos pelo governo. A partir de 1980 e especialmente durante a administração de Reagan, o Congresso promulgou uma série de leis projetadas para favorecer a farmaindústria e o aumento de seus lucros estratosféricos, impulsionando inclusive uma perniciosa ligação com as universidades. A mais famosa é a lei *Bayh-Dole* que permitiu que universidades e pequenas empresas patenteassem descobertas decorrentes de pesquisas patrocinadas pelo *National Institutes of Health* (NIH), o principal distribuidor de recursos provenientes de impostos para a pesquisa médica. Descoberto o novo fármaco, uma licença exclusiva é concedida aos laboratórios farmacêuticos que depois, por meio de advogados, ingressam na Justiça para aumentar o tempo de suas patentes e impedir a concorrência de outras empresas. Para prorrogar os direitos dos monopólios de medicamentos de marca registrada outra legislação foi aprovada em 1984, a lei *Hatch-Waxman*, e para reforçar essa possibilidade outras leis surgiram na década de 1990. O principal negócio da indústria farmacêutica é o medicamento de imitação, pois com pequenas alterações nas fórmulas químicas ou maquinações em sua função terapêutica, novos medicamentos, bem mais caros e iguais ou piores do que outros já disponíveis no mercado, são lançados com ampla propaganda e marketing. Entre 1998 e 2002, 415 novas drogas foram aprovadas pela *Food and Drug Administration* (FDA), mas somente 14% eram realmente inovadoras. Outros 9% eram drogas antigas modificadas de alguma forma que, sob a ótica da FDA, representava aperfeiçoamentos significativos. Os 77% restantes eram imitações de outras drogas já existentes. Isso vem ocorrendo porque os laboratórios farmacêuticos precisam comprovar, apenas, que os novos medicamentos sejam eficazes, comparando-os com placebos (pílulas de açúcar), e não fazem comparação com tratamentos já existentes, um disfarce permitido pelas alterações legislativas. Outras estratégias da indústria farmacêutica consistem na prorrogação de patentes, inclusive por meio de advogados, no lançamento de droga idêntica testada para resultados ligeiramente diferentes em tipos ligeiramente diferentes de pacientes, depois anunciada como melhor para aqueles usos, na criação de doenças novas e discutíveis para vender novos produtos, na propaganda vinculando os medicamentos a artistas e atletas, na manipulação de ensaios clínicos, e no pagamento de dinheiro e vantagens a médicos, como restaurantes finos, viagens para o exterior com a família, e propinas e subornos, dentre outras atividades ilícitas (Angell, 2010, p. 9-35, 91-109 e 131-150).

Para revitalizar seu papel no setor saúde nos Estados Unidos, a indústria farmacêutica vem formulando novas estratégias, pensadas para criar um novo modelo de tratamento das doenças, produzir drogas para pessoas saudáveis e promover medidas para converter usuários/pacientes em clientes/consumidores. Essas estratégias, que podem ser compreendidas como "reformas silenciosas" (*silent reforms*) na medida em que buscam alterar as regras para o setor saúde sem passar pelo processo legislativo e pelo debate público, surgiram, sobretudo, a partir da metade dos anos 90. Elas podem ser sintetizadas da seguinte forma: a) alterações sutis nas regras sanitárias, sejam elas referentes ao processo para a obtenção do registro das drogas, agora facilitado e agilizado com taxas pagas pela indústria farmacêutica, sejam elas referentes à publicidade, promovida nos mais diversos meios de comunicação (televisão, rádio, *internet*, correios, etc.) com o objetivo não apenas de vender drogas, mas de criar nos consumidores um estado de medo de se tornar doente, ficar velho e morrer; b) maior influência nos órgãos dos experts que definem as doenças e os tratamentos, movendo-se de uma posição de mera promoção de drogas para a de criação de novas doenças que levem à necessidade de novos produtos fármacos, como fica claro nos casos de drogas cosméticas, sexuais ou psíquicas; c) controle das demandas dos consumidores/usuários, subsidiando suas organizações e treinando seus membros a procurar por tratamentos *off label*, promovendo campanhas de orientação farmacêutica em escolas, comunidades e dentro de empresas (ex.: Ford e General Motors) e incentivando *websites* sobre doenças crônicas, condições para uma vida saudável e problemas de saúde mental. A indústria farmacêutica exporta dos Estados Unidos para outros países, por meio de suas subsidiárias, seus novos modelos de negócios e estratégias para ganhar o mercado, fazendo hoje uma espécie de "biomedicalização" – paralelo com a "medicalização da doença", conceito desenvolvido nos anos 1970 –, um ilusório discurso no qual a morte não somente pode ser postergada, mas também prevenida. Em outros termos, os consumidores são convencidos a perseguir um ideal de eterna juventude e plena energia, devendo exercitar uma vigilância e um controle estrito nos riscos que possam ameaçar sua saúde, sendo os responsáveis pela busca de informações e pela utilização de drogas, novos produtos e tecnologias. Estas estratégias estão chegando em outros países e o Brasil é um caso emblemático, pois, baseado no direito à saúde garantido na Constituição, os juízes vêm proferindo decisões judiciais que condenam o sistema público de saúde a fornecer novos tratamentos, um passo decisivo na criação de um consumidor da saúde. O aumento significativo das ações judiciais para novos tratamentos de saúde, em geral ajuizadas pelas classes média e alta que buscam tratamentos caros e especializados, em detrimento dos serviços básicos destinados para a maior parte da população, pode estar ameaçando o próprio direito constitucional da saúde, pois os recursos são limitados (Iliart et al., 2011).

No Brasil, conforme demonstrou um estudo das ações judiciais propostas por pacientes residentes na capital de São Paulo que receberam medicamentos por meio de processos contra a Secretaria de Estado da Saúde no período de 1º de janeiro a 31 de dezembro de 2006, há uma forte concentração de poucos medicamentos de alto custo em poucos advogados e médicos, sugerindo uma estratégia de inclusão de tecnologia no SUS da indústria farmacêutica. Em 2.927 ações ajuizadas por 565 agentes, 549 eram advogados particulares (97,2% do total). 35% das ações foram ajuizadas por 1% dos advogados, sendo certo que 36 advogados foram responsáveis por 76% dos processos. Com relação ao tipo de medicamento, há concentração também dos advogados: 31 advogados diferentes pediram 14 medicamentos em 1.309 processos, mas destes, 11 advogados foram responsáveis por 613 processos (47%); acima de 70% das ações judiciais pleiteando medicamentos como palivizumabe, rituximabe, bevacizumabe e aripiprazol foram ajuizadas por um único advogado, e entre 59% e 70% das demandas de adalimumabe, erlotinibe, perginterferona e etanercepte também foram ajuizadas por um único advogado. Com relação aos médicos, embora em menor proporção, há concentração de processos por médico prescritor segundo medicamento e fabricante, destacando-se um único profissional que foi o responsável por 66% dos 59 processos solicitando o medicamento erlotinibe. Como a maioria dos processos destina-se a medicamentos caros, de introdução recente na prática médica e pouco acúmulo de uso, não padronizados no SUS e por vezes sem o registro na ANVISA, e há a concentração de medicamentos em poucos advogados, pode-se concluir que há uma estreita relação entre os advogado e o fabricante, que também influencia médicos por meio de palestras, amostras grátis e propaganda (Chieffi; Barata, 2010).

Como o setor farmacêutico vem se utilizando de novas estratégias de expansão do mercado, sem a devida transparência, é necessário avaliar até que ponto interesses econômicos podem estar interferindo no processo de judicialização, causando mais danos do que benefícios à saúde da população brasileira. Embora não se negue que lacunas deixadas pelas políticas públicas muitas vezes fazem com que a população busque meios jurídicos para conseguir seu tratamento, diversos estudos científicos demonstram que o setor farmacêutico está entre os mais globalizados e lucrativos do mundo, atuando sistematicamente para induzir o consumo de medicamentos, inclusive por meio de ações judiciais. Já se demostrou que a farmaindústria, ao contrário do que alega, gasta muito mais com *marketing* do que com Pesquisa e Desenvolvimento (P&D), e faz o emprego de mecanismos discutíveis para vender remédios: propaganda em diversos meios de comunicação, palestras de especialistas para convencer *opinion makers,* matérias em jornais e revistas defendendo novos procedimentos terapêuticos e novas doenças, utilização do processo de "redefinição" de doenças (*disease mongering*), financiamento de *ghost-writers* para publicação rápida de resultados favoráveis à indústria, e pagamento de recompensas financeiras a centros médicos. Além disso, já foi revelada sua influência sobre agências reguladoras e, nos últimos anos, o uso de *sites* de relacionamento da *internet* como Myspace e Facebook para vendar mais remédios. Nesse processo, vem se destacando o estreitamento do relacionamento da farmaindústria com as associações representativas de doentes, para as quais faz propaganda de novos produtos e contribui com recursos econômicos que as financiam. Estudos comprovam, por exemplo, que cerca de um terço das associações de câncer de mama do fórum italiano Europa Donna recebem patrocínio financeiro das indústrias farmacêuticas (Mosconi, 2003), 95% dos recursos da *The National Prostate Cancer Coalition* vêm de diversos laboratórios financeiros (Lenzer, 2003), diversas associações civis são criadas e financiadas no Reino Unido (Herxheimer, 2003), como ocorre com diversas *homepages* de organizações de pacientes (Ball et al., 2006), e é constante a doação de dinheiro para as associações de pacientes americanos, conforme constatou estudo da *New Scientist* (Marshall; Aldhous, 2006). Embora não haja pesquisas publicadas no Brasil comprovando esse processo, encontramos indícios disso em várias situações, como expresso na fala do Ministro da Saúde na audiência pública do STF em 2009, ou nas medidas para garantir o acesso de produtos de saúde nos países em desenvolvimento a despeito das patentes defendidas pela indústria farmacêutica, como ocorreu em 2008, na 61ª Assembleia Mundial da Saúde. Em 2008, aliás, um estudo da ONG *Essential Action* sobre um documento apresentado na ocasião, comprovou que 61 das 110 entidades signatárias tinham ligações com indústrias farmacêuticas ou de equipamentos médicos, sendo 9 delas brasileiras. Reportagem jornalística da Folha de São Paulo de 2008 demonstrou, por outro lado, que a farmaindústria oferece dinheiro para as organizações de pacientes no Brasil, como a ABCâncer, que dela recebe ao menos 70% do seu orçamento anual (R$ 936 mil, de cinco laboratórios), ou a Abrale, que em 2007 recebeu R$ 1,5 milhões de reais de oito laboratórios (Collucci; Westin, 2008). É fundamental, portanto, aprofundar os conhecimentos sobre as relações existentes entre o setor farmacêutico e as associações representativas de portadores de doenças e os *advocacy groups*, pois podem agravar o panorama da saúde brasileira, impactando a judicialização da saúde e causando o uso acrítico e irresponsável dos medicamentos (Soares; Deprá, 2012).

No debate sobre a "justiciabilidade" (*justiciability*) da saúde, os participantes se utilizam quase sempre de argumentos teóricos para defender ou criticar o papel das cortes em países democráticos na afirmação dos direitos sociais e econômicos, ou se perdem em discussões abstratas sobre a sua capacidade institucional de interferir em políticas públicas. Quando se analisam os dados empíricos sobre a judicialização da saúde no Brasil, em uma abordagem mais prática, pode-se chegar às seguintes ponderações, a maior parte perfeitamente aplicáveis a outros direitos sociais e econômicos: (1) quando impelidas a afirmar alguns direitos sociais, as cortes têm uma tendência (e um incentivo) a interpretar esses direitos de maneira absoluta e individual; (2) essa interpretação acaba beneficiando os litigantes (geralmente uma minoria privilegiada) em detrimento do resto da população; (3) como os recursos públicos são necessariamente limitados, a judicialização naturalmente produz a realocação de recursos de programas destinados à população em geral para essa minoria litigante; e (4) ao contrário do que sustentam alguns estudiosos, o aumento do acesso da população às cortes não resolve o problema.

Sobre "como" as cortes podem decidir questões afetas ao direito de saúde, se é que estariam preparadas para tanto, existem dois tipos de enfoque utilizados na adjudicação dos direitos sociais, oscilando entre uma visão mais procedimental (menos intrusiva, observando as regras das políticas públicas) para uma mais substancial (e muito mais intrusiva). Ainda que se admita a "justiciabilidade", é preciso analisar o fenômeno na prática, considerando os dados empíricos já registrados. Assim, no caso específico da judicialização da saúde no Brasil, sabe-se que as ações judiciais já foram utilizadas para cidadãos brasileiros terem acesso a remédios e tratamentos para o HIV, sobretudo entre o final de 1990 e o começo de 2000, e depois as demandas foram direcionadas para as mais diversas patologias, como diabetes, hipertensão, artrite reumatoide, câncer, doenças dos olhos, e muitas outras. Como o art. 6º e o art. 196 da Constituição Federal de 1988 não delimitaram os contornos do direito à saúde, não havendo clareza a respeito dos tratamentos, equipamentos e medicamentos que integrariam esse direito ("normas vagas e indeterminadas"), o Poder Judiciário foi acionado para decidir em diversos casos concretos. Ao contrário da Corte Suprema Sul-africana, que se recusa a suplantar decisões administrativas tomadas por órgãos políticos que tecnicamente optam por determinadas políticas, o Poder Judiciário Brasileiro tem sucumbido a definir o direito social, independentemente das políticas públicas. O principal argumento foi trazido em um caso paradigmático que chegou ao Supremo Tribunal Federal (STF) em 1998, ajuizado por João Batista Gonçalves Cordeiro, portador de uma rara doença chamada distrofia muscular de Duchenne, que buscava um tratamento experimental em uma clínica particular nos Estados Unidos. Apesar do voto do Ministro Sepúlveda Pertence, que negava o tratamento sob o argumento de que afastar-se dos programas oficiais do Estado formulados com base nos limitados recursos públicos seria prejudicar milhões de pacientes pobres, venceu o posicionamento do Ministro Celso de Mello, cujo voto apontava para razões ético-jurídicas para, entre o interesse individual à vida e à saúde e o interesse financeiro e "secundário" do Estado, o juiz optar pelo primeiro.

Analisando a jurisprudência atual do Brasil sobre o direito à saúde, percebem-se vários erros graves: (1) o direito à saúde é visto individualmente como direito absoluto, a qualquer tratamento, equipamento e remédio, independentemente de seus custos; (2) em um país no qual os 10% da população mais rica detém mais de cinquenta vezes o rendimento dos 10% mais pobres, onde a mortalidade infantil dos 20% mais pobres é quase três vezes mais alta que aquela dos 20% mais ricos, e onde grande parte da população não tem ainda acesso a cuidados primários de saúde e saneamento básico, a judicialização tem servido para uma minoria privilegiada obter judicialmente tratamento de alto custo, em prejuízo da população mais carente; (3) ainda que se pense que o aumento do acesso dos pobres à justiça possa ser uma solução, isto não corresponde à realidade, pois seria necessária uma mudança de mentalidade na sociedade, que no primeiro mundo defende o direito a um "mínimo existencial" ou "mínimo vital" para que todos tenham saúde (há exemplos em Oslo, na Noruega, e na Alemanha), mas no Brasil acaba reforçando privilégios porque aportes significativos de recursos que deveriam ser canalizados para garantir um mínimo decente de bens sociais são transferidos para fornecer tratamentos específicos e caros para poucos. Acrescente-se a isso que os juízes brasileiros, que estão entre os privilegiados na desigual distribuição de renda no Brasil (houve greve de juízes federais em 2011, porém, para aumento de renda), dificilmente estariam propensos a julgar a favor da maioria, no sentido de mudança de paradigma que propiciasse uma significativa redistribuição de recursos do rico para o pobre (Ferraz, *Texas Law Review*, 2011).

Há uma crença difundida entre os estudiosos do direito, advogados e juízes do Brasil de que a implementação de direitos sociais e econômicos previstos na Constituição pela via judicial seria uma forma alternativa de voz institucional aos pobres, geralmente marginalizados nas políticas públicas. A percepção de que a judicialização desses direitos significaria maior transparência e aperfeiçoamento das políticas públicas, porém, está baseada apenas em estudos teóricos e doutrinários, sem análise de dados concretos. No caso da judicialização da saúde, é preciso considerar que o papel do Poder Judiciário no Brasil está condicionado pelas características do Sistema Único de Saúde, segundo as quais todos os indivíduos têm direito ao acesso gratuito de medicamentos, exames, tratamentos, cirurgias e operações, etc. de que necessitam, mas existem programas oficiais de dispensação de medicamentos do Ministério da Saúde, bem como, pelas características dos processos judiciais, quase sempre de caráter individual e de efeitos *inter partes*. No presente estudo, um questionário detalhado foi aplicado à população que busca medicamentos na Farmácia Judicial da Secretaria de Estado da Saúde, obtidos judicialmente na capital do Estado, no período de 27 de março a 26 de abril de 2007. Em uma amostra de 160 pessoas de uma população total de 3.652, foram obtidas informações que demonstram a inconsistência da crença generalizada sobre as vantagens da judicialização. Em sua grande maioria, as pessoas obtiveram a prescrição médica de um hospital ou clínica particular (60,63%), receberam a informação sobre a possibilidade de obter o medicamento via judicial do médico (55,42%, sendo que advogados particulares o fizeram em apenas 1,8% dos casos), ajuizaram as demandas por meio de advogados particulares (38,75% particulares e 21,25% de advogados de organizações não governamentais privadas; o Ministério Público foi responsável, porém, por 30,63% das ações); os autores eram assalariados (35,63%) ou trabalhadores registrados (16,88%), quase metade deles vivendo em áreas da capital consideradas acima dos índices de inclusão social, ou seja, eram pertencentes às classes alta ou média, possuindo em geral um relativo nível de educação. Os três medicamentos mais judicializados são extremamente caros, para tratamentos de diabetes (23,74%), câncer (20%), artrite (18,13%); no primeiro caso, a despeito da legislação brasileira que exige que o tratamento oncológico seja prestado integralmente no mesmo local, há absoluta prevalência de pacientes tratados em hospitais ou clínicas privadas (84,38%, contra 12,5% de hospitais públicos universitários e apenas 3,12% de hospitais públicos comuns). A análise destes dados não deixa dúvidas de que os beneficiários das decisões judiciais são em grande maioria aqueles de melhor condição econômica, tratados em hospitais e clínicas particulares, pessoas que afirmaram que usualmente não usam os hospitais públicos (60%), pertencentes ao menos à classe média. Não são pobres no contexto brasileiro. Outra conclusão é a de que claramente são identificáveis dois grupos de autores judiciais: o primeiro consiste em pessoas de baixa renda, cujas prescrições médicas geralmente são obtidas em hospitais públicos e ajuízam ações por meio do Ministério Público, para drogas não sujeitas a prescrição médica ou de valor econômico baixo; o outro grupo consiste em indivíduos de alta renda, cuja prescrição médica foi obtida em um hospital privado e as ações ajuizadas por advogado privado, geralmente para drogas caras. A judicialização, portanto, não está servindo para garantir serviços públicos mais democráticos e acessíveis à população mais carente (Silva; Terrazas, 2011).

O debate moral e as diretrizes internacionais sobre o acesso de pacientes aos medicamentos experimentais depois da realização da pesquisa, sobretudo o Princípio 30 da Declaração de Helsinki e a Nota de Clarificação da 55ª Conferência da Associação Médica Mundial (2004), dão a entender que, apesar de não haver um consenso exato sobre o tema, a disponibilização do tratamento pesquisado aos pacientes após a fase experimental deve ser considerada e discutida previamente entre pesquisadores e responsáveis, com transparência para pacientes e comissões de ética. No Brasil, porém, a Resolução nº 196/1996 do Conselho Nacional de Saúde (CNS) garante aos pacientes do projeto de pesquisa todos os benefícios que dele decorrem, como o faz também a Resolução nº 251/1997, do CNS, que trata especificamente das drogas experimentais. Embora a responsabilidade pelo tratamento pós-pesquisa seja atribuída primordialmente ao responsável pela pesquisa (quase sempre as indústrias farmacêuticas), como não há na realidade uma definição clara de quem deve ser o responsável, havendo decisões judiciais ora condenando a indústria farmacêutica, ora o Sistema Único de Saúde (SUS), apenas porque assim o escolheu o autor da ação judicial, isso vem criando uma situação confusa. Sabendo que a responsabilidade judicial é imprevisível, o Estado e os responsáveis pela pesquisa não se responsabilizam mais e, havendo condenação, acionam judicialmente o outro responsável, buscando indenização. Diretrizes apontadas nas decisões judiciais do Ministro Gilmar Mendes após a audiência pública da saúde (2009) indicam que a responsabilidade pelos tratamentos experimentais não pode ser do Estado, uma vez que a indústria responsável pelo experimento é que tem o dever de continuar o tratamento do doente após o término da pesquisa que lhe interessou. Nenhum caso concreto sobre o acesso a tratamento pós-experimento, porém, chegou ainda ao Supremo Tribunal Federal (STF). (Wang; Ferraz, 2012).

Reconhecida como um direito, a saúde passou a ser objeto de atenção especial da sociedade e do Estado, o que gerou ampla inovação legislativa, significativa reorganização da administração pública e proliferação de garantias jurídicas constitucionais para a sua proteção, como a criação de um sistema público de saúde universal, integral, igualitário e gratuito, denominado Sistema Único de Saúde (SUS), modelado para o atendimento de todo ser humano em território nacional, de forma não discriminatória e equitativa. A efetivação do direito à saúde em respeito aos princípios da universalidade e da integralidade está intimamente relacionada com a compreensão que se tem sobre a abrangência de tais princípios no Brasil. A indefinição sobre os reais contornos do dever do Estado no que se refere ao oferecimento integral de serviços e produtos de saúde, bem como, a incapacidade estatal de suprir a demanda da população, como no caso do tratamento de pacientes portadores de doenças raras, explica o incremento da judicialização da saúde no Brasil. Sobre a incorporação tecnológica no SUS, depois da criação da Comissão de Incorporação de Tecnologias (CITEC) do Ministério da Saúde, cuja produção foi bastante tímida, surgiu a Comissão Nacional de Incorporação de Tecnologias no Sistema Único de Saúde (CONITEC), instituída pela Lei 12.401/2011 em razão das discussões sobre a amplitude da integralidade no SUS, baseada no modelo britânico do *National Institute for Health and Clinical Excelence* (NICE). Meses depois iniciou-se uma importante redefinição dos marcos regulatórios que definem os contornos da integralidade do SUS, como aqueles trazidos pela regulamentação de aspectos da Lei 8.080/90 pelo Decreto 7.646/2011 e as portarias que estabeleceram a Relação Nacional de Medicamentos Essenciais (RENAME) e a Relação Nacional de Ações e Serviços de Saúde (RENASE) em 2012. No caso das doenças raras e dos medicamentos órfãos, não existe uma política específica e um documento oficial sobre o assunto, mas há uma Política Nacional de Assistência Farmacêutica, com medicamentos que por vezes são destinados a esse grupo de patologias (componentes básico, estratégico e o de medicamentos de dispensação excepcional), e uma Política Nacional de Atenção Integral em Genética Clínica (PNAIGC), tendo os pacientes de doenças raras como principais beneficiários. A análise destas políticas permite concluir que há falhas na cobertura brasileira para as doenças raras, o que resulta, ao menos em tese, em uma violação dos princípios da integralidade e da universalidade. As demandas por incorporação tecnológica na CITEC (2006-2011) e na CONITEC (a partir de 2012) demonstram que as doenças raras são predominantes entre os protocolos de incorporação da CITEC (55,7%) e da CONITEC (58,8%), deixando evidente a tensão entre esse tipo de doença e os princípios da universalidade e da integralidade. As inovações trazidas pela Lei 12.401/2011 ainda não foram plenamente incorporadas ao sistema e o fornecimento pelo sistema público somente dos serviços que constarem dos protocolos clínicos aprovados pelo Ministério da Saúde significa ofensa ao princípio da integralidade e ao da universalidade, pois uma pessoa com necessidades comprovadas de saúde não será atendida. A opção atual institucionalizada com a CONITEC, os PCDTs (Protocolos Clínicos e Diretrizes Terapêuticas) e as relações de serviços e medicamentos aposta na capacidade regulatória do Estado ao definir uma instância capaz de delimitar os contornos da integralidade, havendo necessidade, nesse caso, de indução estatal de um setor produtivo eficiente e capaz de satisfazer as necessidades da população do país, de ampliação da governança das políticas públicas, com a ampliação da participação social, e de globalização das instâncias de tomada de decisão. Por mais desenvolvido que seja um sistema de incorporação de novas tecnologias, sempre haverá exceções, casos especiais, sendo fundamental o fortalecimento das instituições democráticas de participação no sistema de saúde – conferências e conselhos de saúde, consultas e audiências públicas, dentre outras, para favorecer decisões mais eficazes e legítimas. O grande desafio, portanto, é conseguir organizar um sistema que ao mesmo tempo dê conta dos casos mais prevalentes da sociedade e dos casos raros ou que não se encaixam nos protocolos clínicos. Embora a criação da CONITEC e os novos contornos da integralidade dados pela Lei 12.401/2011 sejam avanços importantes que podem resultar em melhoria da eficácia e racionalidade do sistema público de saúde, é de se ressaltar que sempre haverá alguma exceção a exigir dos poderes executivo, legislativo e judiciário uma medida também de exceção para garantir o direito à saúde de pessoas portadoras de doenças raras ou necessidades especiais que não se encaixam nos protocolos estatais. A judicialização da saúde é, em estados democráticos de direito, uma importante via de acesso a serviços e produtos não incorporados ao sistema público de saúde para quem apresente necessidades diferenciadas (Aith et al., 2014).

Em uma revisão sistemática da literatura sobre os litígios por direito à saúde no Brasil, na Colômbia e em Costa Rica, foram identificados 30 estudos (Brasil 19, Colômbia 10 e Costa Rica 1). A decisão judicial foi frequentemente favorável aos demandantes: Colômbia (75%-87%), Costa Rica (89,7%) e Brasil (70%-100%). Na Colômbia, as demandas foram ajuizadas para obter benefícios previstos no Plano Obrigatório de Saúde (41%-69,9%). No Brasil se identificou uma variação importante de ações judiciais entre o Programa de Medicamentos de Dispensação Excepcional (13%-31%) e os medicamentos básicos do Sistema Único de Saúde (aproximadamente 50%). Com relação ao total das demandas, as de medicamentos variaram bastante (Colômbia 11,9%-35,6%, Costa Rica 30,2% e Brasil 49,6%). Dois estudos no Brasil encontraram uma diferença estatisticamente significativa ao comparar as ações judiciais por medicamentos excepcionais com os outros medicamentos, considerando o estrato social ou as demandas nos municípios com maiores indicadores econômicos. Há referência a uma concentração de demandas na prescrição de medicamentos por um grupo específico de médicos. A prescrição nem sempre foi sustentada em evidência científica. Outro estudo revelou que na metade dos casos os custos com o processo judicial mostraram-se superiores aos custos dos serviços demandados. O aumento progressivo dos gastos com a saúde por conta da judicialização, comum nos três países estudados, foi demonstrado no Brasil pelo Ministério da Saúde, cujos gastos foram 3,2 vezes maiores em 2007 do que em 2002, enquanto o gasto com medicamentos passou de 5,4% em 2002 a 10,7%, com uma grande influência no Programa de Medicamentos de Dispensação Excepcional, cujo incremento entre 2003 e 2007 chegou a 252%. A judicialização da saúde é um fenômeno comum aos países estudados, com semelhanças em suas causas, natureza e repercussões segundo o contexto de cada país. Os estudos incluídos mostram as deficiências dos sistemas de saúde em garantir o acesso aos diversos serviços, bem como, na incorporação de novas tecnologias sanitárias (Reveiz et al., 2013).

A revisão da literatura científica acima registrada possibilitou, na realidade, a percepção de que existem graus ou níveis de análise do direito à saúde nos artigos e livros explorados, dependendo de maior especialização ou não no tema estudado. Ficou claro que os estudos mais próximos do Direito Constitucional focam principalmente a saúde como direito humano e sua inserção no ordenamento jurídico, enquanto trabalhos mais especializados no controle judicial das políticas públicas e na judicialização da saúde, sem deixar de admitir a exigibilidade judicial do direito à saúde, não poupam críticas ao modo como a intervenção do Poder Judiciário está ocorrendo. Os estudos mais tradicionais, nitidamente impulsionados por conhecimentos de teoria constitucional, que foram resumidos no início deste capítulo, certamente são importantes para a dogmática jurídica, pois serviram para solidificar o pensamento jurídico sobre o direito à saúde como um direito humano de dimensão social reconhecido em tratados internacionais e na Constituição Federal de 1988, por isso mesmo passível de exigibilidade judicial. Como vimos, tendo se originado nas lutas operárias do capitalismo industrial do começo do século XX, os direitos sociais, ao contrário dos direitos individuais, dependem de prestações do Estado projetadas para garantir condições dignas de vida aos cidadãos, e foram, nessa perspectiva, sendo positivados em Constituições como a Francesa de 1848, a Constituição Mexicana de 1917 e a Constituição de Weimar de 1919, bem como, em declarações universais de direitos (Declaração Universal dos Direitos Humanos de 1948, Constituição da OMS de 1948 e Pacto Internacional sobre Direitos Sociais, Econômicos e Culturais de 1976), até ganhar substancialidade suficiente para permitir sua postulação perante o Poder Judiciário. Com o neoconstitucionalismo do século XX, decorrente de pensamentos jurídicos não positivistas (no sentido kelseniano, como formulado por Hans Kelsen (Kelsen, 2011), que reduzia o Direito à lei e não permitia argumentos filosóficos e políticos) fortemente influenciados pelas teorias do norte-americano Ronald Dworkin e do alemão Robert Alexy, e com a doutrina brasileira da efetividade dos princípios e normas constitucionais (Silva, 1999; Barroso, 2008; Sarlet; Figueiredo, 2009), tornou-se definitivamente consagrado no mundo jurídico brasileiro a inafastabilidade do Poder Judiciário, inclusive para obrigar o Poder Público a prestações estatais que correspondam aos direitos sociais formatados no texto constitucional, centro e bússola de toda interpretação jurídica.

Nos estudos que se voltam, contudo, para uma teoria jurídica das políticas públicas, seu controle judicial e a judicialização da saúde propriamente dita, conforme se depreende do resumo realizado no restante deste capítulo, o reconhecimento dogmático de que direitos sociais são exigíveis perante o Poder Judiciário, ponto incontroverso que não admite mais retrocesso social, é ultrapassado para a formulação de diversas críticas à ingerência do Poder Judiciário brasileiro, que na prática não estaria se dando como idealizado pela doutrina. Alguns pontos centrais dos argumentos utilizados nessas críticas merecem destaque, inclusive porque não encontraram até agora, seguramente, a esperada ressonância na comunidade jurídica:

1. O direito individual da saúde não existe isoladamente, mas está inserido no contexto das políticas públicas, razão pela qual o controle do Poder Judiciário não deve ser desenvolvido como se os assuntos constituíssem matérias de direito privado, devendo-se enfocar o interesse coletivo;

2. Todo direito individual de dimensão social, como a saúde, deve ser confrontado com as políticas públicas e depende, essencialmente, de demonstração da razoabilidade do pedido do paciente-autor (verossimilhança), da correspondência ao mínimo existencial (condições mínimas de vida digna) e da possibilidade financeira do Estado (reserva do possível);

3. As decisões judiciais para casos individualizados que não consideram os programas públicos não corrigem uma política pública, tratando-se, ao contrário, de decisões que revelam desconhecimento mínimo do que sejam as políticas públicas (ações e serviços estatais regulados tendentes ao atingimento das finalidades do Estado);

4. Representando escolhas de objetivos prioritários do Estado e alocação planejada dos escassos recursos orçamentários, as políticas públicas se exteriorizam em processos regulados em leis ou atos administrativos que organizam as atividades administrativas ("procedimentalização da política"), que têm valor jurídico e devem balizar a análise dos direitos sociais judicializados;

5. O SUS, constituído pelo conjunto das ações e serviços públicos que formam as políticas públicas de saúde, tem princípios e normas constitucionais (universalidade, integralidade, igualdade, gratuidade, regionalização e hierarquização, descentralização e participação da comunidade) que exigem a organização de suas atividades preventivas e assistenciais em procedimentos técnico-administrativos tendentes a concretizar o que determina a Constituição;

6. Nas ações judiciais em matéria de saúde manejadas contra o SUS, como as de fornecimento de medicamentos e produtos de interesse à saúde, os juízes de direito ignoram as políticas públicas, editadas conforme o Direito, privilegiando os pacientes-autores no acesso a terapias discutíveis, pessoas geralmente de classes sociais mais altas, o que prejudica a equidade na saúde;

7. Dentre as determinações do Poder Judiciário que afrontam a equidade da saúde, destacam-se as condenações de fornecimento de medicamentos não previstos nos protocolos clínicos, sem evidência científica e registro na ANVISA, como demonstram estudos que analisaram processos judiciais;

8. O indeferimento de acesso a um determinado remédio não pode ser interpretado como um desrespeito ao direito constitucional à saúde, como o fazem os juízes, pois razões de ordem científica e organizacional (evidência científica, exigível para o registro na ANVISA, e padronização em protocolos clínicos e relações de medicamentos) podem justificar a improcedência da pretendida assistência farmacêutica, em defesa da própria saúde do paciente e dos demais cidadãos que dependem das políticas públicas (hipótese de substituição por produto fármaco disponível nos programas de medicamentos, afastando-se a escolha injustificável do médico e/ou do paciente).

Esses argumentos demonstram, claramente, que o pensamento jurídico que vê o direito à saúde como acesso a qualquer produto ou procedimento terapêutico, como se assim o determinasse a CF, por conta do princípio da integralidade, não se sustenta, sequer, na literatura científica mais especializada. Muito ao contrário, os autores insistem na importância das políticas públicas e no regramento sanitário, não havendo razão alguma para se imaginar a saúde como um direito isolado e absoluto, como o fazem as decisões judiciais fragmentadas para casos individualizados, que violam a equidade na saúde. Alguns autores alertam, inclusive, sobre os riscos que pacientes-autores suportam quando submetidos a tratamentos importados e experimentais por ordem judicial. O sentimento generalizado de que não existem limites ou contornos jurídicos para o direito à saúde, portanto, não possui sustentação dogmática na literatura científica.

CAPÍTULO **4**

Saúde como Direito

No Brasil, os estudos científicos serviram para consolidar uma doutrina jurídica de direitos humanos que os coloca como integrantes da cidadania, que pressupõe a dignidade da pessoa humana (art. 1º, incisos II e III, CF), oponíveis ao Poder Público, que pode ser compelido judicialmente a efetivá-los no caso concreto porque nenhuma lesão ou ameaça a direitos pode ser excluída da apreciação do Poder Judiciário (art. 5º, inciso XXXV, CF). Existe farta literatura científica jurídica a respeito do princípio da dignidade da pessoa humana e do princípio da inafastabilidade do Poder Judiciário, também conhecido como princípio da proteção judiciária, para muitos estudiosos os elementos centrais na caracterização do Estado Democrático de Direito (Barcellos, 2011, p. 179-248).

Especialmente depois da promulgação da Constituição Federal de 1988, que positivou generosamente diversos direitos humanos, a dogmática jurídica brasileira, tradicionalmente tímida quanto à eficácia jurídica de princípios e normas constitucionais, evoluiu rapidamente para o reconhecimento da aplicabilidade de todos dispositivos constitucionais, por meio de um movimento jurídico-acadêmico que ficou conhecido como doutrina brasileira da efetividade, muito influenciado pelas teorias do norte-americano Ronald Dworkin e do alemão Robert Alexy a respeito dos princípios e dos direitos fundamentais (Barroso, 2008).

Como a saúde é um dos direitos fundamentais que compõem o mínimo existencial garantido a todos pela CF, a possibilidade de condenação do Sistema Único de Saúde (SUS) em prestações positivas de saúde, como tratamentos específicos, equipamentos, medicamentos, insumos e outros produtos, dever que lhe compete por expressa determinação constitucional (pense-se, por exemplo, no "atendimento integral" estabelecido pelo art. 198, inciso II, CF), tornou-se perfeitamente aceitável para a doutrina jurídica brasileira, prevalecendo a concepção de que o juiz de direito, ao verificar no caso em concreto a omissão ou ineficiência do Poder Público, deve supri-la por meio de sua ordem.

A constitucionalização da saúde e de outros direitos sociais, como a educação, a alimentação, o trabalho, a moradia, o lazer, a segurança, a previdência social, a proteção à maternidade e à infância e a assistência aos desamparados (art. 6º, CF), assim, além de representar a consagração no patamar constitucional do dever estatal de implementação de políticas públicas para garantir a dignidade humana, serviu para instituir e impulsionar o controle judicial das políticas públicas, possibilitando o ingresso de ações judiciais para exigir a sua concretização. Contando com razões históricas bastante conhecidas, no Brasil muito vinculadas a uma reação natural contra o longo período de violação de direitos que caracterizou a ditadura militar (1964-1985), a Constituição Federal de 1988, representou um ganho na cidadania dos brasileiros nesse sentido, daí sua alcunha de "Constituição Cidadã", mas também induziu a judicialização dos direitos sociais.

É sempre bom lembrar que o antigo modelo de declaração formal de direitos individuais, como a vida, a liberdade de expressão e a propriedade privada (primeira geração ou dimensão de direitos humanos), consagrado nas Constituições influenciadas pelo liberalismo como uma forma de limitar o absolutismo do Estado, que nesse campo não poderia interferir[1], acabou sendo superado no século XX com o surgimento dos movimentos socialistas e a conscientização da comunidade mundial sobre as injustiças sociais cometidas durante a Segunda Guerra Mundial. Aos poucos foi-se formando a concepção de um Estado do Bem--Estar Social mais voltado para a dimensão social do ser humano, e os países democráticos do mundo passaram a reconhecer direitos coletivos ou sociais, como o trabalho, a moradia, a educação e a saúde (segunda geração ou dimensão de direitos humanos), como condição essencial para o gozo dos próprios direitos individuais. O marco histórico da declaração formal de direitos sociais foi o art. 13 da Constituição Francesa de 1848, resultado direto da luta dos movimentos da classe operária dos primórdios do capitalismo industrial, que exigiam uma vida digna que lhes deveria proporcionar o Poder Público (Comparato, 1999, p. 147-149). Com a consagração do modelo do bem-estar social dos Estados, no século XX, em diversas Constituições Democráticas[2], ganhou impulso a edição de documentos políticos internacionais de reconhecimento dos direitos fundamentais de dimensão pessoal, política e social, bem como, a possibilidade de exigência judicial dos direitos humanos, responsabilidade impostergável dos Estados, como passou a pensar a comunidade internacional, bastante assustada com as atrocidades cometidas durante o holocausto da Segunda Guerra Mundial (Nunes Júnior, 2009, p. 51-63 e 110-122).

Modelo de organização política e econômica predominante nos países democráticos contemporâneos, a despeito de forte resistência durante os governos conservadores de Margaret Thatcher, no Reino Unido (1979-1990), e de Ronald Reagan, nos Estados Unidos (1981-1989), submetido a algumas diferenciações regionais como ocorreu em países asiáticos e em países latino-americanos (Draibe, 2014), o Estado do Bem-Estar Social foi sendo consolidado ao longo do século XX, até atingir o que atualmente vem sendo denominado

---

1 Segundo Reynaldo Mapelli Júnior, Luciene Angélica Mendes e Mauro Aranha de Lima, apesar de algumas tentativas isoladas de formalizar direitos dos cidadãos, como se tentou na Grécia Antiga no governo de Péricles apenas para os cidadãos gregos (449-429 ac), na Roma Antiga com a Lei das XII Tábuas para trabalhadores que entraram em greve (541 ac) e na Inglaterra medieval do Rei João Sem Terra (Lackland), que promulgou uma Carta Magna com direitos da nobreza inglesa (1215), foi somente com o surgimento da democracia liberal no final do século XVIII que o ideário dos direitos fundamentais, como limites ao poder absoluto, conseguiu firmar-se no Direito, na Constituição Federal Americana de 1787 e na Constituição Francesa de 1791 (Mapelli Júnior et al. Legislação e Atendimento Psiquiátrico, 2011, p. 1904).

2 Citem-se, a título de exemplo, a Constituição Mexicana de 1917, focada mais nos direitos trabalhistas, a Constituição da República de Weimar de 1919, com ênfase no direito à educação, e a Constituição da República Federativa do Brasil de 1988, que foi bastante ampla nesse tema, ao elencar diversos direitos sociais (art. 6º), informadores do Estado Democrático Social de Direito porque este se baseia nos princípios da dignidade da pessoa humana (art. 1º, inciso I), da justiça social (art. 5º, XXII e 170) e da proibição do retrocesso em matéria de direitos sociais, na lição de Vidal Serrano Nunes Júnior (A Cidadania Social na Constituição de 1988 – Estratégias de Positivação e Exigibilidade Judicial dos Direitos Sociais, 2009, p. 51-63 e 110-122).

Estado Constitucional de Direito ou Estado Democrático de Direito[3], justamente porque fundamentado essencialmente em uma Constituição rígida[4] e no princípio da legalidade, que impõem limites ao poder político e obrigam o administrador (Poder Executivo) e o legislador (Poder Legislativo) à execução de atividades estatais destinadas a garantir o mínimo de dignidade a todos os cidadãos, ou seja, os direitos sociais, positivados em normas nacionais e internacionais.

No campo da saúde, a esse respeito deve-se atentar para a obrigatoriedade dos Estados em respeitar a Declaração Universal dos Direitos Humanos, aprovada pela Assembleia das Organizações das Nações Unidas (ONU) em 10 de dezembro de 1948, que fez referência à saúde ao reconhecer diversos direitos humanos, ainda que indiretamente, como decorrência do direito a um nível de vida adequado, capaz de assegurá-la ao indivíduo e à sua família (art. 25). O complementar Pacto Internacional sobre Direitos Sociais, Econômicos e Culturais, que entrou em vigor em 3 de janeiro de 1976, apresentou regras mais específicas sobre a obrigatoriedade do Poder Público em promover a saúde de sua população: "1. Os Estados Partes do presente Pacto reconhecem o direito de toda pessoa desfrutar o mais elevado nível possível de saúde física e mental; 2. As medidas que os Estados partes do presente Pacto deverão adotar com o fim de assegurar o pleno exercício desse direito incluirão as medidas que se façam necessárias para assegurar: a) a diminuição da mortalidade infantil, bem como o desenvolvimento são das crianças; b) a melhoria de todos os aspectos de higiene do trabalho e do meio ambiente; c) a prevenção e tratamento das doenças epidêmicas, endêmicas, profissionais e outras, bem como a luta contra essas doenças; d) a criação de condições que assegurem a todos assistência médica e serviços médicos em caso de enfermidade" (art. 12). (Dallari; Nunes Júnior, 2010, p. 8 e 17-20).

Mas é preciso fazer uma distinção quando se imagina, na prática, a exigibilidade judicial dos direitos sociais. Ao contrário dos direitos individuais, que servem para garantir a autonomia pessoal dos cidadãos e significam que o Estado fica proibido de interferir excessivamente na esfera privada, os direitos sociais implicam ações do Estado destinadas à garantia de condições materiais mínimas de vida para todos os cidadãos, requerendo portanto um dar ou fazer estatal para seu exercício, ou, em outros termos, a realização de políticas públicas, isto é, de um conjunto sistematizado de programas de ação governamental que, por força do princípio da legalidade, podem ser requeridos perante o Poder Judiciário (Mapelli Júnior; Puccini, 2010, p. 20). No mínimo existencial que deve ser garantido pelo Poder Público, por meio das políticas econômicas e sociais, inclui-se certamente a saúde, como direito social que integra a cidadania, podendo ser exigido judicialmente porque foi caracterizado como direito social (art. 6º) de eficácia plena e aplicação imediata (art. 5º, §1º), direito de todos e dever do Estado (art. 196, CF), que não pode ser afastado da apreciação do Poder Judiciário (art. 5º, XXXV, CF).

Acrescente-se ao tema, porém, a lição de Gilmar Ferreira Mendes e Paulo Gustavo Gonet Branco, no sentido de que os direitos a prestações materiais do Estado são concebidos com o propósito de atenuar as desigualdades sociais e dependem, na prática, de uma dada situação econômica favorável à sua efetivação (reserva do possível), como pode ser depreendido do modo como são enunciados na Constituição ou das peculiaridades de seu objeto.

---

3 A expressão "Estado Democrático de Direito" foi consagrada na CF de 1988 (art. 1º, caput).
4 Uma Constituição é rígida, ao contrário de flexível, quando a sua alteração depende de um procedimento mais complexo do que o necessário para a alteração da lei, como é o caso da CF brasileira, que determina que somente uma Emenda Constitucional aprovada em dois turnos, por 3/5 dos membros das duas casas do Congresso Nacional, pode modificá-la (art. 60, §2º).

Assim, direitos a prestações dependem, em regra, da interposição do legislador para produzir efeitos plenos, de acordo com opções que consideram as contingências econômicas, e, quando isso ocorre, transmutam-se de direitos constitucionais em direitos concedidos por lei, segundo a legislação infraconstitucional. Nesse sentido, em princípio os parâmetros da legislação infraconstitucional devem ser respeitados pelo Poder Judiciário, a não ser que haja arbitrariedade do legislador, pois:

> Quando o direito a prestação material, descrito na Constituição, vem a ser concretizado pelo legislador, fala-se no surgimento de direito derivado a prestação. Vieira de Andrade, porém, argutamente observa que, depois de emitida a legislação necessária para a efetividade dos direitos a prestação material, poderá surgir direito subjetivo; no entanto, aí, eles valerão não como direitos fundamentais, mas como direitos concedidos por lei. De toda a sorte, a doutrina extrai dos direitos fundamentais concretizados pretensões de igual acesso às instituições criadas (de ensino, de serviços de saúde) e de igual participação nos benefícios fornecidos por esses serviços. Por isso, já se conceituaram esses direitos derivados a prestação como direitos 'a igual (não arbitrariamente discriminatória) distribuição das prestações disponíveis'[5].

O direito à saúde, na esteira da determinação constitucional de que deve ser exercido por políticas econômicas e sociais que garantam acesso universal e igualitário a todos os residentes no Brasil, foi regulamentado pela Lei Orgânica da Saúde (Lei nº 8.080, de 19 de setembro de 1990) e pela Lei nº 8.142, de 28 de dezembro de 1990, além de outros dispositivos infraconstitucionais que analisaremos oportunamente, havendo, portanto, no ordenamento jurídico, parâmetros legais para que as prestações estatais do SUS se efetivem igualitariamente, de forma não discriminatória. Trata-se de direito que se submete, por isso mesmo, a parâmetros legais de acesso e tratamento, próprios do Sistema Único de Saúde.

Há outro aspecto de ordem constitucional a respeito do direito à saúde que não pode ser olvidado. Veja-se que, em qualquer uma de suas vertentes, como saúde pública, prestada diretamente pelo Poder Público, saúde complementar, prestada pela iniciativa privada que complementa o SUS, saúde suplementar, prestada por meio de operadoras e planos de saúde, e saúde privada, prestada mediante pagamento direto, a saúde foi qualificada pelo legislador constitucional como serviço de "relevância pública", submetendo-se a intensa regulamentação, fiscalização e controle do Estado:

> Art. 197. São de relevância pública as ações e serviços de saúde, cabendo ao Poder Público dispor, nos termos da lei, sobre sua regulamentação, fiscalização e controle, devendo sua execução ser feita diretamente ou através de terceiros e, também, por pessoa física ou jurídica de direito privado.

Ao Ministério Público, instituição permanente e essencial à função jurisdicional do Estado, a quem incumbe a defesa da ordem pública, do regime democrático e dos interesses sociais e individuais indisponíveis (art. 127, *caput*, CF), a Constituição Federal estabeleceu como uma das funções institucionais a fiscalização do Sistema Único de Saúde (SUS), a

---

5 Mendes GF; Branco PGG. Curso de Direito Constitucional, 2013 p. 166.

ser realizada por medidas extrajudiciais ou o ajuizamento de ação civil pública objetivando coagir o Estado a promover adequadamente as políticas públicas:

> Art. 129. São funções institucionais do Ministério Público:
> II – zelar pelo efetivo respeito dos Poderes Públicos e dos serviços de relevância pública aos direitos assegurados nesta Constituição, promovendo as medidas necessárias a sua garantia;
> III – promover o inquérito civil e a ação civil pública, para a proteção do patrimônio público e social, do meio ambiente e de outros interesses difusos e coletivos.

A caracterização das ações e serviços de saúde como sendo de "relevância pública", qualificação utilizada apenas nesse caso pela Carta Magna, teve como finalidade precípua, assim, identificar o Ministério Público como o seu órgão fiscalizador principal, ao lado de órgãos de controle como o Departamento Nacional de Auditoria do SUS (DENASUS) e os Tribunais de Contas. É nesse contexto que a expressão é avaliada por Guido Ivan de Carvalho e Lenir Santos:

> Ao qualificar os serviços de ações de saúde como de relevância pública, não pretendeu o legislador constituinte dizer que os demais direitos humanos e sociais não têm relevância; quis o legislador talvez enunciar a saúde como um estado de bem-estar prioritário, fora do qual o indivíduo não tem condições de gozar de outras oportunidades proporcionadas pelo Estado, como a educação, antecipando-se, assim, à qualificação de 'relevância' que a legislação infraconstitucional deverá outorgar a outros serviços, públicos e privados, para efeito do disposto no art. 129, II, da Constituição[6].

Esse o posicionamento, também, de Eros Roberto Grau:

> A única função cumprida pelo conceito de relevância pública no quadro constitucional parece ser a de ensejar que o Ministério Público atue, em relação a eles, nos termos do que dispõe o artigo 129, II, da Constituição.
> Qual a consequência definida pela Constituição como decorrente da qualificação das ações e serviços de saúde como serviços de relevância pública?
> Salvo a de permitir o desenvolvimento de um discurso retórico, parece-me ser nenhuma, senão a de sujeitar o efetivo respeito aos direitos assegurados na Constituição por tais serviços (isto é, no desempenho de tais serviços, inclusive pelo setor privado) ao zelo do Ministério Público.
> Esta a derradeira (4ª) conclusão, a definição constitucional dos serviços de saúde como serviços de relevância pública – isto é, de a eles atribuir-se esse predicado axiológico (conceito) – apenas os inclui entre aqueles considerados pelo preceito inserido no art. 129, II, da Constituição; nada mais[7].

---

6 Carvalho GI; Santos L. Sistema Único de Saúde: comentários à Lei Orgânica da Saúde, 2006, p. 263.
7 Dallari SG (org.). O Conceito Constitucional de Relevância Pública, 1992, p. 20.

Todas estas ponderações nos permitem concluir, em suma, que a constitucionalização do direito à saúde, a caracterização das ações e serviços de saúde como relevantes para o interesse público, com possibilidade de controle pelo Ministério Público, inclusive por meio de ação civil pública (art. 129, III, CF), e a concepção das políticas públicas e sociais como prestações estatais tendentes a debelar as desigualdades sociais de acordo com os parâmetros da legislação infraconstitucional (arts. 5º, §1º, 6º e 196, CF, LOS e legislação sanitária complementar) constituem paradigmas dogmáticos consagrados de admissão da intervenção do Poder Judiciário: quando alguém entende estar sendo ofendido em seu direito, pode buscá-lo no Poder Judiciário, pois o Estado Democrático de Direito não aceita o afastamento do controle jurisdicional.

A exigibilidade judicial do direito à saúde, portanto, como ocorre de resto com todos os direitos sociais, segundo consagrada doutrina (Nunes Júnior, 2009), é incontornável.

Apenas não se pode confundir o direito à saúde (direito material, a determinada prestação assistencial) com a garantia de acesso de todos ao Poder Judiciário (direito processual) porque, evidentemente, nem toda demanda judicial é procedente no mérito. Como a ação judicial é um <u>direito público</u> (exercido contra o Estado: Poder Judiciário), <u>subjetivo</u> (inerente à pessoa que o exerce) e <u>abstrato</u> (direito de processar, independente da existência do direito material) que depende de condições para ser exercido, ou seja, a <u>legitimidade de parte</u> (as partes no processo devem ter vínculo ao direito material discutido), o <u>interesse de agir</u> (necessidade de buscar o provimento jurisdicional e adequação do meio escolhido) e a <u>possibilidade jurídica do pedido</u> (o pedido do autor não pode estar proibido pela lei), como ensina a doutrina do Direito Processual Civil (Cintra et al., 2014), o que ocorre na prática é uma valoração do juiz de direito de normas e princípios no contexto das provas que lhes são apresentadas (instrução processual) para a prolação de uma decisão para o caso concreto, que dirá se o direito requerido (medicamentos, equipamentos, procedimentos, etc.) existe ou não.

Embora seja indiscutível a possibilidade de intervenção do Poder Judiciário em questões de saúde no Estado Democrático de Direito (princípio da proteção judiciária e exigibilidade dos direitos sociais), por isso mesmo, é preciso identificar no ordenamento jurídico – e na legislação infraconstitucional correspondente o que seja o bem jurídico "saúde" protegido pela lei, afastando-se de generalizações e conceitos imprecisos. De outra parte, é essencial também identificar qual o regime jurídico do SUS, ou seja, o conjunto de normas que regulamenta as políticas públicas sanitárias, inclusive no campo da assistência farmacêutica que será objeto de análise neste estudo. É o que faremos a seguir, para compreender melhor o direito à saúde juridicamente e os contornos jurídicos das políticas públicas.

CAPÍTULO **5**

O Conceito Jurídico de Saúde e a Assistência Farmacêutica

Embora a Constituição Federal tenha tipificado a saúde como um dos direitos sociais a ser implementados obrigatoriamente por políticas públicas de Estado (art. 6º), a legislação sanitária brasileira constitucional e infraconstitucional não apresenta uma definição legal de saúde, pontuando em alguns de seus artigos referências genéricas que não deixam claro quais exames, equipamentos, produtos fármacos e tratamentos constituem o conteúdo *material* do direto à saúde, ou, ainda, se é possível afirmar que toda e qualquer assistência terapêutica existente no mundo está incluída na expressão "direitos de todos e dever do Estado" (art. 196).

A insuficiência das referências constitucionais aos conceitos amplos de cura, prevenção ou promoção (art. 196) e a um imperativo genérico de "integralidade" (art. 198, II), palavra que ainda não foi bem delimitada pelo Direito, tem suscitado as maiores controvérsias sobre o direito à saúde, quando analisado como direito a prestações materiais do Estado. De um lado, há que se reconhecer a dimensão pessoal e individual do direto à saúde e o acesso ao Poder Judiciário garantido constitucionalmente (art. 5º, XXXV); de outro, tem-se o problema da limitação dos recursos públicos e o efeito colateral questionável e até perverso que as decisões judiciais têm causado ao assegurar o direito apenas àqueles que têm acesso ao Judiciário, ou extrapolando o que teoricamente deveria ser proporcionado pelo SUS (Sarlet; Figueiredo, 2009, p. 25-62).

A complexidade do tema, porém, não pode impedir a elaboração de um conceito jurídico de saúde, pois é perfeitamente possível identificar na própria legislação sanitária brasileira, na Constituição Federal e nas normas infraconstitucionais, ao menos os contornos jurídicos do que deve ser entendido como saúde, ou seja, no que constitui a assistência terapêutica integral (art. 198, II, CF) que deve ser garantida pelas políticas públicas de saúde. Não existindo direito absoluto e isolado de outros direitos, devemos buscar no Direito Sanitário as características e os contornos da saúde, como bem jurídico a ser garantido pelas políticas públicas do SUS, que tem um regime jurídico específico de base constitucional.

Sobre a necessidade de um conceito jurídico da saúde, bem tutelado pelo Direito, ponderam Reynaldo Mapelli Júnior, Mário Coimbra e Yolanda Alves Pinto Serrano de Matos:

> É inviável se delimitar adequadamente o direito à saúde sem passar pelo próprio conceito de saúde. Em outras palavras, é indispensável o preciso conhecimento do objeto juridicamente protegido para que se possa conhecer a amplitude e a dimensão exatas das consequências advindas do reconhecimento do direito a sua fruição.
>
> Em uma visão mais estreita e antiquada a saúde significa exclusivamente a ausência de doenças. Referido conceito teve preponderância na denominada 'era terapêutica', a qual teve início, conforme Márcia Faria Westphal, com a descoberta da insulina e sulfamidas, nos anos 1930. A partir de então, até o princípio dos anos 1970, 'as políticas públicas em saúde, tanto nos países desenvolvidos como naqueles em desenvolvimento, estiveram dominadas por essa orientação, concentrando as ações de saúde em grandes hospitais com superespecialistas' (Westphal, 2008).
>
> O conceito de saúde, em síntese, ligava-se apenas à medicina curativa e não trazia interfaces com outras vivências humanas.
>
> Essa definição de saúde, no entanto, com o passar do tempo, com a evolução do conhecimento científico e com a melhor observação fenomênica, mostrou-se incompleta. Concluiu-se que seu correto dimensionamento deveria passar necessariamente por uma visão menos centrada no indivíduo e mais voltada à coletividade, ao meio ambiente e às interações[1].

O propósito do legislador constitucional, que não se aventurou em uma definição legal de saúde, não é tão indecifrável assim, pois a saúde foi classificada como direito social, isto é, direito da população que pode ser exigido judicialmente se for desrespeitado (art. 6º), mas que se efetiva, já que todos dele devem usufruir, por meio de políticas públicas de Estado, que respeitem o acesso universal e igualitário (art. 196) e que estejam articuladas e organizadas pelos entes da federação de forma a constituir um *sistema único* (art. 198, *caput*).

É interessante notar que A Lei Orgânica da Saúde (Lei nº 8.080/90) reafirmou estes parâmetros constitucionais, ressaltando, porém, que o dever do Estado não exclui o das pessoas, da família, das empresas e da sociedade:

> Art. 2º A saúde é um direito fundamental do ser humano, devendo o Estado prover as condições indispensáveis ao seu pleno exercício.
>
> § 1º O dever do Estado de garantir a saúde consiste na formulação e execução de políticas econômicas e sociais que visem à redução de riscos de doenças e de outros agravos e no estabelecimento de condições que assegurem acesso universal e igualitário às ações e aos serviços para a sua promoção, proteção e recuperação.
>
> § 2º O dever do Estado não exclui o das pessoas, da família, das empresas e da sociedade.

---

1 Mapelli Júnior et al. Direito Sanitário, 2012, p. 16.

O art. 3º da LOS, na nova redação dada pela Lei nº 12.864, de 24 de setembro de 2013, ao registrar que os níveis de saúde da população expressam a organização social e econômica do país, trouxe importantes conceitos para o Direito, revelando ainda mais a complexidade do fenômeno da saúde. De fato, foram registrados os fatores que determinam e que condicionam a saúde, ainda que não estejam propriamente inseridos no setor saúde:

> Art. 3º Os níveis de saúde expressam a organização social e econômica do País, tendo a saúde como determinantes e condicionantes, entre outros, a alimentação, a moradia, o saneamento básico, o meio ambiente, o trabalho, a renda, a educação, a atividade física, o transporte, o lazer e o acesso aos bens e serviços essenciais.
> Parágrafo único. Dizem respeito também à saúde as ações que, por força do disposto no artigo anterior, se destinam a garantir às pessoas e à coletividade condições de bem-estar físico, mental e social.

Estes e outros dispositivos legais da legislação sanitária brasileira, que de uma forma ou outra acabam reforçando sempre os mesmos paradigmas[2], não deixam dúvidas, portanto, que saúde é um fenômeno bastante complexo, não mais restrito a uma indagação sobre ausência de doenças ou a disponibilidade de assistência médico-hospitalar aos doentes, tratando-se de um bem-estar físico, mental e social bem mais amplo, determinado e condicionado por fatores econômicos e sociais (meio ambiente e saneamento básico; renda e trabalho; moradia, hábitos saudáveis, etc.).

Aqui o direito encontra as ciências médicas, pois, pelo menos desde o final do século XIX, os estudiosos não viam a saúde mais como um fenômeno restrito apenas ao campo da medicina tradicional, que teve suas etapas históricas à beira do leito, teórica, hospitalar, comunitária e laboratorial, segundo a divisão em tipos de medicina proposta por William Bynum (2011, p. 11-14), formulando um conceito de saúde como um estado físico e mental cuja realização dependia de um conjunto de novos conhecimentos científicos e da efetivação de condições econômicas e sociais favoráveis. Tendo seu embrião surgido logo depois da Primeira Guerra Mundial, o movimento internacional de defensores de uma saúde pública de amplos contornos ganhou força, sobretudo após a eliminação de judeus e outras minorias durante o Holocausto nazista, culminando com a criação da Organização Mundial da Saúde (OMS) em 07 de abril de 1948, agência especializada em saúde subordinada à Organização das Nações Unidas (ONU), com sede em Genebra, na Suíça.

É no preâmbulo da Constituição da OMS, cujos dizeres indicam que estamos diante de um direito fundamental que deve ser implementado da forma mais ampla possível pelos Estados mediante a adoção de medidas sanitárias e sociais adequadas, que o direito e as ciências médicas encontram o conceito de saúde que foi consagrado internacionalmente: "Saúde é um estado de completo bem-estar físico, mental e social e não meramente a ausência de doença ou enfermidade"[3].

---

2 Nem mesmo o Decreto Federal nº 7.508, de 28 de junho de 2011, que regulamenta a LOS e foi publicado depois de mais de vinte anos de experiência prática do SUS, arriscou um conceito de saúde, embora tenha se ocupado da definição legal de diversos institutos administrativo-jurídicos: a Região de Saúde, o Contrato Organizativo da Ação Pública de Saúde (COAP), as Portas de Entrada, as Comissões Intergestores, o Mapa da Saúde, a Rede de Atenção à Saúde, os Serviços Especiais de Acesso Aberto e o Protocolo Clínico e Diretriz Terapêutica (PCDT) (art. 2º).
3 Dallari SG; Nunes Júnior VS. Direito Sanitário, 2010, p. 8.

O conceito amplo de saúde também foi amparado pelo Pacto Internacional sobre Direitos Econômicos, Sociais e Culturais, que entrou em vigor em 3 de janeiro de 1976 e "constitui uma espécie de desdobramento, de complementação, dos princípios" da Declaração Universal dos Direitos Humanos de 1948 (Nunes Júnior, 2009, p. 55), segundo o qual os Estados-Partes que o assinaram, como é o caso do Brasil, "reconhecem o direito de toda pessoa de desfrutar o mais elevado nível possível de saúde física e mental" (art. 12, item 1) (Comparato, 2010, p. 349-378).

É bem verdade que alguns autores modernos têm criticado este conceito abrangente, porque de conteúdo genérico e de impossível alcance – não delimita objetivamente quais os tratamentos, medicamentos e procedimentos terapêuticos compõem o direito à saúde, e subjetivamente converte a saúde em uma utopia, uma "felicidade completa" que o Estado teria o dever de garantir a todas as pessoas. Por isso, Roman A. Navarro Fallas propõe o seguinte:

> *Hoy se sabe que hay distintos grados de salud, como los hay de enfermedad, así la salud tendria dos polos uno subjetivo (la sensasión de bienestar) y otro objetivo (la capacidade de funcionamento) detectable en distintos grados.*
> *Em consecuencia, se corrige la definición de la OMS y se disse que salud es: Un estado de bienestar físico, mental y social com capacidade de funcionamento, y no solo ausência de enfermedad o achaque (Piedrola Gil, Gonzalo)[4].*

De qualquer forma, o conceito internacional de saúde, no contexto que lhe deu o preâmbulo da Constituição da OMS, é importante para o Direito Sanitário porque permite retirar de seu enunciado três importantes ideias: a) a primeira delas consiste em reconhecer que a saúde não é mais matéria exclusiva de médicos, já que se trata de estado biopsicossocial de bem-estar que exige a atenção de outros profissionais da saúde, como enfermeiros, psicólogos e assistentes sociais, e de profissionais de outras áreas do conhecimento científico, como os operadores do direito; b) a segunda consiste no afastamento da antiga ideia de que ter saúde é não ter doença, ou então ter acesso ao consumo indiscriminado de medicamentos, pois este bem-estar inclui a cura e o tratamento de desajustes psicológicos e sociais, dependendo de diversos fatores sociais e econômicos; c) a terceira delas é que a condição de direito social que "depende da mais ampla cooperação de indivíduos e Estados[5]" avaliza a fiscalização de órgãos públicos, destacando-se dentre eles certamente o Ministério Público.

É claro que o estado de bem-estar biopsicossocial correspondente à saúde depende também, em grande medida, da assistência farmacêutica, compreendida como um conjunto de ações e serviços de acesso a medicamentos e insumos terapêuticos e acompanhamento do tratamento para garantir segurança terapêutica (farmacovigilância), que o Poder Público deve disponibilizar integralmente em seu dever de assistência em saúde (arts. 196 e 198, II, CF; art. 7º, II, da Lei 8.080/90, a Lei Orgânica da Saúde). É a concepção de "bem-estar" que autoriza o entendimento que o direito ao medicamento e a outros produtos de assistência farmacêutica não significa acesso irresponsável a qualquer produto fármaco ofertado pelo mercado, pois ao usuário do SUS deve ser proporcionado um atendimento mais humanizado que o oriente em cada fase de seu tratamento, já que cada situação clínica exige verificar a eficácia e a segurança do uso do remédio, para fins de adequação da dose e substituição, bem como, identificação de eventuais efeitos colaterais.

---

4 Navarro F, Román A. Derecho a la Salud, 2010, p. 65.
5 No "Preâmbulo" da Constituição da OMS.

Por essa razão, a Lei 13.021, de 8 de agosto de 2014, instituiu a obrigatoriedade do farmacêutico manter fichas farmacoterapêuticas com o perfil farmacoterapêutico do paciente, para acompanhamento sistemático e orientação farmacêutica, objetivando alertá-lo sobre a relação entre benefício e risco, a conservação e a utilização de fármacos e medicamentos, bem como, as interações medicamentosas que possam influir em sua saúde (art. 13, V e VI).

Dentro dessa concepção de saúde humanizada e próxima das necessidades mais básicas da população, é preciso ainda considerar que, a despeito da existência de hospitais altamente especializados, a atenção básica ou primária se tornou o foco principal das políticas públicas de saúde no mundo moderno, o que, de certa forma, contribuiu para modificar o conceito de saúde. A partir da Declaração de Alma-Ata, de 12 de setembro de 1978[6], os países passaram a considerar que a saúde das pessoas depende muito mais dos cuidados básicos de assistência, devendo ser garantida pela adoção de ações governamentais voltadas para a implementação de amplos e acessíveis medicamentos, métodos e técnicas de prevenção, promoção e proteção da saúde, dirigidos para os cuidados primários da saúde da população, que são os seguintes:

> Os cuidados primários de saúde são cuidados essenciais de saúde baseados em métodos e tecnologias práticas, cientificamente bem fundamentadas e socialmente aceitáveis, colocadas ao alcance universal de indivíduos e famílias da comunidade, mediante sua plena participação e a um custo que a comunidade e o país possam manter em cada fase de seu desenvolvimento, no espírito de autoconfiança e automedicação. Fazem parte integrante tanto do sistema de saúde do país, do qual constituem a função central e o foco principal, quanto do desenvolvimento social e econômico global da comunidade. Representam o primeiro nível de contato dos indivíduos, da família e da comunidade com o sistema nacional de saúde, pelo qual os cuidados de saúde são levados o mais proximamente possível aos lugares onde pessoas vivem e trabalham, e constituem o primeiro elemento de um continuado processo de assistência à saúde.

No Brasil, a atenção básica (ou primária) de saúde tornou-se o foco principal das políticas públicas de saúde, constituindo a porta de entrada do paciente no sistema público de saúde, responsável por todos os tipos de atendimentos iniciais e pela coordenação do cuidado, ainda que o paciente tenha que ser referenciado para serviços de maior complexidade (sistema de referência e contrarreferência). No conceito de cuidados primários, incluem-se a promoção de condições ambientais e nutricionais adequadas, a educação em saúde, o saneamento básico, os cuidados maternoinfantis, o planejamento familiar, as imunizações, a prevenção e controle de doenças endêmicas, a disponibilização de exames preventivos e medicamentos essenciais, bem como, a cura e reabilitação das doenças mais comuns[7].

Retornando ao art. 3º da LOS, por fim, é preciso saber que existem diferenças entre a saúde e outros fatores que determinam ou condicionam o seu sucesso, mas certamente não se confundem com ela. As políticas sociais desenvolvidas pelo Poder Público precisam ser diferenciadas do setor sanitário, para que se conheça o objeto específico de cada uma e as

---

6 Conferência Internacional sobre Cuidados Primários de Saúde, realizada na antiga URSS, de 06 a 12 de setembro de 1978.

7 Brasil. Política Nacional de Atenção Básica. Portaria MS 2.488, de 21.10.2011. Para uma análise detalhada, inclusive do Programa de Saúde da Família/PSF e das doenças negligenciadas, cf. Mapelli Júnior et al., *op. cit.*, p. 50-60.

normas jurídicas aplicáveis, ainda que existam interfaces a serem consideradas. Veja-se, nesse sentido, o ensinamento de Fernando Aith:

> Assim, dentro da complexidade social pode-se encontrar políticas públicas que são direcionadas especificamente para a proteção, promoção e recuperação da saúde (política nacional de medicamentos, por exemplo) e também políticas públicas que, embora protejam o Direito à saúde de forma indireta, não são políticas de saúde propriamente ditas (as políticas de preservação do meio ambiente e algumas políticas econômicas, por exemplo).
> Nesse sentido, políticas públicas que visem ao aumento de empregos ou à melhoria nas condições de infraestrutura urbana possuem óbvio reflexo sobre a saúde do cidadão, mas não são políticas de saúde diretas, ou políticas de saúde no sentido estrito, embora atuem sobre fatores determinantes da saúde. Essas políticas públicas constituem interfaces importantes para a proteção da saúde e, portanto, para o Direito Sanitário, e são complementares às políticas públicas de saúde propriamente ditas [8].

A diferenciação entre políticas públicas de saúde e outras correlatas (econômicas, sociais, etc.) foi um dos principais objetivos da Lei Complementar nº 141, de 13 de janeiro de 2012, que definiu quais são as ações e serviços públicos de saúde que integram o SUS (art. 3º) e devem ser financiados por recursos orçamentários mínimos garantidos constitucionalmente (Emenda Constitucional nº 29, de 13 de setembro de 2000), estando expressamente excluídos do setor saúde os serviços descritos no art. 4º, como o pagamento de aposentadoria, o saneamento básico, os programas de alimentação e as ações de assistência social.

Pode-se então concluir, na busca do conceito jurídico de saúde, que atualmente ele se diferencia da mera assistência médica ou farmacêutica, tratando-se de um bem-estar biopsicossocial mais amplo, que se traduz em um bem jurídico público a ser obtido por um sistema público e universal de saúde, com foco principal na atenção básica, bem como, por outras políticas públicas que condicionam e determinam esse direito, mas não se confundem com ele.

---

8 Aith F. Curso de Direito Sanitário – A Proteção do Direito à Saúde no Brasil, 2007, p. 135.

CAPÍTULO **6**

O Regime Jurídico do Sistema Único de Saúde (SUS)

A institucionalização das políticas públicas pelo direito

As políticas públicas não podem ser compreendidas sem que se considere sua dimensão institucional, já que constituem programas de governo que são escolhidos, planejados, executados e avaliados pelo Poder Público, com o objetivo de concretização de interesse social relevante. A exteriorização disso se dá com o direito, por uma série de atos normativos que dão sistematização ao programa governamental (leis, decretos, resoluções, normas de serviço, etc.), para que o interesse da coletividade seja adequadamente contemplado, nos termos da Constituição Federal. Veja, nesse sentido, o conceito jurídico de políticas públicas proposto por Maria Paula Dallari Bucci:

> Política pública é o programa de ação governamental que resulta de um processo ou conjunto de processos juridicamente regulados – processo eleitoral, processo de planejamento, processo de governo, processo orçamentário, processo legislativo, processo administrativo, processo judicial – visando coordenar os meios à disposição do Estado e as atividades privadas, para a realização de objetivos socialmente relevantes e politicamente determinados[1].

Por sua própria natureza, o Estado é *a* instituição por excelência, com seus diversos órgãos públicos, autoridades e centros de comando, conjunto de servidores públicos, unidades onde se efetivam a prestação dos serviços (escolas, creches, farmácias, hospitais), atividade privada que complementa seus serviços, etc., e por isso é importante compreender que a tomada de uma determinada decisão política para a implementação de um programa governamental (escolha de prioridades) ocorre no interior de sua estrutura, por meio de processos de elaboração e organização juridicamente identificáveis (eleitoral, planejamento, orçamentário, legislativo, administrativo e judicial). Qualquer que seja a escolha do gestor público,

---

1 Bucci MPD. Políticas públicas: reflexões sobre o conceito jurídico, 2006, p.39.

ela se opera no interior do organismo institucional onde ele se encontra, com a influência de outras instituições também (parlamento, judiciário, ministério público, ongs, etc.), não se tratando de mera discricionariedade sua, isolada e independente. É por isso que a ciência política tem proposto um fluxo de estágios ou etapas no processo político, que começa na definição da agenda e passa por fases como a escolha de alternativas viáveis, a legitimação dos programas, a formação do seu arcabouço jurídico, a implementação e a avaliação de seus resultados, o que revela, evidentemente, que a discussão sobre as políticas públicas não se restringe à "vontade política" da autoridade, mas constitui um processo bem mais complexo (Ripley, 1995, p. 157-162).

Parece pertinente, portanto, atentar na análise das políticas públicas para as ponderações do que se convencionou chamar de novo institucionalismo, independentemente de eventuais divergências entre as suas correntes ou escolas, como a escolha racional, a teoria da organização e o institucionalismo histórico (Immergut, 2006), pois isso permite compreender melhor o comportamento político e o processo de formulação dos programas de ação governamental no interior dos organismos institucionais.

Em interessante livro, Maria Paula Dallari Bucci propõe uma revalorização do institucionalismo jurídico do italiano Santi Romano (1875-1947) e do francês Maurice Hauriou (1856-1929), que formaram suas teorias no começo do século XX, momento de formação do direito público, com uma visão diferente do positivismo de Hans Kelsen e de autores mais voltados para o caráter decisório do direito[2], para uma melhor compreensão do fenômeno político sob a ótica jurídica. Em ambos os casos, segundo o pensamento da jurista, seja identificando a instituição como a objetivação e a organização em um ordenamento jurídico (Romano: "cada ordenamento jurídico é uma instituição e vice-versa"), seja valorizando a ideia da obra a ser realizada (ou ideia-diretriz, como a chama o autor), o poder organizado posto a serviço dela e a disseminação da ideia no meio social (Hauriou), há preocupação em compreender o mecanismo do poder político como fenômeno jurídico no contexto das instituições (Bucci, 2013, p. 209-235).

A ideia central de Santi Romano é a de que o Estado constitui um ordenamento jurídico cuja objetividade representa a despersonalização do poder, não se tratando de uma instituição dependente apenas da vontade de líderes, como ele exemplifica no caso do rei:

> (...) o Estado é sempre e sobretudo um regime, um ordenamento jurídico, uma instituição em que o monarca, os súditos, o território, as leis são somente elementos. Portanto a instituição também compreende o monarca, sendo que ele não está nem fora, nem acima dela, e sua posição não é independente desta última, mas, ao contrário, é uma atitude particular dela (...) O rei, em outras palavras, não possui um direito de domínio meramente individual, mas um direito que compete a ele como membro soberano do Estado e que, portanto, implica em uma posição dele neste último (...) Disto se extrai que os efeitos do

---

2 No livro Carl Schmitt e a Fundamentação do Direito, 2011, Ronaldo Macedo Jr apresenta dois textos de autoria do jurista alemão, dentre eles *Sobre os Três Tipos de Pensamento Jurídico*, no qual Carl Schmitt defende que o jurista necessariamente tem um pensamento decisionista, quando a práxis jurídica é voltada apenas para a solução de conflitos, um pensamento normativista, defensor da imperatividade da lei e da subsunção do fato à norma jurídica (positivismo jurídico) ou um pensamento "do ordenamento concreto", que é institucionalista na medida em que valoriza a elaboração espontânea do direito pelas comunidades, não limitado à uma mera subjetividade do julgador ou à impessoalidade da lei. A defesa do "ordenamento concreto" e a citação dos corifeus do institucionalismo jurídico convergem para a tentativa da Profª. Maria Paula Dallari Bucci de resgatar um pensamento essencial para a teoria geral do estado.

seu exercício (de seu poder) podem se resumir em modificações da estrutura, da organização, das leis do Estado, e, deste modo, na emanação de um novo direito objetivo[3].

Em complementação, Maurice Hauriou, cuja teoria tem diversos pontos de contato com a de Santi Romano e a complementa, permitindo uma compreensão da dimensão social do Estado e do papel do direito em sua organização (Bucci, 2013, p. 218), resume da seguinte forma as "grandes linhas" de sua teoria do institucionalismo:

> Uma instituição é uma ideia de obra ou de empresa que se realiza e dura juridicamente em um meio social; para a realização dessa ideia, organiza-se um poder que lhe confere órgãos; por outro lado, entre os membros do grupo social interessado na realização da ideia, produzem-se manifestações de comunhão dirigidas pelos órgãos do poder e reguladas em procedimentos[4].

A conceituação das políticas públicas no contexto das instituições, notadamente com a percepção de que elas não surgem de mera discricionariedade do gestor público, ainda que ele detenha certa liberdade na escolha de prioridades, mas sim de uma ideia-diretriz que precisa ser organizada pelo direito, de forma a se institucionalizar como política de estado (não de um determinado governo), com efetividade em escala na sociedade (regime de efeitos), permanência no tempo e aceitação do meio social, onde a ideia se espalha e se fortalece com o passar do tempo[5], permite compreender melhor o desenho jurídico do Sistema Único de Saúde (SUS) que, como um conjunto articulado e contínuo de ações e serviços públicos de saúde (art. 198, *caput*, CF), foi formatado em um regime jurídico específico. Mesmo a política nacional de medicamentos, um das inúmeras que integram o SUS, tem um desenho institucional formatado em atos normativos, de conteúdo organizacional e sistemático, como iremos ver.

Regime jurídico do SUS na concepção de um sistema

É no texto constitucional que devemos buscar o regime jurídico do SUS, os princípios, diretrizes e normas específicas que formatam seu desenho institucional, já que se trata de um conjunto de programas governamentais organizados e regulados de responsabilidade das três esferas da federação (art. 23, II, CF), que devem constituir uma coisa só (art. 198, II, CF).

A valoração do peso e da centralidade da Constituição Federal deve, necessariamente, considerar o entendimento que o jurista contemporâneo tem do Direito, bem diverso da concepção clássica de Hans Kelsen que, a despeito de conceber a superioridade da Constituição, lei fundamental que se situa no patamar hierárquico máximo da ordem jurídica, separava o fenômeno jurídico da política e da moral e via o juiz como mero aplicador autômato da lei. No mundo do pós-positivismo, pensamento que apareceu na segunda metade do século XX como reação ao formalismo excessivo no apego ao texto da lei e à separação entre o direito e a moral e a política (positivismo jurídico), sobretudo por meio de pioneiros

---

3 Romano S. O Ordenamento Jurídico, 2011, p. 110.
4 Hauriou M. A Teoria da Instituição e da Fundação: Ensaio de Vitalismo Social. 2009, p. 19.
5 Aqui, impossível não lembrar o Bolsa Família, programa federal de inclusão social amplamente aceito pela sociedade brasileira: independentemente da coligação partidária que possa assumir a Presidência da República, dificilmente se pode imaginar a possibilidade de sua extinção no Brasil de hoje.

como John Rawls, Robert Dworkin e Robert Alexy, os juristas se esforçam sobremaneira para afirmar que o objetivo da atividade dos operadores do direito é concretizar a justiça social e a igualdade material para além da lei, razão pela qual a dogmática jurídica foi se especializando na defesa dos direitos fundamentais e na redefinição das relações entre valores, princípios e regras que norteiam a interpretação jurídica (Barroso, 2013). Como o centro do ordenamento jurídico, inclusive para fins de interpretação do que é o Direito, passou a ser a Constituição, alguns autores vêm denominando de neoconstitucionalismo ou constitucionalismo contemporâneo essa forma nova de pensar, que tem as seguintes características principais, segundo a lição de Ana Paula de Barcellos:

> Do ponto de vista metodológico-formal, o constitucionalismo atual opera sobre três premissas fundamentais, das quais depende em boa parte a compreensão dos sistemas jurídicos ocidentais contemporâneos. São elas: i) a normatividade da Constituição, isto é, o reconhecimento de que as disposições constitucionais são normas jurídicas, dotadas, como as demais, de imperatividade; ii) a superioridade da Constituição sobre o restante da ordem jurídica (cuida-se aqui de Constituições rígidas, portanto); e iii) a centralidade da Carta nos sistemas jurídicos, por força do fato de que os demais ramos do direito devem ser compreendidos e interpretados a partir do que dispõe a Constituição.
> (...)
> Do ponto de vista material, ao menos dois elementos caracterizam o neoconstitucionalismo e merecem nota: i) a incorporação explícita de valores e opções políticas nos textos constitucionais, sobretudo no que diz respeito à promoção da dignidade humana e dos direitos fundamentais; e ii) a expansão de conflitos específicos e gerais entre as opções normativas e filosóficas existentes dentro do próprio sistema constitucional. (g.n.)[6].

É essa visão contemporânea do Direito, a nosso ver, que exige a compreensão do modelo institucional do SUS, ou seja, do arranjo normativo que a Constituição Federal de 1988 deu à institucionalização das políticas públicas de saúde, sob pena de, alegando-se que estamos cumprindo o ideário da imperatividade dos direitos humanos, deturparmos exatamente o que foi estabelecido pela lei fundamental para a concretização do direito à saúde. A teoria jurídica da saúde pública, inclusive para fins de aplicação da lei ao caso concreto pelo juiz de direito, obrigatoriamente deve partir do modelo constitucional do SUS, não somente em razão dos princípios genéricos da Constituição que devem irradiar por toda a ordem jurídica (dignidade humana, solidariedade, justiça social, direito à saúde, etc.), mas também porque as regras constitucionais que desenharam as políticas públicas de saúde têm imperatividade como um todo, harmoniosamente, devendo ser centrais na interpretação jurídica. Falar em direito à saúde pública a ser garantido pelo SUS, no contexto da importância que se pretende dar à Constituição Federal, é compreender que ela própria instituiu um modelo jurídico regulado (princípios, diretrizes e normas específicas) que, depois, foi integrado por normas infraconstitucionais para institucionalizar mais ainda o que ela mesma determinou. Não existe, assim, direito à saúde fora do modelo constitucional do SUS.

---

6 Barcellos AP. Neoconstitucionalismo, direitos fundamentais e controle das políticas públicas, 2005, p. 2-3.

O arranjo constitucional (institucional) das políticas públicas de saúde do SUS é determinado por um corpo normativo básico, constituído pelos seguintes diplomas legais: a) a Constituição Federal de 1988 (art. 6º e arts. 196 a 200, CF), que, em caráter superior e central, define princípios, diretrizes e algumas regras específicas que devem parametrizar a saúde pública; b) a Lei nº 8.080, de 19 de setembro de 1990, conhecida como Lei Orgânica da Saúde (LOS), que regulamenta, em todo território nacional, "as ações e serviços de saúde, executados isolada e conjuntamente, em caráter permanente ou eventual, por pessoas naturais ou jurídicas de direito público ou privado" (art. 1º); c) a Lei nº 8.142, de 28 de dezembro de 1990, que complementa a anterior para dispor sobre a participação da comunidade no SUS, as Conferências e os Conselhos de Saúde, bem como, as transferências intergovernamentais de recursos nos fundos de saúde; d) a Lei nº 12.401, de 28 de abril de 2011, que alterou dispositivos da LOS para dispor sobre a assistência terapêutica e a incorporação de tecnologias em saúde no SUS; e) a Lei nº 12.466, de 24 de agosto de 2011, que alterou a LOS para dar *status* de lei aos foros de pactuação e negociação conhecidos como Comissão Intergestores Tripartite (CIT) e Comissão Intergestores Bipartite (CIB), bem como, o Conselho Nacional de Secretários de Saúde (CONASS) e o Conselho Nacional de Secretarias Municipais de Saúde (CONASEMS); f) o Decreto nº 7.508, de 28 de junho de 2011, que regulamenta a LOS no que diz respeito à Organização do SUS, ao Planejamento da Saúde, à Assistência da Saúde e à Articulação Interfederativa; g) a Lei Complementar nº 141, de 13 de janeiro de 2012, que normatiza os recursos sanitários e os critérios de rateio interfederativo; e h) normas administrativas complementares, destacando-se, para este estudo, a Portaria MS 3.916, de 30 de outubro de 1998 (Política Nacional de Medicamentos) e a Resolução CNS 338, de 6 de maio de 2004 (Política Nacional de Assistência Farmacêutica).

No novo paradigma constitucional, que se contrapõe ao antigo sistema de serviços fragmentados e contratados pelo Poder Público em comandos diversos (INAMPS e Ministério da Saúde), o conjunto de ações e serviços públicos de saúde federais, estaduais e municipais deve ser articulado para integrar uma rede regionalizada e hierarquizada que garanta a universalidade e a igualdade de acesso e tratamento, impedindo-se distorções e privilégios (art. 196, CF). A tônica principal é a da organização e estruturação dos programas governamentais em todos os níveis de governo, de forma articulada e pactuada que permita a constituição de um *sistema único* (art. 198, *caput*, CF).

Quando se pensa em articulação e pactuação para a adequada institucionalização do SUS, é preciso entender que estas atividades se efetivam, na prática, pela construção de consensos administrativos sobre o planejamento, o financiamento e a prestação de serviços, que contemplem a organização do fluxo do atendimento, do acesso inicial ("portas de entradas", na linguagem consolidada na administração pública) até assistência em saúde integral, medicamentosa, ambulatorial e hospitalar, com a definição clara da referência e contrarreferência para serviços de maior complexidade, objetivando instituir um sistema organizado de políticas públicas.

Embora alguns autores defendam tratar-se de uma novidade, na realidade o federalismo brasileiro sempre foi predominantemente cooperativo e consensual, por força das competências comuns e concorrentes estabelecidas pela Constituição Federal, especialmente perceptível no caso da conjugação de esforços para a prestação de serviços públicos essenciais. José dos Santos Carvalho Filho fala, nesse caso, em gestão associada dos entes federativos, defendida pelo moderno federalismo de cooperação, a ser formalizada em convênios de cooperação e consórcios públicos:

A Constituição, para deixar claro esse intento, previu, ao instituir a reforma administrativa do Estado (EC nº 19/1998), a gestão associada na prestação de serviços públicos, a ser implementada, através de lei, por convênios de cooperação e consórcios públicos celebrados entre a União, os Estados, Distrito Federal e os Municípios. Trata-se, como já tivemos a oportunidade de examinar, de instrumentos de cooperação visando a alcançar objetivos de interesses comuns dos pactuantes.

A noção de gestão associada emana da própria expressão: significa uma conjugação de esforços visando a fins de interesse comum dos gestores. Com relação à gestão associada de serviços públicos, pode-se adotar a conceituação de que corresponde ao "exercício das atividades de planejamento, regulação ou fiscalização de serviços públicos por meio de consórcio público ou de convênio de cooperação entre entes federados, acompanhadas ou não da prestação de serviços públicos ou da transferência total ou parcial de encargos, serviços, pessoal e bens essenciais à continuidade dos serviços transferidos"[7].

Pode-se, assim, afirmar que o modelo constitucional do SUS tem um desenho institucional que pressupõe o consenso administrativo para a repartição de competências, objetivando a organização das ações e serviços públicos de saúde em redes regionais e hierarquizadas que garantam acesso e assistência integral em todos os níveis de complexidade do sistema (art. 7º, II, da Lei Orgânica da Saúde, a Lei nº 8.080, de 19 de setembro de 1990). Normas infraconstitucionais de estruturação do SUS, sejam elas leis ou atos administrativos, como são exemplos conhecidos os protocolos clínicos e as diretrizes terapêuticas para o tratamento de patologias, têm caráter nitidamente organizacional, conformando os programas governamentais em um sistema normativo que objetiva garantir acesso universal e igualitário. Formam um regime jurídico que conforma o direito à saúde um regramento objetivo (objetivação de Santi Romano) e não constituem mera vontade do gestor, pois as regras são formuladas por negociação das três esferas da federação e com a participação da comunidade (planejamento da ideia-diretriz de Maurice Hauriou).

A característica essencial do SUS, portanto, é o seu caráter *sistemático*, organizacional, perceptível já na nomenclatura *Sistema* Único de Saúde[8] (art. 198, II, CF e art. 4º, LOS) e reiteradamente afirmado em diversos dispositivos legais que falam de ações e serviços organizados, como o conceito de integralidade da assistência em saúde "em todos os níveis de complexidade do *sistema*" (art. 7º, II, LOS).

Em monografia específica sobre o tema, Claus-Wilhelm Canaris parte da definição clássica de Kant, para quem sistema seria "a unidade, sob uma ideia, de conhecimentos variados" ou, ainda, "um conjunto de conhecimentos ordenados segundo princípios", e analisa outros conceitos apresentados por Savigny, Stammler, Binder, Regler, Stoll e Coing, para defender a existência de elementos comuns nas diversas acepções de sistema:

> Há duas características que emergiram em todas as definições: a da ordenação e a da unidade; elas estão, uma para com a outra, na mais estreita relação de

---

7 Carvalho Filho JS. Manual de direito administrativo, 2012, p. 351-352. A conceituação foi retirada do Decreto nº 6.017, de 17.1.2007, que regulamentou a Lei nº 11.107/2005, disciplinadora dos consórcios públicos.

8 Na VIII Conferência Nacional de Saúde de 1986 foi proposto o termo SUDS, ou seja, Sistema Unificado e Descentralizado de Saúde, mas a Lei Orgânica da Saúde, seguindo expressão da CF, acabou adotando o nome SUS (Paim, 2009).

intercâmbio, mas são, no fundo, de separar. No que respeita, em primeiro lugar, à ordenação, pretende-se, com ela – quando se recorra a uma formulação muito geral, para evitar qualquer restrição precipitada – exprimir um estado de coisas intrínseco racionalmente apreensível, isto é, fundado na realidade. No que toca à unidade, verifica-se que este fator modifica o que resulta já da ordenação, por não permitir uma dispersão em uma multitude de singularidades desconexas, antes devendo deixa-las reconduzir-se a uns quantos princípios fundamentais[9].

Para Canaris, que defende que sistema deve ser definido como "uma ordem axiológica ou teleológica de princípios jurídicos gerais"[10], a exigência de um Direito sistematizado decorre dos mais fundamentais princípios ético-jurídicos, do postulado de justiça que constitui a própria ideia de Direito, no sentido de tratar o igual de modo igual e o diferente de forma diferente, de acordo com a medida de sua diferença. Isso somente é possível se o legislador e o juiz se utilizarem de um pensamento sistemático que dê ordem interior e unidade ao Direito, pois do contrário o Direito deixa de ser justo e se torna "tópico", ou seja, mero procedimento argumentativo baseado em premissas aplicado para cada problema concreto, a "técnica do pensamento problemático" proposta por Theodor Viehweg[11]. Sem ordem e unidade interior, fica prejudicada em última instância a segurança jurídica, ou seja, a previsibilidade do Direito, a estabilidade e a continuidade da legislação e da jurisprudência, a prática de um Direito justo para todos:

> Todos esses postulados podem ser muito melhor prosseguidos através de um Direito adequadamente ordenado, dominado por poucos e alcançáveis princípios, portanto um Direito ordenado em sistema, do que por uma multiplicidade inabarcável de normas singulares desconexas e em demasiado fácil contradição umas com as outras[12].

As definições da palavra *sistema* do "Dicionário Houaiss da língua portuguesa" sempre enfatizam o elemento organizacional como o núcleo central do conceito, esteja ele na ciência, no direito ou corresponda a qualquer outra estrutura constituída por partes que se integram em um todo. Sistema, assim, pode ser entendido como "conjunto de elementos, concretos ou abstratos, intelectualmente organizados" ou, ainda, "arrolamentos de unidades e combinação de meios e processos que visem à produção de certo resultado" (Houaiss; Villar, 2009).

Essas ponderações permitem entender sistema de saúde como um conjunto de ações e serviços públicos articulados e contínuos, regulados e institucionalizados por normas jurídicas (CF, LOS, Decretos, Resoluções, etc.), com cada um de seus programas governamentais tendo portas de entradas definidas (acesso à assistência), formas de tratamento padronizado (consultas, exames, procedimentos cirúrgicos, medicação, etc.) e regulação de vagas para atendimentos de maior complexidade (sistema de referência e contrarreferência). Em síntese, um fluxo de atendimento regulado, exigência da própria Constituição Federal, que reconheceu a concepção de políticas públicas como um conjunto organizado de ações go-

---

9 Canaris C-W. Pensamento Sistemático e Conceito de Sistema na Ciência do Direito, 2012, p. 9-13.
10 *Id, Ibid.*, p. 77 e p. 280 (Tese 5).
11 *Id, ibid.*, pp. 243-277, com exaustiva análise da Tópica de VIEHWEG.
12 *Id, ibid.*, p. 22.

vernamentais (art. 198 da CF), condição *sine qua non* para atender a todos os cidadãos indistintamente, em grande escala.

Os princípios e diretrizes constitucionais do sistema SUS, que são interligados e devem ser interpretados harmoniosamente, como vetores que dão ordem interior e unidade à legislação sanitária (conceito de sistema de Canaris), são os seguintes: a) **universalidade**, que se consubstancia no direito de qualquer indivíduo, independentemente de suas condições pessoais (nacionalidade, naturalidade, classe social, etc.), de ser atendido pelos órgãos de saúde pública, ser beneficiado pelas ações que programam políticas públicas direcionadas à saúde da população e ter à sua disposição todos os medicamentos e insumos indispensáveis para prevenção e proteção de sua saúde (art. 194, parágrafo I, único, e art. 196, *caput*, CF); b) **integralidade**, segundo a qual toda a assistência necessária para a prevenção e para a recuperação de doenças deve ser disponibilizada para a população, em todos os níveis de complexidade do sistema (art. 198, II, CF); c) **igualdade**, segundo o qual deve ser garantido o tratamento equânime a todos os usuários do SUS, sem discriminações de qualquer natureza e sem privilégios ou preferências de origem subjetiva (art. 196, *caput*, CF); d) **gratuidade**, significando, basicamente, que as ações e serviços voltados à área de saúde não podem conter nenhuma forma de contraprestação por parte do usuário (para alguns, decorrente da universalidade; no Estado de São Paulo, expressa no art. 222, V, da Constituição do Estado[13]); e) **regionalização e hierarquização**, significando a necessidade de se organizar a prestação do serviço por meio de divisões territoriais, bem como, a divisão da prestação do serviço em classes, de acordo com a complexidade, no sentido de série contínua de graus, do menos complexo ao mais complexo (art. 198, *caput*, CF); f) **descentralização**, significando que as ações e serviços devem ser passados à responsabilidade dos municípios, permanecendo os poderes públicos estatal e federal como corresponsáveis (art. 198, I, CF); g) **participação social**, consistente na participação da comunidade em Conferências de Saúde e Conselhos de Saúde (art. 194, parágrafo único, VII e art. 198, III, CF, e Lei nº 8.142/ 90); e h) **informação**, que tem duas faces, o direito de todas as pessoas atendidas de terem conhecimento amplo e ilimitado, diretamente ou por meio de seus familiares, sobre o seu real estado de saúde, sobre os meios terapêuticos existentes e de eventuais implicações do tratamento, bem como, o dever do Estado de divulgação de informações quanto ao potencial dos serviços de saúde e a sua utilização pelo usuário (artigo 7º, inciso VI, da Lei 8.080/90) (Mapelli Júnior et al., 2012, p. 21-39).

A doutrina costuma acrescentar, ainda, **a equidade** como um dos princípios essenciais do SUS, compreendida como a necessidade de atendimento das demandas em saúde conforme a vulnerabilidade social das pessoas, no sentido de oferecer mais a quem mais precisa, diminuindo as diferenças consideradas injustas e evitáveis. No fundo, estamos ainda no campo da igualdade, desde que compreendida que sua aplicação prática pressupõe o reconhecimento da desigualdade real entre as pessoas, segundo a lição clássica de Rui Barbosa, apresentada originalmente para os formandos de 1920 da Faculdade de Direito da USP:

> A regra da igualdade não consiste senão em quinhoar desigualmente aos desiguais, na medida em que se desigualam. Nesta desigualdade social, proporcionada à desigualdade natural, é que se acha a verdadeira lei da igualdade. O

---

13 Embora não seja objeto de maiores controvérsias doutrinárias na atualidade, a gratuidade hoje está prevista na Lei Complementar 141/2012, que destina os recursos sanitários para as "ações e serviços públicos de saúde de acesso universal, igualitário e gratuito" (art. 2º, I).

mais são desvarios da inveja, do orgulho, ou da loucura. Tratar com desigualdade a iguais, ou a desiguais com igualdade, seria desigualdade flagrante, e não igualdade real[14].

Por isso, é fundamental que as ações e serviços sanitários respeitem a equidade, objetivando diminuir as desigualdades sociais e garantir saúde igual para todos, conceito ou princípio que hoje tem previsão legal, conforme se depreende do art. 13, inciso I, do Decreto 7.508/11, e do art. 30, §§2º e 3º, da LC 141/12.

Além dos princípios e diretrizes, a CF positivou algumas regras específicas sobre a participação complementar da iniciativa privada no SUS (art. 199, §1º), a intensa regulamentação e controle do Poder Público sobre qualquer atividade sanitária (art. 197), inclusive porque os serviços contratados se submetem às normas técnicas e administrativas e aos princípios e diretrizes do SUS (art. 26, §2º, LOS), e a permissão da remoção de órgãos, tecidos e substâncias humanas para fins de transplante, pesquisa e tratamento, desde que não haja comercialização (art. 199, §4º).

A regulamentação sanitária correspondente aos procedimentos técnico-administrativos do SUS, construídos conforme os princípios-normas constitucionais mediante consensos administrativos que objetivam articular as ações e serviços públicos de saúde, portanto, não significa restrição a direito fundamental, mas constitui o elemento essencial do *sistema* SUS, concebido pela CF como um conjunto de políticas públicas organizadas, tendentes a garantir a todos, em caráter universal e igualitário, a assistência em saúde.

Redes de Atenção à Saúde: fluxo de atendimento e padronização

Para garantir o caráter sistemático do SUS e respeitar seu regime jurídico-constitucional, notadamente os princípios e as diretrizes, o Poder Público exerce seu poder regulamentador na organização e estruturação das ações e serviços de saúde (art. 197, CF), formulando programas governamentais com o fluxo de atendimento, da porta de entrada aos serviços de maior complexidade (sistema de referência e contrarreferência), e a padronização de exames, medicamentos e procedimentos terapêuticos que constituem o tratamento disponibilizado de forma igualitária ou equânime a todos os residentes no país. A padronização em protocolos clínicos e listas oficiais, ao contrário de restrição de direitos, tem caráter organizacional e propicia a **unidade ou unicidade das ações e serviços públicos de saúde**.

A doutrina mais atual já vem defendendo a existência do princípio da unicidade ou unidade do SUS, segundo o qual os serviços e as ações de saúde devem se desenvolver pelas mesmas políticas, diretrizes e comando, como ensinam Ingo Wolfgang Sarlet e Mariana Filchtiner Figueiredo:

> O princípio da unidade significa que o SUS é um sistema único e unificado, característica pela qual o constituinte procurou superar as distorções dos modelos anteriores a 1988, em especial quanto à limitação da assistência à saúde somente aos trabalhadores com vínculo formal e respectivos dependentes, então segurados do Instituto Nacional de Previdência Social (INPS) – situação que deixava, às demais pessoas, a "opção" entre o atendimento à saúde por profissionais particulares ou simplesmente a caridade. Sistema único, então,

---

14 Barbosa R. Oração aos moços, 1997, p. 26.

importa em que os serviços e as ações de saúde, públicos ou privados, devem pautar-se e se desenvolver sob as mesmas políticas, diretrizes e comando. Trata-se de um só sistema, que abrange e sujeita à uma direção única e, portanto, a um só planejamento (ainda que compartido nos níveis, nacional, regional, estadual, municipal) as ações e os serviços de saúde[15].

Na prática, a unidade do SUS se obtém por meio da construção de redes de atenção à saúde, contendo um fluxo de atendimento e uma padronização da assistência, que se dá por pactuação entre os gestores das três esferas de governo, na forma do federalismo cooperativo já comentado (art. 198, II, CF e art. 9º, I a III, LOS). Combina-se, para cada rede de atenção à saúde, como são exemplos a rede de assistência maternoinfantil, a rede de atenção psicossocial ou a rede oncológica, como será o planejamento, o financiamento, a execução e a avaliação de programas governamentais que devem garantir a assistência integral à população de forma igualitária e universal. E não se esqueça que mesmo os serviços privados que participam em caráter complementar do SUS integram esses programas públicos, estando dentro das redes de assistência, pois "os serviços contratados submeter-se-ão às normas técnicas e administrativas e aos princípios e diretrizes do Sistema Único de Saúde (SUS)" (art. 26, §2º, LOS).

A padronização de tratamentos em cada programa governamental é essencial para que todos sejam atendidos (universalidade e igualdade), haja segurança terapêutica (farmacovigilância) e se solidifique a própria política pública, que depende de recursos escassos e é constantemente pressionada pela indústria hospitalar e farmacêutica. As escolhas de caráter técnico, econômico e terapêutico que o SUS faz, por exemplo, em matéria de medicamentos e insumos, inserem-se nesse contexto de organização das políticas públicas, para atender melhor as necessidades de saúde da população, como explicam Vera Lúcia Edais Pepe, Tatiana de Aragão Figueiredo, Luciana Simas, Claudia Garcia Serpa Osorio-de-Castro e Míriam Ventura:

> Nem todos os medicamentos que possuem registro sanitário são automaticamente incorporados ao SUS. É na etapa da seleção de medicamentos que as instâncias gestoras do SUS decidem quais os medicamentos que devem compor o elenco de suas listas oficiais e serem adquiridos e utilizados nas unidades do SUS. O produto da seleção é uma lista constituída por medicamentos considerados necessários para atender às necessidades sanitárias de cada local. A seleção de medicamentos deve se fundamentar nas melhores evidências disponíveis e considerar morbidades prevalentes, eficácia, efetividade, segurança e qualidade do fármaco, apresentações farmacêuticas que atendam as necessidades, comodidade posológica, custo e disponibilidade no mercado (seguem exemplos de listas padronizadas de medicamento)[16].

A padronização da assistência em saúde no SUS, porém, não pode excluir ações e serviços que sejam necessários para atender a saúde de uma pessoa que busca a rede pública, devendo os programas públicos disponibilizar todos os níveis de complexidade de atendimento para uma determinada patologia (art. 7º, II, LOS).

---

15 Sarlet IW; Figueiredo MF. Algumas considerações sobre o direito fundamental à proteção e promoção da saúde aos 20 anos da Constituição Federal de 1988, 2009, p. 37.

16 Pepe VLE et al. A judicialização da saúde e os novos desafios da gestão da assistência farmacêutica, 2010, p. 2.408.

Nesse ponto, é conveniente registrar que o SUS constitucionalmente está obrigado a atender os três níveis de atenção em saúde, por força do princípio constitucional da integralidade, o que torna um equívoco equiparar o "mínimo existencial" em matéria de saúde com um conjunto de prestações assistenciais básicas. Os níveis de atenção, segundo concepção clássica dos sanitaristas, são a *atenção básica* ou *primária*, que constitui o primeiro contato do indivíduo com o sistema de saúde, geralmente na unidade básica de saúde (UBS) ou por meio do Programa de Saúde da Família (PSF), bem como, nos Centros de Atenção Psicossocial (CAPS), por meio do qual deve ser resolvida a maior parte dos agravos de saúde e organizado o cuidado do usuário; a *atenção secundária*, consistente em serviços de média complexidade, como exames mais elaborados e pequenos procedimentos cirúrgicos, a cargo de equipamentos intermediários como os Ambulatórios Médicos de Especialidades (AME), e a *atenção terciária*, consistente nos procedimentos de maior especialização e complexidade, como cirurgias de grande proporção e os transplantes, disponibilizados em hospitais gerais ou hospitais especializados, estes últimos frequentemente universitários[17].

O modelo constitucional da saúde pública no Brasil, ao contrário do que ocorre em países que disponibilizam uma "cesta básica de saúde", é caracterizado pela atenção nos três níveis de complexidade em serviços articulados e contínuos, do atendimento mais simplificado (prevenção, imunizações, tratamentos para as doenças mais comuns, medicamentos essenciais, etc.) aos serviços mais complexos (procedimentos terapêuticos mais especializados, como as cirurgias de maior complexidade, os transplantes, os medicamentos de alto custo, etc.). A articulação e a continuidade do tratamento ocorrem com o ingresso do usuário nas redes de serviços do SUS, lócus da integralidade (art. 7º, II, LOS), para que seu tratamento seja acompanhado e direcionado para serviços mais especializados quando houver necessidade.

A respeito do tema das redes de serviços em saúde, a Organização Mundial da Saúde (OMS) há tempos propõe que se trata da melhor forma de garantir o acesso e a continuidade de tratamento à população, permitindo uma assistência em saúde articulada e completa. A preocupação da OMS, nesse passo, é com a continuidade das ações e serviços de saúde, como fica claro em seu conceito de rede de serviços:

> A gestão e a oferta de serviços de saúde para que as pessoas recebam um contínuo de serviços preventivos e curativos, de acordo com suas necessidades, ao longo do tempo e por meio de diferentes níveis de atenção à saúde[18].

O Decreto nº 7.508, de 28 de junho de 2011, que regulamenta a LOS, denominou estas redes de serviços como Redes de Atenção à Saúde (RAS), que devem ser constituídas com a "finalidade de garantir a integralidade da assistência à saúde" nos três níveis de complexidade de atendimento (art. 2º, VI), "instituídas pelo Estado, em articulação com os Municípios, respeitadas as diretrizes gerais pactuadas na Comissão Intergestores Tripartite – CIT" (art. 4º)[19]. As RASs devem estar incluídas em uma determinada Região de Saúde ou excepcio-

---

17 Não se ignora a crítica de alguns especialistas que, ao invés dos três níveis de assistência, preferem "redes poliárquicas de atenção à saúde, em que, respeitando-se as diferenças tecnológicas, rompem-se as relações verticalizadas, conformando-se redes policêntricas horizontais", como afirma Eugênio Vilaça Mendes, no livro As redes de atenção à saúde, 2011, p. 84 (com figuras ilustrativas dos dois sistemas). O preciosismo técnico, porém, não parece ter reflexos na prática.

18 Citado por Eugênio Vilaça Mendes, *op. cit.*, p. 80.

19 No Estado de São Paulo, desde 2011 a Secretaria de Estado da Saúde conduziu um processo democrático de discussão com os Municípios paulistas, construindo consensualmente os mapas de saúde (art. 17), em um planejamento

nalmente em várias delas (art. 7º), polo regional de serviços que obrigatoriamente deve contemplar um conjunto mínimo de ações e serviços:

> Art. 5º. Para ser instituída, a Região de Saúde deve conter, no mínimo, ações e serviços de:
> I - atenção primária;
> II - urgência e emergência;
> III - atenção psicossocial;
> IV - atenção ambulatorial especializada e hospitalar; e
> V - vigilância em saúde.

Como acentuam Lenir Santos e Luiz Odorico Monteiro de Andrade, as redes de serviços em determinada região de saúde são, conforme se depreende do texto constitucional, condição para a operacionalização do SUS como sistema interfederativo:

> O artigo 198, da CF ao dispor que "as ações e serviços públicos de saúde integram uma rede regionalizada e hierarquizada e constituem um sistema único", conforma uma rede interfederativa de serviços que exige interação, integração e articulação de todos os entes federados. Não existe outra saída para a operacionalização de um SUS nacional organizado de forma regionalizada e hierarquizada (no sentido de complexidade de serviços e não de poderes). (...) Sendo o SUS uma rede interfederativa de serviços em decorrência da integralidade da assistência que o conforma como "rede", somente decisões consensuais entre os entes federativos implicados nesse fazer estão legitimadas para definir, em detalhes, as responsabilidades destes na saúde"[20].

Para ingressar nas Redes de Atenção à Saúde (RAS), local onde se inicia e se completa a integralidade da assistência à saúde (art. 20), o paciente tem à sua disposição portas de entradas específicas, que foram definidas segundo o desenho de preponderância da atenção básica (local de acesso e condução do tratamento) que informa as políticas públicas de saúde, de onde pode ser referenciado para ambulatórios especializados e hospitais de maior complexidade quando necessário:

> Art. 9º. São Portas de Entrada às ações e aos serviços de saúde nas Redes de Atenção à Saúde os serviços:
> I - de atenção primária;
> II - de atenção de urgência e emergência;
> III - de atenção psicossocial;
> IV - especiais de acesso aberto.
> Art. 10. Os serviços de atenção hospitalar e os ambulatoriais especializados, entre outros de maior complexidade e densidade tecnológica, serão referenciados pelas Portas de Entrada de que trata o art. 9º.

---

ascendente que foi ao final pactuado nos 63 Colegiados Regionais de Saúde (CRS) e na Comissão Intergestores Bipartite (CIB), sempre tendo como pano de fundo o plano de saúde de cada ente federado e a programação anual. Ao final, foram criadas as 17 Redes Regionais de Atenção à Saúde (RRAS), cujo desenho poder ser visualizado no sítio eletrônico www. saude.sp.gov.br [acesso em 26.6.14].

20 Santos L; Andrade LOM. SUS: o espaço da gestão inovadora e dos consensos interfederativos: aspectos jurídicos, administrativos e financeiros, 2009, p. 109-110.

As redes de atenção à saúde, nas quais o usuário deve ingressar para obter o atendimento integral, foram assim definidas como programas governamentais que se inserem nas Regiões de Saúde, em respeito à regionalização e à hierarquização (art. 198, *caput*, CF), que são planejados pelos gestores do SUS de forma ascendente, do nível local até o federal, com a imprescindível contribuição de seus órgãos deliberativos (art. 36, LOS). Na prática, o processo de planejamento dos programas assistenciais e da regionalização da saúde ocorre nas Comissões Intergestores Tripartite e Bipartite (CIT e CIB), que reúnem os gestores do SUS, embora debates correlatos ocorram no Conselho Nacional de Secretários de Saúde (CONASS), no Conselho Nacional de Secretarias Municipais de Saúde (CONASEMS) e nos Conselhos Nacional, Estadual e Municipal de Saúde.

A Lei nº 12.466/2011 elevou ao plano legislativo os foros de pactuação e negociação do SUS (CIT, CIB, CONASS e CONASEMS), fundamentais para o processo de federalismo cooperativo, e o Decreto 7.508/11, que buscou organizar o planejamento sanitário e a articulação interfederativa, esclareceu quais são as atribuições da Comissões Intergestores:

Art. 32. As Comissões Intergestores pactuarão:

I - aspectos operacionais, financeiros e administrativos da gestão compartilhada do SUS, de acordo com a definição da política de saúde dos entes federativos, consubstanciada nos seus planos de saúde, aprovados pelos respectivos conselhos de saúde;

II - diretrizes gerais sobre Regiões de Saúde, integração de limites geográficos, referência e contrarreferência e demais aspectos vinculados à integração das ações e serviços de saúde entre os entes federativos;

III - diretrizes de âmbito nacional, estadual, regional e interestadual, a respeito da organização das redes de atenção à saúde, principalmente no tocante à gestão institucional e à integração das ações e serviços dos entes federativos;

IV - responsabilidades dos entes federativos na Rede de Atenção à Saúde, de acordo com o seu porte demográfico e seu desenvolvimento econômico-financeiro, estabelecendo as responsabilidades individuais e as solidárias; e

V - referências das regiões intraestaduais e interestaduais de atenção à saúde para o atendimento da integralidade da assistência.

Parágrafo único. Serão de competência exclusiva da CIT a pactuação:

I - das diretrizes gerais para a composição da RENASES;

II - dos critérios para o planejamento integrado das ações e serviços de saúde da Região de Saúde, em razão do compartilhamento da gestão; e

III - das diretrizes nacionais, do financiamento e das questões operacionais das Regiões de Saúde situadas em fronteiras com outros países, respeitadas, em todos os casos, as normas que regem as relações internacionais.

O objetivo final do planejamento é a elaboração dos planos de saúde, "base das atividades e programações de cada nível de direção do Sistema Único de Saúde – SUS" e condição para o recebimento dos recursos sanitários, que não podem ser utilizados para ações e serviços de saúde nele não previstos, salvo em situações emergenciais ou de calamidade pública (art. 36, §§1º e 2º, LOS, e art. 2º, inciso II, LC 141/12)[21].

---

21 Os instrumentos de gestão para o planejamento em saúde são os seguintes: a) o plano de saúde, em consonância com o plano plurianual/PPA (art. 35, §2º, I, ADCT, CF); b) a programação anual de saúde (art. 36, §2º, LC nº 141/2012, e art.

Para que a organização sistemática em Regiões de Saúde e Redes de Atenção à Saúde (RAS) seja formalizada adequadamente, o decreto regulamentador previu um contrato organizativo entre os gestores do SUS, instrumento jurídico assim explicado por Reynaldo Mapelli Júnior:

> Esse sistema somente terá sentido se for coroado pelo Contrato Organizativo da Ação Pública da Saúde (COAP), instrumento jurídico por meio do qual os entes federados formalizam o acordo de vontades sobre a implementação, a execução e o financiamento das ações e serviços de saúde em uma região (arts. 33 e 34 do decreto). Trata-se, a rigor, de um novo instrumento jurídico a integrar o Direito Administrativo, que já está sendo implementado progressivamente em regiões do país (...)
> Defendidos por especialistas como Lenir Santos, para quem "o elo, o elemento aglutinador das responsabilidades, o estatuto jurídico que conformará as redes de atenção à saúde da região, com fixação das responsabilidades federativas na saúde, será o contrato", (...) "o qual terá a nobre função de dar garantia à conformação da rede de atenção à saúde e às responsabilidades dos entes nessa rede, será o elemento que possibilitará que a descentralização se regionalize, os COAPs somente se concretizarão se houver interesse e dedicação dos Estados, que precisam fornecer subsídios técnicos e de convencimento para a adesão dos Municípios, segundo as diretrizes nacionais da União[22].

Na lógica da organização das ações e serviços públicos de saúde no Brasil, necessária para a institucionalização das políticas públicas de saúde pelo direito, em respeito ao regime jurídico-constitucional do SUS há que se considerar, assim, além da observância dos programas governamentais que determinam o fluxo de atendimento e a padronização da assistência, a necessidade de ingresso do usuário nas Redes de Atenção à Saúde (RAS) em uma determinada Região de Saúde, local onde se inicia e se completa a integralidade da assistência (art. 20, Decreto 7.508/11). Mas é preciso definir melhor no que consiste esta integralidade da assistência, em termos jurídicos.

35, §2º, II, ADCT, CF); e c) o relatório de gestão (art. 36, §1º, LC nº 141/2012 e art. 3º Portaria GM/MS nº 575/12). A avaliação e o controle desse planejamento foi atribuída aos Conselhos de Saúde, aos Tribunais de Contas e ao Ministério Público, na forma estabelecida pelo art. 38 da LC nº 141/12.

22 Mapelli Júnior R. O papel dos estados na organização do SUS, no prelo. De acordo com o Ministério da Saúde, até agora foram entabulados COAPs nos Estados do Ceará, Alagoas e Mato Grosso do Sul, segundo o sítio eletrônico www.portalsaude.saude.gov.br [acesso em 03.03.2014]. Sobre eles, o Ministério da Saúde publicou o *Guia para a elaboração do Contrato Organizativo da Ação Pública: Construindo o COAP passo a passo*, 2013. A perspectiva é a de que, após as fases de elaboração dos mapas de saúde e instituição das redes regionais de atenção à saúde, os Estados exerçam o seu protagonismo na formalização dos consensos regionais em COAPs, no qual constará a responsabilidade de cada gestor na execução e no cofinanciamento das ações e serviços de saúde, o sistema de controle e auditoria e a cominação de sanções administrativas para o caso de inadimplência, um avanço significativo em termos de organização e transparência do SUS.

CAPÍTULO 7

Integralidade da Assistência em Saúde

Integralidade sistêmica ou regulada

A chamada "integralidade da assistência" deve se dar "em todos os níveis de complexidade do sistema", nos dizeres da Lei Orgânica da Saúde (art. 7º, II), sempre que o paciente ingressar na rede pública de saúde pela porta de entrada regular (art. 9º do Decreto nº 7.508/11), em determinada região de saúde (Redes de Atenção à Saúde/RAS – art. 20 do Decreto nº 7.508/11), local de início do tratamento e coordenação de todo o cuidado (atenção básica/primária), de onde deve automaticamente ser referenciado para níveis mais especializados de atenção (atenção secundária e terciária), em um fluxo contínuo e articulado de serviços preventivos e curativos (art. 7º, II, *in fine*, LOS) de responsabilidade do Poder Público.

No desenho institucional da assistência terapêutica do Sistema Único de Saúde (SUS), o direito considera a integralidade ora uma <u>diretriz</u>, como previsto no art. 198, inciso II, da Constituição Federal (CF), ora um <u>princípio</u>, como a define o art. 7º da Lei Orgânica da Saúde (LOS), que reclassifica as diretrizes do art. 198 da Constituição. A doutrina jurídica vem sustentado haver, assim, uma natureza jurídica híbrida na integralidade, vista como princípio-diretriz, aparentemente sem qualquer consequência prática, mas o essencial é compreender que se trata de um dos princípios basilares da saúde pública, servindo de parâmetro para a compreensão do núcleo material do direito à saúde no Brasil que, não restrito a uma "cesta básica de serviços", corresponde ao atendimento integral de todas as necessidades das pessoas. O direito à saúde, assim, compreende atividades preventivas e curativas em todos os níveis de complexidade, da atenção básica aos serviços altamente especializados, bem como, as atividades de promoção, prevenção e recuperação da saúde no sentido mais amplo possível (art. 196, CF).

O paradigma do direito de todos e dever do Estado (art. 196, CF) na perspectiva da integralidade, porém, não significa que não existam limites ou contornos jurídicos ao direito à saúde, decorrentes da organização sistemática dos programas públicos do SUS. Existem estudos que demonstram que o Poder Judiciário confunde a integralidade com direito a qualquer produto ou serviço de saúde, ao condenar o Poder Público no fornecimento de medicamentos não padronizados pelo SUS (desrespeito aos protocolos clínicos), prescritos indevidamente por médicos particulares, sem registro na ANVISA (Agência Nacional de Vigilância Sanitária) e importados, desconsiderando por completo a existência ou não de evidência científica sobre a eficácia e a segurança terapêutica (medicina baseada em evidências[1]) (Chieffi; Barata, 2009; Ferraz, 2011; Silva; Terrazas 2011). Em resumo, como ponderam Silvia Badim Marques e Sueli Gandolfi Dallari:

> O Poder Judiciário, ao proferir suas decisões, não toma conhecimento dos elementos constantes na política pública de medicamentos, editada conforme o direito para dar concretude ao direito social à assistência farmacêutica. E assim, vem prejudicando a tomada de decisões coletivas pelo sistema político nesse âmbito, sobrepondo as necessidades individuais dos autores dos processos às necessidades coletivas[2].

Para identificar o que significa o atendimento integral em termos jurídicos, afastando-se de generalizações que, no fundo, não chegam a lugar nenhum, é fundamental buscar na legislação sanitária brasileira o conceito jurídico de integralidade da assistência em saúde, dever estatal (art. 198, II, CF) que o SUS operacionaliza através da "execução de ações de assistência terapêutica integral, inclusive farmacêutica" (art. 6º, *d*, LOS), que são organizadas em procedimentos técnico-administrativos próprios da natureza jurídica das políticas públicas, que somente incorporam tecnologias novas depois de avaliações técnicas de custo-efetividade e padronização dos serviços públicos[3].

A integralidade na assistência em saúde do SUS é *regulada* ou *sistemática*, porque está inserida na organização dos programas públicos decorrente do regime jurídico do SUS, possuindo contornos ou limites jurídicos que objetivam garantir a prestação de ações e serviços públicos de saúde a todos indiscriminadamente, já que os recursos orçamentários são finitos e os custos com as tecnologias em saúde crescentes (universalidade e igualdade – art. 196, CF), bem como, a segurança terapêutica no uso dos produtos e tratamentos (art. 197 e art. 200, I, II e VII, CF).

É bem verdade que, em regra, a integralidade tradicionalmente vem sendo concebida pelos juristas da maneira mais ampla possível, como "o acesso a todos os meios e mecanismos de recuperação e prevenção da saúde, aí se incluindo procedimentos cirúrgicos, medicamentos, exames, vacinas, etc.", observando-se "as condições peculiares de cada indivíduo, de modo que o rol protetivo inclua ainda outras terapias especiais (fisioterapia, terapia ocupacional), o atendimento domiciliar, o transporte do paciente ao local do atendimento e o fornecimento de insumos indispensáveis ao tratamento" (Mapelli Júnior et al., 2012, p. 25); como "dever do Estado (que) não pode ser limitado, mitigado ou dividido, pois a saúde, como bem individual, coletivo e de desenvolvimento pressupõe uma abordagem assistencial completa, vale dizer, integral, envolvendo todos os aspectos a ela relacionados"

---

1 A expressão Medicina Baseada em Evidências (MBE) surgiu na década de 1970, tendo como um dos seus criadores o pesquisador britânico Archie Cochrane, autor do livro *Effectiveness and Efficiency: Random Reflections on Health Services* (1972) (Mapelli Júnior et al., 2012, *op. cit.,* p.126).

2 Marques SB, Dallari SG. Garantia do Direito Social à Assistência Farmacêutica no Estado de São Paulo, 2007.

3 Em qualquer sistema de saúde, seja ele meramente assistencial (predominância da saúde privada), meritocrático (recebe saúde quem contribui com impostos) ou universal (direito de todos), há regras e procedimentos nas políticas públicas que consideram a custo-efetividade das tecnologias em saúde (Paim, 2009).

(Dallari; Nunes Jr, 2010, p. 75); em outras palavras, "sempre que houver uma pessoa doente caberá ao Estado fornecer o tratamento terapêutico para a recuperação da saúde dessa pessoa de acordo com as possibilidades de desenvolvimento científico", ou seja, "todos os procedimentos terapêuticos reconhecidos pela ciência e autorizados pelas autoridades sanitárias competentes" (Aith, 2007, p. 357).

Note-se, porém, conforme fica claro pelas palavras de Fernando Aith, que integralidade não significa que o Poder Público possa se abster de seu dever de garantir a eficácia e a segurança de medicamentos e produtos terapêuticos usados pela população, por meio de suas atividades de vigilância sanitária e epidemiológica, pois os procedimentos terapêuticos dependem de reconhecimento pela ciência e registro sanitário. A integralidade não faz tábula rasa dos procedimentos de controle sanitário e não concede um cheque em branco para as indústrias farmacêutica e hospitalar, que somente podem colocar no mercado produtos com eficácia e segurança comprovadas, conforme determinado no direito brasileiro, pelo menos, desde a Lei 6.360, de 23 de setembro de 1976. O dever estatal de controle e fiscalização de procedimentos, produtos e substâncias de interesse para a saúde, como medicamentos, insumos terapêuticos, imunobiológicos, hemoderivados e substâncias psicotrópicas é tão relevante que foi elencado pelo constituinte de 1988 como uma das principais atribuições do Sistema Único de Saúde (art. 200, I, II, VI e VII).

Nesse sentido, o pressuposto para a legalidade de uma droga que será avaliada para incorporação nas políticas públicas é o registro na Agência Nacional de Vigilância Sanitária (ANVISA) como determinado pela Lei 6.360/76:

> Art. 12 - Nenhum dos produtos de que trata esta Lei, inclusive os importados, poderá ser industrializado, exposto à venda ou entregue ao consumo antes de registrado no Ministério da Saúde.

O primeiro elemento que auxilia na busca dos contornos jurídicos da integralidade, portanto, é a compreensão de que o controle sanitário de bens e serviços não constitui restrição ao atendimento integral, tratando-se de atividade estatal típica destinada a garantir o acesso e o uso seguro e racional de tecnologias médicas, dever impostergável do Estado no campo da saúde (art. 197, CF).

Outro elemento que auxilia na tarefa de identificar o sentido jurídico da integralidade é de natureza histórica. Como sabem os sanitaristas que cunharam a palavra integralidade durante os anos 1980, a concepção de atendimento integral não surgiu para consolidar a ideia de um direito à saúde absoluto, apartado das regulamentações sanitárias, mas para marcar a obrigatoriedade do Poder Público em integrar os serviços preventivos e os curativos que estavam completamente desarticulados naquela época, com o objetivo de propiciar ao usuário do sistema de saúde uma assistência em todos os níveis de complexidade. No fundo, queria-se garantir ações sanitárias integradas e afastar a "cesta básica de medicamentos" defendida por forças políticas mais conservadoras. Nesse sentido, verifica-se que os debates da VIII Conferência Nacional de Saúde (CNS) de 1986, que cunhou os parâmetros jurídicos do modelo constitucional de saúde da CF, insistiam na integralidade como um conceito teologicamente voltado para a articulação e a integração das ações e serviços públicos de saúde, que deveriam propiciar ao cidadão uma assistência terapêutica ampla e contínua, não apenas serviços básicos. O objetivo era a integração da medicina preventiva com a medicina curativa, a consagração de um comando único para as ações e serviços públicos de saúde (não a divisão Ministério da Saúde/INAMPS existente na época) e a garantia de atendimento independentemente do nível de complexidade da assistência, inclusive procedimentos de alta complexidade. Para promover a articulação, a descentralização e a municipalização de saúde, condições para a uma adequada assistência em saúde, era preciso a "integralização das ações, superando a dicotomia preventivo-curativo", nos dizeres do relatório final da Conferência (Fluminhan, 2014).

Pode-se afirmar, assim sendo, que juridicamente não há razão alguma para confundir direito à saúde com consumo de medicamentos e procedimentos terapêuticos, independentemente de evidências científicas, do registro sanitário e dos procedimentos de caráter organizacional das políticas públicas. Interpretação em sentido contrário torna o conceito jurídico de integralidade indeterminado, excessivamente incerto ou fluido, servindo apenas para posições jurídicas subjetivas e arbitrárias. O direito não pode estar apartado dos ensinamentos farmacêuticos, médicos e sanitários que permitem identificar o que é a integralidade (assistência reconhecida pela ciência e autorizada pelas autoridades públicas sanitárias), lembrando-se, a respeito, que a nota caraterística do Direito Sanitário é a interdisciplinaridade. Ora, o próprio texto constitucional dá prioridade para as atividades preventivas (art. 198, II, CF) no atendimento integral, autoriza o controle e a fiscalização do Poder Público (art. 197, CF) e determina que o exercício do direito à saúde esteja vinculado a políticas públicas (art. 197, CF), somente nelas fazendo sentido falar em assistência em todos os níveis de complexidade (art. 7º, II, LOS): como compreender isso sem um conhecimento interdisciplinar de saúde?

A literatura científica especializada desenvolvida com conhecimento interdisciplinar, que contemple as ciências farmacêuticas e noções de saúde coletiva, desde o início voltou-se contra a concepção de uma integralidade ilimitada, que confunde consumo de medicamentos com direito à saúde. Os sanitaristas e os farmacêuticos que se debruçaram sobre a judicialização da saúde, principalmente, desde logo denunciaram o consumo irresponsável de medicamentos e o impacto negativo das decisões judiciais nas políticas públicas, alertando sobre a diferença entre o registro de um produto fármaco no país e a incorporação de tecnologias do SUS, que não é automática e depende de critérios de eficácia, segurança e custo-efetividade. Para eles, o Poder Judiciário não deve incorporar tecnologias sanitárias e a liberação judicial de tratamentos experimentais e sem registro na ANVISA é perigosa, pois provoca risco à saúde e à vida dos pacientes-autores dos processos judiciais. A associação que o Poder Judiciário faz da integralidade ao consumo indiscriminado de produtos, como se a negativa de fornecimento de algum fármaco significasse a negação do direito à saúde, no final das contas, mostra-se perniciosa, comprometendo a organização do SUS e a equidade em saúde (Vieira, 2008). A ingerência acrítica do Poder Judiciário nas políticas públicas, indutora do uso perigoso de medicamentos, produz injustiça social, desorganização das competências administrativas, desestruturação da descentralização político-administrativa e violação dos procedimentos de controle sanitário, o que frequentemente se dá já na concessão de liminares (Zhouri et al., 2010, com análise de processos judiciais do Poder Judiciário mineiro).

Alguns juristas, com experiência administrativa e conhecimentos interdisciplinares, também perceberam o equívoco das decisões judiciais que desconsideram a necessidade de segurança terapêutica dos produtos fármacos ou, ainda, a limitação dos recursos públicos a exigir a organização das políticas de medicamentos. Para eles, os juízes de direito precisam reconhecer limites de ordem técnica e científica, calcados em critérios de segurança e eficácia do tratamento que, em sentido mais amplo, reportam-se também às noções de economicidade, sem deixar de garantir, quando necessário, o direito individual à saúde no caso concreto, tarefa certamente bastante difícil (Sarlet; Figueiredo, 2009). A pretensa amplitude da integralidade consagrada pelo Poder Judiciário, na realidade, vem transformando o SUS em um sistema "complementar" ao setor privado, segundo os juristas mais críticos, pois as ordens judiciais obrigam o Poder Público a fornecer medicamentos e produtos de alto custo a pacientes assistidos em regime privado ou suplementar (planos de saúde), que não ingressam no sistema público de saúde e não observam seus regramentos técnicos e administrativos. Nesses casos, a integralidade fica refém da mais total independência reivindicatória do cidadão e da liberdade absoluta de profissionais de saúde privados indicarem procedimentos, exames, tecnologias não incorporadas ao sistema, o que é inaceitável do ponto de vista jurídico: o direito à saúde pública é destinado apenas àqueles que ingressam no SUS espontaneamente e são atendidos por profissionais médicos que pautam-se obrigatoriamente pelos protocolos e parâmetros técnicos da comunidade científica, de acordo com o regramento do SUS (Carvalho; Santos, 2006).

Talvez a única jurista a se debruçar com mais atenção aos problemas orçamentários e de planejamento que criam contornos jurídicos para a integralidade, que não pode confundida com direito a qualquer procedimento terapêutico, tenha sido Lenir Santos. De fato, mesmo antes das alterações legislativas de 2011, a jurista defendia a existência de "contornos jurídicos" ou "limites" da integralidade, que podem ser resumidos, segundo o seu pensamento, da seguinte forma: necessidade de ingresso obrigatório do paciente no SUS e submissão a todas as regras de acesso e tratamento público; disponibilidade de recursos orçamentários para o financiamento da ação ou serviço de saúde pretendido conforme a EC 29/2000; observância do padrão de integralidade previsto nos regulamentos técnicos e científicos, dos protocolos de condutas, dos limites para incorporação de tecnologias e dos protocolos farmacológicos; e respeito ao planejamento baseado em epidemiologia imposto pela lei ao gestor do SUS. Integralidade sem estes parâmetros, segundo ela, coloca em risco o princípio da igualdade (Santos, 2009).

Parece correto afirmar, portanto, voltando à concepção de integralidade *sistêmica* ou *regulada*, que a ideia de que o dever estatal em garantir a saúde corresponde ao "tudo para todos" sem a necessidade de observância dos regramentos sanitários não condiz mesmo com o direito, carecendo de qualquer fundamentação jurídica razoavelmente convincente, parecendo mesmo um equívoco intelectual (lembremos do "pensamento sistemático" de Canaris, fundamental para a própria ideia de justiça) que, na realidade, beneficia apenas àqueles que buscam lucros estratosféricos na venda de produtos fármacos e serviços de saúde ao Poder Público, muitas vezes mediante estratégias de inclusão das inovações no sistema de saúde nem sempre confessáveis.

O texto constitucional impede uma concepção consumista de saúde, conferindo-lhe *status* de direito social e "relevância pública", sempre submetido a rigorosa regulamentação, fiscalização e controle do Poder Público (art. 197), e vincula o seu exercício às políticas públicas (art. 196, CF). O conceito de relevância pública das ações e serviços de saúde, especialmente relevante quando se trata do SUS e concebido para permitir a fiscalização do Ministério Público (Dallari, 1992), é que legitima constitucionalmente a regulamentação da assistência terapêutica, inclusive a farmacêutica, com a organização do acesso aos serviços, a avaliação das novas tecnologias em testes nacionais para autorização de comercialização no país (registro na ANVISA), a fixação de preços para o mercado fármaco-hospitalar na

CMED (Câmara de Regulação do Mercado de Medicamentos), e a elaboração de protocolos clínicos e listas oficiais de produtos e serviços. É por isso que a integralidade é *sistemática* ou *regulada*, não estando descolada das políticas públicas.

Em termos principiológicos, aliás, embora a CF não tenha definido a integralidade, preferindo apenas destacar que o atendimento integral deve conter "prioridade para as atividades preventivas, sem prejuízo dos serviços assistenciais" (art. 198, II), atrelou-a a outros princípios do SUS, principalmente a organização dos serviços em rede regionalizada e hierarquizada, ou redes interfederativas de serviços (*caput* do mesmo artigo), a "descentralização, com direção única em cada esfera de governo" e a "participação da comunidade" (incisos I e II). A integralidade, por isso mesmo, não constitui um imperativo genérico, absoluto e sem limites legais, mas se insere na organização sistêmica do SUS, com seus protocolos clínicos, tabelas e listas oficiais, formulados como programas de ação governamental fundamentados na discricionariedade administrativa técnica e no poder de polícia sanitário, como se percebe claramente da redação do art. 198 da Constituição Federal.

Respeitando estes parâmetros constitucionais, a Lei Orgânica da Saúde (Lei nº 8.080, de 19 de setembro de 1990), em sua redação original, ao regulamentar a seção II do capítulo II do Título VIII da CF, que trata da Saúde como integrante da Seguridade Social, parte da Ordem Social do Estado Democrático de Direito brasileiro, definiu a integralidade da assistência, em termos que não deixam dúvida sobre seu caráter sistemático. A LOS, que estabeleceu que serviços públicos e serviços privados conveniados ou contratados integram igualmente o SUS, todos se submetendo a seus regramentos técnicos e administrativos, determinou que a assistência em saúde pública seja o resultado de uma realização integrada de ações assistenciais e preventivas (art. 5º, III), que de forma articulada devem acompanhar todo o tratamento público do usuário para garantir a integralidade dentro do sistema (art. 7º, II), seja ele constituído por serviços preventivos ou curativos, individuais ou coletivos, de pequena ou alta complexidade. Veja, a respeito, o que diz o art. 7º:

> Art. 7º As ações e serviços públicos de saúde e os serviços privados contratados ou conveniados que integram o Sistema Único de Saúde (SUS), são desenvolvidos de acordo com as diretrizes previstas no art. 198 da Constituição Federal, obedecendo ainda aos seguintes princípios:
>
> II - **integralidade de assistência,** entendida como **conjunto articulado e contínuo das ações e serviços preventivos e curativos, individuais e coletivos, exigidos para cada caso em todos os níveis de complexidade do sistema** (g.n.)

Como se vê, as atividades preventivas e curativas do SUS foram legalmente concebidas como ações públicas integradas e articuladas, que implicam acompanhamento contínuo da assistência em saúde do usuário em todas as fases de seu tratamento, inclusive a assistência farmacêutica (medicamentos e insumos terapêuticos), desde o acesso ao sistema (obrigatório, sem o qual não há integração e articulação) até seguimento automático em todos os procedimentos terapêuticos necessários para o seu caso clínico, não importando o grau de especialização, ou seja, "atendimento em todos os níveis de complexidade do sistema" (*integralidade sistêmica* ou *regulada*). Não há dúvida de que, aqui, a intenção do legislador sanitário foi dupla: a) de um lado, afastar a ideia de um conteúdo mínimo de serviços de saúde que deveria ser disponibilizado à população (a conhecida "cesta básica de saúde" correspondente ao mínimo existencial, incompatível com a concepção da saúde como bem público que integra a cidadania, cf. Puccini, 2011); b) de outro, garantir a assistência em todos os níveis de complexidade, da atenção básica/primária (porta de entrada e centro ordenador da assistência) à atenção de média e alta complexidade (sistema de referência e contrarreferência; ambulatórios especializados e hospitais) para todos aqueles que optarem pelo "sistema".

Um bom exemplo de integralidade sistêmica na prática médica com relativo sucesso é a Política Nacional de Atenção Oncológica, bastante desenvolvida no Brasil. Instituída pelas Portarias MS nº 2.439, de 8 de dezembro de 2005 e MS nº 741, de 19 de dezembro de 2005 e hoje regulamentada pela Portaria MS nº 874, de 16 de maio de 2013, a política pública para tratamento de câncer impõe a disponibilização de diversas ações articuladas e integradas em um mesmo local, muitas delas de razoável complexidade (radioterapia, quimioterapia, medicamentos, atenção psicológica, reparação em cirurgia plástica, etc.), para garantir um tratamento completo e seguro definido em protocolo clínico nacional, devendo o paciente ingressar em um dos hospitais habilitados pelo Ministério da Saúde, chamados de Unidades de Assistência de Alta Complexidade em Oncologia (UNACON) ou Centros de Assistência de Alta Complexidade de Oncologia (CACON) (Mapelli Júnior et al., 2012, p. 111-112).

O sistema de assistência oncológica integral em hospitais credenciados pelo SUS vem sendo considerado pelos operadores do direito, a ponto de, na I Jornada de Direito da Saúde promovida pelo Conselho Nacional de Justiça (CNJ), que ocorreu no Tribunal de Justiça do Estado de São Paulo, nos dias 14 e 16 de maio de 2014, na cidade de São Paulo/SP, ter provocado amplo debate na plenária que originou dois importantes enunciados interpretativos, um deles sobre os UNACON/CACON e outro mais genérico. Em ambos os casos, a sugestão é a de que o juiz de direito determine o ingresso do usuário no SUS no caso de condenação:

> Enunciado N.º 7
> Sem prejuízo dos casos urgentes, visando respeitar as competências do SUS definidas em lei para o atendimento universal às demandas do setor de saúde, recomenda-se nas demandas contra o poder público nas quais se pleiteia dispensação de medicamentos ou tratamentos para o câncer, caso atendidos por médicos particulares, que os juízes determinem a inclusão no cadastro, o acompanhamento e o tratamento junto a uma unidade CACON/UNACON.

> Enunciado N.º 11
> Nos casos em que o pedido em ação judicial seja de medicamento, produto ou procedimento já previsto nas listas oficiais do SUS ou em Protocolos Clínicos e Diretrizes Terapêuticas (PDCT), recomenda-se que seja determinada pelo Poder Judiciário a inclusão do demandante em serviço ou programa já existentes no Sistema Único de Saúde (SUS), para fins de acompanhamento e controle clínico[4].

Deve-se concluir, portanto, que o SUS não tem o dever legal de fornecer serviços e produtos de saúde para quem está fora do sistema público, prescritos por médicos privados, ou tratamentos descolados das políticas públicas criadas para, de forma articulada e contínua, propiciar adequado, eficaz e seguro procedimento terapêutico para a prevenção e cura de doenças, razão pela qual a integralidade deve ser entendida como sistêmica ou regulada.

---

4 Disponível em: www.cnj.jus.br.

Novos marcos legais da integralidade: Lei 12.401/11, Lei 12.466/11, Decreto 7.508/11 e Lei Complementar 141/12

O desenho jurídico da integralidade foi complementado por novos marcos legais introduzidos em 2011 e 2012, no patamar legislativo (lei complementar e leis ordinárias) e regulamentar (decreto regulamentador da LOS), com o objetivo de institucionalizar mais intensamente as políticas públicas de saúde e de assistência farmacêutica. Embora não se trate propriamente de inovação legislativa, pois o conceito jurídico de integralidade decorrente do sistema constitucional do SUS já comportava todas as nuances positivadas pelo legislador, as modificações na Lei Orgânica da Saúde e sua regulamentação por decreto merecem uma reflexão, até mesmo porque, possivelmente, provocarão uma revisão da doutrina e da jurisprudência em matéria de saúde. Pode-se afirmar, ao menos, que agora o conceito jurídico da integralidade ficou mais claro – na realidade, foi positivado em lei, como ficaram, também, diversos outros aspectos que circundam o direito à saúde, como os processos de elaboração de listas de medicamentos e procedimentos terapêuticos, os mecanismos de introdução de novas tecnologias médicas e a obrigatoriedade de observância dos protocolos clínicos e diretrizes terapêuticas.

Os novos marcos legais, que surgiram como natural reação à judicialização da saúde, são os seguintes: a) a Lei nº 12.401/11, que alterou a LOS, para definir os contornos jurídicos da assistência terapêutica integral, o procedimento de elaboração e atualização dos protocolos clínicos e a proibição de fornecimento de medicamentos sem registro na Agência Nacional de Vigilância Sanitária (ANVISA), experimentais e importados; b) a Lei nº 12.466/11, que alterou a LOS, para elevar ao patamar legal os foros de pactuação e negociação conhecidos como Comissão Intergestores Tripartite (CIT) e Comissão Intergestores Bipartite (CIB), bem como, o Conselho Nacional de Secretários de Saúde (CONASS) e o Conselho Nacional de Secretarias Municipais de Saúde (CONASEMS); c) o Decreto nº 7.508/11, que regulamentou a LOS, especialmente para explicitar que o atendimento deve ocorrer nas Regiões de Assistência da Saúde (RAS) e quais os requisitos para o acesso aos medicamentos (tratamento na rede pública, médico vinculado ao SUS, respeito aos protocolos clínicos e dispensação em farmácia pública); e d) a Lei Complementar nº 141/12, que, ao normatizar os recursos sanitários, determinou que eles somente podem ser utilizados para a assistência farmacêutica *regular* do SUS.

O Decreto nº 7.508, de 28 de junho de 2011, que demorou mais de vinte anos até ser publicado, regulamentou a LOS em alguns aspectos essenciais[5] e, clarificando normas jurídicas já existentes, expressamente consignou que a integralidade da assistência à saúde do SUS se inicia e se completa na Rede de Atenção à Saúde (RAS), mediante referenciamento do usuário na rede regional e interestadual, local, aliás, onde se dá o acesso à assistência farmacêutica. Isso não poderia ser de outra forma, dado o caráter sistêmico do sistema público de saúde. No que diz respeito à assistência farmacêutica, o decreto regulamentador impôs ainda condições para o atendimento público de saúde, condizentes com o caráter organizacional das políticas públicas, afastando dele o setor privado. A comparação dos dois artigos que tratam destes aspectos mostra-se interessante:

---

5 Alguns temas não foram tratados, por exemplo, o financiamento e a forma de transferência e rateio de recursos entre União, Estados, Distrito Federal e Municípios (art. 35 da LOS), mas não há dúvida sobre a importância jurídica do decreto, que procura dar organicidade ao conjunto excessivo e confuso de normas administrativas do SUS (Mapelli Júnior et al., 2012, *op. cit.*, p. 35-36).

Art. 20. A integralidade da assistência à saúde se inicia e se completa na Rede de Atenção à Saúde, mediante referenciamento do usuário na rede regional e interestadual, conforme pactuado nas Comissões Intergestores.
Art. 28. O acesso universal e igualitário à assistência farmacêutica pressupõe, cumulativamente:
I - estar o usuário assistido por ações e serviços de saúde do SUS;
II - ter o medicamento sido prescrito por profissional de saúde, no exercício regular de suas funções no SUS;
III - estar a prescrição em conformidade com a RENAME e os Protocolos Clínicos e Diretrizes Terapêuticas ou com a relação específica complementar estadual, distrital ou municipal de medicamentos; e
IV - ter a dispensação ocorrido em unidades indicadas pela direção do SUS.

A interpretação sistêmica dos dispositivos da CF, da LOS e do Decreto regulamentador coloca como regra geral para o acesso a medicamentos e insumos terapêuticos do SUS a obrigatoriedade de ingresso na rede pública de saúde, de prescrição por médico vinculado ao SUS, de observância da Relação Nacional de Medicamentos Essenciais (RENAME) e dos Protocolos Clínicos e Diretrizes Terapêuticas (PCDT) ou relação específica complementar, e retirada dos medicamentos nas farmácias públicas, o que está de acordo com o desenho constitucional do SUS como um sistema organizado em regiões e níveis de complexidade, a ser percorrido por seu usuário segundo seus regramentos técnicos e administrativos.

É nesse sentido que pode ser compreendido o posicionamento do Procurador da República Marlon Alberto Weichert, a respeito do princípio da integralidade, segundo o qual os residentes no Brasil são na realidade *usuários em potencial do SUS* até que ingressem nele, aí sim estabelecendo uma relação jurídica com o SUS que lhes dá direito ao atendimento integral, conforme regras e procedimentos específicos:

Logo, os princípios constitucionais da universalidade e da integralidade não conferem – por si sós – direito aos pacientes dos serviços privados de receber insumos do SUS. Não há, no plano constitucional, a obrigação de o sistema público de saúde garantir o uso de estruturas públicas ao cidadão que envereda tópica e concretamente pelo atendimento privado. As estruturas e as ações do sistema público são afetas aos usuários efetivos do SUS, que as acessam conforme regras e procedimentos específicos. Assim, o usuário potencial do SUS que optou pela assistência sob uma relação jurídica de direito privado não é titular de pretensões subjetivas em relação ao sistema público naquele tratamento. (...)
Em suma, enquanto o princípio da universalidade afirma que todo brasileiro ou estrangeiro residente no país é usuário potencial do SUS, comando constitucional de atendimento integral define que aos usuários efetivos do serviço público de saúde é devida a atenção a todas as suas demandas legítimas. São duas relações jurídicas distintas. Na primeira, todo cidadão é titular do direito subjetivo de acesso ao SUS. Na segunda, aqueles cidadãos que acessaram o SUS têm direito ao atendimento integral[6].

---

6 Weichert MA. O Direito à Saúde e o Princípio da Integralidade, 2010, p. 107 e 111-112.

Com relação à obrigatoriedade de prescrição por médico do SUS, pondere-se ainda que, em determinadas situações específicas, como ocorre em casos de tratamento oncológico e doenças raras, o gestor do SUS pode perceber que a assistência será prejudicada se não for admitida a prescrição particular. Nesse caso, havendo necessidade de ampliação do acesso do usuário à assistência farmacêutica, por questões de saúde pública que a justifiquem, conforme o permite a Portaria GM/MS 2.928, de 12 de dezembro de 2011, é possível a autorização para o recebimento de documentos oriundos dos serviços privados, desde que obedeçam as regulamentações dos componentes de assistência farmacêutica definidas pelo SUS e as pactuações realizadas nas Comissões Intergestores Tripartite e Bipartite (CIT e CIB) (arts. 1º e 2º).

Na mesma época do decreto regulamentador a LOS foi modificada pela Lei nº 12.401, de 28 de abril de 2011, que lhe acrescentou um novo capítulo sobre a Assistência Terapêutica e a Incorporação de Tecnologia em Saúde (capítulo VIII). O novo art. 19-M trouxe uma definição bem precisa de assistência terapêutica integral:

> Art. 19-M. A assistência terapêutica integral a que se refere a alínea d do inciso I do art. 6º consiste em:
>
> I - dispensação de medicamentos e produtos de interesse para a saúde, cuja prescrição esteja em conformidade com as diretrizes terapêuticas definidas em protocolo clínico para a doença ou o agravo à saúde a ser tratado ou, na falta do protocolo, em conformidade com o disposto no art. 19-P;
>
> II - oferta de procedimentos terapêuticos, em regime domiciliar, ambulatorial e hospitalar, constantes de tabelas elaboradas pelo gestor federal do Sistema Único de Saúde - SUS, realizadas no território nacional por serviço próprio, conveniado ou contratado.

Convergindo para o conceito de integralidade sistêmica ou regulada pelos procedimentos técnico-administrativos do SUS, a lei sanitária maior passou a conter, portanto, norma jurídica expressa definindo a integralidade da assistência do SUS: trata-se da dispensação de medicamentos e produtos de interesse para a saúde prescritos de acordo com as diretrizes terapêuticas definidas em protocolos clínicos ou, na falta deles, em listas de medicamentos suplementares instituídas na forma do art. 19-P (assistência integral farmacêutica), ou da oferta de procedimentos terapêuticos definidos nas tabelas do gestor federal do SUS realizados em serviços ambulatoriais ou hospitalares próprios, ou seja, serviços públicos ou privados conveniados ou contratados (assistência integral terapêutica).

Na elaboração dos protocolos clínicos, relações de medicamentos e tabelas de procedimentos terapêuticos, o gestor do SUS deve atentar para critérios de custo-efetividade, comparando a nova tecnologia médica com as que já constam das políticas públicas, e para outros critérios técnicos de comprovação da eficácia e da segurança terapêuticas. Grande importância tem, nesse momento, indicadores epidemiológicos. Os protocolos clínicos e as diretrizes terapêuticas, formulados para padronizar a assistência farmacêutica, devem conter todos "os medicamentos ou produtos necessários nas diferentes fases evolutivas da doença ou do agravo à saúde de que tratam, bem como aqueles indicados em casos de perda de eficácia e de surgimento de intolerância ou reação adversa relevante, provocadas pelo medicamento, produto ou procedimento de primeira escolha"; a inclusão de novas tecnologias que podem integrá-los, como expressamente consignado, depende de avaliação não somente econômica, mas "quanto à sua eficácia, segurança, efetividade e custo-efetividade para as diferentes fases evolutivas da doença ou do agravo à saúde" (art. 19-O e p. único).

Quando o sistema de saúde não contemplar a padronização de medicamentos e insumos terapêuticos para determinada patologia, o que é cada vez mais raro na realidade brasileira, o art. 19-P da LOS explicita que a integralidade será resguardada em relações específicas de medicamentos instituídas pelo gestor federal após pactuação na Comissão Intergestores Tripartite (inciso I), pelo gestor estadual após pactuação na Comissão Intergestores Bipartite (inciso II), órgãos de negociação previstos na Lei nº 12.466/11, e pelo gestor municipal após pactuação no Conselho Municipal de Saúde (inciso III). No caso das relações específicas municipais, porém, é preciso cautela para que os Conselhos de Saúde não extrapolem suas funções, pois não podem ser ao mesmo tempo cogestor e fiscalizador do que foi acordado, razão pela qual suas atribuições devem ficar restritas à formulação de estratégias genéricas e ao controle da execução das políticas públicas, como preceitua o §2º, do art. 1º, da Lei nº 8.142/1990.

Para resguardar a integralidade sistêmica, confrontada sempre que alguém obtém produtos fármacos não contemplados pelo SUS e descolados de seus procedimentos técnico-administrativos, e a segurança terapêutica, não existente enquanto medicamentos e produtos não passam pelos testes em população brasileira para obter o registro sanitário, a Lei nº 12.401/11 proibiu ao gestor do SUS a compra, o pagamento, o ressarcimento, o reembolso e a disponibilização de medicamentos e procedimentos experimentais, sem registro na ANVISA e importados. Reza o novo art. 19-T introduzido na LOS:

> Art. 19-T. São vedados, em todas as esferas de gestão do SUS:
> I - o pagamento, o ressarcimento ou o reembolso de medicamento, produto e procedimento clínico ou cirúrgico experimental, ou de uso não autorizado pela Agência Nacional de Vigilância Sanitária - ANVISA;
> II - a dispensação, o pagamento, o ressarcimento ou o reembolso de medicamento e produto, nacional ou importado, sem registro na Anvisa.

A proibição legal de uso de produtos e procedimentos sanitários em seres humanos sem a autorização da ANVISA já constava da Lei nº 6.360, de 23 de setembro de 1976, a despeito de algumas possibilidades de acesso excepcional que serão tratadas a seguir, mas o art. 19-T positivou a norma jurídica novamente, em termos que podem servir para caracterizar como improbidade administrativa o ato do gestor do SUS que, de alguma forma, facilita ou provoca o fornecimento de produtos experimentais, não registrados e importados, seja por falta de licitação (impossível para produto ilegal, ou seja, objetivando o contrabando oficial que se faz para que ele entre no país), seja pela prática de ato proibido em lei, conforme previsto no art. 10, inciso VIII, ou art. 11, inciso I, da Lei nº 8.429, de 2 de junho de 1991.

O controle sanitário dos produtos e serviços que podem ter impacto na saúde das pessoas, integrante do controle do Poder Público a que se submetem as ações e serviços de saúde por sua relevância pública (art. 197, CF), é atividade típica de vigilância e polícia sanitária, que se desenvolve *preventivamente*, quando a indústria farmacêutica e hospitalar pretende introduzir uma nova tecnologia em saúde no país (testes em população brasileira, comprovação de efetividade e segurança farmacêutica, registro sanitário, elaboração de bulas dos remédios, proibição de tratamentos experimentais sem os controles ético-legais, etc.) ou *a posteriori*, no acompanhamento dos efetivos colaterais do uso da droga (farmacovigilância, não raras vezes com a obrigatoriedade de notificação compulsória às autoridades sanitárias) É claro que a vigilância sanitária também contribui para a formação dos contornos jurídicos da integralidade, que não pode desconsiderar que produtos potencialmente nocivos ao uso humano são ilegais (sem registro, experimentais, importados, não passíveis de padronização); trata-se, em suma, de decorrência lógica do poder de política atribuído pela CF ao SUS:

> Art. 200. Ao sistema único de saúde compete, além de outras atribuições, nos termos da lei:
> I - controlar e fiscalizar procedimentos, produtos e substâncias de interesse para a saúde e participar da produção de medicamentos, equipamentos, imunobiológicos, hemoderivados e outros insumos;
> II - executar as ações de vigilância sanitária e epidemiológica, bem como as de saúde do trabalhador;
> (...)
> VI - fiscalizar e inspecionar alimentos, compreendido o controle de seu teor nutricional, bem como bebidas e águas para consumo humano;
> VII - participar do controle e fiscalização da produção, transporte, guarda e utilização de substâncias e produtos psicoativos, tóxicos e radioativos;
> (...)

A vigilância sanitária, entendida como "um conjunto de ações capaz de eliminar, diminuir ou prevenir riscos à saúde e de intervir nos problemas sanitários decorrentes do meio ambiente, da produção e circulação de bens e da prestação de serviços de interesse da saúde" (art. 6º, §1º, LOS), e a vigilância epidemiológica, concebida como "um conjunto de ações e proporcionam o conhecimento, a detecção ou prevenção de qualquer mudança nos fatores determinantes e condicionantes de saúde individual ou coletiva, com a finalidade de recomendar e adotar as medidas de prevenção e controle das doenças e agravos" (art. 6º, §2º, LOS) constituem, em assim sendo, outro aspecto essencial na elaboração dos protocolos clínicos, listas e tabelas do SUS que constituem a assistência terapêutica integral (art. 19-M, LOS), que devem respeitar seus marcos regulatórios.

Além do controle sanitário dos produtos e serviços da saúde (registro sanitário e farmacovigilância), da padronização em programas públicos (protocolos clínicos e diretrizes terapêuticas) e da observância dos procedimentos técnico-administrativos do SUS (ingresso no SUS e fluxo de atendimento articulado e contínuo) a integralidade da assistência em saúde ainda depende da compreensão de que o sistema público de saúde deve ser ater a ações e serviços tipicamente de saúde. Em outras palavras, como há uma diferenciação entre as políticas públicas de saúde em sentido estrito e outras políticas econômicas e sociais que determinam ou condicionam o direito à saúde (art. 3º, LOS), não integram a assistência terapêutica integral serviços diversos como moradia, lazer, alimentação e assistência social em geral, até mesmo porque não estão previstos nos protocolos clínicos e nas tabelas oficias do SUS (salvo, por óbvio, quando complementam algum tratamento específico de saúde).

Embora a compreensão de que ações e serviços de natureza não sanitária não possam estar a cargo do SUS decorra do Direito Sanitário, sabendo-se que para impedir essa ilegalidade o Ministério Público há tempos propõe ações civis públicas sustentando violação do sistema constitucional de financiamento da saúde (para tanto, eram suficientes as definições do art. 200 da CF e da Resolução CNS 322, de 8 de maio de 2005), a Lei Complementar nº 141, de 13 de janeiro de 2012, que regulamenta o financiamento do SUS estipulado pela

Emenda Constitucional 29/2000, subiu para o patamar legislativo a proibição do uso dos recursos orçamentários do setor saúde para atividades que não configurem propriamente saúde e estejam em desacordo com os princípios e o planejamento do SUS. A assistência terapêutica integral do SUS, portanto, não inclui produtos e serviços que não sejam tipicamente sanitários. Interpretação em sentido contrário viola o sistema de controle do financiamento público das políticas de saúde.

Segundo a LC 141/12, as despesas com ações e serviços públicos de saúde, objeto de contínua fiscalização e controle dos Conselhos de Saúde, do Ministério Público e dos Tribunais de Contas para verificação dos percentuais mínimos de financiamento sanitário de responsabilidade federal, estadual e municipal[7], somente podem ocorrer quando destinadas a atividades que atendam, simultaneamente, aos princípios estatuídos no art. 7° da LOS, e às seguintes diretrizes: I - sejam destinadas às ações e serviços públicos de saúde de acesso universal, igualitário e gratuito; II - estejam em conformidade com objetivos e metas explicitados nos Planos de Saúde de cada ente da Federação; e III - sejam de responsabilidade específica do setor da saúde, não se aplicando a despesas relacionadas a outras políticas públicas que atuam sobre determinantes sociais e econômicos, ainda que incidentes sobre as condições de saúde da população (art. 2°).

Disso podemos inferir que o ordenamento jurídico brasileiro determina que a integralidade da assistência deva ser composta por ações preventivas e curativas formalmente integrantes do SUS, inclusive as de assistência farmacêutica, que atendam aos princípios de acesso universal, igualitário e gratuito, os parâmetros orçamentários da LC 141/12, os planos de saúde elaborados por pactuação e com a aprovação dos Conselhos de Saúde (participação da comunidade), e correspondam a atividades específicas do setor saúde. O art. 3° da LC 141/12 define o que são ações e serviços públicos de saúde para fins de utilização dos recursos do SUS, utilizados para concretizar a assistência terapêutica integral:

> Art. 3° Observadas as disposições do art. 200 da Constituição Federal, do art. 6° da Lei n° 8.080, de 19 de setembro de 1990, e do art. 2° desta Lei Complementar, para efeito da apuração da aplicação dos recursos mínimos aqui estabelecidos, **serão consideradas despesas com ações e serviços públicos de saúde** as referentes a:
> I - vigilância em saúde, incluindo a epidemiológica e a sanitária;
> II - **atenção integral e universal à saúde em todos os níveis de complexidade, incluindo assistência terapêutica e recuperação de deficiências nutricionais**;
> III - capacitação do pessoal de saúde do Sistema Único de Saúde (SUS);
> IV - desenvolvimento científico e tecnológico e controle de qualidade promovidos por instituições do SUS;
> V - **produção, aquisição e distribuição de insumos específicos dos serviços de saúde do SUS, tais como: imunobiológicos, sangue e hemoderivados, medicamentos e equipamentos médico-odontológicos**;

---

7 A LC 141/12 colocou o Ministério Público como o órgão fiscalizador principal dos recursos mínimos que devem financiar a saúde, podendo ser acionado pelos Conselhos de Saúde, que darão parecer conclusivo sobre os relatórios que lhe serão apresentados (art. 36, §1°), ou pelos Tribunais de Contas, que avaliarão os orçamentos sanitários (art. 38). A fiscalização, que deve incluir o sistema de amostragem e a verificação dos recursos destinados a ações e serviços de saúde típicos e previstos nos planos de saúde (art. 42), é explicitada na LC 141/12 (Mapelli Júnior R. Ministério Público: atuação na área da saúde pública, 2013b, p. 473-474).

VI - saneamento básico de domicílios ou de pequenas comunidades, desde que seja aprovado pelo Conselho de Saúde do ente da Federação financiador da ação e esteja de acordo com as diretrizes das demais determinações previstas nesta Lei Complementar;

VII - saneamento básico dos distritos sanitários especiais indígenas e de comunidades remanescentes de quilombos;

VIII - manejo ambiental vinculado diretamente ao controle de vetores de doenças;

IX - investimento na rede física do SUS, incluindo a execução de obras de recuperação, reforma, ampliação e construção de estabelecimentos públicos de saúde;

X - remuneração do pessoal ativo da área de saúde em atividade nas ações de que trata este artigo, incluindo os encargos sociais;

XI - ações de apoio administrativo realizadas pelas instituições públicas do SUS e imprescindíveis à execução das ações e serviços públicos de saúde; e

XII - gestão do sistema público de saúde e operação de unidades prestadoras de serviços públicos de saúde (g.n.).

E o art. 4º da lei complementar, que "tem a finalidade de excluir do financiamento da saúde algumas despesas ali relacionadas" (Santos, 2012, p. 69), afastou uma série de atividades que não são de responsabilidade do setor saúde, como os privilégios que atentam ao acesso universal, os programas de merenda escolar e as ações de assistência social, como moradia, alimentação e fraldas sem qualquer vinculação com programas públicos de saúde. A definição legal do que não constitui ação e serviço público de saúde significa que essas atividades não podem ser desenvolvidas pelo SUS, não compondo o atendimento integral. São elas:

Art. 4º **Não constituirão despesas com ações e serviços públicos de saúde**, para fins de apuração dos percentuais mínimos de que trata esta Lei Complementar, aquelas decorrentes de:

I - pagamento de aposentadorias e pensões, inclusive dos servidores da saúde;

II - pessoal ativo da área de saúde quando em atividade alheia à referida área;

III - assistência à saúde que não atenda ao princípio de acesso universal;

IV - merenda escolar e outros programas de alimentação, ainda que executados em unidades do SUS, ressalvando-se o disposto no inciso II do art. 3o;

V - saneamento básico, inclusive quanto às ações financiadas e mantidas com recursos provenientes de taxas, tarifas ou preços públicos instituídos para essa finalidade;

VI - limpeza urbana e remoção de resíduos;

VII - preservação e correção do meio ambiente, realizadas pelos órgãos de meio ambiente dos entes da Federação ou por entidades não governamentais;

VIII - ações de assistência social;

IX - obras de infraestrutura, ainda que realizadas para beneficiar direta ou indiretamente a rede de saúde; e

X - ações e serviços públicos de saúde custeados com recursos distintos dos especificados na base de cálculo definida nesta Lei Complementar ou vinculados a fundos específicos distintos daqueles da saúde (g.n.).

Assim, aos parâmetros de caráter organizacional (ingresso no SUS e observância de seus procedimentos técnico-administrativos, inclusive os protocolos clínicos e as listas de medicamentos e procedimentos terapêuticos) e de segurança terapêutica (registro na ANVISA e proibição de produtos e procedimentos sem registro, experimentais e importados), deve-se acrescentar, portanto, que o direito à assistência terapêutica integral pressupõe observância do planejamento do SUS e de atividades típicas do setor saúde, não contemplando outras atividades que podem ser direito do cidadão, mas que se submetem a outro regime jurídico e não podem ser atribuídas ao SUS.

Incorporação de tecnologias de saúde no SUS

Os paradigmas de atendimento público de saúde (ingresso na rede pública de saúde e prescrição por médico do SUS), respeito a seus procedimentos técnico-administrativos (protocolos clínicos e listas oficiais) e conformidade com as exigências orçamentárias da LC 141/12 (ações e serviços típicos do setor saúde previstos no planejamento do SUS), não significam, porém, que os protocolos clínicos e as diretrizes terapêuticas do SUS não devam acompanhar o avanço tecnológico em saúde, pois, havendo evidência científica para tanto (medicina baseada em evidências), há necessidade de inclusão rápida da nova terapia nas políticas públicas. Nesse sentido, o princípio constitucional da integralidade exige a atualização periódica de protocolos clínicos e diretrizes terapêuticas.

Por esse motivo, o Ministro Gilmar Mendes, pouco depois da audiência pública nº 4 do STF, no julgamento do Ag. Reg. da Suspensão de Liminar nº 47 – Pernambuco, afirmou a possibilidade de questionamento judicial de protocolos clínicos não atualizados, nos seguintes termos:

> (...) há necessidade de revisão periódica dos protocolos existentes e de elaboração de novos protocolos. Assim, não se pode afirmar que os Protocolos Clínicos e Diretrizes Terapêuticas do SUS são inquestionáveis, o que permite sua contestação judicial.

A inexistência de protocolo clínico para tratamento de uma doença, aliás, segundo ponderado pelo Ministro na mesma decisão, é outra situação que autoriza o controle jurisdicional, mas este deve ser exercido, porém, por meio de "imprescindível" instrução probatória e preferencialmente sem a concessão de liminares:

> Parece certo que a inexistência de Protocolo Clínico no SUS não pode significar violação ao princípio da integralidade do sistema, nem justificar a diferença entre as opções acessíveis aos usuários da rede pública e as disponíveis aos usuários da rede privada. Nesses casos, a omissão administrativa no tratamento de determinada patologia poderá ser objeto de impugnação judicial, tanto por ações individuais como coletivas. No entanto, é imprescindível que haja instrução processual, com ampla produção de provas, o que poderá configurar-se um obstáculo à concessão de medida cautelar[8].

---

8 Disponível em www.stf.jus.br.

A organização administrativa do SUS obrigatoriamente deve contar, por essa razão, com a institucionalização de um processo rápido e eficaz de incorporação tecnológica, que seja transparente e ocorra com a participação da comunidade. De fato, como ponderam José Dínio Vaz Mendes e Olímpio J. Nogueira V. Bittar, com o encarecimento da tecnologia médica e as mudanças advindas das transições demográficas e epidemiológicas, o Brasil precisa dedicar-se à consolidação de um processo de incorporação tecnológica sanitária responsável, à semelhança dos países de primeiro mundo:

> O Brasil pode e deve criar normas que tratem da incorporação tecnológica e suas consequências para o SUS. Em vários países desenvolvidos, com sistemas universais de saúde, há preocupação em avaliar e comprar as novas tecnologias, inclusive medicamentos, e que envolve vários quesitos, como segurança, eficácia, possibilidade e indicação do uso, uso em saúde pública, custos e medidas de resultados, reflexos econômicos e éticos.
> Como exemplos, no Reino Unido, o National Institute for Health and Clinical Excellence (Nice) ligado ao National Health Service (NHS), que desenvolve os protocolos dos procedimentos intervencionistas e avaliações tecnológicas dos fármacos; na Espanha, a Catalan Office for Health Technology Assessment (COHTA), agência pública ligada ao Serviço de Saúde Catalã; no Canadá, a Canadian Coordinating Office for Health Technology Assessment (CCOHTA), focada na utilização de evidências e efetividade clínica e econômica[9].

Iniciado formalmente em 2006 pelo Ministério da Saúde, com a criação da Comissão de Incorporação de Tecnologias (CITEC), o processo de incorporação tecnológica do SUS no começou ficou aquém do esperado, tendo a CITEC aprovado somente um protocolo em 2006, um outro em 2007 e nenhum em 2008, o que produziu pouca repercussão nas demandas judiciais. A partir de 2008, porém, a produção técnica da CITEC foi acelerada significativamente, com a aprovação de seis protocolos em 2009, 46 em 2010 e sete em 2011, ano de sua extinção, totalizando 185 novos PCDT aprovados durante todo o seu período de funcionamento (Aith et al., 2014, p. 15).

A Lei nº 12.401/11 aperfeiçoou o sistema de incorporação tecnológica no SUS, institucionalizando-o de maneira mais consistente, ao criar um procedimento administrativo específico contemplando ampla discussão científica e participação da comunidade, e a Comissão Nacional de Incorporação de Tecnologias no Sistema Único de Saúde (CONITEC):

> Art. 19-Q. A incorporação, a exclusão ou a alteração pelo SUS de novos medicamentos, produtos e procedimentos, bem como a constituição ou a alteração de protocolo clínico ou de diretriz terapêutica, são atribuições do Ministério da Saúde, assessorado pela Comissão Nacional de Incorporação de Tecnologias no SUS.
> (...)
> Art. 19-R. A incorporação, a exclusão e a alteração a que se refere o art. 19-Q serão efetuadas mediante a instauração de processo administrativo, a ser concluído em prazo não superior a 180 (cento e oitenta) dias, contado da data em

---

9 Mendes JDV, Bittar OJNV. Perspectivas e Desafios da Gestão Pública no SUS, 2014, p. 38.

que foi protocolado o pedido, admitida a sua prorrogação por 90 (noventa) dias corridos, quando as circunstâncias exigirem.

§ 1º O processo de que trata o caput deste artigo observará, no que couber, o disposto na Lei nº 9.784, de 29 de janeiro de 1999, e as seguintes determinações especiais:

I - apresentação pelo interessado dos documentos e, se cabível, das amostras de produtos, na forma do regulamento, com informações necessárias para o atendimento do disposto no § 2º do art. 19-Q;

II - (VETADO);

III - realização de consulta pública que inclua a divulgação do parecer emitido pela Comissão Nacional de Incorporação de Tecnologias no SUS;

IV - realização de audiência pública, antes da tomada de decisão, se a relevância da matéria justificar o evento.

§ 2º (VETADO)."

Atualmente, portanto, a incorporação, a exclusão e a modificação de tecnologias no SUS é atribuição do Ministério da Saúde, por meio de avaliação da CONITEC, que inclusive tem a obrigação legal de promover a criação e a alteração periódica de protocolos clínicos e diretrizes terapêuticas (PCDT) e da Relação Nacional de Medicamentos Essenciais (RENAME), nos termos do Decreto nº 7.646, de 21 de dezembro de 2011 (art. 4º), para acompanhar os avanços das ciências médicas.

O procedimento administrativo para a incorporação tecnológica tem um rito específico, que pode ser iniciado por qualquer interessado, com prazo para terminar e instrução contemplando a realização de consultas e audiências públicas, dando ao processo transparência e participação da comunidade[10].

Ao contrário da CITEC, que, como mencionamos, acelerou seu processo de incorporação tecnológica apenas nos últimos anos de funcionamento, a CONITEC desde a sua criação tem se esforçado significativamente na avaliação de propostas de inclusão de tecnologias no SUS, elaborando os pareceres conclusivos denominados Pareceres Técnico-Científico (PTC). Nos últimos anos, já se percebe um esforço redobrado dos agentes públicos na avaliação de tecnologias para o SUS, segundo evidências científicas que devem constar dos PTCs, com o objetivo de atualizar os procedimentos terapêuticos que devem ser disponibilizados à população (São Paulo, BIS, 2013). Tais atividades constituem, certamente, caso típico de discricionariedade administrativa de padrão técnico, pois a decisão de incluir ou não a nova tecnologia é fundamentada em critérios técnicos (Ramos, 2013).

Sabe-se que o modelo da CONITEC foi o britânico *National Institute for Health and Clinical Excelence* (NICE), que avalia tecnologias em saúde para a incorporação no *Nacional Health System* (NHS), e que a velocidade de avaliação tecnológica no Brasil vem aumentando nos últimos anos. Até outubro de 2012, segundo um estudo científico recente, a CONITEC recebeu 106 novos pedidos de modificação tecnológica, 84 deles referentes a medicamentos; desse total, um protocolo foi encerrado a pedido do demandante, 23 foram recusados por falta de documentação, 34 estão em análise e 26 foram julgados, 10 deles como não incorporados e 16 como incorporados (Aith et al., 2014, p. 16-17 e 27), uma demonstração inequívoca de produção razoavelmente grande para período tão curto, se considerarmos a complexidade geralmente exigida para esse tipo de análise.

---

10 Transparência efetivada, também, pelo detalhado portal www.conitec.gov.br. [acesso em 03.04.2015].

Os argumentos apresentados até aqui, todos eles baseados na legislação sanitária brasileira e tendo como núcleo essencial o regime jurídico do SUS, permitem então afirmar, como conclusão final, que a <u>integralidade na assistência em saúde do SUS</u> é *sistêmica* ou *regulada*, podendo ser definida como um conjunto articulado e contínuo de ações e serviços públicos de saúde, construído mediante pactuação interfederativa e com participação da comunidade, que se desenvolvem em redes de atenção à saúde instituídas para garantir um fluxo de atendimento completo, com assistência em todos os níveis de complexidade do sistema, corporificado nos protocolos clínicos e diretrizes terapêuticas e listas de medicamentos (<u>assistência farmacêutica integral</u>) e nas tabelas de procedimentos terapêuticos, em regime domiciliar, ambulatorial ou hospitalar (<u>assistência terapêutica integral</u>), concebidos mediante critérios de custo-efetividade, segurança terapêutica e restrição orçamentária, que devem ser periodicamente atualizados.

CAPÍTULO **8**

A Política Nacional de Medicamentos

Política nacional de medicamentos como programa organizado de ações assistenciais

A Política Nacional de Medicamentos (PNM), que pode ser melhor denominada Política Nacional de Assistência Farmacêutica (PNAF), por englobar também outros produtos de interesse para a saúde correlatos aos remédios, constitui um conjunto de programas governamentais de atividades articuladas para o acesso a medicamentos, insumos terapêuticos e produtos de interesse para a saúde, e o acompanhamento do tratamento para garantir segurança terapêutica (farmacovigilância). A organização das ações e serviços de assistência farmacêutica, na busca de estruturação da gestão do SUS por universalidade, integralidade e equidade, insere-se na sua incumbência geral de promoção, proteção e recuperação da saúde integral (art. 196 e 198, II, CF; art. 7º, II, da Lei 8080/90, a Lei Orgânica da Saúde), cabendo ao SUS, em complementação ao rol de atribuições previsto no art. 200 da Constituição Federal, a execução de ações de assistência terapêutica integral, inclusive a farmacêutica (art. 6º, I, *d*), que incluem a formulação da politica de medicamentos, equipamentos, imunobiológicos e outros insumos de saúde, bem como, o seu controle e fiscalização (art. 6º, VI e VII), que se realizam pela vigilância sanitária e pela vigilância epidemiológica (art. 6º §§1º e 2º, LOS).

Desde a década de 1970, a Organização Mundial de Saúde (OMS) se preocupa com a universalização do acesso dos medicamentos às populações dos países em desenvolvimento, recomendando a formulação de listas de medicamentos essenciais, ou seja,

> aqueles que satisfazem as necessidades prioritárias de saúde da população. Eles são selecionados de acordo com sua relevância em saúde pública, segundo evidências de sua eficácia e segurança e em conformidade com a melhor relação custo-efetividade. Medicamentos essenciais devem estar sempre disponíveis para atender às necessidades dos sistemas de saúde, nas proporções

e dosagens adequadas, com qualidade assegurada e informação adequada, e a um preço que os indivíduos e as comunidades possam pagar[1].

Tratando-se do núcleo central da política de medicamentos, a despeito da necessidade de padronização de outros remédios mais complexos e caros, o Brasil passou a elaborar desde logo, por meio do Ministério da Saúde, uma Relação Nacional de Medicamentos Essenciais (RENAME), complementada por vezes na Relação Municipal de Medicamentos Essenciais (REMUNE) dos municípios. Se até 1997, a distribuição de medicamentos à população se dava pela Central de Medicamentos (CEME), órgão federal que centralizava a atribuição, com a aprovação da Política Nacional de Medicamentos, por meio da Portaria nº 3.916, de 30 de outubro de 1998, do Ministério da Saúde, inaugurou-se o processo de descentralização da assistência farmacêutica, com vistas à concretização dos princípios e diretrizes constitucionais do SUS (Mapelli Júnior et al., 2012, p. 99-107).

A Portaria 3.916, de 30 de outubro de 1998, do Ministério da Saúde, marco legal da assistência farmacêutica no Brasil, tem como ideia-diretriz, para utilizarmos a expressão de Maurice Hauriou, o propósito de "garantir a necessária segurança, eficácia e qualidade dos medicamentos, a promoção do uso racional e o acesso da população àqueles considerados essenciais". As atividades para assistência farmacêutica, que pode ser ambulatorial, quando o usuário retira os medicamentos em farmácias públicas, ou hospitalar, quando o medicamento lhe é fornecido em regime de internação, compreendem

> as atividades de seleção, programação, aquisição, armazenamento e distribuição, controle da qualidade e utilização – nesta compreendida a prescrição e a dispensação –, o que deverá favorecer a permanente disponibilidade dos produtos segundo as necessidades da população, identificadas com base em critérios epidemiológicos (1. Introdução).

É preciso reconhecer, sob o aspecto jurídico, que a Portaria MS 3.916/1998 é um ato administrativo *qualificado*, apesar de ser assinado e publicado pelo Ministro da Saúde, porque, seguindo as determinações constitucionais de federalismo cooperativo e participação da comunidade, foi construída por meio de um amplo processo de discussão pública, que envolveu consultas a diversos segmentos públicos e privados e a aprovação prévia na Comissão Intergestores Tripartite e no Conselho Nacional de Saúde SUS (art. 198, III, CF), estando fundamentada em diretrizes da Organização Mundial de Saúde e em farta bibliografia científica, arrolada em seu final (8. Bibliografia).

Destacando os objetivos de garantir transparência ("tornar públicas e expressas as intenções do Governo") e promover a organização dos programas públicos de forma a acompanhar as mudanças do perfil epidemiológico da população e as modificações qualitativas e quantitativas no consumo dos medicamentos (envelhecimento da população, novos procedimentos terapêuticos com a utilização de medicamentos de alto custo, medicamentos para doenças de tratamento contínuo, etc.), a portaria revela, em determinando momento, preocupação com o uso irracional dos produtos fármacos:

---

1 OMS. Perspectivas Políticas sobre Medicamentos de la OMS – 4. Selección de Medicamentos Esenciales, OMS: Genebra, 2002.

O processo indutor do uso irracional e desnecessário de medicamentos e o estímulo à automedicação, presentes na sociedade brasileira, são fatores que promovem um aumento na demanda por medicamentos, requerendo, necessariamente, a promoção do seu uso racional mediante a reorientação destas práticas e o desenvolvimento de um processo educativo tanto para a equipe de saúde quanto para o usuário (2. Justificativa).

Núcleo essencial da PNM, assim, *é a promoção do* uso racional de medicamentos, "processo que compreende a prescrição apropriada; a disponibilidade oportuna e a preços acessíveis; a dispensação em condições adequadas; e o consumo nas doses indicadas, nos intervalos definidos e no período de tempo indicado de medicamentos eficazes, seguros e de qualidade" (7. Terminologia, 50), devendo a opção por determinado fármaco contemplar, sempre, "o custo-benefício e o custo-efetividade da aquisição e distribuição do produto em relação ao conjunto das demandas e necessidades da saúde da população" (3. Diretrizes, 3.3). Os critérios de eficácia, segurança, efetividade e custo-efetividade para a escolha dos fármacos foram consagrados na Lei Orgânica da Saúde nos seguintes termos:

> Art. 19° Os protocolos clínicos e as diretrizes terapêuticas deverão estabelecer os medicamentos ou produtos necessários nas diferentes fases evolutivas da doença ou do agravo à saúde de que tratam, bem como aqueles indicados em casos de perda de eficácia e de surgimento de intolerância ou reação adversa relevante, provocadas pelo medicamento, produto ou procedimento de primeira escolha.
>
> Parágrafo único. Em qualquer caso, os medicamentos ou produtos de que trata o caput deste artigo serão aqueles avaliados quanto à sua eficácia, segurança, efetividade e custo-efetividade para as diferentes fases evolutivas da doença ou do agravo à saúde de que trata o protocolo.

Para assegurar o acesso da população a medicamentos com segurança, eficácia e qualidade, ao menor custo possível, condição essencial para a sua universalização, foram apresentadas as seguintes diretrizes para a organização sistemática dos programas de medicamentos (3. Diretrizes):

1. Adoção de relação de medicamentos essenciais;
2. Regulamentação sanitária de medicamentos, com ênfase à promoção do uso de medicamentos genéricos;
3. Reorientação da assistência farmacêutica, que deverá se fundamentar na descentralização da gestão, na promoção do uso racional dos medicamentos, na otimização e na eficácia do sistema de distribuição no setor público, no desenvolvimento de iniciativas que possibilitem a redução de preços dos produtos;
4. Promoção do uso racional de medicamentos;
5. Desenvolvimento científico e tecnológico;
6. Promoção da produção de medicamentos;
7. Garantia de segurança, eficácia e qualidade dos medicamentos;
8. Desenvolvimento e capacitação de recursos humanos.

Seguindo o princípio constitucional de descentralização administrativa (art. 198, I, CF), a portaria definiu as atribuições de cada ente da federação, colocando o Ministério da Saúde como o responsável pela formulação das políticas gerais e listas de medicamentos do SUS, enquanto a distribuição dos produtos fármacos ficou a cargo dos Estados (medicamentos estratégicos, especializados e oncológicos) e dos Municípios (medicamentos essenciais). Além disso, positivou regras sobre a regulamentação sanitária dos medicamentos, o desenvolvimento científico e tecnológico, a produção de medicamentos, a garantia da segurança, eficácia e qualidade dos produtos fármacos e o desenvolvimento dos recursos humanos.

Existe outro ato administrativo, também elaborado com base na legislação sanitária e no princípio da participação da comunidade (art. 198, III, CF), que complementa a PNM: Resolução 338, de 6 de maio de 2004, do Conselho Nacional de Saúde (CNS), órgão colegiado que contempla representantes do governo, prestadores de serviços, profissionais de saúde e usuários (Lei 8.142/90, art. 1º, §2º), que instituiu a Política Nacional de Assistência Farmacêutica (PNAF). Nome mais apropriado como já mencionado, a PNAF também não é fruto de mera discricionariedade, mas uma construção coletiva que envolveu amplo debate público e aprovação na I Conferência Nacional de Medicamentos e Assistência Farmacêutica, realizada em Brasília em 2003. A nova portaria reitera as diretrizes e normas da PNM, como a descentralização das ações e serviços, a elaboração da Relação Nacional de Medicamentos Essenciais (RENAME) e a promoção do uso racional de medicamentos, por meio de ações que disciplinem a prescrição, a dispensação e o consumo (art. 2º), constituindo-se também em ato administrativo qualificado pelo debate público, respeito à democracia e negociação de gestores e sociedade civil.

O financiamento da assistência farmacêutica, ponto nevrálgico para o sucesso da política pública, ficou definido como de responsabilidade das três esferas de gestão do SUS, sempre mediante pactuação na Comissão Intergestores Tripartite (CIT), órgão colegiado de negociação que hoje tem previsão legal (Lei 12.466, de 24 de agosto de 2011). Nesse sentido, a LOS determina que "a responsabilidade financeira pelo fornecimento de medicamentos, produtos de interesse para a saúde ou procedimentos (...) será pactuada na Comissão Intergestores Tripartite" (art. 19-U, na redação da Lei nº 12.401, de 28 de abril de 2011).

Para completar o desenho jurídico da PNM, é preciso ainda mencionar a Portaria MS 204/2007 e sua atualização pela Portaria MS 837/2009, que organizaram o repasse dos recursos federais na forma de blocos de financiamento, dentre os quais o Bloco de Financiamento da Assistência Farmacêutica, permitindo a identificação de quais são os programas de medicamentos no Brasil:

1. Componente Básico da Assistência Farmacêutica: destina-se à aquisição de medicamentos e insumos no âmbito da Atenção Primária em saúde e àqueles relacionados a agravos e programas de saúde específicos, inseridos na rede de cuidados deste nível de atenção, nos termos definidos pela Portaria MS 2.982/2009;

2. Componente estratégico da Assistência Farmacêutica: financiamento para o custeio dos medicamentos destinados ao tratamento de patologias que, por sua natureza, possuem abordagem terapêutica estabelecida, entre elas a tuberculose, hanseníase, malária, leishmaniose, doença de Chagas e outras doenças endêmicas de abrangência nacional ou regional, antirretrovirais dos Programas de DST/AIDS, hemoderivados, e dos imunobiológicos. Com a publicação da Portaria MS. 3237/2007, revogada e aperfeiçoada pela Portaria MS 2.982/2009, passaram a integrar esse componente os medicamentos para os programas de combate ao tabagismo e de alimentação e nutrição. Este componente é financiado pelo Ministério da Saúde, que adquire e distribui os insumos a ele relacionados;

3. Componente Especializado da Assistência Farmacêutica: este componente aprimora e substitui os Medicamentos de Dispensação Excepcional, e tem como principal característica a busca da garantia da integralidade do tratamento medicamentoso, em nível ambulatorial, de agravos cujas abordagens terapêuticas estão estabelecidas em Protocolos Clínicos e Diretrizes Terapêuticas (PCDT), publicados pelo Ministério da Saúde. São os conhecidos por "medicamentos de alto custo", em razão de seu preço unitário elevado ou do uso contínuo da droga. Estes PCDT estabelecem quais são os medicamentos disponibilizados para o tratamento das patologias contempladas e a instância gestora responsável pelo seu financiamento (Brasil, CONASS, 2011, p. 21-22);

4. Assistência Oncológica: embora não seja definida como um "componente", a assistência farmacêutica para o tratamento do câncer constitui um quarto e último programa de medicamentos, regulamentado pela Política Nacional de Assistência Oncológica (Portarias MS 2.439/2005 e MS 874/2013), quase sempre financiado por recursos federais, com complementação pontual de recursos dos Estados, com o diferencial de que todos os medicamentos devem ser obtidos nas Unidades de Assistência de Alta Complexidade em Oncologia (UNACON) e nos Centros de Assistência de Alta Complexidade em Oncologia (CACON), hospitais credenciados no Ministério da Saúde, pois completa um atendimento integral (quimioterapia, radioterapia, psicologia, etc.)[2].

É possível, portanto, distinguir os quatro programas governamentais de medicamentos que constituem a política nacional de assistência farmacêutica, os responsáveis por seu planejamento, financiamento e distribuição, e as unidades de saúde onde devem ser retirados (farmácias populares, em hospitais ou em ambulatórios, sejam unidades básicas de saúde ou farmácias especializadas das Secretarias de Estado da Saúde), embora nem sempre a população tenha informação adequada sobre o local de dispensação de medicamentos, por deficiências no próprio arranjo organizacional das farmácias do SUS, direito que lhes confere a lei (art. 7º, VI, LOS)[3].

A respeito dos preços dos medicamentos, uma variável que sempre preocupa os sistemas públicos de saúde no mundo, é preciso ainda considerar a necessidade de observância das normas administrativas da Câmara de Regulação do Mercado de Medicamentos (CMED), órgão criado pela Lei 10.742, de 6 de outubro de 2003 e formado por um Conselho de Ministros de Estado, que define normas de regulação para o setor farmacêutico, com a finalidade de garantir assistência farmacêutica à população, por meio de mecanismos que estimulem a oferta de medicamentos e a competitividade do setor. O preço dos

---

2 O acréscimo da assistência oncológica aos componentes essencial, estratégico e especializado (antigo "alto custo"), indicando como e onde são retirados, basicamente o essencial em Unidades Básicas de Saúde (UBS) e os demais nas regionais das Secretarias de Estado da Saúde, foi defendido em Mapelli Júnior et al., 2012, op. cit., p. 99-137 (com as principais leis e normas de assistência farmacêutica e as principais teses de defesa do poder público em ações civis e mandados de segurança).

3 Em parte, a proliferação de complexas Normas Operacionais Básicas (NOB) e Normas Operacionais de Assistência à Saúde (NOAS), do Ministério da Saúde, elaboradas a partir 1993 para a descentralização político-administrativa para Estados e Municípios, é responsável por certa confusão na divisão de atividades dos órgãos públicos, como reconheceu a NOB nº 01/96, dizendo haver "o elevado risco de atomização desordenada dessas partes do SUS, permitindo que um sistema municipal se desenvolva em detrimento de outro, ameaçando, até mesmo, a unicidade do SUS". Seguiram-se outras normas administrativas até o Pacto pela Saúde (Portaria MS 399/2006) e outros complementares em 2007, 2008, 2009 e 2010/2011, até o MS publicar um Regulamento do Sistema Único de Saúde no Diário Oficial da União (Portaria MS 2.048/2009), uma pretendida "consolidação" das normas administrativas, com inacreditáveis 790 artigos e 94 anexos, espalhados por mais de 150 páginas (Mapelli Júnior, et al., 2012, op. cit., p. 41-44). Uma descrição das NOBs, NOAs e do Pacto pela Saúde pode ser encontrada em Santos e Andrade, 2009.

medicamentos, portanto, é determinado pelos critérios de comparação da CMED, que se utiliza inclusive de informações sobre o valor dos produtos no mercado internacional, e devem seguir todos os seus regulamentos. O CAP (Coeficiente de Adequação de Preços) é particularmente importante nesse campo, pois constitui um <u>desconto mínimo obrigatório</u> que as empresas produtoras e as distribuidoras de medicamentos devem aplicar nas vendas de determinados medicamentos ao Poder Público, <u>como os do componente especializado (medicamentos excepcionais ou de alto custo), os do programa de tratamento de DST/AIDS, os hemoderivados, os antineoplásicos e adjuvantes do tratamento do câncer, e os decorrentes de ação judicial</u>. Nesse sentido, preceitua o art. 2º da Resolução CMED nº 4, de 18 de dezembro de 2006:

> Art. 2º O CAP será aplicado ao preço dos produtos nos seguintes casos:
> I- Produtos que estejam ou venham a ser incluídos no componente de medicamentos de dispensação excepcional, conforme definido na <u>Portaria nº 698, de 30 de março de 2006</u>.
> II- Produtos que estejam ou venham a ser incluídos no Programa Nacional de DST/AIDS.
> III- Produtos que estejam ou venham a ser incluídos no Programa de Sangue e Hemoderivados.
> IV- Medicamentos antineoplásicos ou medicamentos utilizados como adjuvantes no tratamento do câncer.
> V- Produtos comprados por força de ação judicial, independente de constarem da relação de que trata o § 1º deste artigo.
> VI- Produtos classificados nas categorias I, II e V, de acordo com o disposto na Resolução nº 2, de 5 de março de 2004, desde que constem da relação de que trata o § 1º deste artigo.
> § 1º A Secretaria-Executiva editará, em até 90 (noventa) dias da entrada em vigor desta Resolução, comunicado com a relação de produtos cujos preços serão submetidos ao CAP, conforme decisão do Comitê Técnico-Executivo.
> § 2º O Comitê Técnico-Executivo da CMED poderá incluir ou excluir produtos da relação de que trata o § 1º deste artigo.

As compras públicas desses medicamentos, portanto, devem obrigatoriamente contar com o desconto do CAP, sejam realizadas com as empresas fabricantes, sejam realizadas com distribuidoras de medicamentos, sob pena de configuração de eventual improbidade administrativa (Lei 8.666/93).

Programas de pesquisa clínica, acesso expandido, fornecimento de medicamento pós-estudo e uso compassivo

Ficaria incompleta uma análise da política nacional de assistência farmacêutica sem abordar, ainda que resumidamente, as exceções previstas na legislação sanitária brasileira para acesso a produtos fármacos sem registro na ANVISA e não previstos nos protocolos clínicos e listas oficiais do SUS. Apesar de hipóteses excepcionais, o SUS permite a pesquisa clínica ou experimental, o programa de acesso expandido, o fornecimento de medicamento pós-estudo e o programa de uso compassivo.

Nessas hipóteses, desde que respeitados os procedimentos técnico-jurídicos do SUS e a autorização do Ministério da Saúde, é possível até mesmo a importação de medicamentos, insumos e produtos, como previsto nos arts. 10 e 24 da Lei 6.360 de 23 de setembro de 1976 que, pelas razões de saúde pública justificadoras dos programas de acesso excepcional, não podem ser considerados totalmente revogados pelo disposto no art. 19-T da LOS.

No caso da droga experimental, ou seja, aquela cuja eficácia terapêutica ainda não foi comprovada, portanto inexistente o registro na ANVISA, mas seu uso é prescrito para seres humanos como parte de projetos de pesquisa clínica, é possível o acesso mediante protocolos de pesquisa. Há um grande debate moral no mundo sobre o acesso de pacientes a medicamentos experimentais, problema que ganhou relevo após os abusos dos experimentos em seres humanos praticados na Segunda Guerra Mundial, mas diretrizes internacionais, sobretudo o Princípio 30 da Declaração de Helsinki e a Nota de Clarificação da 55ª Conferência da Associação Médica Mundial (2004), dão a entender que, apesar de não haver um consenso exato sobre o tema, a disponibilização do tratamento em regime de pesquisa aos pacientes somente é possível com prévio consentimento, transparência sobre seus riscos e controle por comissões de ética, devendo a responsabilidade pelo financiamento do tratamento após o término da pesquisa continuar a cargo da indústria farmacêutica, não do Estado, embora o Supremo Tribunal Federal ainda não tenha analisado essa questão, que vem se submetendo a contraditória jurisprudência (Wang; Ferraz, 2012).

A LOS não descuidou da pesquisa clínica, fazendo referência a ela em diversos dispositivos legais, como procedimentos que devem se desenvolver em hospitais universitários e de ensino (arts. 4º, §1º, 6º, §3º, II, 14, parágrafo único, 15, XVII e XIX, 27, parágrafo único, 32, §5º e 45). Não há, assim, proibição legal de prescrição de medicamentos experimentais no Brasil. Mas é preciso considerar que, nesse caso, em razão da Declaração de Helsinki e da Nota de Clarificação da 55ª Conferência da Associação Médica Mundial (2004), além de outros tratados internacionais de direitos humanos, o médico deve rigorosamente seguir os protocolos de pesquisa clínica ou experimental que, nos termos da Resolução 466, de 12 de dezembro de 2012, do Conselho Nacional de Saúde, submetem-se a diversos requisitos, que podem ser resumidos da seguinte forma: a) necessidade de demonstração de que as pesquisas envolvendo seres humanos atendem a fundamentos éticos e científicos, com esclarecimento sobre os riscos do tratamento, garantia da liberdade de escolha do paciente e fundamentação em fatos científicos; b) formalização de um protocolo de pesquisa que deve ser aprovado e acompanhado, passo a passo, pelos Comitês de Ética em Pesquisa (CEP) do hospital universitário ou de ensino que sedia o experimento, bem como, pela Comissão Nacional de Ética em Pesquisa (CONEP) do Conselho Nacional de Saúde (Sistema CEP/CONEP); c) elaboração de termo de consentimento livre e esclarecido do participante; d) patrocínio integral do experimento, mediante financiamento, infraestrutura, recursos humanos e apoio institucional, pelo patrocinador, ou seja, a pessoa física ou jurídica, de direito público ou privado, que apoia a pesquisa; e) manutenção do patrocínio mesmo ao final do estudo, devendo o patrocinador assegurar acesso gratuito e por tempo indeterminado aos melhores métodos profiláticos, diagnósticos e terapêuticos necessários para a continuidade do tratamento.

Quando não existente a pesquisa clínica ou experimental, mas pacientes portadores de doenças com risco de morte ou debilidades graves precisam fazer uso de produtos farmacêuticos que ainda não obtiveram registro na ANVISA, a legislação sanitária brasileira permite o acesso aos medicamentos, desde que apresentem razoável comprovação de eficácia terapêutica e sejam a única alternativa terapêutica satisfatória. A razoabilidade da eficácia terapêutica é ônus do médico e se faz com a comprovação de estudos avançados aqui ou no país de origem, ou mesmo o registro sanitário no país de origem. Existem três hipóteses acolhidas pelo SUS nesse caso: o programa de acesso expandido, disponibilização de medicamento novo, promissor, ainda sem registro na ANVISA ou não disponível comercialmente no país, que esteja em estudo de fase III em desenvolvimento ou concluído, destinado a um grupo de pacientes portadores de doenças debilitantes graves e/ou que ameacem a vida e sem alternativa terapêutica satisfatória com produtos registrados; o programa de fornecimento de medicamento pós-estudo, disponibilização gratuita de medicamento aos sujeitos de pesquisa, aplicável nos casos de encerramento do estudo ou quando finalizada sua participação; e o programa de uso compassivo, disponibilização de medicamento novo promissor, para uso pessoal de pacientes e não participantes de programa de acesso expandido ou de pesquisa clínica, ainda sem registro na ANVISA, que esteja em processo de desenvolvimento clínico, destinado a pacientes portadores de doenças debilitantes graves e/ou que ameacem a vida e sem alternativa terapêutica satisfatória com produtos registrados no país.

A Resolução RDC (Resolução da Diretoria Colegiada) 38, de 12 de agosto de 2013, da Agência Nacional de Vigilância Sanitária (ANVISA), que regulamenta esses programas de acesso excepcional e revogou anterior marco regulatório sobre o tema[4], determina a obrigatoriedade de análise e emissão do comunicado especial específico para acesso expandido (CEE-AE) ou comunicado especial específico para uso compassivo (CEE-UC), por parte da ANVISA, para a assistência farmacêutica ocorrer. O pressuposto é se tratar da única alternativa terapêutica disponível, ainda assim com o mínimo de evidência científica. Em síntese, são obrigatórios: a) comprovação da gravidade e estágio da doença, ausência de alternativa terapêutica satisfatória no país, gravidade do quadro clínico e presença de comorbidades e avaliação dos riscos e benefícios do uso do medicamento solicitado; b) acompanhamento da ANVISA, que deve receber relatórios periódicos, inclusive se houver suspensão do tratamento e a ocorrência de eventos adversos graves; c) pedido de licença para importação do produto fármaco nos termos da Resolução RDC 39, de 5 de junho de 2008; d) garantia de fornecimento do medicamento autorizado nos programas de acesso expandido, uso compassivo e medicamento pós-estudo nos casos de doenças crônicas enquanto houver benefício ao paciente, a critério médico, por parte do patrocinador; e) garantia de recursos financeiros para a assistência integral às complicações ou danos decorrentes dos riscos do uso do medicamento, por parte da empresa patrocinadora; e f) responsabilidade pela assistência médica nestes casos pelo profissional médico do programa.

A legislação sanitária brasileira, portanto, embora tenha imposto a organização dos serviços farmacêuticos em protocolos clínicos e listas de produtos fármacos, que padronizam o atendimento do paciente em um fluxo contínuo de assistência integral fornecida e controlada pelo Poder Público, não descuidou da possibilidade de acesso a fármacos em hipóteses excepcionais de pesquisa clínica ou uso por razões humanitárias, permitindo o tratamento experimental, o acesso expandido, o fornecimento pós-estudo e o uso compassivo.

Prescrição médica

Os medicamentos e os insumos terapêuticos da PNM são disponibilizados espontânea ou judicialmente pelo SUS em razão da prescrição de um profissional médico. Devemos, pois, fazer algumas considerações a respeito de seus requisitos legais e éticos, ainda que resumidamente.

---

4 Resolução RDC 26, de 17 de dezembro de 1999.

A prescrição de produto fármaco por sua denominação genérica ou princípio ativo, e não pela marca comercial, é direito básico do consumidor, para quem ficam "asseguradas a liberdade de escolha e a igualdade nas contratações" e "a informação adequada e clara sobre os diferentes produtos e serviços", inclusive as características e o preço, sendo vedado ao fornecedor de serviços qualquer prática que possa induzir em erro ou prejuízo o consumidor, neste caso o paciente (art. 6°, II e III, e arts. 39 a 41, do Código de Defesa do Consumidor, a Lei n° 8.078, de 11 de setembro de 1990). No âmbito do SUS especialmente, a obrigatoriedade de prescrição médica pela denominação genérica ou Denominação Comum Brasileira (DCB) decorre dos princípios constitucionais da legalidade, impessoalidade e eficiência da Administração Pública (art. 37, *caput*, CF), que somente pode adquirir produtos e serviços mediante processo de licitação pública, sendo defesa a escolha da marca (art. 37, XXI, CF e Lei n° 8.666, de 21 de junho de 1993), e também de disposição legal expressa no art. 3° da Lei Federal n° 9.787, de 10 de fevereiro de 1999 que, ao alterar a Lei n° 6.360, de 23 de setembro de 1976, prescreveu o seguinte:

> Art. 3° As aquisições de medicamentos, sob qualquer modalidade de compra, e as prescrições médicas e odontológicas de medicamentos, no âmbito do Sistema Único de Saúde - SUS, adotarão obrigatoriamente a Denominação Comum Brasileira (DCB) ou, na sua falta, a Denominação Comum Internacional (DCI).

A obrigação legal de uso da denominação comum brasileira (denominação genérica ou princípio ativo) e as questões éticas que envolvem o ato médico de prescrição sempre foram preocupações do Conselho Federal de Medicina (CFM), na atuação articulada com seus Conselhos Regionais, todos formando uma autarquia federal dotada de personalidade de direito público com atribuição legal de fiscalização da atividade médica (art. 1°, da Lei n° 3.268, de 30 de setembro de 1957).

Nesse sentido, seguindo preceitos do Código de Ética Médica e sem deixar de reconhecer a liberdade do profissional na escolha do melhor tratamento, o CFM já pontuou ser "vedado ao médico exercer a profissão com interação ou dependência de farmácia, laboratório farmacêutico, ótica ou qualquer organização destinada a fabricação, manipulação ou comercialização de produto de prescrição médica de qualquer natureza", ou "obter vantagem pela comercialização de medicamentos, órteses ou próteses cuja compra decorra da influência direta em virtude de sua atividade profissional" (Resolução CFM n° 1.939, de 14 de janeiro de 2010). Por isso, nos termos do art. 1° da referida resolução, não pode o profissional médico participar de qualquer promoção para aquisição de medicamentos mediante o fornecimento de cupons ou cartões de descontos aos pacientes, ou atos correlatos.

Com relação à prescrição médica enquanto documento formal, o *Manual de orientações básicas para a prescrição médica*, elaborado pelo CFM com base na legislação sanitária, explica quais são seus elementos essenciais:

1. Cabeçalho – impresso, inclui nome e endereço do profissional ou da instituição onde trabalha (clínica ou hospital), registro profissional e número de cadastro de pessoa física ou jurídica, podendo conter, ainda, a especialidade do profissional;
2. Superinscrição – constituída por nome e endereço do paciente, idade, quando pertinente, e sem a obrigatoriedade do símbolo R_x, que significa "receba"; por vezes, esse último é omitido, e no seu lugar se escreve: "uso interno" ou "uso externo", correspondente ao emprego de medicamentos por vias enterais ou parenterais, respectivamente;

3. Inscrição – compreende o nome do fármaco (denominação genérica ou princípio ativo), a forma farmacêutica e sua concentração.
4. Subinscrição – designa a quantidade total a ser fornecida; para fármacos de uso controlado, essa quantidade deve ser expressa em algarismos arábicos, escritos por extenso, entre parênteses;
5. Adscrição – é composta pelas orientações do profissional para o paciente;
6. Data, assinatura e número de inscrição no respectivo Conselho de Medicina, Medicina Veterinária ou Odontologia.

O CFM considera facultativa a inclusão dos seguintes dados em uma prescrição médica: peso, altura e dosagens específicas como as usadas na pediatria. O verso do receituário pode ser utilizado para dar continuidade à prescrição, para o aprazamento de consulta de controle, e para as orientações de repouso, dietas, possíveis efeitos colaterais ou outras informações referentes ao tratamento.

O *Manual* traz informações claras e objetivas sobre a prescrição correta de fármacos, de observância obrigatória pela comunidade médica, e descreve os tipos de receituários permitidos pela legislação sanitária brasileira:

- Receita Simples – utilizada para a prescrição de medicamentos anódinos e medicamentos de tarja vermelha, com os dizeres "venda sob prescrição médica", segue as regras descritas na Lei nº 5.991/73. A duração do tratamento deve ser definida pelo médico de acordo com o perfil de cada patologia. É recomendado, no máximo, uma avaliação médica a cada 12 (doze) meses, dependendo da patologia, para prescrição de medicamentos de uso contínuo.
- Receita de Controle Especial – utilizada para a prescrição de medicamentos de tarja vermelha, com os dizeres "venda sob prescrição médica – só pode ser vendido com retenção da receita", como substâncias sujeitas a controle especial (validade da prescrição: 30 dias), retinoicas de uso tópico (lista "C2" – quantidade: 5 ampolas por medicamento injetável, com prazo de tratamento de 30 dias); antirretrovirais (lista "C4" - formulário próprio estabelecido pelo Programa de Doenças Sexualmente Transmissíveis/AIDS); anabolizantes (receituário de acordo com a Lei nº 9.965/00; antidepressivos (listas "C" – quantidade máxima: 5 ampolas para medicamentos injetáveis para 60 dias de tratamento); antiparkinsonianos e anticonvulsivantes (para 6 meses de tratamento), imunossupressoras (lista "C"), etc.
  Obs.: Os medicamentos antimicrobianos, segundo dispõe a RDC 44/2010, da ANVISA, que regulamenta a prescrição de 93 antimicrobianos, devem ter receitas (ou formulários) de controle especial ou comum, em duas vias, com validade de 10 dias a partir de sua emissão.
- Receita azul ou receita B – impresso, padronizado na cor azul, utilizado para a prescrição de medicamentos que contenham substâncias psicotrópicas, segundo as listas "B1" (quantidade máxima: 5 ampolas para medicamento injetável para 60 dias de tratamento) e "B2" (quantidade máxima: 30 dias de tratamento) e suas atualizações constantes na Portaria nº 344/98.
- Receita amarela ou receita A – impresso, padronizado na cor amarela, utilizado para a prescrição dos medicamentos das listas "A1", "A2" (entorpecentes) e "A3" (psicotrópicos), que somente pode conter um produto farmacêutico (validade da prescrição: 30 (trinta) dias).

O Conselho Regional de Medicina do Estado de São Paulo (CREMESP), que na mesma época editou normas disciplinares para dar transparência e ética na relação do médico com a indústria farmacêutica e hospitalar[5], em 23 de setembro de 2015 expediu a Resolução CREMESP nº 278, para reforçar os requisitos formais de uma prescrição médica. Na mesma ocasião, positivou a obrigatoriedade da prescrição observar o protocolo clínico do serviço ao qual o profissional está vinculado (hospital/ambulatório público ou privado), já que sempre existe uma padronização do atendimento segundo critérios técnicos de custo-efetividade.

De acordo com o art. 1º, a prescrição médica de medicamentos deve obedecer aos seguintes "critérios mínimos":

- Letra legível ou por meio impresso;
- Nome completo do paciente;
- Nome genérico das substâncias prescritas;
- Forma farmacêutica do medicamento;
- Forma de administração de maneira clara;
- Não utilização de códigos ou abreviaturas;
- Observância quanto a presença do medicamento no protocolo do serviço o qual está vinculado;
- Data, nome legível, assinatura e número de registro do médico no Conselho Regional de Medicina;
- Nome e endereço da Instituição ou Consultório onde foi emitida a receita médica.

Em situações excepcionais, o médico deve elaborar um relatório com justificativa para a escolha do medicamento fora do protocolo do serviço onde exerce suas funções, que deve ser entregue ao Diretor Técnico do hospital ou ambulatório para convocação de uma junta médica objetivando uma avaliação do caso (arts. 2º e 3º), procedimento que deve seguir o mesmo padrão quando a prescrição é utilizada para obtenção de produto fármaco não integrante de lista do SUS, hipótese em que ela deve vir acompanhada de uma "justificativa médica" (art. 7º).

No Estado de São Paulo, aliás, fazendo uso de sua competência legal para regulamentar normas técnicas de prestação e controle de serviços sanitários (art. 15, incisos VI e XVI, art. 17, incisos XI e XII, e art. 18, inciso XII, LOS), tanto o gestor estadual quanto o municipal regulamentaram a prescrição médica. O Secretário de Estado da Saúde, de sua parte, fixou requisitos formais para a prescrição do médico da rede pública estadual, a necessidade de justificativa técnica e avaliação por instância superior quando a escolha recai em medicamentos não padronizados, a obrigatoriedade de apresentação de declaração escrita de inexistência de conflito de interesses e a possibilidade de que os custos fiquem com a instituição onde o médico trabalha. Na mesma resolução, além disso, previu medidas para ressarcimento ao erário público "do custo de medicamento judicializado contra a Fazenda do Estado" (Resolução SS – 83, de 17 de agosto de 2015). Na mesma direção seguiu o Secretário Municipal de Saúde de São Paulo, que regulamentou as receitas médicas usadas na rede municipal de serviços, que devem obedecer a Relação Municipal de Medicamentos (REMUME) e respeitar padrões éticos como prescrição por denominação genérica, e esta-

---

5 Resolução CREMESP nº 273, de 3 de fevereiro de 2015, que será analisada quando forem discutidas as estratégias da indústria farmacêutica (Capítulo 11, item 11.11).

beleceu um receituário padrão (Portaria SMS.G nº 82, de 5 de dezembro de 2015; o receituário padrão consta do Anexo 5).

Algumas regras éticas sobre a prescrição de medicamentos foram normatizadas, ainda, pela Resolução CFF nº 357, de 20 de abril de 2001, do Conselho Federal de Farmácia.

O importante nessa matéria é reconhecer que o médico, a despeito do dever funcional de usar do melhor do progresso científico em benefício do doente (princípio V do Código de Ética Médica, Res. CFM nº 1.931/2009), somente pode "indicar o procedimento adequado ao paciente, observadas as práticas cientificamente reconhecidas e respeitada a legislação vigente" (capítulo II, II, CEM), o que inclui os tipos de receituário e as regras de prescrição (prazo do tratamento, quantidade e dosagem da droga, etc.), sendo responsável por eventuais abusos ou erros no procedimento que indica (capítulo III, arts. 1º e 3º, CEM).

CAPÍTULO 9

Material e Métodos: o SCODES da Secretaria de Estado da Saúde

A pesquisa estatística constituirá elemento essencial para a compreensão da judicialização da assistência farmacêutica, na medida em que se pretende identificar as principais características das demandas judiciais no Estado de São Paulo, para compreender o fenômeno empiricamente. Serão analisados os dados informatizados das ações judiciais cadastradas no sistema do SCODES (Sistema de Coordenação de Demandas Estratégicas do SUS) da Secretaria de Estado da Saúde de São Paulo (SES/SP) durante o período que corresponde aos anos de 2010 (9.385 ações), 2011 (11.633 ações), 2012 (12.031 ações), 2013 (14.080 ações) e 2014 (14.383 ações), para uma coleta significativa de informações.

É preciso registrar, porém, que não serão consideradas ações judiciais sobre outros temas de saúde, frequentemente levados à apreciação do Poder Judiciário (reforma de hospitais, contratação de profissionais, repasse de verbas, internações psiquiátricas compulsórias, etc.), e ações em que o Estado de São Paulo não é parte (ajuizadas somente contra o Município de São Paulo e/ou a União), porque não são cadastradas no SCODES e porque o foco do trabalho é a demanda judicial de medicamentos, insumos e produtos, seguramente a mais frequente na judicialização da saúde no Brasil.

O cadastramento de ações judiciais propostas contra o Estado de São Paulo com pedido de medicamentos, insumos terapêuticos, suplementos alimentares, materiais e outros itens pela SES/SP começou no ano de 2005, quando o gestor estadual do SUS percebeu um aumento expressivo do número de demandas judiciais. O objetivo do sistema informatizado, que foi sendo aperfeiçoado ao logo dos anos, é o de possibilitar a melhoria de mecanismos de gestão, de procedimentos para cumprimento adequado das ordens judiciais e de articulação com os advogados públicos, integrantes da Procuradoria-Geral do Estado (PGE), para uma eficiente defesa processual do Estado. Inicialmente denominado SCJ (Sistema de Controle Jurídico), contou em 2010 com a implementação de um novo aplicativo para o gerenciamento das ações judiciais, que permitiu o cadastramento centralizado de todas as demandas judiciais manejadas contra o Estado, no nível central e nas divisões administrativas da SES/SP, os DRS (Departamentos Regionais de Saúde), pela Coordenação de Demandas

Estratégias do SUS (CODES). O SCODES, a partir de então, passou a armazenar um conjunto confiável de diferentes informações sobre o protocolo das demandas judiciais (data de entrada, número do processo judicial, unidade responsável pelo cadastramento, etc.), o processo judicial (tipo de ação, vara responsável, solidariedade passiva ou não com algum município, patrono da ação, prazo para cumprimento e qual o conteúdo da ordem judicial, etc.), a situação clínica que ensejou o pedido judicial (doença, local de tratamento, prescritor, etc.) e mecanismos de gestão administrativa (definição do item a ser dispensado, o tempo da dispensação, intervalo e quantidade, unidade dispensadora e local de armazenamento dos produtos judicializados, comunicação do autor por meio de telegrama, gestão de estoque no almoxarifado, etc.). Com a compreensão global das ações judiciais de assistência farmacêutica, agrupando informações de forma inteligente, o gestor estadual do SUS teve condições de implementar medidas de enfrentamento da judicialização, de cumprimento adequado das ordens judiciais e de elaboração de relatórios técnicos para a defesa do Estado nos processos judiciais (Naffah Filho et al., 2010).

Considerando que o SCODES passou a registrar um conjunto significativo e seguro de dados sobre as ações judiciais de assistência farmacêutica desde então, optamos como termo inicial de pesquisa o dia 1º de janeiro de 2010 e como termo final 31 de dezembro de 2014, totalizando um período de cinco anos para a pesquisa. As informações pertinentes para nosso trabalho foram colhidas e registradas em relatórios comparativos e figuras (Tabelas e Figuras), que têm por objetivo a compreensão empírica das demandas judiciais, para confronto com a legislação sanitária brasileira que delimita o regime jurídico do SUS e os contornos jurídicos da integralidade; identificados os principais problemas, serão formuladas medidas de enfrentamento que possam ajudar na correção dos equívocos da jurisprudência.

CAPÍTULO **10**

Resultados: Ações Judiciais Contra o Estado de São Paulo (2010 a 2014)

No ano de 2005, quando a Secretaria de Estado da Saúde iniciou seu sistema informatizado, foram identificadas e cadastradas apenas 489 novas ações judiciais de assistência farmacêutica. A partir do ano seguinte, as demandas judiciais aumentaram muito, a despeito de um pequeno decréscimo pontual no ano de 2009, quando o gestor estadual do SUS instituiu um pedido administrativo para triagem e orientação farmacêutica, na tentativa de avaliar situações específicas e incluir os pacientes nos programas de assistência farmacêutica do SUS (Naffah Filho et al., 2010).

Em nossa pesquisa, realizada retrospectivamente no período compreendido entre 1º de janeiro de 2010 e 31 de dezembro de 2014, ficou demonstrada a consolidação do incremento progressivo das ações judiciais de medicamentos, insumos terapêuticos e outros produtos, com ordens judiciais endereçadas ao Estado de São Paulo (isoladamente ou em solidariedade com Municípios e/ou a União)[1], em proporção que representa a um grande desafio para os gestores públicos. De fato, conforme se depreende da Tabela 1, em 2010 a quantidade de ações judiciais cadastradas já atingia a soma de 9.385 novos casos; em 2011 esse número subiu para 11.633 novos casos e assim, a cada ano, o número de ações judiciais foi aumentando progressivamente, até atingir 14.383 demandas judiciais em 2014 (Cf., na Tabela 1, o percentual anual de aumento das ações). O que confirma, apesar de alguma oscilação nos anos pesquisados, o incremento anual de ações judiciais em demandas individuais, uma ampliação da intervenção do Poder Judiciário nas políticas públicas de saúde sob o enfoque do direito individual, que vem ocorrendo independentemente de eventuais medidas administrativas adotadas pela Secretaria de Estado da Saúde.

---

1 Embora a SES/SP não devesse figurar no polo passivo das ações judiciais, porque elas são manejadas contra o Estado, ou seja, a Fazenda Pública Estadual, e não contra o Secretário, salvo na hipótese de mandado de segurança que o aponte como autoridade coatora, os ofícios para cumprimento de ordem judicial são expedidos contra ela, razão pela qual há cadastro no SCODES e acompanhamento.

Tabela 1 – Quantidade de ações judiciais por ano

Ano	Quantidade	%
2010	9.385	-
2011	11.633	23,95%
2012	12.031	3,42%
2013	14.080	17,03%
2014	14.383	2,15%
Total Geral	61.512	

Fonte: SCODES. Atualizado de 01/01/2010 a 31/12/2014.

O fenômeno da judicialização da assistência farmacêutica enfrentada pelo gestor estadual do SUS no Estado de São Paulo, porém, não é composto apenas por novas ações judiciais, compreendendo também as demandas judiciais anteriores com ordem judicial em cumprimento. Nesse sentido, para uma real compreensão de sua dimensão no período de tempo estudado, sobretudo em termos econômicos, é preciso somar ações novas e antigas, buscando verificar o *quantum* efetivamente despendido pelo gestor estadual no cumprimento das ordens judiciais. Pode-se inferir, então, um custo anual da judicialização da saúde, como registrado na Tabela 2, relembrando-se, porém, que o SCODES cadastra apenas as demandas individuais de medicamentos, suplementos alimentares, materiais e outros itens contra o Estado de São Paulo. Não estão computadas ações judiciais manejadas contra outros gestores do SUS e as que tratam de outros assuntos de saúde. A Tabela 2 representa, portanto, o que foi efetivamente gasto pela SES/SP nas ações individuais, em valores que aumentaram ano a ano, até atingirem a quantia de R$ 394.380.967,89 (trezentos e noventa e quatro milhões, trezentos e oitenta mil e novecentos e sessenta e sete reais e oitenta e nove centavos) em 2014. Nesse ano, para o qual o orçamento sanitário foi estimado em 18, 8 bilhões de reais[2], a SES/SP teve que se defrontar com um impacto financeiro de quase 400 milhões de reais para cumprir ordens judiciais de assistência farmacêutica, para casos individualizados, o que evidencia a relevância do tema para a gestão do SUS.

Outra informação relevante que foi obtida, na análise dos dados informatizados, diz respeito à origem das prescrições médicas, conforme o local de tratamento do paciente, como demonstra a Tabela 3.

Hospitais e clínicas privadas foram responsáveis pela maior parte das ações judiciais manejadas contra o SUS, em percentuais sempre superiores a 50%, surpreendentemente aumentando sua participação na judicialização da saúde em 2014, quando originaram 60,5% das prescrições médicas dos processos judiciais. Em alguns casos essas informações não foram obtidas, mas os dados cadastrados demonstram inquestionavelmente a predominância das prescrições médicas da rede privada de saúde. Isso não significa, porém, conforme demonstra a Tabela 3, que as unidades de saúde do próprio SUS não estejam provocando o ajuizamento de ações judiciais, apesar de isso ocorrer em patamar menor, como verificado, por exemplo, em 2014, com as Unidades Básicas de Saúde ou os Centros de Saúde (de responsabilidade dos Municípios) e os Ambulatórios Médicos de Especialidades (de responsabilidade do Estado) respondendo por 20,4% das prescrições e os Hospitais Públicos (de responsabilidade do Estado ou dos Municípios) por 8,7%.

---

2 Jornal O Estado de São Paulo, 1º de outubro de 2013, Caderno Política, cf. link www.politica.estadao.com.br/noticias/geral,orcamento-de-sp-vai-priorizar-saude-e-mobilidade-urbana,1080831 [acesso em 06.02.2015].

Tabela 2 – Custo anual da judicialização da assistência farmacêutica

	2010		2011		2012		2013		2014	
	Ações Judiciais	R$ C. Realizado	Ações Judiciais	R$ C.Realizado	Ações Judiciais	R$ C.Realizado	Ações Judiciais	R$ C.Realizado	Ações Judiciais	R$ C.Realizado
Hospitais e Clínicas Privadas	12.279	89.377.767,77	16.083	142.104.692,30	18.653	182.860.901,96	21.232	229.001.479,87	23.850	240.222.828,86
Hospitais Públicos	2.382	35.712.659,47	2.728	47.141.280,51	2.854	53.619.174,02	3.133	57.534.664,10	3.433	65.715.645,11
Não informado	4.550	48.271.975,76	4.351	54.515.132,73	4.102	56.662.377,71	3.949	54.087.506,27	4.123	53.868.168,82
UBS/C.S. & Amb, Especialidade	4.194	15.554.514,43	5.454	23.775.069,68	6.308	28.080.884,08	7.061	32.750.718,56	8.048	34.574.325,33
Total Geral	23.405	188.916.917,43	28.616	267.536.175,21	31.917	321.223.337,77	35.375	373.374.368,80	39.454	394.380.967,89

Fonte: SCODES. Atualizado de 01/01/2010 a 31/12/2014.

Tabela 3 – Ações judiciais por ano, valor e local de tratamento

	2010		2011		2012		2013		2014		% Média geral
		%		%		%		%		%	
Hospitais e clínicas privadas	12.279	52,5	16.083	56,2	18.653	58,4	21.232	60,0	23.860	60,5	57,5
UBS/C.S & amb. especialidade	4.194	17,9	5.454	19,1	6.308	19,8	7.061	20,0	8.048	20,4	19,4
Não informado	4.550	19,4	4.351	15,2	4.102	12,9	3.949	11,2	4.123	10,5	13,8
Hospitais públicos	2.382	10,2	2.728	9,5	2.854	8,9	3.133	8,9	3.433	8,7	9,2
Total geral	23.405		28.616		31.917		35.375		39.454		100

Fonte: SCODES. Atualizado de 01/01/2010 a 31/12/2014.

A Tabela 4 esclarece que essas prescrições médicas indicam diversos produtos de saúde, que foram reunidos em grupos de medicamentos, materiais, nutrição e outros itens. Uma rápida consulta ao SCODES revela que a SES/SP vem sendo obrigada judicialmente a comprar e fornecer itens sem relação com a assistência sanitária, como fraldas, absorventes, achocolatados, adoçantes, água de coco, água mineral, álcool etílico, antisséptico bucal, bebidas à base de soja, colchões, farinha, hidratantes, leitos de diversos tipos, sabonetes e pilhas, o que será analisado oportunamente[3]. Os medicamentos, porém, continuam sendo os líderes na judicialização, em termos quantitativos e econômicos, como se verifica abaixo:

Como existem programas oficiais de fornecimento de medicamentos, que contemplam a assistência farmacêutica integral segundo as diretrizes terapêuticas do SUS, como explicado no tópico da Política Nacional de Medicamentos (PNM), uma questão a ser respondida é se medicamentos previstos em protocolos clínicos e relações oficiais também são demandados judicialmente, além de produtos não padronizados. Deve-se partir da premissa de que apenas uma avaliação concreta de cada processo judicial permite desvendar o real motivo para a escolha da via judicial quando o tratamento é previsto no SUS (pode ser falta do medicamento nas farmácias públicas, ausência de informação adequada ou preferência pela rápida via judicial), mas não há dúvida, segundo os registros do SCODES, de que as ações judiciais também são utilizadas para a obtenção dos componentes especializado, estratégico, básico e oncológico previstos nas políticas públicas, apesar da incidência de pedidos de medicamentos não padronizados em todos os anos pesquisados:

Percebe-se claramente que a judicialização concentra-se principalmente em medicamentos não padronizados, não contemplados nos componentes da assistência farmacêutica (lembrando que consideramos o oncológico também um componente, embora integrando a assistência de alta complexidade em câncer nos hospitais credenciados no SUS), em patamar de cerca de 50% dos casos. Somente em 2014 eles constituíram 58,23% das demandas judiciais, consumindo R$ 189.097.456 (cento e oitenta e nove milhões, novecentos e sete e quatrocentos e cinquenta e seis reais). Mas devemos destacar os percentuais significativos do componente especializado ("medicamento de alto custo") e do oncológico, bem como, a existência de ações judiciais com condenação da SES/SP para serviços farmacêuticos tipicamente municipais (componente básico). Além disso, é provável que os medicamentos oncológicos estejam sendo retirados fora dos hospitais credenciados, violando-se a política nacional de tratamento oncológico; em relação a especializados e estratégicos é preciso investigar a razão para litigiosidade tão intensa, possivelmente vinculada a deficiências ou omissões do Poder Público (Estado-membro e União, responsáveis por eles). Quanto aos medicamentos essenciais, não faz nenhum sentido a condenação do gestor estadual em fornecê-los, mas voltaremos a esse assunto oportunamente.

Uma comparação entre os medicamentos mais frequentemente demandados em juízo e os programas públicos do SUS é feita na Tabela 6. Dentre os 30 medicamentos mais frequentes das ações judiciais, alguns constam de Protocolos Clínicos e Diretrizes Terapêuticas (PCDT) e da assistência básica (AB), mas há um grande número de produtos não previstos nas políticas públicas, com predominância evidente das insulinas análogas para o tratamento de diabetes mellitus tipo I. A respeito das insulinas análogas de longa duração (glargina e detemir) e das insulinas análogas de ação rápida (lispro, aspart e glulisina), cuja prescrição médica representa a substituição das insulinas já padronizadas (insulina NPH e insulina regular) por outra opção terapêutica, vale registrar que recentemente a CONITEC

---

3 Informações obtidas diretamente no sistema informatizado, em 06 de fevereiro de 2015.

Tabela 4 – Ações judiciais por ano, valor e tipo de demanda (materiais, medicamentos, nutrições e outros itens)

	2010	2011	2012	2013	2014
Materiais	12.281.648,53	21.957.070,76	26.318.954,40	33.109.927,15	41.440.890,92
Medicamentos	166.067.453,75	223.244.485,69	273.051.851,44	316.521.257,47	324.725.886,30
Nutrições	10.552.147,93	22.199.535,15	21.544.501,25	23.385.254,12	28.112.074,68
Outros Itens	15.667,22	135.083,62	308.030,69	357.930,06	102.116,00
Total Geral	188.916.917,43	267.536.175,21	321.223.337,77	373.374.368,80	394.380.967,89

Fonte: SCODES. Atualizado de 01/01/2010 a 31/12/2014.

Tabela 5 – Relatório comparativo de ações judiciais por componente de assistência farmacêutica e outros medicamentos

Ano	MEDICAMENTOS										R% gasto
	Componente especializado		Componente básico		Componente estratégico		Outros		Oncológicos		
	R$ gasto	%	R$ gasto	%	R$ gasto	%	R$ gasto	%	R$ gasto	%	
2010	66.441.637	40,01	870.485	0,52	1.129.605	0,68	68.531.458	41,27	29.094.268	15,52	166.067.453,75
2011	75.586.139	33,86	1.570.027	0,70	1.331.671	0,60	108.294.777	48,51	36.461.870	16,33	223.244.485,69
2012	90.857.114	33,27	1.656.324	0,61	1.452.977	0,53	140.032.074	51,28	39.053.361	14,30	273.051.851,44
2013	106.495.651	33,65	1.569.016	0,50	1.438.080	0,45	158.095.298	49,95	48.923.211	15,46	316.521.257,47
2014	74.306.591	22,88	1.723.976	0,53	1.717.664	0,53	189.097.456	58,23	57.880.198	17,82	324.725.886,29

Fonte: SCODES. Atualizado de 01/01/2010 a 31/12/2014.

Judicialização da Saúde – Regime Jurídico do SUS e Intervenção na Administração Pública

Tabela 6 – Relatório comparativo de ações judiciais por medicamentos mais frequentes e protocolos clínicos e relações de medicamentos

Nº	DESCRIÇÕES	Ações judiciais	Programas de política de saúde
1	Insulina / Glargina - 100 Ui/Ml - 3 mL - refil / unidade / sem marca	3.766	
2	Insulina / Lispro - 100 Ui/Ml - 3 mL - refil / unidade / sem marca	1.861	
3	Insulina / Asparte - 100 Ui/Ml - 3 mL - refil / unidade / sem marca	1.729	
4	Ranibizumabe / 10 mg/Ml - 0,23 mL - ampola / sem marca	1.722	
5	Clopidogrel / 75 mg / comprimido / sem marca	1.595	PCDT
6	Insulina / Lispro - 100 Ui/Ml - 10 mL / frasco-ampola / sem marca	949	
7	Insulina / Glargina - 100 Ui/Ml - 10 mL / frasco-ampola / sem marca	937	
8	Omeprazol / 20 mg / cápsula / sem marca	922	AB só p/ Município SP
9	Cloridrato de cinacalcete / 30 mg / comprimido revestido / sem marca	844	
10	Ácido acetilsalicílico / 100 mg / comprimido / sem marca	842	AB
11	Boceprevir / 200 mg / cápsula gelatinosa / sem marca	834	PCDT
12	Insulina / Asparte - 100 Ui/Ml - caneta descartável / unidade / sem marca	792	
13	Ácido zoledrônico / 5 mg/100 mL / frasco-ampola / sem marca	786	
14	Insulina / Glargina - 100 Ui/Ml - caneta descartável / unidade / sem marca	759	
15	Glicosamina + Condroitina / 1,5 G + 1,2 G / sachê / sem marca	735	
16	Insulina / Detemir - 100 Ui/Ml - 3 mL - refil / unidade / sem marca	679	
17	Rituximabe / 500 mg / frasco-ampola / sem marca	657	PCDT
18	Hialuronato de sódio / 10 mg/Ml - solução injetável - 2 mL / frasco-ampola / sem marca	642	
19	Losartana / 50 mg / comprimido / sem marca	634	AB só p/ Município SP
20	Ribavirina / 250 mg / cápsula / sem marca	631	PCDT
21	Metilfenidato / 20 mg / cápsula de liberação prolongada / sem marca	626	
22	Sinvastatina / 20 mg / comprimido / sem marca	606	AB
23	Adalimumabe / 40 mg - solução injetável - 0,8 mL / frasco-ampola / sem marca	598	PCDT
24	Insulina / Detemir - 100 Ui/Ml - caneta descartável / unidade / sem marca	584	
25	Insulina / Asparte - 100 Ui/Ml - 10 mL / frasco-ampola / sem marca	582	
26	Memantina / 10 mg / comprimido / sem marca	564	
27	Metformina / 850 mg / comprimido / sem marca	563	AB
28	Citalopram / 20 mg / comprimido / sem marca	533	
29	Rosuvastatina / 10 mg / comprimido / sem marca	520	
30	Metilfenidato / 30 mg / cápsula de liberação prolongada / sem marca	502	

Fonte: SCODES. Atualizado de 01/01/2010 a 31/12/2014.

recomendou a sua não incorporação no SUS, por não haver evidências científicas comprovando a superioridade terapêutica em relação às insulinas já disponibilizadas, por conta de seu alto custo e porque não foram observadas diferenças significativas quanto à sua relevância clínica, havendo mesmo falta de estudos mais robustos a esse respeito[4].

Uma comparação, em termos percentuais e econômicos, dos componentes especializado, básico e estratégico requeridos nas ações judiciais com medicamentos que dependem de importação, mostra-se igualmente interessante, inclusive por comprovar a persistência de ordens judiciais que determinam a entrada no país de produtos inexistentes no mercado nacional, para o fornecimento a pacientes-autores. A Tabela 7 demonstra o aumento das ordens judiciais para importação de medicamentos, apesar da proibição da legislação sanitária, que correspondiam a 16,89% do total gasto com ações judiciais de medicamentos em 2010 e chegaram a 29,97% em 2014. O *quantum* despendido para os importados, como era de se esperar, também aumentou (de iniciais R$ 28.050.156 a R$ 97.307.811 em 2014), mas não se pode perder de vista que existem outros gastos indiretos para conseguir o ingresso no país de produtos considerados ilegais, uma logística complexa que tem preocupado os gestores (criação de um setor de importação, providências para liberar os produtos quando apreendidos na alfândega brasileira, etc).

As Tabelas 6 e 10.7 representam, além da judicialização de medicamentos padronizados, uma ingerência do Poder Judiciário bastante questionável, pois, ao acolher as prescrições médicas dos processos judiciais, os juízes vêm condenando o SUS no fornecimento de produtos não padronizados e/ou importados, sem qualquer controle sobre a eficácia, efetividade e a segurança terapêutica, podendo inclusive representar tratamento experimental sem observância das normas éticas e jurídicas da pesquisa clínica.

Outra variável a ser considerada, quando pensamos na legislação sanitária brasileira, é a opção por marca de um medicamento ou produto. A despeito da equivalência terapêutica comprovada cientificamente, como ocorre nos casos de medicamentos de mesmo princípio ativo ou denominação genérica, os registros revelam que é prática jurisprudencial comum condenar o SUS no fornecimento de produtos de uma determinada indústria farmacêutica, certamente porque os juízes acolhem acriticamente as prescrições médicas (Tabela 8). Havendo no CODES um esforço concentrado no sentido de evitar a marca e convencer o julgador de que determinação judicial desse tipo não pode prevalecer sobre regras de direito público (equivalência terapêutica e necessidade de licitação adequada), causa surpresa a insistência da marca comercial nas ordens judiciais.

A marca comercial vem sendo uma constante nas decisões condenatórias inclusive no caso de medicamentos dependentes de importação, o que coloca o gestor à mercê do mercado internacional e da indústria farmacêutica (Tabela 9). Note-se que, ao receber as ordens judiciais, frequentemente liminares sem a ouvida prévia do gestor estadual do SUS, o SCODES elabora relatório técnico para o manejo de recurso pela Procuradoria do Estado e, não havendo revogação da decisão judicial, inicia o procedimento de compra pelo princípio ativo ou denominação genérica. Apenas quando a decisão judicial expressamente determina a escolha de uma marca e não se consegue afastá-la é que a compra se faz pela marca comercial, a despeito das regras relacionadas com a licitação das compras públicas.

No período de 2010 a 2014, o Poder Judiciário determinou frequentemente o fornecimento de medicamentos importados, por vezes com exigência de marca comercial, mas em alguns

---

4 Brasil. Ministério da Saúde. Insulinas análogas para Diabetes Mellitus tipo I, Relatório de Recomendação da Comissão Nacional de Incorporação de Tecnologias no SUS - CONITEC – 114, Ministério da Saúde, Secretaria de Ciência Tecnologia e Insumos Estratégicos, dezembro de 2013, disponível em www.conitec.gov.br [acesso em 18.03.2015].

Tabela 7 – Relatório comparativo de custo da judicialização com importados e outros itens

Ano	Medicamentos										Total ações judiciais
	Componente especializado		Componente básico		Componente estratégico		Importados		Outros		
	R$ gasto	%	R$ gasto	%	R$ gasto	%	R$ gasto	%	R$ gasto	%	R$ gasto
2010	70.315.657	42,34	870.485	0,52	1.129.605	0,68	28.050.156	16,89	65.701.549	39,56	166.067.453,75
2011	81.665.199	36,58	1.570.027	0,70	1.331.671	0,60	46.164.648	20,68	92.512.940	41,44	223.244.485,69
2012	97.747.730	35,80	1.656.324	0,61	1.452.977	0,53	71.375.690	26,14	100.819.129	36,92	273.051.851,44
2013	113.802.512	35,95	1.569.016	0,50	1.438.080	0,45	83.235.344	26,30	116.476.304	36,80	316.521.257,47
2014	81.506.626	25,10	1.723.976	0,53	1.717.664	0,53	97.307.811	29,97	142.469.808	43,87	324.725.886,29

Fonte: SCODES. Atualizado de 01/01/2010 a 31/12/2014.

Tabela 8 – Quantidade de ações judicial por determinação de marca do produto

Categoria	Tipo do item	2010		2011		2012		2013		2014	
		Qtde itens	Ações judiciais cadastradas	Qtde itens	Ações judiciais cadastradas	Qtde itens	Ações judiciais cadastradas	Qtde itens	Ações judiciais cadastradas	Qtde itens	Ações judiciais cadastradas
Materiais	Sem marca	454	15.848	378	5.549	385	5.663	429	6.473	437	5.716
	Com marca	260	3.422	164	1.080	220	1.640	259	1.928	305	2.476
Materiais total		714	19.270	542	6.629	605	7.303	688	8.401	742	8.192
Medicamentos	Sem marca	1.902	42.351	1.460	15.264	1.406	14.149	1.463	16.196	1.480	15.973
	Com marca	733	2.095	467	867	602	1.292	668	1.616	694	1.664
	Manipulado	240	329	155	176	99	106	114	134	186	205
	Homeopático	1	2	3	3	2	2	-	-	3	3
Medicamentos total		2.876	44.777	2.085	16.310	2.109	15.549	2.245	17.946	2.363	17.845
Nutrições	Sem marca	140	2.258	126	1.087	123	925	131	1.071	140	1.146
	Com marca	105	415	80	249	96	257	125	352	139	536
Nutrições total		245	2.673	206	1.336	219	1.182	256	1.423	279	1.682
Outros itens	Sem marca	11	17	33	49	23	97	38	93	28	139
	Com marca	10	60	13	17	25	202	21	68	21	20
Outros itens total		21	77	46	66	48	299	59	161	49	159
Procedimentos		55	504	82	809	130	1.128	172	2.221	173	2.095
Procedimentos total		55	504	82	809	130	1.128	172	2.221	173	2.095

Fonte: SCODES. Atualizado de 01/01/2010 a 31/12/2014.

casos, ao contrário do que era de se esperar, os produtos já detinham registro na ANVISA. Tomando-se como exemplo o ano de 2014, verifica-se que foram ajuizadas 117 ações judiciais pretendendo 40 itens importados diferentes, sem registro na ANVISA, mas com determinação de marca; em contrapartida, 4 ações pretenderam 3 itens diferentes sem especificação de marca, mas que já possuíam o registro sanitário no país. No mesmo ano, 296 ações judiciais foram manejadas para obter 63 itens importados diversos, sem especificação de marca e sem registro na ANVISA; outras 49 ações destinaram-se a 8 itens importados diversos, também sem especificação de marca, mas já contando com registro sanitário no Brasil. A não comercialização do produto no país pela indústria farmacêutica, situação questionável que não vem sendo enfrentada pela ANVISA (não há sanção administrativa ou ação judicial para enfrentar o problema), obrigou a SES/SP a providenciar a importação, que lhe custou em 2014, por exemplo, o valor total de R$ 97.331.718,24 (noventa e sete milhões, trezentos e trinta e um mil, setecentos e dezoito reais e vinte e quatro centavos), sem considerar as já mencionadas despesas indiretas correlatas à difícil logística para que drogas ilegais ingressem no país (Tabela 9).

Tabela 9 – Relatório comparativo de custo de produtos importados por A.J. (marca e s/ marca) (com e sem registro na ANVISA)

Ano	Marca	Registro ANVISA	Quantidade itens	Ações judiciais	Consumo realizado
2010	Não	Não	37	162	6.443.576,32
		Sim	8	49	21.363.614,61
	Sim	Não	11	21	228.032,88
		Sim	1	1	20.716,68
2010 Total			**57**	**233**	**28.055.940,5**
2011	Não	Não	43	170	17.641.487,74
		Sim	10	74	27.877.973,71
	Sim	Não	15	29	430.962,57
		Sim	3	4	221.935,64
2011 Total			**71**	**277**	**46.172.359,67**
2012	Não	Não	51	212	34.395.972,59
		Sim	10	54	34.190.706,33
	Sim	Não	16	38	2.534.532,93
		Sim	2	2	261.612,06
2012 Total			**79**	**306**	**71.382.823,90**
2013	Não	Sim	55	229	43.805.811,99
		Sim	9	52	36.489.358,78
	Sim	Não	27	62	2.682.769,29
		Sim	3	3	264.923,34
2013 Total			**94**	**346**	**83.242.863,39**
2014	Não	Não	63	296	50.874.602,45
		Sim	8	49	40.499.885,84
	Sim	Não	40	117	5.614.417,54
		Sim	3	4	342.812,52
2014 Total			**114**	**466**	**97.331.718,34**

Fonte: SCODES. Atualizado de 01/01/2010 a 31/12/2014.

Para avaliar a distribuição dos processos judiciais nas diferentes áreas do Estado, que foi dividido pela SES/SP em regiões administrativas chamadas de Departamentos Regionais de Saúde (DRS), foi criado o Índice Paulista de Judicialização da Saúde (IPJS), elaborado considerando o município de residência do autor dos processos judiciais e expresso por 10.000 habitantes. Pode-se deduzir da Tabela 10 que a judicialização da saúde não vem ocorrendo de maneira homogênea em todo o Estado de São Paulo, existindo alguns DRS com IPJS bem superior à média dos demais: enquanto a Grande São Paulo registra um índice razoável, preocupam as situações de Barretos, Ribeirão Preto e São José do Rio Preto, com índices de judicialização realmente alarmantes, se o compararmos com as outras regiões. Há aqui, nitidamente, necessidade de aprofundar as investigações nas regiões de maior judicialização, inclusive as de caráter criminal, para saber o que está realmente ocorrendo.

Tabela 10 – Índice paulista de judicialização da saúde

Regional de saúde	Ações judiciais	População	Índice paulista de judicialização em saúde
DRS 01 – Grande São Paulo	8.539	20.284.891	4.21
DRS 02 – Araçatuba	1.198	738.544	16,22
DRS 03 – Araraquara	1.498	951.086	15,75
DRS 04 – Baixada Santista	1.010	1.731.403	5,83
DRS 05 – Barretos	2.716	419.161	64,80
DRS 06 – Bauru	3.919	1.673.337	23,42
DRS 07 – Campinas	1.766	4.261.670	4,14
DRS 08 – Franca	2.540	669.387	37,95
DRS 09 – Marília	1.340	1.085.161	12,35
DRS 10 – Piracicaba	606	1.465.675	4.13
DRS 11 – Presidente Prudente	2.332	734.571	31.75
DRS 12 – Registro	31	274.581	1,13
DRS 13 – Ribeirão Preto	5.677	1.392.126	40,78
DRS 14 –São João da Boa Vista	1.036	789.006	13,13
DRS 15 – São José do Rio Preto	6.596	1.512.857	43,60
DRS 16 – Sorocaba	1.480	2.331.330	6,35
DRS 17 – Taubaté	888	2.358.600	3,76
Total Geral	43.172	42.673.386	10,12

Índice por 10.000 habitantes.
Fonte: População 2014: Estimativa Fundação Seade Fev.2015.
Fonte: SCODES (31/12/2014).

Os registros do SCODES permitem verificar, também, a variação na solidariedade passiva das ações judiciais, ora propostas apenas em face do Estado, ora incluindo a União e/ou os Municípios. A Tabela 9 demonstra a preponderância do Estado como réu destas ações (excetuam-se as ações nas quais ele não é parte e, portanto, não estão registradas em seu sistema SCODES), mas é nítida a falta de critério na escolha do ente administrativo responsável, pouco importando a divisão de competências administrativas ocorrida por ocasião das políticas públicas pactuadas entre os gestores do SUS (federalismo cooperativo).

Tabela 11 – Ação judicial: solidariedade passiva

Região	Solidariedade	Ações judiciais		
		Ativas		Inativas	Total
		Quantidade	%	Quantidade	
Interior	Estado	15.976	59,39	10.314	26.290
	Estado + Município	10.779	40,07	11.343	22.122
	Estado + Município + União	57	0,21	100	157
	Estado + União	9	0,03	6	15
	Município	80	0,30	89	169
	Total – Interior	**26.901**	**100,00**	**21.852**	**48.753**
Grande São Paulo	Estado	5.474	88,79	5.260	10.734
	Estado + Município	605	9,81	1.210	1.815
	Estado + Município + União	65	1,05	90	155
	Estado + União	11	0,18	15	26
	Município	8	0,13	19	27
	Município + União	2	0,03	-	2
	Total – Grande São Paulo	**6.165**	**100,00**	**6.594**	**12.759**
Estado	Estado	21.450	64,87	15.574	37.024
	Estado + Município	11.384	34,43	12.553	23.937
	Estado + Município + União	122	0,37	190	312
	Estado + União	20	0,06	21	41
	Município	88	0,27	108	196
	Município + União	2	0,01	-	2
Total Geral – Estado		33.066	100,00	28.446	61.512

Fonte: SCODES. Atualizado de 01/01/2010 a 31/12/2014.

Ao se analisar os medicamentos, nutrições, procedimentos e doenças mais comuns nas ações judiciais pesquisadas, chega-se a uma diversidade muito grande de produtos, circunstância que, quase sempre, desorganiza a atividade administrativa. Embora não seja propósito deste estudo analisar detidamente estes dados, as informações foram registradas nas Tabelas 12, 13, 14, 15, 16 e 17 para oferecer um panorama do casuísmo jurisprudencial; é de se notar, mais uma vez, a preponderância da diabetes mellitus em patamar significativo, por conta das insulinas análogas, caso típico de substituição de uma alternativa terapêutica disponível pelo Poder Público por uma opção do médico (Tabela 17).

Essa diversidade de fármacos e produtos comprova um casuísmo jurisprudencial também verificável quando o assunto é procedimento terapêutico: as ordens judicias determinam o fornecimento de uma variedade de terapias, da controvertida câmara hiperbárica a tratamentos como tomografias, ressonâncias magnéticas, cirurgias bariátricas, *home care*, tratamentos psiquiátricos, transferência a hospitais e internações, etc. (Tabela 15). Existem ordens judiciais para a compra e a entrega de transmissor FM, assistência técnica para manutenção de equipamento, cimento para uso ortopédico, microfone sem fio, pilha, dentre outros itens curiosos (Tabela 16).

Judicialização da Saúde – Regime Jurídico do SUS e Intervenção na Administração Pública

Tabela 12 – Ações judiciais: 20 medicamentos mais frequentes

Nº	Descrições	Ações judiciais
1	Insulina / Glargina - 100 Ui/Ml - 3 mL - refil / unidade / sem marca	3.766
2	Insulina / Lispro - 100 Ui/Ml - 3 mL - refil / unidade / sem marca	1.861
3	Insulina / Asparte - 100 Ui/Ml - 3 mL - refil / unidade / sem marca	1.729
4	Ranibizumabe / 10 mg/Ml - 0,23 mL - ampola / sem marca	1.722
5	Clopidogrel / 75 mg / comprimido / sem marca	1.595
6	Insulina / Lispro - 100 Ui/Ml - 10 mL / frasco-ampola / sem marca	949
7	Insulina / Glargina - 100 Ui/Ml - 10 mL / frasco-ampola / sem marca	937
8	Omeprazol / 20 mg / cápsula / sem marca	922
9	Cloridrato de cinacalcete / 30 mg / comprimido revestido / sem marca	844
10	Ácido acetilsalicílico / 100 mg / comprimido / sem marca	842
11	Boceprevir / 200 mg / cápsula gelatinosa / sem marca	834
12	Insulina / Asparte - 100 Ui/Ml - caneta descartável / unidade / sem marca	792
13	Ácido zoledrônico / 5 mg/100 mL / frasco-ampola / sem marca	786
14	Insulina / Glargina - 100 Ui/Ml - caneta descartável / unidade / sem marca	759
15	Glicosamina + Condroitina / 1,5 G + 1,2 G / sache / sem marca	735
16	Insulina / Detemir - 100 Ui/Ml - 3 mL - refill / unidade / sem marca	679
17	Rituximabe / 500 mg / frasco-ampola / sem marca	657
18	Hialuronato de sódio / 10 mg/Ml - solução injetável - 2 mL / frasco ampola / sem marca	642
19	Losartana / 50 mg / comprimido / sem marca	634
20	Ribavirina / 250 mg / cápsula / sem marca	631

Fonte: SCODES (31/12/2014).

Resultados: Ações Judiciais Contra o Estado de São Paulo (2010 a 2014)

Tabela 13 – Ações judiciais: 20 itens de nutrição mais frequentes

Nº	Descrições	Ações judiciais
1	Dieta enteral adulto padrão com fibras / hipercalórica, hiperproteica, isenta de sacarose, lactose e glúten / millitro (mL) / sem marca	475
2	Dieta enteral adulto padrão sem fibras / normocalórica, normoproteica, isenta de lactose e glúten / grama (g) / sem marca	360
3	Dieta enteral adulto padrão sem fibras / normocalórica, normoproteica, com predominância de proteína de soja, isenta de sacarose, lactose e glúten / grama (g) / sem marca	286
4	Dieta enteral adulto padrão com fibras / normocalórica, normoproteica, com predominância de proteina de soja / isenta de sacarose, lactose e glúten / grama / grama (g) / sem marca	236
5	Dieta enteral adulto padrão sem fibras / normocalórica, normoproteica, isenta de sacarose, lactose e glúten / grama (g) / sem marca	233
6	Fórmula infantil especializada / elementar, não alergênica, para lactentes, isenta de sacarose, lactose, galactose, frutose e glúten / grama (g) / sem marca	229
7	Dieta enteral adulto padrão sem fibras / normocalórica, normoproteica, a base de 100% proteína de soja, isenta de sacarose, lactose e glúten / mililitro (mL) / sem marca	219
8	Suplemento adulto padrão / lácteo, rico em proteínas, vitaminas e minerais / grama (g) / sem marca	191
9	Dieta enteral infantil padrão sem fibras / normocalórica, normoproteica, para crianças de 1 a 10 anos, isenta de lactose e glúten / grama (g) / sem marca	189
10	Dieta enteral adulto padrão com fibras / normocalórica, normoproteica, 100% fibras solúveis, isenta de lactose e glúten / grama (g) / sem marca	186
11	Fórmula infantil especializada / a base de proteina isolada de soja, para lactentes de 6 a 12 meses, isenta de lactose / grama (g) / sem marca	177
12	Vitamínicos e/ou minerais / vit C 30 mg, vit E 4,4 mg, luteína 3 mg, zeaxantina 0,25 mg, zn 2,5 mg, se 10,0 mcg / comprimido / sem marca	162
13	Dieta enteral adulto especializada / para doença de chrohn, normocalórica, normoproteica, isenta de lactose e glúten / grama (g) / sem, marca	146
14	Dieta enteral adulto padrão sem fibras / normocalórica, normoproteica, isenta de sacarose, lactose e glúten / mililitro (mL) / sem marca	143
15	Fórmula infantil especializada / semi-elementar, para lactentes, hipoalergênica, isenta de sacarose, lactose e glúten / grama (g) / sem marca	141
16	Fórmula infantil especializada / elementar, não alergênica, para lactentes, isenta de sacarose, lactose, galactose, frutose e glúten / grama (g) / neocate LCP / *support*	118
17	Suplemento adulto padrão / hipercalórico, normoproteico, isento de lactose e glúten / mililitro (mL) / sem marca	111
18	Dieta enteral adulto padrão com fibras / normocalórica, normoproteica, isenta de sacarose, lactose e glúten / mililitro (mL) / sem marca	103
19	Dieta enteral adulto especializada / para diabetes, normocalórica, normoproteica, hipoglicídica, com fibras, isenta de sacarose, lactose e glúten / grama (g) / sem marca	99
20	Dieta enteral adulto padrão sem fibras / hipercalórica, hiperproteica, isenta de sacarose, lactose e glúten / mililitro (mL) / sem marca	98

Fonte: SCODES (31/12/2014).

Tabela 14 – Ações judiciais: 20 materiais mais frequentes

Nº	Descrições	Ações judiciais
1	Fita reagente / para glicemia capilar / unidade / sem marca	4.705
2	Lanceta para coleta de sangue capilar / estéril e descartável / unidade / sem marca	3.497
3	Fralda geriátrica / tamanho G descartável / unidade / sem marca	3.393
4	Monitor de glicemia capilar / escala de 10 a 600 mg/dL / unidade / sem marca	2.386
5	Fralda geriátrica / tamanho M descartável / unidade / sem marca	1.711
6	Traqueia / em silicone, para ventilador não invasivo / unidade / sem marca	1.587
7	Aparelho de pressão positiva / controles para regulada entre 4/20 cm de água, alimentação 110/220 volts, acompanha traqueia em silicone - cpap / unidade / sem marca	1.576
8	Agulha para caneta aplicadora de insulina / 8 × 0,25 mm / unidade / sem marca	1.567
9	Fixador cefálico para máscara de cpap / bipap / com 2 ganchos, modelo inter 5 / unidade /sem marca	1.368
10	Máscara nasal / em silicone - tamanho M / unidade / sem marca	1.286
11	Filtro para respirador cpap / hepa (viral/bacteriano) / unidade / sem marca	1.237
12	Agulha para caneta aplicadora de insulina / 5 x 0,25 mm / unidade / sem marca	1.111
13	Fralda geriátrica / tamanho extra G descartável / unidade / sem marca	811
14	Frasco para nutrição enteral / 300 mL / unidade / sem marca	794
15	Acessórios para bomba de infusão de insulina / reservatório de insulina, capacidade de 3 mL - compatível com modelos paradigma, 754, 722 e 715 (mmt 332a) / unidade / Medtronic – Minimed	777
16	Equipo para dieta enteral / em PVC, estéril, 1,50 mínimo a 1,80 máximo de comprimento, macrogotas, colorido com pinça rolete / unidade / sem marca	755
17	Acessórios para bomba de infusão de insulina / minilink - sistema transmissor de glicose compatível com modelos paradigm 754 e 722 (mmt 7707) / unidade / Medtronic	598
18	Acessórios para bomba de infusão de insulina / reservatório de insulina, capacidade de 3,15 mL, com agulha - compatível com modelo *accu-chek spirit* / unidade / Roche	564
19	Acessórios para bomba de infusão de insulina / kit de serviço contendo 4 pilhas, 2 adaptadores, 1 tampa de bateria, 1 chave de pilha - *accu-chek spirit* / unidade / Roche	543
20	Lancetador / com ajuste de profundidade - 5 ajustes / unidade / sem marca	517

Fonte: SCODES (31/12/2014).

Tabela 15 – Ações Judiciais: 20 procedimentos mais frequentes

Nº	Descrições	Ações judiciais
1	Tratamento / câmara hiperbárica	1.279
2	Tratamento / cirúrgico	761
3	Outros procedimentos / internação hospitalar	729
4	Consulta / médica	592
5	Internação psiquiátrica compulsória / devido ao uso de drogas	209
6	Tratamento / aplicação intravítreo ranibizumabe	184
7	Outros procedimentos / transferência de hospital	145
8	Exames diagnósticos / tomografia de coerência óptica	138
9	Tratamento / assistência domiciliar (*home care*)	136
10	Tratamento / oxigenoterapia domiciliar	125
11	Tratamento / fisioterapia	124
12	Exames diagnósticos / ressonância magnética	119
13	Outros procedimentos / internação em UTI	108
14	Tratamento / cirurgia ortopédica	96
15	Tratamento / psiquiátrico	84
16	Tratamento / hemodiálise	76
17	Tratamento / fonoaudiologia	59
18	Tratamento / braquiterapia	57
19	Tratamento / cirurgia vitrectomia	51
20	Avaliação clínica / Cratod	45

Fonte: SCODES (31/12/2014).

Tabela 16 – Ações judiciais: 10 itens diversos mais frequentes

Nº	Descrições	Ações judiciais
1	Transporte / outras / sem marca	130
2	Transmissor FM / modelo inspiro. Com cabo USB e carregador de bateria / unidade / Phonak	68
3	Assistência técnica / para manutenção de equipamento / outras / sem marca	67
4	Receptor / FM universal - modelo mixi / unidade / Phonak	55
5	Carregador / de bateria / unidade / Phonak	51
6	Microfone sem fio / de lapela / unidade / Phonak	47
7	Adaptador / do receptor mixi / unidade / Phonak	36
8	Silica / gel granulado - 50 g / frasco / sem marca	24
9	Craniótomo / outras / sem marca	15
10	Microfone sem fio / tipo earset / unidade / Phonak	13
11	Capa / para processador de áudio opus 2 / unidade / Medel	8
12	Ângulo / para processador opus 2 / unidade / Phonak	7
13	Kit dacapo / carregador + baterias + compartimento / unidade / Medel	7
14	Tablete / para desumidificador descartável / unidade / sem marca	7
15	Cimento / para uso ortopédico / frasco / sem marca	6
16	Compartimento / de pilha 675 - opus 2/ unidade / Phonak	6
17	Enxerto / ósseo / outras / sem marca	6
18	Kit neuromonitorizador / outras / sem marca	6
19	Adaptador / para bateria portátil de cpap e bipap / unidade / sem marca	5
20	Desumidificador / descartável - para prótese auditiva / unidade / sem marca	5

Fonte: SCODES (31/12/2014).

Tabela 17 – Ações judiciais: 20 CIDs mais frequentes

Nº	CID'S	Descrições	Ações judiciais
1	E10	*Diabetes mellitus* insulino-dependente	7.928
2	E14	*Diabetes mellitus* não especificado	2.868
3	G30	Doença de Alzheimer	2.492
4	E11	*Diabetes mellitus* não insulino-dependente	2.318
5	F90	Transtornos hipercinéticos	2.292
6	G47	Distúrbios do sono	2.160
7	I10	Hipertensão essencial (primária)	1.956
8	B18	Hepatite viral crônica	1.894
9	H35	Outros transtornos da retina	1.674
10	I64	Acidente vascular cerebral, não especificado como hemorrágico ou isquêmico	1.407
11	G80	Paralisia cerebral infantil	1.296
12	M81	Osteoporose sem fratura patológica	1.282
13	N18	Insuficiência renal crônica	1.243
14	G40	Epilepsia	1.200
15	M17	Gonartrose (artrose do joelho)	1.095
16	R69	Causas desconhecidas e não especificadas de morbidade	1.080
17	C50	Neoplasia maligna da mama	1.068
18	F32	Episódios depressivos	902
19	F20	Esquizofrenia	873
20	C61	Neoplasia maligna da próstata	748

Fonte: SCODES (31/12/2014).

É possível afirmar, inclusive baseando-se em estudos que analisaram individualmente as provas que constam de processos judiciais de fornecimento de medicamentos pelo SUS (Marques; Dallari, 2007) que, invariavelmente, as decisões judiciais estão alicerçadas em uma prescrição médica, que pode conter medicamentos, insumos terapêuticos e outros produtos supostamente de interesse da saúde. Quando se procura identificar, nas ações judiciais analisadas na pesquisa, qual o diagnóstico principal feito pelos médicos, chega-se a uma grande variedade de doenças, mas, em todos os cinco anos pesquisados, as demandas que cuidam de diabetes mellitus predominam, atingindo em média cerca de 30% dos casos (Tabela 17). Em número menor, embora com certa frequência, aparecem depois as doenças crônicas, cujo tratamento se prolonga bastante ou é por tempo indeterminado, como a doença de Alzheimer, os distúrbios do sono, a hipertensão essencial (primária) e os transtornos psiquiátricos (epilepsia, esquizofrenia e episódios depressivos), dentre outros. A Tabela 17, que identifica cada patologia pela Classificação Internacional de Doenças (CID), não apresenta nenhuma hipótese que não tenha protocolo clínico ou previsão nas listas de medicamentos e procedimentos do SUS.

Os processos judiciais seguem determinados ritos ou procedimentos, um conjunto de atos disciplinados em lei que são a exteriorização da relação jurídica processual, dependendo de características das causas como o valor ou a natureza delas (Cintra et al. 2014). Existem ritos ou procedimentos mais rápidos, outros mais complexos, alguns com dilação probatória mais ampla (possibilidade de apresentação de provas) e outros que não permitem a produção de provas, como o do mandado de segurança. Como regra geral, o autor da ação indica o rito processual e, não estando o mesmo adequado ao Direito Processual Civil, o juiz determina a correção. Para saber que tipo de ação judicial está sendo utilizada na judicialização da assistência farmacêutica no Estado de São Paulo, conforme o rito ou procedimento em sentido processual, a Tabela 18 divide as demandas em rito ordinário (ação civil de procedimento processual comum), mandado de segurança (remédio constitucional para direito líquido e certo, inquestionável, que não permite a produção de provas), ação civil pública (erroneamente assim nomeada, por se tratar de ações civis que reúnem dois ou mais pacientes – o SCODES não registra as ações civis públicas ou coletivas, ajuizadas para a defesa de interesses individuais homogêneos, coletivos e difusos, conforme previsão na Lei 7.347, de 24 de julho de 1985, a Lei da Ação Civil Pública, e na Lei 8.078, de 11 de setembro de 1990, o Código de Defesa do Consumidor), pedido de providência (meros ofícios judiciais solicitando assistência farmacêutica), cautelar (medida para impedir o perecimento de um direito, comumente deferida no início dos processos) e rito sumaríssimo (ação civil de procedimento processual rápido). A tipologia dos ritos ou procedimentos foi definida pelo SCODES e, conforme se depreende da Tabela 18, há predominância do rito ordinário, que permite maior dilação probatória, em relação aos demais, embora a persistência de mandados de segurança, manejados contra uma autoridade coatora identificada (Secretário de Estado, diretor de DRS, etc.) e com rito que não permite a instrução probatória, seja preocupante:

Tabela 18 – Ações judiciais por rito ou procedimento do processo judicial

Tipo de ação	2010	2011	2012	2013	2014
Rito ordinário	5.021	6.759	7.068	8.584	8.488
Mandado de segurança	3.038	3.036	3.262	3.256	2.909
*Ação civil pública	1.215	1.594	1.527	1.750	1.814
Pedido de providência	48	41	61	113	41
Cautelar	35	34	24	45	110
Rito sumaríssimo	28	169	89	332	1021
Total geral	9.385	11.633	12.031	14.080	14.383

Fonte: SCODES (31/12/2014).
*ACP: ações com pedidos individuais (mais de um autor-paciente).

Conforme se depreende da Figura 1, o rito ordinário na realidade corresponde a 58,40 % dos casos, enquanto o mandado de segurança, procedimento especial que não permite a produção de provas, responde por 25,20 % dos processos judiciais. Seguem-se os outros tipos de ação civil, revelando uma oscilação da jurisprudência que ainda não pacificou entendimento acerca do procedimento mais adequado para a discussão em juízo da assistência farmacêutica e de outros temas relacionados com as políticas públicas sanitárias.

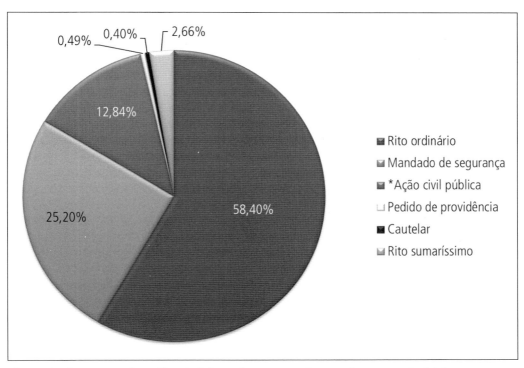

Figura 1 – Representação gráfica de A.J. por rito ou procedimento do processo judicial.
Fonte: SCODES. Atualizado de 01/01/2010 a 31/12/2014.
*ACP: ações com pedidos individuais (mais de um autor-paciente).

CAPÍTULO **11**

Discussão

A possibilidade de controle judicial das políticas públicas

As políticas públicas, na medida em que devem ser formuladas para concretizar direitos sociais positivados na Constituição Federal, estão submetidas ao controle do Poder Judiciário. No Estado Constitucional de Direito, todas as atividades administrativas e legislativas, ainda que esteja reservado um espaço de escolhas políticas ao Poder Executivo e ao Poder Legislativo, cujos ocupantes detêm legitimidade democrática porque foram escolhidos pelo voto popular (art. 1º, parágrafo único, CF), podem sofrer o controle jurisdicional, que não pode ser afastado nem mesmo por lei (art. 5º, XXXV, CF).

Como já mencionado, depois da promulgação da Constituição Federal de 1988, a dogmática jurídica brasileira, tradicionalmente tímida quanto à eficácia jurídica de princípios e normas constitucionais, evoluiu rapidamente para o reconhecimento da aplicabilidade de todos dispositivos constitucionais, por meio de um movimento jurídico-acadêmico que ficou conhecido como doutrina brasileira da efetividade, muito influenciado pelas teorias do norte-americano Ronald Dworkin e do alemão Robert Alexy a respeito dos princípios e dos direitos fundamentais (Barroso, 2008). Nesse sentido, foram importantes os passos dados por autores como José Afonso da Silva (classificação das normas jurídicas como normas de eficácia plena, de eficácia contida e de eficácia limitada, de acordo com o seu grau de imperatividade), Luís Roberto Barroso (defesa da eficácia social das normas constitucionais, classificadas como normas de organização, definidoras de direitos e normas programáticas) e Ingo Wolfgang Sarlet (defensa da efetividade ampla de princípios e normas constitucionais, como as que definem direitos e garantias fundamentais, ambas de aplicação imediata) (Fluminhan, 2014), que foram sedimentando o entendimento jurídico de que, independentemente da classificação adotada, normas e princípios constitucionais têm imperatividade, ou seja, geram efeitos no mundo jurídico. Em termos práticos, isso significou admitir com naturalidade a exigência de seu cumprimento perante o Poder Judiciário, inclusive quando constituem normas definidoras de direitos e garantias fundamentais, que por expressa determinação constitucional têm "aplicação imediata" (art. 5º, §1º, CF).

O controle judicial das políticas públicas, compreendidas como programas de ação governamental tendentes a efetivar os direitos fundamentais sociais (saúde, educação, moradia, etc.), passou, assim, a fazer parte da cultura jurídica nacional, matéria de estudo nas faculdades, de reflexão dos doutrinadores e de interpretação do juiz na solução de casos concretos. Mas é importante ressaltar que o direito processual civil brasileiro, ao conceber instrumentos processuais adequados para o controle judicial das políticas públicas, sempre deu ênfase às ações coletivas, ou seja, àquelas destinadas à defesa dos interesses difusos (indivisíveis, pertencentes a um grupo indeterminado de pessoas), coletivos (pertencentes a um grupo determinado ou ao menos determinável de pessoas) e individuais homogêneos (integrantes de um grupo, classe ou categoria de pessoas perfeitamente identificável), ainda que admitida a ação individual (conforme prescrevia o art. 75 do Código Civil de 1916, na lição clássica dos doutrinadores, "a todo direito corresponde uma ação"). Assim o comprovam marcos legais importantes como a Lei da Ação Civil Pública (Lei 7.347, de 24 de julho de 1985, especialmente os arts. 1º e 21) e o Código de Defesa do Consumidor (Lei 8.078, de 11 de setembro de 1990, especialmente os arts. 83 e 90).

Nesse sentido, mesmo uma processualista como Ada Pellegrini Grinover, conhecida por defender o controle das políticas públicas pelo Poder Judiciário, alerta sobre os abusos de uma intervenção judicial fragmentada em casos particulares de tutela de interesses individuais, que não compreenda o caráter coletivo das ações governamentais. Em interessante artigo doutrinário sobre o tema, ela propõe limites ou requisitos para a intervenção do Poder Judiciário, com base na jurisprudência do STF: garantia do mínimo existencial, razoabilidade da pretensão deduzida em juízo e existência de disponibilidade financeira do Estado, a "reserva do possível", somente oponível se comprovada a ausência de recursos orçamentários pelo Estado. Tais requisitos, desde que acompanhados de uma correta compreensão das políticas públicas, seriam suficientes para evitar os excessos da judicialização, que foram exemplificados pela ilustre processualista justamente com as ações individuais de medicamentos:

> Os limites acima indicados são necessários e suficientes para coibir os excessos na intervenção judicial em políticas públicas. Tome-se o exemplo da saúde: uma política pública razoável (e, portanto, adequada) deve propiciar o atendimento ao maior número de pessoas com o mesmo volume de recursos. Merecem críticas, portanto – por não atender ao requisito da razoabilidade –, alguns julgados, em demandas individuais que concedem ao autor tratamentos caríssimos no exterior, ou a aquisição de remédios experimentais que sequer foram liberados no Brasil. Não se trata, nesses casos, de corrigir uma política pública de saúde que esteja equivocada. E não se pode onerar o erário público sem observância da reserva do possível. A estrita observância dos limites à intervenção judicial, assim como o exato conceito de políticas públicas (como programas e ações tendentes ao atingimento dos objetivos do Estado brasileiro), serão suficientes para conter os abusos[1].

As críticas que certamente surgirão do confronto das ações judiciais cadastradas no Sistema CODES da Secretaria de Estado da Saúde com o regime jurídico do SUS (análise

---

1 Grinover AP. O controle das políticas públicas pelo Poder Judiciário, 2010, p. 25.

jurídica) devem ser apreendidas nesse contexto: elas não traduzem uma descrença na possibilidade de controle judicial das políticas públicas, desde que este seja compreendido como a análise de litígios pelo Poder Judiciário à luz dos programas governamentais, não descolados deles, como se se tratassem de confronto de direitos individuais isolados. O fato de o SCODES registrar apenas ações individuais de medicamentos e produtos, não tendo a SES/SP até agora se interessado em cadastrar ações coletivas (são poucas ou irrelevantes para o gestor?), já é um primeiro sintoma de que alguma coisa está errada.

Quanto aos juízes de direito, que têm um papel institucional fundamental no regime democrático, as críticas não significam desaprovação. É perfeitamente compreensível que o magistrado, ao ter diante de si uma petição inicial descrevendo um caso clínico grave (a conhecida alegação de "risco de morte") de uma pessoa que tem nome, endereço e está aguardando uma decisão (o autor do processo) esteja mais propenso a deferir o pedido de medicamento liminarmente, acreditando, ao menos, estar ajudando alguém em um caso concreto. O mundo do planejamento das políticas públicas, das escolhas trágicas do administrador e da limitação do orçamento público está muito distante dele, talvez seja mesmo inalcançável nos limites da lide delimitada no processo judicial. Como não há condenação judicial sem um pedido formulado por um advogado, defensor público ou membro do Ministério Público, e sem a prescrição de um médico, não agindo espontaneamente o julgador (*nemo judex sine actore, ne procedat judex ex officio,* cf. Cintra et al., 2010), todos os responsáveis devem refletir sobre o caminho trilhado até agora.

Ana Paula de Barcellos deixa bastante claro, ao analisar a eficácia jurídica do princípio da dignidade da pessoa humana, que os juízes podem exercer o controle judicial das prestações estatais, mas precisam ter cautela, evitando avançar demasiadamente em áreas restritas às escolhas da democracia. Para tanto, a autora fornece uma proposta de concretização do mínimo existencial, que constitui o conteúdo básico do princípio da dignidade da pessoa humana, dizendo ser composto pelos direitos à educação básica, à saúde básica, à assistência no caso de necessidade e ao acesso à justiça, únicos que podem ser judicializados, pois, se faltarem, a situação do indivíduo será de indignidade. Quanto à saúde, a constitucionalista defende que a judicialização deve se restringir à prestação do serviço de saneamento (arts. 23, IX, 198, II, e 200, IV, CF), ao atendimento maternoinfantil (art. 227, §1º, I, CF), às ações de medicina preventiva (art. 198, II, CF) e às ações de prevenção epidemiológica (art. 200, II, CF), as quatro prioridades estabelecidas pela própria Constituição em matéria de saúde, e suas observações a respeito da atividade jurisdicional no campo sanitário merecem transcrição:

> O Poder Judiciário poderá e deverá determinar o fornecimento das prestações de saúde que compõem o mínimo, mas não deverá fazê-lo em relação a outras, que estejam fora desse conjunto. Salvo, é claro, quando as opções políticas dos poderes constituídos – afora e além do mínimo – hajam sido juridicizadas e tomem a forma de uma lei. (...)
> O problema está em que, ao imaginar poder buscar, através do Judiciário, toda e qualquer prestação de saúde, cria-se um círculo vicioso, pelo qual a autoridade pública exime-se da obrigação de executar as opções constitucionais a pretexto de aguardar as decisões judiciais sobre o assunto, ou mesmo sob o argumento de que não há recursos para fazê-lo, tendo em vista o que é gasto para cumprir essas mesmas decisões judiciais. E há ainda o problema evidente dos custos: os tratamentos de saúde sofisticam-se cada vez mais, e, por

natural, tornam-se mais caros. Ora, a prestação de saúde concedida por um magistrado a determinado indivíduo, deveria ser concedida também a todas as demais pessoas na mesma situação. É difícil imaginar que a sociedade brasileira seja capaz de custear (ou deseje fazê-lo) toda e qualquer prestação de saúde disponível no mercado para todos os seus membros.

O controle judicial em matéria de saúde, portanto, deve estar confinado ao mínimo existencial, não podendo abranger quaisquer prestações sanitárias:

> Veja-se: se o critério para definir o que é exigível do Estado em matéria de prestações de saúde for a necessidade de evitar a morte ou a dor ou o sofrimento físico, simplesmente não será possível definir coisa alguma. Praticamente toda e qualquer prestação de saúde poderá enquadrar-se nesse critério, pois é exatamente para tentar evitar a morte, a dor ou o sofrimento que elas foram desenvolvidas.
>
> Daí porque a maior ou menor extensão dos efeitos das normas constitucionais e a determinação do mínimo existencial deve estar relacionada às prestações de saúde disponíveis e não às condições melhores ou piores de saúde das pessoas, mesmo porque muitas vezes não há qualquer controle sobre o resultado final que uma determinada prestação de saúde produzirá no paciente. Assim, quando se cuida do mínimo existencial em saúde, se está tratando das prestações de saúde que podem ser judicialmente exigidas do Poder Público (...)[2].

Colocada a questão nestes termos, ou seja, que é possível o controle judicial das políticas públicas desde que exercido no patamar constitucionalmente permitido, isto é, para garantir as condições de vida digna das pessoas e não toda e qualquer prestação estatal e/ou sanitária, é conveniente terminar este tópico com uma advertência. Seja qual for a condenação proferida contra o SUS, não se pode perder de vista que a decisão judicial deve estar obrigatoriamente fundamentada (art. 93, IX, CF), com argumentos jurídicos que comprovem a razoabilidade e a racionalidade do entendimento acolhido pelo juiz de direito, dentro de parâmetros dogmáticos aceitos pelo Direito. Em outros termos, para o controle judicial não bastam as conhecidas generalizações sobre o princípio da dignidade da pessoa humana e o direito à saúde (justamente contra isso se insurgiram a ilustre processualista e a festejada constitucionalista acima referidas), devendo o juiz assumir o ônus argumentativo de demonstrar, racionalmente, porque optou por um posicionamento. Trata-se, em suma, do caráter persuasivo que o discurso judicial deve tomar, tão bem explicado em lição clássica de Tercio Sampaio Ferraz Junior:

> A decisão, portanto, é ato de comunicação. É ação de alguém para alguém. Na decisão jurídica temos um discurso racional. Quem decide ou quem colabora para a tomada de decisão apela ao atendimento de outrem. O fato de decidir juridicamente é um discurso racional, pois dele se exige fundamentação. Não deve apenas ser provado, mas comprovado. Essa comprovação não significa necessariamente consenso, acordo, mas sim que são obedecidas regras *sobre*

---

2 Barcelos AP. A eficácia jurídica dos princípios constitucionais: O princípio da dignidade da pessoa humana, 2011, p. 320-9.

a obtenção do consenso que aliás nem precisa ocorrer. Por isso, uma decisão que não conquiste a adesão dos destinatários pode ser, apesar do desacordo, um discurso fundamentante (racional).

A regra suprema do discurso decisório é a do dever de prova: quem fala e afirma responde pelo que diz[3].

Judicialização: opinião pública e experiências

De acordo com a literatura científica revisada e a opinião de gestores públicos[4], operadores do direito[5] e da mídia especializada[6], a judicialização das políticas públicas tornou-se um problema nacional, que precisa ser enfrentado. Em artigo publicado no jornal o Estado de São Paulo, Rogério Medeiros Garcia de Lima, professor universitário e desembargador do Tribunal de Justiça do Estado de Minas Gerais, chama a atenção para o "ritmo assustador" que a judicialização da vida social assumiu no Brasil após a redemocratização e a promulgação da Constituição de 1988. Segundo ele, incapaz de solucionar espontaneamente conflitos de toda natureza, a sociedade deslocou para o Poder Judiciário a resolução de questões relevantes do ponto de vista político, social ou moral, delegando a juízes de direito, que não foram eleitos pelo povo, a decisão de assuntos típicos de política. Muitos atores sociais, desrespeitando aqueles que foram eleitos para governar os destinos da coletividade, arvoram-se em "guardiões da ética" e buscam no Poder Judiciário um mecanismo para impor modos de agir e governar. Assim, "em nome do princípio democrático do acesso à Justiça, busca-se impor a governantes, legisladores, empresários e cidadãos, de modo unilateral e autoritário, obrigações de fazer ou não fazer. Muitas vezes sem sopesar os ônus decorrentes para os cofres públicos e privados". Como, porém, na democracia "o povo elege o governante e o governante governa. Se governa mal, o povo, em eleições democráticas periódicas, removerá (ou não) o governante que lhe desagrade", não pode "o Poder Judiciário (...) servir de trampolim para o exercício arbitrário e ilegítimo do poder político por quem não foi eleito"[7].

Em editorial destinado ao ativismo da Justiça, a Folha de São Paulo resumiu bem o dilema que começa a ser debatido nas páginas dos jornais de todo o país: "Brasil precisa achar

---

3 Ferraz Junior TS. Introdução ao estudo do direito: técnica, decisão, dominação, 2013, p. 299. O autor retoma, em diversas obras, o problema da argumentação do discurso judicial, que deve persuadir ou convencer, especialmente em Teoria da norma jurídica: ensaio de pragmática da comunicação normativa, 2009, Direito, retórica e comunicação: subsídios para uma pragmática do discurso jurídico, 2015, e O Direito, entre o futuro e o passado, 2014.

4 O Conselho Nacional de Secretários de Estado da Saúde (CONASS), por exemplo, tem articulado os Secretários de Estado para a definição de estratégias comuns de enfrentamento da judicialização, como a instalação de um setor específico de manejo das ações judiciais e a aproximação com os agentes jurídicos (Assistência Farmacêutica no SUS, 2011). Em 2015 lançou a coleção CONASS: para entender a gestão do SUS: 2015, com um livro dedicado à judicialização e às questões jurídicas, intitulado Direito à Saúde.

5 Indicadores dessa preocupação, que hoje é senso comum entre os juristas, podem ser encontrados no Ministério Público brasileiro, que tem uma Comissão Permanente de Defesa da Saúde (COPEDS), órgão de assessoria do Conselho Nacional de Procuradores-Gerais do Ministério Público dos Estados e da União (CNPG), e uma Associação Nacional do Ministério Público de Defesa da Saúde (AMPASA), entidade privada sem fins lucrativos, por meios das quais promove amplo debate nacional sobre temas de saúde, bem como, no Poder Judiciário, principalmente na atuação do Supremo Tribunal Federal (STF) e do Conselho Nacional da Justiça (CNJ), que estão procurando incentivar boas práticas e a conciliação dos litigantes (audiência pública em 2009, recomendações do CNJ e I Jornada de Direito da Saúde em 2014 e II Jornada de Direito da Saúde em 2015, ambas na cidade de São Paulo, com apoio do Tribunal de Justiça de São Paulo).

6 Em reportagem do jornal *Folha de São Paulo*, no caderno Cotidiano, em 14 de julho de 2010, a jornalista Cláudia Collucci criticou a judicialização da saúde, alertando: "ações por remédios caros favorecem ricos, diz estudo", com base em um estudo de Octavio Luiz Motta Ferraz, professor de direito da Universidade de Warwick.

7 Lima RMG. Judicialização da Política, o Estado de São Paulo, Primeiro Caderno, Opinião, em 2 de outubro de 2012.

ponto ideal entre ativismo e contenção dos tribunais em demandas relacionadas a políticas públicas". O alerta do jornal a respeito do risco de se apostar unicamente no Poder Judiciário é bastante claro: "características inerentes ao Judiciário restringem sua capacidade de criar políticas públicas ou corrigir o rumo de decisões tomadas pelos outros Poderes"; "sempre haverá o risco de juízes modificarem para pior programas que, embora imperfeitos, foram concebidos por indivíduos eleitos – com maior legitimidade, portanto"; e "sem conseguirem medir ou antecipar os impactos distributivos de suas decisões (quase sempre proferidas em demandas individuais), juízes podem privilegiar aqueles que, por terem recursos para pagar um advogado, puxam para si o cobertor curto das políticas públicas"[8].

Tive a oportunidade de ver os dois lados da moeda, ou de estar dos dois lados do balcão, como fiscalizador das prestações estatais sanitárias – algumas vezes utilizando a ação judicial –, e como gestor do SUS, para quem as ordens judiciais são encaminhadas. Atuei como Promotor de Justiça de Saúde Pública durante anos, como integrante do Grupo de Atuação Especial da Saúde Pública e da Saúde do Consumidor (GAESP), na cidade de São Paulo, e depois como Coordenador de Saúde Pública do Ministério Público do Estado de São Paulo, assessorando o Procurador-Geral de Justiça. Ouvi reclamações de Promotores, Juízes e advogados, verifiquei a incompetência administrativa quando pessoas não eram atendidas adequadamente, resolvendo-a, quase sempre, extrajudicialmente. Depois disso, fui chefe de Gabinete do Secretário de Estado da Saúde e coordenei um grupo de advogados que o assessoram, recebendo pessoalmente as intimações de todas as liminares e sentenças, conhecendo empiricamente todas as dificuldades do gestor do SUS em cumprir as ordens judiciais, não por desídia ou desrespeito, mas por óbices praticamente intransponíveis. Ouvi a indignação de sanitaristas com as ordens judiciais, pessoas historicamente comprometidas com a saúde pública. Vi, do interior do SUS, o quanto as ações judiciais podem desorganizar as atividades administrativas, retirando dinheiro público de programas destinados aos mais pobres. Academicamente, durante esses anos, participei de debates de âmbito nacional sobre o SUS e as ações judiciais, por exemplo, como membro da Comissão Permanente de Defesa da Saúde (COPEDS), órgão de assessoria do Conselho Nacional de Procuradores--Gerais do Ministério Público dos Estados e da União (CNPG), ou como membro da Câmara Técnica de Direito Sanitário, órgão de assessoria do Conselho Nacional dos Secretários de Estado da Saúde (CONASS). Em todos eles, a judicialização da saúde estava na pauta, gerando discussões calorosas entre juristas e sanitaristas que, em sua grande maioria, são pessoas corretas que querem aperfeiçoar e consolidar o SUS.

A impressão que ficou, ouvindo os argumentos dos agentes jurídicos e dos gestores públicos e interferindo empiricamente para garantir a assistência em saúde para as pessoas (como Promotor de Justiça, recebendo reclamações e cobrando uma solução do Poder Público, quase sempre, repito, extrajudicialmente; como gestor do SUS, sendo intimado pessoalmente todos os dias para cumprir diversas liminares e acompanhando o trabalho do setor de judicialização da SES/SP), é que o acesso ao Poder Judiciário representa, realmente, uma conquista da cidadania brasileira. Afastando anterior entendimento dogmático que via nas normas jurídicas que tratam dos direitos humanos um conteúdo meramente programático, como se fossem uma promessa de cumprimento futuro pelo Poder Público, a jurisprudência brasileira evoluiu, seguindo, aliás, determinação expressa de nossa Constituição Federal (art. 5º, §1º) que torna despiciendas as divagações doutrinárias a respeito da

---

8 Jornal *Folha de São Paulo*. Equilíbrio judicial., *Folha de São Paulo*, Primeiro Caderno, Opinião, em 30 de dezembro de 2013.

imperatividade dos princípios e normas constitucionais, passando a acolher os pedidos de cidadãos que alegam estar sendo desrespeitados em direitos básicos como a saúde. Neste trabalho, apresentamos, ainda que resumidamente, a evolução da jurisprudência do Supremo Tribunal Federal (STF) que consolidou a nova postura da Justiça brasileira. Pode-se perceber, então, que no campo da saúde e em outros setores, a democracia brasileira ganhou com a concretização da proteção judiciária (art. 5º, XXXV, CF), a possibilidade de acesso ao Poder Judiciário para pedir direitos violados ou ameaçados.

Mas a arrogância de alguns juristas, que arvoram-se em "guardiões da ética", na feliz expressão do lúcido artigo do desembargador do Tribunal de Justiça de Minas Gerais, para, segundo suas convicções pessoais, obter coercitivamente do Poder Judiciário o que consideram correto, sem passar pelo debate público e pela discussão democrática acerca das contingências das políticas públicas (essencialmente, escolha de prioridades diante da escassez de recursos, objetivando atender a população de maneira melhor e mais abrangente, segundo critérios técnicos, como são os índices epidemiológicos do setor sanitário), pessoas que dizem ou escrevem, sem o menor pudor, que são os únicos a defender o interesse público, sendo todos os demais – sobretudo os que trabalham junto à Administração Pública –, incompetentes, desleais ou corruptos, começou a me incomodar. Certa vez, tive que escrever um artigo respondendo a uma jovem advogada, para quem era "evidente" que os gestores da saúde "desenvolveram uma cultura de aguardar as ordens judiciais para agir", para esclarecer que não foi por conta das ordens judiciais que a reforma sanitária brasileira defendeu na década de 1980 uma saúde pública, universal e gratuita para todos os brasileiros, criando o SUS da Constituição Federal de 1988. A Justiça, continuei, pouco teve a ver com a formulação de algumas excelentes políticas públicas sanitárias no Brasil, como a Política Nacional de Atenção Básica e seu programa de prevenção, reconhecido internacionalmente inclusive pela Organização Mundial da Saúde (OMS), o Programa de Saúde da Família (PSF). Por outro lado, não corresponde à verdade o lugar-comum tão repetido de que falta apenas a vontade de políticos para que as coisas aconteçam, pois os recursos públicos destinados ao SUS são realmente insuficientes, sobretudo depois que foram afastados os oriundos do Instituto Nacional de Assistência e Previdência Social (INAMPS) em 1992 e que o pretendido mínimo percentual de 10% de receita tributária da União foi rejeitado na versão final da LC 141/12. Saúde com Justiça é essencial, com a imprescindível participação dos atores do Direito, mas, como destaquei, sem menosprezar os profissionais da saúde que *também* defendem o interesse público, e preferencialmente sem a judicialização da saúde (Mapelli Júnior, 2014, p. 16).

Os jornais acima referidos identificam em linhas gerais o problema central que precisa ser enfrentando pela comunidade jurídica, demonstrando que parte da opinião pública já se deu conta de que há algo errado com a judicialização das políticas públicas. Há excessos nesse ativismo judicial no mínimo discutível que avança nas atribuições do Poder Executivo e do Poder Legislativo, retirando da esfera política a discussão de temas complexos muito caros ao regime democrático; de outro lado, decisões judiciais pulverizadas provocam confusão e injustiça social. Como aceitar um ativismo judicial que, à míngua de critérios minimamente seguros para a interpretação jurisprudencial, pode transmutar-se em voluntarismo e arbitrariedade?

Apesar da opinião pública começar a se questionar sobre os excessos da ingerência do Poder Judiciário, no campo da saúde o argumento comum tradicionalmente utilizado para os juristas que defendem a priorização da via judicial como maneira legítima – ou "única", segundo alguns mais entusiasmados –, de garantia de acesso à assistência em saúde é o de que o juiz, na ausência de outra alterativa para salvar a vida ou a integridade física e mental do paciente-autor, não teria outra opção do que condenar o Poder Público em entregar um determinado remédio, em obrigar uma transferência hospitalar ou em pagar a assistência em hospitais privados. O argumento, claramente, depende de prova, especificamente de uma instrução probatória que contenha elementos de convicção que garantam pelo menos a verossimilhança do alegado, mas é utilizado com fartura em liminares precipitadas que sequer permitem ao gestor do SUS dizer como e onde pode atender o usuário que buscou o caminho da ação judicial (vale a prescrição irregular de um médico, que sequer segue preceitos ético-legais mínimos, frequentemente um médico particular). Ninguém nega que, havendo demonstração (*prova*) de que o SUS não contempla a assistência em saúde que *realmente* vai salvar vidas, ou se recusa a fazê-lo, por falhas próprias da Administração Pública, o Poder Judiciário deve condenar o Estado nas prestações sanitárias, até mesmo pagando serviços privados *se não existirem os públicos*. Mas é preciso inquirir, antes, sobre o procedimento terapêutico pretendido, se tem *evidência científica* e uma *alternativa tera-pêutica que lhe substitua disponível na rede pública de saúde*, pois, do contrário, os efeitos deletérios de decisões judiciais fragmentadas prejudicarão programas públicos, que fazem escolhas prioritárias para a alocação adequada do dinheiro público, e a população que regu-larmente se utiliza dos serviços públicos, de onde serão desviados os recursos para o cum-primento das ordens judiciais. O ativismo judicial que ignora políticas e a realidade fática, ao final, acaba fortalecendo situações discriminatórias e tecnologias médicas insustentáveis do ponto de vista científico.

O incremento da intervenção do Poder Judiciário nas políticas de assistência farmacêutica

O aumento progressivo de ordens judiciais para o fornecimento de medicamentos, órteses e próteses, produtos diversos e inúmeros procedimentos ambulatoriais e hospitalares, prin-cipalmente para atender pedidos individualizados, é fato incontroverso. Estudo recente da INTERFARMA (Associação da Indústria Farmacêutica de Pesquisa), baseado em dados oficiais, demonstrou que as despesas do Ministério da Saúde geradas por ações judiciais vêm crescendo em ritmo cada vez maior, tendo o Governo Federal gasto, entre 2012 e 2014, R$ 1,76 bilhão de reais na compra de medicamentos decorrentes de ordens judiciais. Nos últimos três anos, o valor gasto com a judicialização da saúde saltou de R$ 367 milhões de reais em 2012 para R$ 844 milhões em 2014, um aumento de 129%[9]. Com esse ritmo, fácil perceber que os gestores deparam-se diariamente com crescentes determinações judiciais nem sempre de fácil cumprimento, enquanto os juízes de direito, por sua vez, enfrentam grande dificuldade em lidar com o volume impressionante de demandas de assistência em saúde, quase todo dia tendo que se posicionar sobre diversos aspectos que circundam as políticas públicas de saúde.

A doutrina brasileira logo demonstrou preocupação com o repentino crescimento das ações judiciais de saúde e o possível despreparo do Poder Judiciário em lidar com deman-das que não faziam parte de sua regular atividade jurisdicional:

---

9 Folli B. Gasto do Ministério da Saúde com ações judiciais cresce 129%, reportagem em http://saudebusiness.com/noticias/gasto-ministerio-da-saude-com-acoes-judiciais-cresce-129/ [acesso em: 13.5.2015].

O reconhecimento da saúde como direito em 1988 provocou um aumento consistente e acelerado no número de demandas por saúde junto ao Poder Judiciário. Ações judiciais pedindo providências do Estado para assegurar o direito de acesso a medicamentos, cirurgias, próteses, ações de vigilância sanitárias, dentre outros serviços de saúde, vêm se tornando comuns nas diversas comarcas do país. Juízes que antes nunca tinham ouvido falar em direito sanitário começam agora a deparar-se com questões de alta complexidade relacionadas com demandas judiciais que pedem acesso a serviços de saúde estatais[10].

O impacto nas políticas públicas de saúde da interferência do Poder Judiciário no Brasil, que nos últimos 15 anos foi se intensificando gradativamente, principalmente em demandas individuais, acabou chamando a atenção da comunidade científica internacional. Em livro publicado pela Universidade de Harvard, que estuda o fenômeno em países subdesenvolvidos e em desenvolvimento, onde a judicialização da saúde é sentida com mais intensidade, Siri Gloppen e Mindy Jane Roseman classificam o caso do Brasil como uma preocupante "epidemia de litígio":

> *In Brazil, for example, patients are turning to the courts in increasing numbers to claim medication and treatment that is not provided by the public health-care system – but to which, they argue, their constitutional right to health entitles them – and judges more often than not support the claims. Some welcome this as positive development that protects the constitutional right to health and strengthens the public health-care system. Others fear that as more patients are encouraged to follow suit, this 'epidemic of litigation' will lead health-care costs to spiral out of control and will undermine attempts to strengthen the public health-care system through health plans and rational priority setting*[11].

As informações do Sistema CODES da Secretaria de Estado da Saúde de São Paulo confirmam a expansão das demandas individuais por medicamentos e outros produtos de interesse da saúde, em proporções nunca vistas anteriormente. Se até 2005 foram ajuizadas apenas 489 ações judiciais contra o Estado de São Paulo, ano de criação do sistema informatizado, no período de cinco anos pesquisado (2010 a 2014) o número total de novas demandas ajuizadas atingiu 61.512 novos casos (Tabela 1). A elaboração de uma representação gráfica da quantidade de ações judiciais por ano, registrada na Figura 2, pode ajudar na visualização da expansão das demandas judiciais:

A inexistência de um cadastro nacional de ações judiciais, de certa forma, dificulda um pouco a compreensão do fenômeno da judicialização da saúde em termos nacionais. Mas existem estudos que demonstram, com base em pesquisas pontuais, que a intensificação do papel do Poder Judiciário nas políticas públicas se espalhou por todo o país, depois de um impulso inicial com as demandas judiciais propostas para o fornecimento de medicamentos para o tratamento da AIDS, na década de 1980, como o AZT (primeira droga existente no mercado para o tratamento), o amprenavir (Agenerase), a neviparina, a combinação do lo-

---

10 Aith F. A saúde como direito de todos e dever do Estado: o papel dos poderes Executivo, Legislativo e Judiciário na efetivação do direito à saúde no Brasil, 2010, p. 100. No mesmo sentido, Mapelli Júnior, R, Ministério Público: atuação na área da saúde pública, 2013b, p. 457-484.
11 Gloppen S; Roseman MJ. Can litigation bring justice to health?, 2011, p. 1.

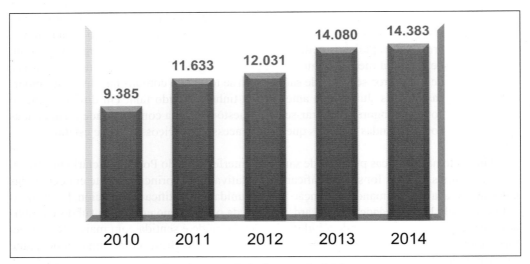

Figura 2 – Representação gráfica da quantidade de ações judiciais por ano.
Fonte: SCODES. Atualizado de 01/01/2010 a 31/12/2014.

pinavir com o ritonavir (Kaletra, o antiviral que gerou o maior número de ações judiciais no país) e o Trizivir (combinação de abacavir, AZT e 3TC). Depois dessa fase inicial, o Poder Judiciário passou a ser procurado para a obtenção de todo tipo de produtos e procedimentos terapêuticos, com a ampliação gradativa de custos que passaram a ter impacto relevante nos orçamentos sanitários, como ocorreu certa vez com uma unidade da federação, que utilizava cerca de 80% dos seus recursos previstos para a compra de medicamentos no cumprimento de ordens judiciais, como denunciou o Conselho Nacional de Secretários de Saúde (CONASS) (Brasil. MS/SVS/ Programa Nacional de DST e AIDS. O remédio via justiça, 2005, p. 24-29). O CONASS, aliás, diante da preocupação dos gestores do SUS com eventual comprometimento dos orçamentos sanitários, tem realizado um levantamento regular de ações judiciais de saúde pública, que logo demonstrou a diversidade das demandas judiciais, no caso dos medicamentos com uma nítida alteração do que é requerido judicialmente em determinados locais ou períodos: se em 2003 os pedidos em juízo focavam principalmente fármacos para o tratamento de hepatite viral crônica C, doença de Alzheimer, doença de Parkinson, fibrose cística, esclerose múltipla, AIDS, doença de Gaucher e asma, em 2004 a tendência passou a ser o requerimento de medicamentos oncológicos e os destinados a tratamento de doenças de origens genéticas. A via judicial para a obtenção de assistência farmacêutica, especialmente no caso de medicamentos de alto custo ou difícil acesso para doenças crônicas, muitas vezes com equivalentes terapêuticos previstos em Protocolos Clínicos e Diretrizes Terapêuticas do Ministério da Saúde, passou a ser predominante a partir daí (CONASS, Assistência Farmacêutica no SUS, 2011, p.131-132).

Um equívoco frequente dos profissionais do direito tem sido imaginar que os gestores do SUS não tomam medidas administrativas para o enfrentamento da judicialização da saúde, como uma orientação farmacêutica mais adequada nas farmácias públicas, a possibilidade de um acordo extrajudicial com o paciente, a denúncia de prescrições médicas abusivas e uma capacitação maior de sua defesa técnica nos processos judiciais. Sem negar a existência de falhas próprias da Administração Pública, a experiência demonstra exatamente o contrário, não se podendo simplificadamente pensar que tudo se resume a uma natural inércia da Administração Pública. A Secretaria de Estado da Saúde de São Paulo, por exemplo, sempre procurou formas mais eficazes de orientação farmacêutica (o sítio eletrônico www.saude.sp.gov.br contém o link Medicamentos, no módulo Cidadão, onde se localiza a Política Nacional de Medicamentos na íntegra, os componentes ou tipos de medicamentos e o endereço de farmácias públicas), regularmente denuncia ao Conselho Regional de Medicina médicos prescritores para a apuração de eventual responsabilidade disciplinar e vem, ao longo dos anos, adotando medidas administrativas de enfrentamento, como a informatização das ações judiciais e a troca de informações técnicas com os Procuradores do Estado, que na Capital integram a Subprocuradoria Geral da Área do Contencioso Geral – Saúde Pública (PJ 8), especializada em saúde pública.

O senso comum dos juristas, infelizmente, ainda é no sentido de que as ações judiciais existem porque o administrador nada faz. Em 2009, porém, o gestor estadual do SUS do Estado de São Paulo demonstrou absoluta sensibilidade e compromisso em acolher o doente que, na posse de uma prescrição médica, desconhece onde e como buscar o seu medicamento na rede pública, ao instituir um sistema para casos excepcionais. O procedimento administrativo para produtos fármacos não padronizados, ou seja, não previstos nos protocolos clínicos e relações de medicamentos, mas com registro no país e regular prescrição (registro na ANVISA e proibição de uso *off label*), foi idealizado pela SES/SP como uma triagem farmacêutica, inicialmente sem uma regulamentação específica, depois submetido a resoluções do Secretário (Resolução SS 89/2011, hoje revogada, e Resolução SS 54/2012). O paciente, desde que esteja de acordo e tenha ouvido o seu médico, é atendido com o ingresso nos programas regulares de medicamentos ou, em casos excepcionais, aguarda avaliação técnica e decisão do gestor estadual, que lhe é informada por um telegrama. Embora, evidentemente, o "procedimento administrativo", como ficou conhecida a triagem farmacêutica, tenha sido idealizado para mitigar a judicialização da saúde, contando com um local específico para a avaliação de casos excepcionais e acordos extrajudiciais, a Figura 3 com a representação de sua quantidade nos cincos anos avaliados na nossa pesquisa revela que nem mesmo a disposição do SUS estadual em analisar a excepcionalidade clínica obteve sucesso.

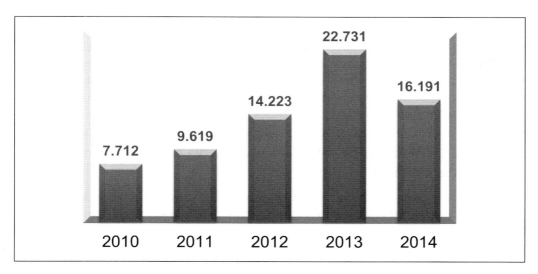

Figura 3 - Representação gráfica da quantidade de pedidos administrativos por ano.
Fonte: SCODES. Atualizado de 01/01/2010 a 31/12/2014.

Note-se que, seguindo a tendência das demandas judiciais, o incremento anual dos pedidos administrativos foi se acentuando, mas acabou superando o volume das ações judiciais a partir de 2012, um completo contrassenso se a proposta era a diminuição da judicialização. Provavelmente empurrado com a transparência do procedimento administrativo efetivada com sua regulamentação formal em 2011 e 2012, que possibilitou a remessa dos documentos por correio ou protocolo, e pelos interesses escusos de maus médicos e indústrias farmacêuticas que tomaram conhecimento de sua existência, o aumento dos pedidos de produtos não padronizados atingiu em 2013 o total de 22.731 casos, ano em que foram ajuizadas 14.080 ações judiciais; apesar da diminuição para 16.191 solicitações administrativas em 2014, por razões que demandam ainda um estudo detalhado, o número de solicitações administrativas continua superando as demandas judiciais (14.383 ações). A situação atual do pedido administrativo, caracterizada por uma quantidade superior às ações judiciais e a difusão na comunidade jurídica de que se trata de uma forma regular de busca de medicamentos, sem atentar para outros problemas gerenciais gerados (procedimentos de compra, armazenamento e entrega separados das políticas públicas), sugere mesmo a necessidade de sua extinção, ainda mais quando a legislação sanitária atual restringe a integralidade aos protocolos clínicos e relações de medicamentos (arts. 19-M e 19-R, LOS).

Com relação aos medicamentos e produtos judicializados, convém destacar, ainda, que a grande quantidade de ações judiciais, à semelhança do problema enfrentado pelos Poder Judiciário com o excesso de processos judiciais, dificulta muito o manejo adequado das demandas. Imagine-se a logística envolvida no recebimento, cadastro e acompanhamento das 14.383 ações ajuizadas em 2014, juntamente com as determinações judiciais dos anos anteriores ainda em cumprimento (Tabelas 1 e 11.2), bem como, as medidas exigidas para a defesa do Estado nos processos judiciais (relatórios circunstanciais, análise da prescrição médica sob os aspectos técnicos e legais, eventual avaliação pessoal do interessado, etc.) e o cumprimento da ordem judicial (compra certa, em prazo estipulado pelo juiz, para entrega segundo os parâmetros da sentença, bastante variáveis). Para não incorrer em descumprimento de ordem judicial, os gestores acabam implementando na prática um ciclo de assistência farmacêutica apartado das políticas públicas, com programação (reserva de recursos orçamentários particulares e atenção ao prazo fixado na ordem judicial) aquisição (compra por licitação, salvo quando houver determinação de marca, impossibilidade por existência de apenas um produto no mercado ou necessidade de importação), armazenamento (almoxarifado para produtos judicializados) e utilização (conforme o determinado na ordem judicial) específico que, não somente demanda mais recursos orçamentários, como viola a regra da igualdade entre os usuários do SUS.

O custo da judicialização da saúde: entre a reserva do possível e o desvio de recursos orçamentários

Nas ações civis e nos mandados de segurança manejados para a obtenção de prestações positivas do Estado, especialmente quando a pretensão está relacionada com as políticas públicas, uma das principais teses de defesa da Fazenda Pública é a necessidade de se respeitar a "reserva do possível", ou seja, a existência de recursos públicos disponíveis e de previsão orçamentária específica. Como as necessidades da população são inúmeras e os recursos para atendê-las limitados, somente faria sentido admitir a intervenção do Poder Judiciário quando demonstrada a existência do dinheiro, sob pena de inviabilização de outras políticas públicas. A reserva do possível, quando apresentada nestes termos, não vem sendo amparada pela jurisprudência majoritária, seja por significar a submissão dos direitos fundamentais à discricionariedade do administrador, seja por representar a restrição do mínimo existencial, ou seja, das condições mínimas para uma vida digna, a questões orçamentárias (Mapelli Júnior et al., 2012).

O tema da reserva do possível, que apareceu originariamente em uma decisão do Tribunal Constitucional Federal da Alemanha que indeferiu um pedido de acesso universal ao ensino público superior, sob a argumentação de que, para além do mínimo existencial, os direitos sociais dependeriam da existência prévia de recursos orçamentários (Nunes Júnior, 2009), aos poucos foi sendo analisado pela doutrina e pela jurisprudência no Brasil, notadamente a partir da década de 1990, constituindo um assunto bastante controvertido. Mas, pela repercussão que teve na comunidade jurídica, o julgamento do Supremo Tribunal Federal (STF) registrado como Pet. 1246/MC/SC, de 31 de janeiro de 1997, especialmente o voto do Ministro Celso de Mello, merece ser relembrado, pois significou, na prática jurídica, a impossibilidade de qualquer discurso argumentativo relacionado com a reserva do possível. De fato, ao condenar o SUS no financiamento de uma terapia experimental não disponível no país para uma patologia que até hoje não tem cura, um transplante de células de um portador de Distrofia Muscular de Duchenne a ser realizado nos Estados Unidos, o Ministro afirmou o seguinte:

> A singularidade do caso (menor impúbere portador de doença rara denominada Distrofia Muscular de Duchenne), a imprescindibilidade da medida cautelar concedida pelo Poder Judiciário do Estado de Santa Catarina (necessidade de transplante das células mioblásticas, que constitui o único meio capaz de salvar a vida do paciente) e a impostergabilidade do cumprimento do dever político-constitucional que se impõe ao Poder Público, em todas as dimensões da organização federativa, de assegurar a todos a proteção à saúde (CF, art. 196) e de dispensar especial tutela à criança e ao adolescente (CF, art. 6º, c/c art. 227, § 1º) constituem fatores, que, associados a um imperativo de solidariedade humana, desautorizam o deferimento do pedido ora formulado pelo Estado de Santa Catarina (fls.2/30).O acolhimento da postulação cautelar deduzida pelo Estado de Santa Catarina certamente conduziria a um desfecho trágico, pois impediria, ante a irreversibilidade da situação, que o ora requerido merecesse o tratamento inadiável a que tem direito e que se revela essencial à preservação de sua própria vida. Entre proteger a inviolabilidade do direito à vida, que se qualifica como direito subjetivo inalienável assegurado pela própria Constituição da República (art. 5º, caput), ou fazer prevalecer, contra essa prerrogativa fundamental, um interesse financeiro e secundário do Estado, entendo – uma vez configurado esse dilema – que razões de ordem ético-jurídica impõem ao julgador uma só e possível opção: o respeito indeclinável à vida (g.n.)[12].

A redução do raciocínio do julgador em um conflito de fácil solução, a escolha entre proteger a vida ou garantir o "interesse financeiro e secundário" do Estado, que influen-

---

12 O voto é citado em diversos estudos, especialmente em Ferraz, 2011, com menção à posição isolada do Ministro Sepúlveda Pertence, que indeferiu o pedido por entender se tratar de tratamento experimental de alto valor, com prejuízo para a população que se utiliza das políticas públicas do Brasil.

ciou profundamente a jurisprudência brasileira, significou na realidade o reconhecimento da obrigatoriedade do SUS em fornecer qualquer procedimento médico-hospitalar, ainda que de alto valor econômico e de discutível eficácia terapêutica (no caso, repita-se, tratava-se de tratamento experimental no exterior), independentemente de argumentos sobre a existência ou não de dinheiro disponível. A reserva do possível, nestes termos, torna-se letra morta e a defesa do Estado, por óbvio, impossível.

Apesar do respeito que merece o eminente Ministro, que talvez tenha apenas registrado o sentimento geral da comunidade jurídica naquele momento histórico, não é difícil perceber que o real conflito subjacente às ações judiciais de assistência em saúde não se dá entre a vida e o dinheiro público, a respeito do qual a preocupação do Estado é legítima e não "secundária" (os recursos públicos é que permitem a implantação das atividades preventivas e assistenciais do SUS e outras políticas públicas: como não zelar por eles?), mas entre a vida (e a saúde) de uns contra a vida (e a saúde) de outros. A finitude dos recursos públicos e a retirada de parte deles para atender ordens judiciais, desrespeitando-se os programas governamentais e o planejamento sanitário, causa prejuízo às pessoas que dependem da rede pública de saúde, pois o dinheiro sairá de algum lugar.

O tema do custo dos direitos sociais e da limitação dos recursos orçamentários talvez tenha uma solução fácil no plano teórico, sobretudo para aqueles que acreditam na concretização imediata de direitos apenas porque foram positivados na Constituição, mas é preciso um choque de realidade para compreender melhor o dilema e buscar parâmetros para as decisões judiciais. Há necessidade de se verificar como ocorre o cumprimento das ordens judiciais empiricamente, na prática, bem como, as consequências danosas que podem surgir com o desvio de verbas destinadas previamente a outros programas governamentais.

A pesquisa dos dados do Sistema CODES da SES/SP para obter o custo da judicialização da assistência farmacêutica no Estado de São Paulo, no período de 2010 a 2014, nesse sentido, ajuda a ampliar os horizontes, pois demonstra o aumento gradativo de utilização de recursos públicos para cumprir ordens judiciais, em valores expressivos e reveladores de ingerência no orçamento público, inclusive com a desorganização do dinheiro disponível, em detrimento do planejamento das políticas públicas. Em 2014 os gastos com a judicialização atingiram quase quatrocentos milhões de reais (Tabela 2), dinheiro utilizado apenas para atender demandas individuais de medicamentos, suplementos alimentares e outros produtos que foram consideradas parte da assistência farmacêutica integral pelo Poder Judiciário (Tabela 4). Nesse montante não foram contabilizados os recursos destinados ao cumprimento de outros pedidos individuais (procedimentos terapêuticos, em regime ambulatorial ou hospitalar, transferência de unidades de saúde, internações psiquiátricas compulsórias, etc.) e com ações civis públicas, não registrados no SCODES.

A determinação judicial de compra de produtos de uma marca específica (Tabela 8), de medicamentos não previstos nos protocolos clínicos e nas relações do SUS (Tabelas 6 e 11.7), destituídos de registro na ANVISA e dependentes de importação (Tabela 9), tendência que se manteve constante nos cinco anos pesquisados, significou um incremento ainda maior dos custos. Além disso, não se pode olvidar que a determinação judicial do fornecimento de medicamentos com especificações que fogem dos parâmetros determinados pelos procedimentos técnico-administrativos da Política Nacional Medicamentos (PNM), enseja um atendimento privilegiado para os autores dos processos judiciais, induzindo novos gastos para se criar uma logística apartada do SUS (Tabela 8). Isso ocorre, também, com mercadorias e outros bens, cuja grande diversidade, aliada a diferenças regionais, torna a logística um problema de difícil solução (Tabelas 10 e 11.12 a 11.16). Outro aspecto que precisa ser considerado é a sobreposição das atividades da União, dos Estados e dos Municípios no cumprimento de determinações judiciais que reconhecem a solidariedade passiva (Tabela 11), fazendo letra morta da divisão de competências administrativas dos programas governamentais.

O problema do uso orçamento público na judicialização da saúde, portanto, não pode ser ignorado como se fosse de somenos importância, na medida em que ordens judiciais dependem de dinheiro para o seu cumprimento. O que deveria ser óbvio, ou seja, que o direito à saúde tem um preço, compreensivelmente alto por conta dos custos elevados da tecnologia médica, parece que somente passou a ser pensado pelos juristas brasileiros depois do aparecimento de um importante livro nos Estados Unidos sobre os direitos sociais, publicado em 1999 sob o sugestivo título de *The Cost of Rights: Why Liberty Depends on Taxes*. Deixando de lado o senso comum de que os direitos são autoaplicáveis e necessitam apenas da vontade dos políticos, Stephen Holmes e Cass R. Sunstein sustentam, nesse trabalho, que todos os direitos são "positivos" no sentido de que dependem sempre de atividades do Estado para existir (até mesmo os direitos individuais, dependentes do funcionamento da justiça, do sistema prisional, dos mecanismos de proteção da propriedade privada, da intervenção na ordem econômica, dos mecanismos de defesa de direitos de minorias, etc.), que são custeadas pelos impostos arrecadados pelo Poder Público. O valor econômico dos direitos é, assim, algo evidente demais para ser ignorado:

> *The rights of American are neither divine gifts nor fruits of nature; they are not self-enforcing and cannot be reliably protect when government is insolvente or incapacitated; they need not be a recipe for irresponsible egoism; they do not imply that individuals can secure personal freedom without social cooperation; and they are not uncompromisable claims.*
>
> *A more adequate approach to rights has a disarmingly simple premise: private liberties have public costs. This is true not only of rights to Social Security, Medicare, and food stamps, but also rights to private property, freedom of speech, immunity from police abuse, contractual liberty, free exercise of religion, and indeed of the full panoply of rights characteristic on the American tradition. From the perspective of public finance, all rights are licences for individuals to pursue their joint and separate purposes by taking advantage of collective assets, which include a share of those private assets accumulated under community's protection[13].*

É bem verdade que, a literatura científica produzida no Brasil, sobre a judicialização da saúde não tem se mostrado totalmente insensível ao tema, constatando que, na prática, o financiamento das demandas individuais de medicamentos por determinação do Poder Judiciário compromete os esforços de organização do Poder Executivo e prejudica a equidade na saúde (Vieira; Zucchi, 2007; Vieira, 2008; Chieffi; Barata, 2009; Borges; Ugá, 2010; Machado, et al., 2011; Ramos, 2013;), mas os trabalhos são pouco conhecidos pela comunidade jurídica, que ainda não se familiarizou com o Direito Sanitário.

---

13 Holmes S; Cass R. Sunstein CR. The cost of rights: why liberty depends on taxes, 1999, p. 220.

A evolução da jurisprudência do Supremo Tribunal Federal (STF) em matéria de saúde, quando são abordados temas como o custo dos direitos e a reserva do possível, é um retrato representativo do que vem ocorrendo na judicialização da saúde brasileira. Conforme demonstra Daniel W. L. Wang em interessante estudo, o STF tem revelado uma instabilidade nos parâmetros empregados nos julgamentos de ações judiciais de saúde, geralmente predominando o que o autor denominou *rule of rescue*, uma espécie de sentimento de dívida moral que leva o julgador a acolher as demandas em saúde na tentativa de supostamente salvar a vida de alguém, independentemente do custo do procedimento terapêutico. Ao analisar julgados do Supremo Tribunal Federal (STF) sobre matérias de saúde e de educação, o autor verificou uma oscilação nos julgamentos da Corte Suprema brasileira, ora mais centrados nos interesses da população, ora mais focados nas necessidades do paciente, em três etapas historicamente identificáveis: a) no período de 1997 a 2006, o STF consagrou o entendimento de que o direito da saúde é amplo, correspondendo-lhe qualquer tratamento, inclusive o de natureza experimental, não podendo ser restringido pelo interesse financeiro e secundário do Estado (na linha do posicionamento do Ministro Celso de Mello já comentado); b) no período de 2006 a 2009, depois de algumas decisões condicionando o direito à saúde à "razoabilidade da demanda" e à "disponibilidade de recursos", com menção ao critério de custo-efetividade (em 2007, segundo o autor, dois pedidos de fornecimento de drogas para pacientes com doença crônica renal e câncer foram indeferidos, com esses argumentos), a Suprema Corte avançou para o reconhecimento das listas oficiais de remédios do Ministério da Saúde e das Secretarias de Saúde como critério de limitação das demandas, mas depois retornou ao posicionamento que privilegia a suposta necessidade concreta do paciente; e c) no período de 2009 a 2010, a discussão ampla na audiência pública do STF ensejou nova alteração jurisprudencial, para reconhecer que o direito à saúde depende de previsão em política pública, registro na ANVISA e consenso científico, existindo porém casos excepcionais, que devem comprovar que o tratamento público não é apropriado ou não é oferecido, que a terapêutica demandada é usada "por um longo período" por outros pacientes e que os protocolos clínicos estão desatualizados.

A tendência nos últimos julgamentos do STF, segundo o autor, parece perigosamente deixar de lado o aspecto econômico para retornar à *rule of rescue*:

> *This litigation forces the courts to decide between a patient-centred and a population-centred approach to public health – a choice that forces the courts to assess health care rationing decisions.*
>
> *(...) A patient-centred approach to the right to health still prevails in the BFSC (Brazilian Federal Supreme Court). If a treatment is the only existing alternative for a patient, and there is scientific evidence that it is efficient and not harmful, then the patient is entitled to receive it.*
>
> *Such rulings force the public health care system to apply the 'rule of rescue'.*
>
> *(...) One consequence of the application of this theory is that, because it is not possible to save everyone in need, rescuing one person no matter how much it costs often implies that others cannot be rescued. And this consequence can introduce unfairness in health care distribution because the effort to rescue na identifiable person may prevent the health care system from fulfilling the needs of the present and future patients who are anonymous and who do not have anyone to argue on their behalf.*

(...) However, the Court failed to examine the most fundamental and difficult health care distribution dilemmas, such as prioritizing some patients to the exclusion of others; whether to provide new and very expensive health technologies that are necessary for some individuals; and the funding of last-chance therapies with unproven efficacy. A more serious problem is that the Court also failed to apply these criteria to a recent case, as seen in Section 5.4, which may indicate a return to a completely patient-centred approach[14].

Apesar do dilema que esse assunto pode representar para o Poder Judiciário, que acaba se voltando para um perigoso casuísmo bem exemplificado pela jurisprudência do Supremo Tribunal Federal, é possível apontar para alguns parâmetros para a convivência harmônica entre direito individual e políticas públicas, para evitar injustiças. Certamente isso somente é possível com o reconhecimento da pertinência do aspecto econômico e o conhecimento empírico das consequências das ações judiciais nas políticas públicas, razão pela qual somente ao final deste capítulo pretendemos apresentar uma proposta de enfrentamento do problema.

Desde já, porém, já se pode deixar assentado que a reserva do possível não pode servir como um mecanismo de impedimento ao exercício individual do direito à saúde, pois o Sistema Único de Saúde deve promover serviços individuais e coletivos que garantam a integralidade da assistência (art. 7º, II, LOS) e, em caso de violação ou ameaça de direitos, a apreciação do Poder Judiciário não pode ser afastada no Estado Constitucional de Direito (art. 5º, XXXV, CF). Dessa forma, quando alguém ingressa em juízo sustentando que há omissão ou deficiência no dever de assistência do SUS, a alegação do Estado de que o procedimento terapêutico requerido no processo judicial compromete o orçamento público somente faz sentido se o colapso financeiro for demonstrado pelo Poder Público, ônus probatório que lhe compete.

Apesar disso, não se pode menosprezar o tema do orçamento público, como se os recursos financeiros fossem ilimitados e o direito à saúde dependesse apenas de "vontade política". Especialmente no caso da saúde, que sofre com o rápido avanço da tecnologia médica e as modificações de perfil epidemiológico da população, os custos são sempre crescentes e dificultam a universalização do atendimento. Os dados de nossa pesquisa assim o comprovam. Por isso mesmo, é imprescindível aceitar que a alocação de dinheiro público conforme prioridades escolhidas politicamente, marca típica das políticas públicas, consta do planejamento sanitário e deve ser respeitada por todos, inclusive o Poder Judiciário.

O planejamento do SUS, realizado de forma ascendente, do nível local até o federal, por meio de negociação nas Comissões Intergestores Tripartite e Bipartite (CIT e CIB) e a participação dos Conselhos de Saúde (art. 36, LOS; Lei 8.142/90 e Lei 12.466/11), é registrado em planos de saúde de cada ente da federação (planos federal, estadual e municipal), vinculando as verbas disponíveis, inclusive para fins de controle dos percentuais mínimos estabelecidos no texto constitucional (EC 29/00 e LC 141/12). Esse sistema é reforçado pelas leis orçamentárias brasileiras (a lei orçamentária anual, o plano plurianual e a lei de diretrizes orçamentárias, nos termos do art. 195, CF), que também não podem ser descumpridas. Por isso mesmo, há que se concluir pela impossibilidade de utilização dos recursos da saúde para ações e serviços que não estejam em conformidade com os objetivos e metas dos planos de saúde, que violem o acesso universal, igualitário e gratuito, e que não sejam

---

14 Wang DWL. Courts and health care rationing: the case of Brazilian Federal Supreme Court, 2012, p. 1, 12 e 17.

tipicamente sanitárias (Lei 8.080/90, Lei 8.142/90), como hoje está expressamente previsto no art. 2º, incisos I a III, da Lei Complementar 141/12.

Como, na prática, o cumprimento das ordens judiciais de fornecimento de medicamentos para pessoas determinadas depende do remanejamento de recursos originariamente destinados ao atendimento de outras prioridades, isso significaria a impossibilidade de ingerência do Poder Judiciário em qualquer situação?

É preciso compreender um pouco de gestão administrativa do SUS, principalmente a logística desenvolvida pelo administrador para o atendimento das ordens judiciais, para responder a essa indagação. Isso porque, como revela a experiência administrativa, há uma grande diferença entre a alocação de recursos para produtos e serviços padronizados que foram objeto de uma condenação judicial, quando é possível um reajuste no interior das políticas públicas, e o desvio de dinheiro para produtos e serviços não previstos nos programas governamentais, como ocorre com medicamentos que têm uma alternativa terapêutica disponível, sem registro sanitário e os importados. Nesta segunda hipótese, a imprevisibilidade da demanda e a impossibilidade de seguir os procedimentos regulares de aquisição, armazenamento e entrega dos produtos (procedimentos licitatórios, inclusive) obrigam o administrador a retirar dinheiro de outros programas, em prejuízo das políticas públicas.

Vamos supor que o Poder Público seja condenado no fornecimento de um medicamento padronizado nos protocolos clínicos e o juiz de direito, tendo se informado durante a instrução probatória, determina o ingresso do paciente na rede pública de saúde (consideramos haver prova de ausência de atendimento, senão o caso seria de improcedência do pedido). Ao ingressar pelo acesso regular ("porta de entrada"), o paciente é cadastrado e o seu tratamento seguirá os procedimentos técnico-administrativos do correspondente programa de medicamentos (componentes básico, estratégico e especializado da assistência farmacêutica, a ser retirado em uma farmácia pública, ou medicamentos oncológicos, retirados e/ou utilizados em hospitais credenciados), uma situação de normalidade para o gestor do SUS que, sem grandes dificuldades, incluirá a demanda em seu planejamento sanitário (inclusive por meio de novas compras na licitação).

Se não houver a determinação judicial de ingresso na rede pública de saúde, o paciente terá um tratamento diferenciado e não seguirá os procedimentos técnico-administrativos dos programas de medicamentos, como a necessidade de exames laboratoriais e periódicas prescrições médicas. Receberá o medicamento padronizado, mas no prazo e na forma determinados pelo juiz de direito, uma clara violação aos princípios da igualdade e equidade (art. 196, CF e LC 141/12). Na prática, o gestor terá que montar uma logística específica para o seu caso, pois ele permanece fora das atividades assistenciais regulares do SUS, e isso muitas vezes significa a implementação de farmácias "judiciais". De qualquer forma, como o medicamento é padronizado, ainda que a situação seja condenável sob o prisma da equidade, é possível ajuste no planejamento do programa de medicamentos (novas compras na licitação) que evitem o prejuízo a outras políticas públicas.

Quando o gestor do SUS é condenado a fornecer produtos que não estão previstos nas políticas públicas, seja porque não estão padronizados em protocolos clínicos, seja porque sua comercialização no país é proibida (sem registro na ANVISA e importados), a ilegalidade da ordem judicial torna o problema orçamentário intransponível: não existe planejamento da saúde que contemple esta situação e o dinheiro terá que ser retirado abruptamente de outras prioridades. Como planejar a compra de um produto sem registro sanitário ou importado? Como incluir produtos não padronizados se todo o planejamento em assistência farmacêutica está baseado em listas e protocolos discutidos e pactuados entre os gestores? Como efetivar licitação nesses casos? A situação agride a própria concepção de políticas públicas, pois são casos particularizados que nenhuma relação tem com os programas de medicamentos, inviabilizando um planejamento em larga escala.

No caso dos medicamentos não padronizados, a aquisição será apenas para aquele indivíduo ou grupo de indivíduos, a despeito da existência de terapias alternativas disponíveis no SUS. O dinheiro é gasto com uma terapia desnecessária, quase sempre bem mais cara do que a padronizada. Com relação aos produtos sem registro na ANVISA e os importados, a ilegalidade do comércio no país impede qualquer licitação e, na prática, tentando negociar o melhor preço, o administrador acaba se tornando refém da indústria farmacêutica. Aliás, ou o produto já ingressou no país ilegalmente e é vendido por conta da ordem judicial, ou é efetivado um contrabando para cumprir o determinado pelo Poder Judiciário, pois ele não passa pelo controle da alfândega brasileira. Para entrar no país, gestores entram em contato com a ANVISA para afastar o controle alfandegário. A ordem judicial, nestas hipóteses, é abusiva e não significa garantia do direito à saúde, que pressupõe sempre o ingresso na rede pública, a observância dos procedimentos técnico-administrativos e a conformidade com os planos de saúde e programas governamentais, no que denominados integralidade sistêmica ou regulada (art. 198, CF e arts. 19-M e 19-T da Lei Orgânica da Saúde e arts. 20 e 28 do Decreto Federal 7.508/11).

Nessa linha de raciocínio, focando a judicialização da saúde no aspecto econômico, a condenação judicial do SUS em serviços farmacêuticos solicitados por pacientes-autores somente é justificável se os medicamentos, insumos terapêuticos e produtos de interesse da saúde constarem das políticas públicas (protocolos clínicos e listas de medicamentos, segundo os componentes da AF) formuladas por pactuação entre os gestores nas Comissões Intergestores Tripartite (CIT) e Bipartite (CIB) e segundo os planos de saúde, sempre com a comprovação de que o Poder Público não atendeu o paciente administrativamente (falta do produto ou demora em sua entrega em prazo não razoável), hipótese em que deve ser determinado o ingresso nos programas de medicamentos. Decisões em sentido contrário, por causarem o desvio de recursos vinculados às ações e serviços típicos do setor sanitário previstos nas políticas públicas (planejamento, com a escolha de prioridades e a alocação de recursos), violam o sistema de controle financeiro do SUS.

O questionamento dos protocolos clínicos somente é cabível em ações civis públicas ou coletivas, como iremos analisar oportunamente.

Infelizmente, mesmo com a entrada em vigor das alterações legislativas da LOS em 2011 (e seu decreto regulamentador) e da Lei Complementar 141/12, que regulamentou a aplicação dos recursos sanitários, não houve uma mudança de rumo na posição dos juízes e tribunais, que continuam condenando o gestor estadual ao fornecimento de prestações assistenciais à margem do sistema SUS, drenando valores expressivos e crescentes do dinheiro público para o atendimento de casos particularizados (Tabelas 1 e 11.2).

Repartição de competências administrativas e desorganização da atividade administrativa

A responsabilidade solidária em cuidar da saúde da população, competência comum atribuída à União, aos Estados e aos Municípios pela Constituição (art. 23, II), que vem sendo reconhecida pela jurisprudência do STF, não quer dizer que todos os entes federados devam realizar as mesmas tarefas administrativas, com a sobreposição de atividades de planejamento, financiamento e execução, desperdiçando-se recursos humanos e econômicos. O próprio texto constitucional determinou a descentralização político-administrativa das atividades sanitárias (art. 198, I) e a responsabilidade dos Municípios pela prestação direta dos serviços assistenciais, embora contando com a cooperação técnica e financeira da União e dos Estados (art. 30, VII). É por isso que a Lei Orgânica da Saúde prescreve a "ênfase na descentralização dos serviços para os municípios" na descentralização político-administrativa (art. 7º, IX, a). Ao prever atribuições específicas para cada ente federado, a LOS determinou à União a formulação das políticas nacionais, mediante normatização, avaliação e financiamento (art. 16, I a XIX, LOS), aos Estados a tarefa de conduzir a descentralização para os Municípios, dando-lhes apoio técnico e financeiro e prestando serviços assistenciais quando necessário (art. 17, I a XIV, LOS), e aos Municípios a execução direta das ações e serviços públicos de saúde (art. 18, I a XII, LOS).

Como adverte Luís Roberto Barroso:

> Como todas as esferas de governo são competentes, impõe-se que haja cooperação entre elas, tendo em vista o "equilíbrio do desenvolvimento e do bem-estar em âmbito nacional" (CF/88, art. 23, parágrafo único). A atribuição de competência comum não significa, porém, que o propósito da Constituição seja a superposição entre a atuação dos entes federados, como se todos detivessem competência irrestrita em relação a todas as questões. Isso, inevitavelmente, acarretaria a ineficiência na prestação dos serviços de saúde, com a mobilização de recursos federais, estaduais e municipais para realizar as mesmas tarefas.
> (...)
> Estados e União Federal somente devem executar diretamente políticas sanitárias de modo supletivo, suprindo eventuais ausências dos Municípios. Trata-se de decorrência do princípio da descentralização administrativa. Como antes ressaltado, a distribuição de competências promovida pela Constituição e pela Lei nº 8.080/90 orienta-se pelas noções de subsidiariedade e de municipalização[15].

Evidentemente, não é possível ao julgador, o conhecimento detalhado da divisão de competências administrativas em cada política, mas, como se viu, a construção das redes de atenção à saúde para programas de assistência específicos ocorre por meio de pactuação dos gestores do SUS nas Comissões Intergestores Tripartite (CIT) e Bipartite (CIB) (federalismo cooperativo com participação dos conselhos de saúde), que estabelece quem planeja, quem financia e quem executa as ações e serviços de determinada política (Lei 12.466/11). Com relação aos medicamentos, existe uma Política Nacional de Medicamentos (PNM), com a delimitação precisa de programas de assistência farmacêutica (os componentes e a assistência oncológica), sabendo-se, ademais, que "a responsabilidade financeira pelo fornecimento de medicamentos, produtos de interesse para a saúde ou procedimento será pactuada na Comissão Intergestores Tripartite" (art. 19-U. LOS, na redação da Lei 12.401/11). É perfeitamente possível, portanto, checar informações sobre a atribuição de cada ente federativo nos programas de medicamentos, evitando-se ordens judiciais que desorganizam a atividade administrativa.

---

15 Barroso LR. Da falta de efetividade à judicialização excessiva: direito à saúde, fornecimento gratuito de medicamentos e parâmetros para a atuação judicial, 2008, p. 15-16.

O casuísmo registrado na Tabela 11, que revela que as ações judiciais são manejadas por vezes contra o Estado isoladamente, ou contra o Estado e os outros entes federativos em solidariedade, segundo a vontade do paciente-autor, cria confusão no cumprimento da ordem judicial, repetição de atividades assistenciais pelos gestores condenados, desequilíbrio de suas finanças e desorganização dos programas de medicamentos. Note-se que, com nítida desvantagem para o Estado de São Paulo, majoritariamente demandado nas ações cadastradas como o único ente federado responsável, os dados revelam que a União, principal detentora dos recursos sanitários do país e responsável pela compra dos medicamentos e produtos nos programas de maior valor econômico, tem participação ínfima nas demandas, não chegando a atingir 1% dos casos. Trata-se de um casuísmo injusto e desestruturador das atividades farmacêuticas, que gera uma distribuição desigual das prestações sanitárias e uma desordem nos programas, problema que precisa ser enfrentado pelo Poder Judiciário.

Na prática, decisões judiciais fundamentadas na solidariedade passiva e na irrelevância das divisões internas do Estado, como se se tratasse de questão de somenos importância, têm levado à absurda situação surreal de condenação de agentes públicos com pouca ou nenhuma governança sobre a ação farmacêutica judicializada, como os diretores de regionais de saúde (Departamentos Regionais de Saúde), os coordenadores de setores administrativos e os diretores de hospitais públicos, bastando para tanto que figurem no polo passivo de mandados de segurança. Como cumprir uma ordem judicial sem atribuição legal para fazer o que determinou o Poder Judiciário? A condenação por atos administrativos que não lhes compete, que faz parte do dia a dia do administrador, é injusta demais para ser ignorada, ficando na dependência da boa vontade de outras pessoas da pasta da saúde em ajudar e resolver o problema, sob pena de caracterização de eventual ilícito administrativo.

Um exemplo no campo dos medicamentos pode ser bem ilustrativo sobre isso. Em linhas gerais, como já demonstrado, contando com financiamento tripartite pactuado entre os gestores, os medicamentos básicos da Relação Nacional de Medicamentos Essenciais (RENAME, completada por uma Relação Municipal de Medicamentos Essenciais/REMUME) são de responsabilidade dos Municípios e devem estar disponíveis nas unidades básicas de saúde (UBSs)[16], os medicamentos estratégicos de responsabilidade da União e dos Municípios e devem estar disponíveis nas unidades básicas de saúde (UBSs) e os medicamentos especializados de responsabilidade da União e do Estado e devem estar disponíveis nas farmácias estaduais (no Estado de São Paulo, nos Departamentos Regionais de Saúde/DRS). Os medicamentos oncológicos, geralmente de alto valor econômico e integrantes de um ciclo de tratamento contra o câncer, são comprados com recursos federais e estaduais e entregues nos próprios hospitais credenciados (recebem os recursos em bloco, para toda a assistência oncológica).

Vamos imaginar que um médico de uma UBS de um Município pequeno do interior do Estado prescreve um medicamento especializado, para o tratamento de uma doença rara. O paciente pretende obtê-lo judicialmente, porque não consegue recebê-lo ou porque assim foi orientado, e a ação é ajuizada contra a Prefeitura Municipal, que vem a ser condenada. O medicamento, de alto custo, deveria ser comprado pela União e entregue pelos Estados nos DRS (regra geral), não sendo de responsabilidade do Município, que tem a obrigação de manter a sua relação municipal de medicamentos essenciais. A ordem judicial de condenação do gestor municipal, que se valeu da regra geral da solidariedade passiva e talvez tenha até levado em consideração que a prescrição foi de um médico municipal, está totalmente

---

16 No Estado de São Paulo, também podem ser retirados nas farmácias do Programa Dose Certa da SES/SP.

equivocada, por ignorar a política pública, e provoca grave desajuste no orçamento sanitário do pequeno Município. O gestor municipal terá grande dificuldade em comprar o produto fármaco caro (como fazer uma licitação exitosa para apenas aquele caso?) e tentar o apoio federal e estadual (se é que o prazo estipulado na sentença o permita), sofrendo em seu pequeno orçamento um impacto econômico excessivo. Sabe-se que, em todo o país, pequenos Municípios têm quase a totalidade do seu orçamento comprometido com a compra de medicamentos de alto custo, chegando perto da falência econômica (Brasil, CONASS, 2011).

Não é possível, portanto, que se ignore o federalismo cooperativo consagrado na nossa Constituição e a divisão de tarefas administrativas dos programas de assistência farmacêutica. A solução para esse problema não se mostra difícil, na realidade, podendo ser resolvida com a requisição judicial de informações ao administrador da saúde, que deverá esclarecer em prazo razoável como funciona, naquele caso concreto, o programa de fornecimento de medicamentos. É claro que a divisão de competências administrativas não pode servir para obstaculizar o direito do paciente-autor, mas os esclarecimentos técnicos do gestor do SUS e o chamamento ao processo do ente responsável, a ser promovido pelo réu (art. 77, III, do anterior Código de Processo Civil e art. 130, III, do Código de Processo Civil de 2015), resolve facilmente o assunto, permitindo, ao mesmo tempo, resguardar o direito individual à saúde e a organização das políticas públicas.

Prescrições médicas particulares no contexto das políticas públicas de saúde

Diante da imposição constitucional de um modelo sistemático para as ações e serviços públicos de saúde, que devem estar organizados em redes de atendimento (art. 198, CF), com serviços assistenciais completos e contínuos, do cuidado inicial aos procedimentos mais especializados (art. 7º, II, LOS) de responsabilidade do Poder Público (princípio da unidade ou unicidade do SUS), não faz sentido que prescrições de médicos particulares, escritas para tratamento em hospitais e clínicas particulares, possam ser utilizadas para o fornecimento de medicamentos pelo SUS. Ainda que possa haver decisão administrativa em sentido contrário em alguns casos, opção do administrador para garantir o acesso aos serviços, como já explicado, o paciente deve ingressar na rede pública e seu tratamento ser acompanhado pelo SUS.

A Tabela 3 demonstra que, ao contrário disso, a maioria das prescrições que instruem os processos judiciais tem origem na rede privada de saúde. O paciente faz o seu tratamento em hospitais e clínicas privadas e, sem ingressar na rede pública, utiliza o SUS, tão somente, para a obtenção de medicamentos e produtos prescritos à margem dos procedimentos técnico-administrativos que organizam a assistência farmacêutica do Estado. Fere-se o modelo constitucional, o acesso igualitário (pacientes particulares obtêm atendimento mais rápido e descolado dos procedimentos técnico-administrativos), a universalidade (somente os pacientes-autores conseguem produtos não padronizados e ilegais) e a integralidade (sistêmica, inicia-se e se completa na região de saúde, no interior do sistema, jamais fora dele). O mesmo se diga dos imperativos de controle sanitário e epidemiológico (relevância pública, controle da segurança terapêutica e obtenção de indicadores epidemiológicos). O problema pode ser resumido, em síntese, no desrespeito à equidade em saúde, pois os pacientes privados conseguem acesso rápido e não padronizado e não cumprem regramentos do SUS, prejudicando a população que se utilizada da rede pública de saúde.

A representação gráfica desse fenômeno em discos coloridos, como representado a seguir (Figuras 4 a 8), permite visualizar melhor o que vem ocorrendo: há inquestionável

Discussão 135

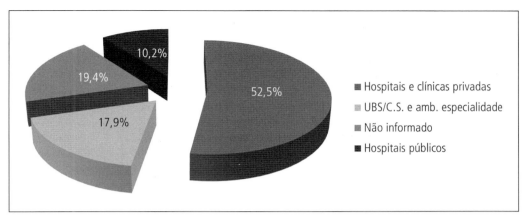

Figura 4 – Representação gráfica das ações judiciais por local de tratamento (2010).

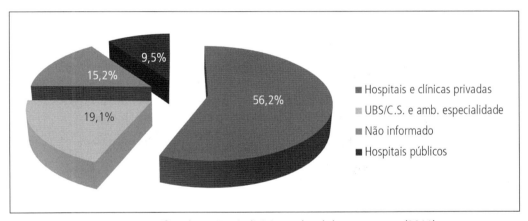

Figura 5 – Representação gráfica das ações judiciais por local de tratamento (2011).

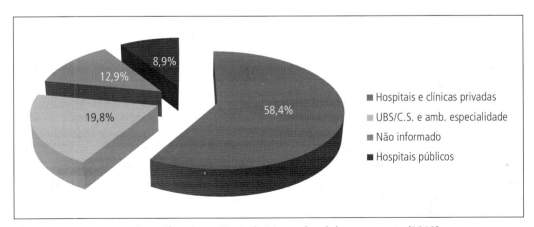

Figura 6 – Representação gráfica das ações judiciais por local de tratamento (2012).

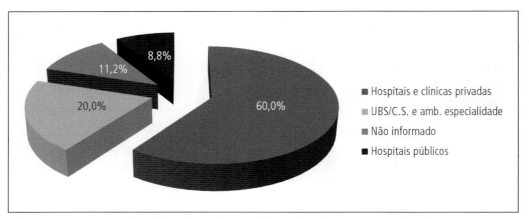

Figura 7 – Representação gráfica das ações judiciais por local de tratamento (2013).

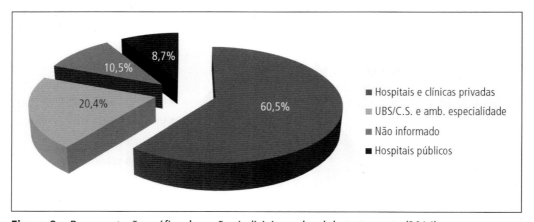

Figura 8 – Representação gráfica das ações judiciais por local de tratamento (2014).
Fonte: SCODES. Atualizado de 01/01/2010 a 31/12/2014.

predominância das prescrições originadas em hospitais e clínicas privadas, em percentuais sempre superiores a 50% e crescentes, chegando a 60,45% dos casos registrados no ano de 2014. Recursos orçamentários estão sendo drenados, em patamares bem superiores aos que são destinados às prescrições de médicos do SUS, violando-se a igualdade de acesso e a equidade em saúde.

A literatura científica revisada denuncia a indevida ingerência da saúde privada no SUS por meio de ações judiciais, que com isso se transforma em uma espécie de farmácia pública complementar aos serviços privados, principalmente no fornecimento de medicamentos de alto custo e de comercialização ilegal. Sobretudo quando os pacientes-autores não ingressam no SUS, permanecendo em tratamento em hospitais e clínicas privadas, o atendimento discriminatório que recebem, já que pertencem às classes sociais mais favorecidas, provoca prejuízo à equidade e ao acesso universal e igualitário (Santos, 2009; Weichert, 2010; Ferraz, 2011). Em estudos que analisaram a origem do tratamento dos pacientes-autores, observou-se o percentual de 70,5% de prescrições particulares em pedidos de medicamentos no Estado de Minas Gerais entre 2005 e 2007 (Machado et al., 2011), 41% em ações ajuizadas em 2005 contra a Secretaria Municipal de São Paulo (Vieira; Zucchi, 2007) e 60,63% das prescrições utilizadas pela população que buscou medicamentos na farmácia judicial da Secretaria de Estado da Saúde de São Paulo no período de 27 de março a 26 de abril de 2007 (Silva; Terrazas, 2011).

Em interessante estudo que cruzou informações sobre o domicílio dos autores de processo judicial e o Índice Paulista de Vulnerabilidade Social (IPVS), Ana Luiza Chieffi e Rita Barradas Barata constataram 47% de prescrições privadas e 73% dos pacientes-autores residindo nos três estratos de menor vulnerabilidade social no Município de São Paulo, denunciando a ofensa à equidade esperada em serviços públicos de saúde. Segundo elas:

> Esses dados demonstram que a população com maior poder aquisitivo é que está se beneficiando do resultado das ações judiciais.
> Em razão disso, as demandas judiciais estão ferindo o princípio da equidade do SUS, ou seja, as ações judiciais não estão fornecendo medicamentos a quem utiliza exclusiva ou preferencialmente o sistema público de saúde e depende do fornecimento gratuito de medicamentos, exatamente as pessoas residentes nos estratos de vulnerabilidade mais alta. (...)
> A análise da distribuição dos processos por estrato do IPVS de residência dos solicitantes e por tipo de medicamento solicitado, bem como a classificação de residência dos pacientes pelo IPVS reforçam a hipótese de que a interferência do Poder Judiciário na política de saúde rompe o princípio da equidade ao favorecer as demandas dos que menos necessitam, em detrimento daqueles que só podem contar com o sistema público de saúde, ampliando a iniquidade já existente[17].

No mesmo sentido, combatendo o senso comum de que a implementação de direitos sociais e econômicos previstos na Constituição pela via judicial seria um caminho para dar voz institucional aos pobres, Virgílio Afonso da Silva e Fernanda Vargas Terrazas afirmam que o que ocorre é exatamente o contrário:

> *In addition, considering that the percentage of people surveyed whose medical prescriptions were issued by physicians in private hospitals (60.3 percente) is very similar to the percentage of people surveyed who do not usually use the services of public hospitals (60 percent), it comes even clearer that these people belong at least to the middle class and are not poor in Brazilian context. (...)*
> *The justiciability of social rights, at least in our case study, has fallen short as means of rendering certain public services more democratic and accessible. On the contrary, the benefits os such justiciability are mostly enjoyed by those whose intersts are already at least partially considered in the political process and who simply use the judiciary as an additional forum to better protect these interests[18].*

---

17 Chieffi AL; Barata RB. Judicialização da política pública de assistência farmacêutica e equidade, 2009, p. 1.846-1.847.

18 Silva VA; Terrazas FV. Claiming the right to health in Brazilian Courts: the exclusion of the already excluded?, 2011, p. 841 e 848.

Como já existem consistentes críticas doutrinárias a esse ponto, que denunciam a utilização do Poder Judiciário para privilegiar pessoas das classes sociais mais altas em tratamento com médicos e hospitais privados, é desconcertante verificar que, mesmo depois da regulamentação normativa da obrigatoriedade de prescrição por médico do SUS (art. 28, II, do Decreto Federal 7.508/11), para tratamento nos serviços públicos, em conformidade com os protocolos clínicos e relações de medicamentos e dispensação em farmácia pública regular (art. 28, incisos I, III e IV do decreto), o posicionamento do Poder Judiciário não se alterou. Continua-se a acolher as prescrições privadas e o tratamento em hospitais e clínicas privadas como regra geral, sempre em cerca de 60% dos casos, percentual ultrapassado em 2014 (Tabela 3 e Figura 11.8). Esses dados revelam, por outro lado, que nenhuma repercussão teve na jurisprudência a proibição de que recursos do SUS fossem utilizados fora de seus programas, ofendendo o caráter universal e igualitário e os planos de saúde, agora presente no patamar legislativo, em lei complementar (art. 1º, LC 141/12). O sistema de controle para a apuração dos percentuais mínimos destinados ao SUS é totalmente violado, pois "não constituirão despesas com ações e serviços públicos de saúde" a "assistência à saúde que não atenda ao princípio universal" (art. 4º, III, LC 141/12).

É claro que o regime jurídico do SUS, que tem normas e princípios constitucionais que o diferencia do regime da saúde suplementar e o regime da saúde privada (centrados no contrato, com a observância das regulações da Agência Nacional de Saúde Suplementar/ANS, e a possibilidade de interpretação jurisprudencial), não permite esta promiscuidade entre o público e privado. É por isso que a integralidade da assistência à saúde se inicia e se completa na rede de atenção à saúde (art. 20 do decreto regulamentador), devendo o tratamento ser acompanhado em todas as suas fases pelos serviços públicos, concebidos como articulados e contínuos (art. 7º, II, LOS).

O SUS deve buscar o ressarcimento dos serviços públicos das operadoras de planos privados de saúde quando estejam cobertos pelos respectivos planos, como determina o art. 35 da Lei nº 9.656, de 3 de junho de 1996 e as normas da Agência Nacional de Saúde Suplementar (ANS)[19], mas o problema reside essencialmente na falta de separação entre o regime jurídico da saúde pública e as atividades privadas. Como já observado anteriormente, o paciente deve decidir pelo tratamento gratuito do SUS (direito seu, pelo princípio da universalidade) ou pelo tratamento em serviços particulares (deve pagar por eles, diretamente ou por meio de planos de saúde), devendo o fluxo de atendimento respeitar o regime jurídico específico (saúde pública, suplementar ou privada). O que não pode ocorrer é seu tratamento continuar na clínica ou no hospital privado, segundo critérios de um médico particular, e ele retirar medicamentos do SUS sem a observância dos procedimentos técnico-administrativos, como ocorre com produtos não padronizados, sem registro na ANVISA e importados. Essa possibilidade afronta os mais comezinhos ideais de justiça e igualdade material, privilegiando os pacientes-autores em prejuízo daqueles que se utilizam regularmente da rede pública, em ofensa à diminuição das desigualdades sociais pretendida pelas políticas públicas, uma das finalidades principais do Estado.

---

19 Existe uma ação direta de inconstitucionalidade (ADIn) ajuizada no Supremo Tribunal Federal pela Confederação Nacional de Saúde, Hospitais, Estabelecimentos e Serviços de Saúde (CNS) que pretende afastar a possibilidade do ressarcimento ao SUS, mas o indeferimento do pedido liminar permite a cobrança que vem sendo realizada com dificuldades pela ANS e pelo MS; o julgamento, definitivo, porém, ainda não ocorreu (ADIn 1.931, STF, que pode ser acessada em www.stf.jus.br).

Há mais um aspecto que não pode se ignorado. Se existe dificuldade do Estado em fiscalizar os seus médicos, notadamente para a observância dos protocolos clínicos e diretrizes terapêuticas (arts. 7º, II, 19-M e 19-T da LOS, e art. 28 do decreto regulamentador), da proibição legal de prescrição por marca do produto (art. 3º da Lei nº 9.787/99) e das normas éticas da atividade médica, que exigem embasamento em práticas cientificamente reconhecidas e respeito à legislação sanitária (Capítulo II, II, e capítulo III, arts. 1º e 3º, do Código de Ética Médica), o que dizer dos profissionais liberais sem qualquer compromisso com o Poder Público. O controle dos serviços de relevância pública, especialmente caro ao SUS, torna-se, neste caso, uma prática inexistente (art. 197, CF).

Não se desconhece que, muitas vezes, o paciente tem dificuldades em conseguir uma consulta com um médico do SUS, ou que o tempo de espera para uma avaliação médica é extenso demais, não razoável em relação à doença que possui. Ademais, faltam médicos generalistas e de diversas especialidades nas unidades públicas, um problema complexo que vem comprometendo a saúde brasileira como um todo. O uso da prescrição médica particular na rede pública de saúde, porém, é exceção que depende de decisão administrativa do gestor do SUS, autorizada pela Portaria GM/MS nº 2.928, de 12 de dezembro de 2011, que pode em situações pontuais acolher o receituário particular, como tem ocorrido na assistência oncológica e em casos de doenças raras, para não prejudicar a assistência.

O raciocínio jurídico, em convergência com o modelo constitucional do SUS e a integralidade sistêmica, tem que partir de premissa oposta: há obrigatoriedade de apresentação de receita médica pública nas ações judiciais, sendo a afirmação de que não foi possível o atendimento por um médico vinculado ao SUS, que deve constar da petição inicial, matéria de prova a ser produzida na instrução do processo, devendo-se sempre, mesmo antes da análise de eventual pedido liminar, buscar informações técnicas do gestor do SUS e lhe facultar a possibilidade de atendimento pela rede pública de saúde.

Comprovada a omissão administrativa no atendimento médico do SUS, o juiz deve reconhecer a validade do receituário particular para fins de assistência farmacêutica do SUS (em caráter excepcional, frise-se) e determinar, obrigatoriamente, o ingresso do paciente na rede pública de saúde e o acompanhamento dos serviços assistenciais pelo Poder Público, com a observância das regulamentações dos componentes de assistência farmacêutica definidas pelo SUS e as pactuações realizadas nas Comissões Intergestores Tripartite e Bipartite (CIT e CIB), como determina a Portaria GM/MS nº 2.928/2011, corrigindo o desvio da atividade jurisdicional constatado na pesquisa (Tabela 3 e Figuras 4 a 8).

Prescrições por médicos do SUS

Apesar da predominância de prescrições oriundas de hospitais e clínicas privadas, a Tabela 3 e as Figuras 4 a 8 demonstram que, ao contrário do que se poderia pensar, existe uma considerável parte de demandas judiciais com prescrições de médicos vinculados ao SUS, que trabalham em hospitais públicos (gestão federal, estadual ou municipal) e em ambulatórios públicos (unidades básicas de saúde e centros de saúde, de gestão municipal, e ambulatórios médicos de especialidades/AMEs, de gestão estadual) ou em unidades conveniadas ou contratadas (Santas Casas, por exemplo) e, portanto, são originadas na própria rede pública de saúde.

Em todos os anos pesquisados foram observadas prescrições oriundas dos serviços assistenciais do SUS (unidades públicas ou privadas contratadas e conveniadas), em número crescente e com impacto financeiro cada vez mais significativo, ficando em primeiro lugar as unidades básicas de saúde e os ambulatórios de especialidades (com 4.194 casos em 2010, atingiram 8.048 casos em 2014) e, depois, os hospitais públicos (2.382 casos em 2010, atingindo 3.433 casos em 2014). Fato incontroverso, pois, é que pacientes em tratamento hospitalar ou ambulatorial do SUS optam pela via judicial para garantir sua assistência em saúde.

Uma explicação para esse fenômeno seria considerar que os usuários optam pelo caminho da judicialização como a única forma de garantir seu direito à saúde, quando o medicamento ou produto não é encontrado nas farmácias públicas. A intervenção do Poder Judiciário, assim, ocorreria apenas para afastar uma ilegalidade administrativa. É claro que a afirmativa depende de prova em cada caso concreto, podendo ser confirmada ou não, mas as características das ordens judiciais recebidas no SCODES, com uma quantidade significativa de demandas incluindo medicamentos não padronizados, produtos sem registro na ANVISA, experimentais, importadores e uma série infindável de materiais e itens diversos, não permitem que sejamos tão ingênuos assim.

As estratégias da indústria farmacêutica para a introdução de novas tecnologias no sistema público de saúde, que incluem o pagamento de percentuais a médicos desonestos e a indução da clínica médica, serão comentadas posteriormente. A experiência administrativa tem revelado que hospitais de ensino e unidades públicas de saúde, apesar de submetidos teoricamente ao controle do gestor do SUS, são locais utilizados frequentemente para a prescrição de medicamentos não padronizados e proibidos por lei, um contrassenso se pensarmos que, ao estabelecer um vínculo profissional com o sistema de saúde, que pode se dar por concurso público (funcionários públicos) ou contratação pelos serviços assistenciais privados complementares (celetistas), os médicos se submeteram obviamente às normas técnicas e administrativas e aos princípios e diretrizes do SUS (art. 4º, §1º e 2º, e art. 24, §2º, LOS), como os protocolos clínicos e as listas de medicamentos correspondentes à integralidade da assistência em saúde (art. 19-M, LOS), a regra de proibição de indicação de fármacos não padronizados, experimentais, sem registro na ANVISA e importados (art. 19-T, LOS) e a de proibição de escolha de marca (art. 3º da Lei nº 9.787/99).

Os médicos têm conhecimento de que as políticas públicas possuem protocolos clínicos (estes existem para todas as atividades médico-hospitalares, mesmo em hospitais privados) e as situações excepcionais, que dependem de pesquisa clínica ou utilização de alternativa terapêutica imprescindível não prevista no SUS, estão contempladas em programas públicos específicos. Como se viu, em respeito a princípios éticos internacionais (Declaração de Helsinki) e para evitar que o Poder Público financie indevidamente pesquisas que interessam apenas à indústria farmacêutica, o SUS possui regulamentos técnicos em programas de droga experimental, acesso expandido (medicamento promissor ainda sem registro na ANVISA), medicamento pós-estudo (pesquisa clínica encerrada) e uso compassivo para casos particularizados (terapia prescrita como única alternativa possível) (Resolução RDC 38/13). O tratamento experimental, aliás, somente pode ocorrer em regular processo de pesquisa clínica, autorizado e acompanhado pelos Comitês de Ética em Pesquisa (CEP) das instituições que o sediam e pela Comissão Nacional de Ética em Pesquisa (CONEP) (Resolução CNS 466/11).

A única explicação plausível para o expressivo número de ações judiciais embasadas em receituários médicos, excetuando-se os casos de falta de medicamento na farmácia pública, é o descumprimento do ordenamento jurídico sanitário, as regras éticas e legais para o acesso e o uso experimental de drogas em situações excepcionais que, obviamente, não são levadas ao conhecimento do Poder Judiciário.

Em sendo assim, embora não haja dúvida de que o SUS precisa aprimorar mecanismos de controle dos médicos que trabalham para a rede pública, dever que lhe compete por determinação constitucional (arts. 197 e 200, I, II, VI e VII, CF), para corrigir eventuais falhas da assistência farmacêutica e responsabilizar os maus profissionais da medicina (encaminhamento de denúncia ao Conselho Regional de Medicina e ao Ministério Público; implantação de alguns procedimentos de ajuste orçamentário como o desconto nos orçamentos dos hospitais de ensino, que são autarquias com autonomia, para custeio dos procedimentos terapêuticos de seus médicos, etc.), forçoso concluir que a prescrição pública não pode, por si só, indicar que o pedido é procedente. Ela não é um atestado de idoneidade e, muito pelo contrário, pode estar servindo para o descumprimento do ordenamento jurídico sanitário.

Desrespeito à tipicidade das ações e serviços públicos de saúde

A Emenda Constitucional 29, de 13 de setembro de 2000, como já observado, estabeleceu percentuais mínimos de aplicação da arrecadação tributária em ações e serviços públicos de saúde. Em um país que ocupa o 72º lugar no ranking da OMS de gasto *per capita* em saúde, ficando abaixo de países da América do Sul e da África[20], caracterizado pela diminuição gradual dos recursos oriundos da União e pela perda de expressivos valores do antigo Instituto Nacional de Assistência e Previdência Social (INAMPS) que lhes eram repassados pelo Ministério da Previdência Social até 1993 (Carvalho, 2010), o financiamento do SUS foi erigido ao patamar constitucional, com o objetivo de garantir meios econômicos para a sustentação da assistência em saúde universal, gratuita e integral determinada pela Constituição Federal.

Como alguns gestores do SUS não cumpriam a EC 29/00, deixando de aplicar os percentuais mínimos ou incluindo itens sem relação com a saúde no orçamento sanitário, prática combatida pelo Ministério Público em ações civis públicas que defendiam a necessidade de se aplicar os percentuais constitucionais previstos em atividades assistenciais do setor da saúde, o legislador achou por bem regulamentar a matéria, como o fez exaustivamente na LC 141, de 13 de janeiro de 2012 que, além de criar um sistema de controle das verbas sanitárias, tipificou as ações e serviços de saúde (art. 3º), excluindo serviços de assistência social e outras atividades estatais que não competem ao SUS (art. 4º).

Os dados obtidos na pesquisa revelam, porém, que o desrespeito ao sistema constitucional de financiamento do SUS não ocorre somente por atos ilícitos do administrador de mascaramento do orçamento sanitário, que podem caracterizar improbidade administrativa, mas também pela própria judicialização da saúde. Note-se que, apesar do Sistema Único de Saúde ter atribuições específicas estabelecidas na CF (art. 200) e na lei (LOS, completada pelas disposições da Resolução 322, de 8 de maio de 2003, do Conselho Nacional de Saúde), não se podendo confundir políticas públicas que determinam ou condicionam a saúde (como as de saneamento básico, ocupação do solo urbano, alimentação, transporte, moradia, etc.) com as atividades tipicamente sanitárias, as demandas registradas no SCODES demonstram que as decisões judiciais drenam recursos do orçamento da SES/SP para tratamentos em hospitais e clínicas privadas (Tabela 3 e Figuras 4 a 8), para produtos que não estão previstos nos programas de medicamentos (Tabelas 5, 10.6 e 7), para produtos de uma marca específica (Tabela 8) e para medicamentos importados, com ou sem exigência

---

20 Relatório da OMS, baseado em dados de 2008, cf. informações em http://cartamaior.com.br/?/Editoria/Politica/7%B0-
-PIB-Brasil-e-72%B0-no-ranking-da-OMS-de-gasto-per-capita-em-saude-/4/17653 [acesso: 13.2.2015].

de marca (Tabelas 7 e 9). Todas estas hipóteses violam os princípios constitucionais da universalidade e da igualdade e o planejamento sanitário (planos de saúde, com metas e alocação de recursos seguindo a pactuação interfederativa e o controle social), constituindo verdadeiro desvio da atividade jurisdicional, que avança no campo da discricionariedade administrativa e da vinculação constitucional de recursos.

A partir de 2012 a proibição de destinação de recursos da saúde para atividades atípicas, violadoras do acesso universal, igualitário e gratuito ou dos planos de saúde foi elevada ao patamar legislativo (art. 1º, LC 141/12), mas as tabelas não apontam para qualquer alteração no posicionamento do Poder Judiciário.

A situação mais representativa desse descumprimento do ordenamento jurídico em relação ao financiamento do SUS tem sido a condenação de seus gestores no fornecimento de serviços e produtos que não fazem parte das atribuições legais sanitárias. Sabe-se que alguns produtos, como as fraldas e os suplementos alimentares, podem eventualmente complementar um procedimento terapêutico, em regime domiciliar ou hospitalar, como previsto em diversos protocolos clínicos, condição que os torna de responsabilidade do SUS. Não é possível, contudo, que atividades típicas de assistência social que seguem outro regime jurídico (baseado essencialmente na hipossuficiência, situação irrelevante para o setor da saúde) e uma variedade grande de produtos e mercadorias, a critério do médico ou outro profissional de saúde prescritor (nutricionistas, por exemplo), sejam atribuídas ao SUS, desviando para si os limitados recursos orçamentários das atividades curativas e preventivas. Certamente foram problemas desse tipo que levaram o legislador, na LC 141/12, a determinar expressamente a exclusão da "merenda escolar e outros programas de alimentação, ainda que executados em unidades do SUS" e de "ações de assistência social" (art. 4º, IV e VIII), autorizando o uso do dinheiro sanitário tão somente para "assistência terapêutica e recuperação de deficiências nutricionais" e "insumos específicos dos serviços de saúde do SUS" (art. 3º, II e V).

A Tabela 19, que registra informações colhidas em 31 de dezembro de 2014, elenca alguns exemplos de produtos atípicos retirados do SCODES, que não estão relacionados com ações e serviços públicos de saúde.

Tabela 19 – Demandas judiciais atípicas

Demandas diversas
Itens
Absorvente / íntimo feminino, com gel absorvente e fita adesiva para fixação / unidade / sem marca
Absorvente / para incontinência urinária leve, multiuso - tamanho único / unidade; Maxi Getriatric
Achocolatado / *diet* / grama (g) / sem marca
Achocolatado / isento de lactose / grama (g) / sem marca
Adesivo / artificial para neurocirurgia - 10cm × 15 cm / unidade / Neuro-Tex
Adoçante / aspartame - em pó / sache / sem marca
Adoçante / sucralose em pó / unidade / sem marca
Adoçante / sucralose líquido / frasco / sem marca
Adoçante dietético / aspartame, em pó / sachê / sem marca
Adoçante dietético / sucralose, em líquido / frasco / sem marca

Continua...

Discussão

Tabela 19 – Demandas judiciais atípicas – continuação

Demandas diversas
Itens
Adoçante dietético / sucralose, em pó / sache / sem marca
Água de coco / mililitro (mL) / sem marca
Água mineral / sem gás / mililitro (mL) / sem marca
Álcool etílico / gel - 70% - 100 mL / frasco / sem marca
Álcool etílico / gel - 70% - 500 mL / frasco / sem marca
Amido de milho / unidade / sem marca
Antisséptico bucal / gluconato de clorexidina 0,12% - 250 mL - com sacarina - sem açúcar / frasco / sem marca
Antisséptico bucal / gluconato de clorexidina 0,12% - 250 mL - sem sacarina - sem açúcar / frasco / sem marca
Antisséptico bucal / solução com fluor / frasco / sem marca
Bala de glicose líquida instantânea / para situações de hipoglicemia, em sachê, sabores variados / grama (g) / sem marca
Bebida a base de soja / pronta para beber, com sacarose, isenta de lactose, sabor chocolate / mililitro (mL) / sem marca
Bebida a base de soja / pronta para beber, com sacarose, isenta de lactose, sabor original / mililitro (mL) / sem marca
Bebida a base de soja / pronta para beber, com sacarose, isenta de lactose, sabor shake de morango / mililitro (mL) / ades/unilever
Bebida a base de soja / pronta para beber, com sacarose, isenta de lactose, sabores variados / mililitro (mL) / sem marca
Colchão / de solteiro comum / unidade /sem marca
Colchão / pneumático - medidas: 1,98 m (comprimento) × 89 cm (largura) × 6 cm (altura) / unidade / sem marca
Condicionador / infantil, para cabelos claros - 200 mL / frasco / Johnson's Baby
Farinhas e mucilagens / de fácil digestão para crianças a partir dos 6 meses de vida, enriquecido com vitaminas e sais minerais, contendo sacarose e glúten / grama (g) / Mucilon / Nestlé
Farinhas e mucilagens / para preparo de vitamina e mingau contendo farinha de trigo e leite em pó integral, enriquecido com vitaminas e minerais, com lactose, sacarose e glúten / grama (g) / farinha láctea / Nestlé
Farinhas e mucilagens / para preparo de vitamina e mingau, a base de farinha de trigo e arroz e polpa de frutas, enriquecido com vitaminas e minerais, contendo sacarose e glúten / grama (g) / Neston / Nestlé
Filtro de água / de cerâmica - capacidade 10 litros / unidade / sem marca
Fraldas geriátricas (23 marcas e tamanhos diferentes)
Fraldas infantis (28 marcas e tamanhos diferentes)
Fraldas juvenis (2 tipos diferentes)
Fraldas outras / para natação - tamanho G - a partir de 14 kg / unidade / sem marca
Hidratante / água, glicerina, álcool, óleo de semente de macadâmia ternifolia e fragrância, loção para peles secas e extrassecas - corpo e rosto - bisnaga - 200 mL / unidade / Norwegian - Neutrogena
Hidratante / creme / bisnaga / Johnson's Baby
Hidratante / creme corporal - *body soft milk* para pele seca - 400 mL / frasco / Nívea
Hidratante / creme corporal enydrial extre-emoliente / frasco - Roc
Hidratante / loção de aveia / frasco / Davene
Lanceta para coleta de sangue capilar / estéril e descartável / unidade / Accu Check Multi Clix
Lanceta para coleta de sangue capilar / estéril e descartável / unidade / Accu Check Soft Clix

Continua...

Tabela 19 – Demandas judiciais atípicas – continuação

Demandas diversas
Itens
Lanceta para coleta de sangue capilar / estéril e descartável / unidade / Becton Dickinson - BD
Leite / de cabra em pó integral / grama (g) / sem marca
Leite / de cabra UHT integral / mililitro (mL) / sem marca
Leite / de vaca em pó desnatado / grama (g) / sem marca
Leite / de vaca em pó integral / grama (g) / Leite Ninho / Nestlé
Leite / de vaca em pó integral / grama (g) sem marca
Leite / de vaca UHT integral / mililitro (mL) / sem marca
Leite / de vaca UHT semidesnatado / mililitro (mL) / sem marca
Loção hidratante / para peles delicadas, hipoalergênica, com proteínas do leite, óleo mineral, glicerina - 200 mL / frasco / Johnson's Baby Milk
Módulo / de carboidrato (maltodextrina) / grama (g) / Nidex / Nestlé
Módulo / de carboidrato (maltodextrina) / grama (g) / sem marca
Óleo / de soja / frasco / sem marca
Órteses - auxiliares / outras / bengala tipo t longa / unidade / sem marca
Órteses - auxiliares / outras / cadeira de rodas / unidade / sem marca
Órteses - auxiliares / outras / cadeira de rodas motorizada / unidade / sem marca
Pilha / alcalina aa / unidade / sem marca
Pilha / alcalina aaa / unidade / energizer
Pilha / alcalina aaa / unidade / sem marca
Próteses - outras / capilar permanente / unidade / sem marca
Próteses - outras / de drenagem oftálmica, em silicone, válvula de ahmed - tamanho adulto / unidade / sem marca
Sabonete / em barra de glicerina / unidade / sem marca
Sabonete / em barra, infantil, neutro - 90 g / unidade / sem marca
Sabonete / líquido / unidade / sem marca
Sabonete / líquido de glicerina - 200 mL / unidade / sem marca
Sabonete / líquido, hidratante / bisnaga / Fisiogel
Sabonete / líquido, íntimo com ácido lático 1% + lactocerum 0,9% / frasco / sem marca
Shampoo / neutro, infantil - 200 mL / frasco / Johnson
Travesseiro / em cunha / unidade / sem marca

Fonte: SCODES (31/12/2014).

É intuitivo perceber que absorventes femininos, hidratantes, sabonetes, antisséptico bucal, colchões, travesseiro, filtro de cerâmica, achocolatados, adoçantes, água mineral, água de coco e fraldas (foram encontradas 23 marcas e tamanhos diferentes de fraldas geriátricas, 28 marcas e tamanhos diferentes de fraldas infantis e 2 tipos diferentes de fraldas juvenis) não são produtos sanitários mas, por constarem de prescrições, foram aceitas em liminares e sentenças para condenar a SES/SP em seu fornecimento. Além das inevitáveis dificuldades relacionadas com a aquisição destes produtos, cuja singularidade praticamente impos-

Discussão **145**

sibilita o procedimento licitatório que, se ocorrer, dificilmente conseguirá interessados em vendar produtos em pequenas quantidades (a compra será realizada como? Na farmácia ou no supermercado?), não é possível sustentar que o problema seja dos médicos e de responsabilidade exclusiva do administrador. Os gestores do SUS, que assistem ao esvaziamento de recursos sanitários que dificilmente serão recuperados por conta da disputa interna do orçamento sanitário do Estado por outros setores do governo, há anos têm se esforçado para contornar essa situação, mas a Constituição Federal, a Lei Orgânica da Saúde, a LC 141/12 e a Lei de Licitação e Contratos Administrativos exigem o comprometimento dos juristas e operadores do direito, para que a ordem jurídica seja minimamente respeitada.

Medicamentos não padronizados, escolha de marca, ausência de registro na ANVISA, importados e experimentais: o casuísmo jurisprudencial *contra legem*

A organização das políticas públicas para atingir as finalidades do Estado, quando há universalização dos direitos, nota caraterística dos direitos sociais que o texto constitucional preferiu destacar em relação às ações e serviços públicos de saúde (art. 196, CF), pressupõe especialmente a regulação do acesso aos serviços e a padronização das ações governamentais, por meio de procedimentos técnico-administrativos, para que todos sejam atendidos indiscriminadamente e os objetivos atingidos como planejado.

No campo da saúde, particularmente difícil porque a tecnologia médica modifica-se rapidamente, frequentemente atingindo custos estratosféricos dificilmente suportados por um sistema público de saúde, e mudanças nas necessidades pontuais da população (o surgimento de uma epidemia, o aumento significativo de acidentes automobilísticos demandando mais vagas em prontos-socorros, a melhoria de diagnósticos em recém-nascidos com deficiências neurológicas exigindo a disponibilização de cirurgias especializadas em hospitais universitários, etc.) e no perfil epidemiológico (envelhecimento e predominância de doenças crônicas) tornam o planejamento um processo complexo e mutável, é fundamental padronizar os procedimentos terapêuticos, segundo critérios técnicos que permitam a inclusão das terapias necessárias ao custo mais baixo possível, com rapidez e eficiência, para garantir o acesso universal e igualitário e a integralidade da assistência. A Política Nacional de Medicamentos (PNM), assim, propõe a adoção de uma relação de medicamentos essenciais, a regulamentação sanitária do setor, com ênfase na promoção dos medicamentos genéricos, o uso racional dos medicamentos e controles de segurança, eficácia e qualidade. Surgem, de outro lado, os protocolos de intervenção terapêutica e os respectivos esquemas de tratamento.

Os protocolos clínicos e as diretrizes terapêuticas (PCDT) do SUS correspondem a essa organização da assistência farmacêutica para os produtos fármacos de alto custo e as doenças de tratamentos mais especializados, representando escolhas de caráter técnico da Administração Pública que deve buscar, nas inovações tecnológicas da indústria farmacêutica nem sempre melhores do que as tecnologias já existentes no mercado (na realidade, frequentemente os medicamentos têm o mesmo uso terapêutico, contendo mudanças na composição química e na apresentação para provocar, apenas, o aumento de preço), os procedimentos terapêuticos necessários para garantir a saúde das pessoas, mas com segurança sanitária. Com base em consensos científicos, debate público e participação da comunidade (conselhos de saúde, consulta pública, audiência pública), os produtos fármacos que foram registrados na ANVISA, condição para que sejam comercializados no país, podem ser incorporados nos protocolos clínicos, segundo esquemas de tratamento consagrados, mediante avaliação técnica do setor correspondente no Ministério da Saúde. Atualmente a CONITEC é o órgão federal responsável pela incorporação de novas tecnologias no SUS, por meio de Parecer Técnico-Científico (PTC) elaborado com debate público e fundamentação técnica, já se tendo notado um incremento em seu trabalho regulador nos últimos anos (Aith et al., 2014).

O sistema de controle do setor farmacêutico é complementado, como já anotado, pela regulação do preço dos medicamentos pela CMED, estipulado segundo parâmetros técnicos que incluem comparação com o preço no mercado internacional, inclusive o desconto mínimo para determinados medicamentos denominado CAP, aplicável obrigatoriamente quando decorrentes de ação judicial. Em determinadas situações, razões de ordem pública impõem o desconto nas compras públicas de medicamentos, como ocorre com as provenientes de determinação do Poder Judiciário.

Não resta dúvida, portanto, que os protocolos clínicos e as diretrizes terapêuticas são formulados com base no interesse público e se submetem a debate público e periódica atualização, tratando-se de mecanismo de caráter organizacional essencial para o SUS. Representam a exteriorização do regime jurídico do SUS no campo farmacêutico, garantindo a integralidade sistêmica ou regulada para aqueles que ingressam na rede pública de saúde, submetendo-se aos procedimentos técnico-administrativos de acesso e uso racional dos medicamentos. Somente assim é possível concretizar a universalidade e a igualdade nos serviços farmacêuticos. O senso comum dos juristas, apesar disso, parece confundir a organização da assistência farmacêutica do SUS com restrição ao direito de saúde, como se fosse possível para algum sistema de saúde do mundo acolher todas as tecnologias sanitárias existentes, sem critérios técnicos de inclusão tecnológica. As regras de segurança terapêutica (registro sanitário) e garantia de preço justo (CMED e desconto CAP), então, parecem ser totalmente desconhecidas. Trata-se de grave equívoco frequentemente denunciado pela literatura científica especializada, como o faz Fabiola Sulpino Vieira, ao explicar a diferença entre o registro de um produto sanitário e a sua incorporação ao SUS:

> A questão que se coloca com frequência e que constitui um equívoco é de que a negativa de fornecimento de determinado produto farmacêutico significa a negativa do direito do cidadão à saúde. O registro de um produto farmacêutico por si só não implica a sua incorporação ao SUS. Também é preciso lembrar que não há sistemas de saúde no mundo ofertando todos medicamentos existentes em seu mercado interno. Os custos de tratamento são proibitivos e mesmo sistemas universais de saúde de países desenvolvidos enfrentam problemas para garantir o financiamento.
> (...)
> Quando um medicamento é incorporado ao SUS, o que acontece imediatamente é a massificação de seu uso; os seus potenciais usuários são milhões de brasileiros. Nessa perspectiva, a responsabilidade do Poder Público se amplifica.
> (...)
> O critério "existência de política pública" no geral não é observado pelo Judiciário quando de sua tomada de decisão sobre o deferimento ou não da ação judicial; e, mais uma vez, explicita que o entendimento sobre o direito à saúde se confunde com a oferta de qualquer medicamento do mercado, sem observar as questões técnicas e todo o aparato desenvolvido pelo Poder Público para

tratamento dos doentes. Por isso, é mais do que urgente que o Judiciário reconheça que não há meios para garantia do direito à saúde tal qual previsto na Constituição Federal, que não sejam os das políticas[21].

As decisões de inclusão de novas tecnologias no SUS são escolhas típicas de discricionariedade administrativa técnica do Poder Público (Ramos, 2013), tomadas com base em evidências científicas (medicina baseada em evidências) sobre a eficácia (capacidade de um medicamento, na dose certa, de produzir os efeitos anunciados), a acurácia (real capacidade curativa do medicamento), a efetividade (capacidade de produzir o resultado terapêutico em pessoas em condições reais, não apenas em grupos homogêneos utilizados nos ensaios clínicos) e a segurança (inexistência de danos aos usuários) dos produtos fármacos, bem como, em avaliação econômica comparativa dos benefícios e custos com tecnologia já incorporada no SUS (custo-efetividade) (art. 19-Q, §2º, I e II, LOS, na alteração da Lei 12.401/11). A despeito de seu sentido organizacional e de sua fundamentação técnica, estaria o Poder Judiciário, como criticam alguns autores, realmente desconsiderando os protocolos clínicos ou, em última instância, as políticas públicas?

A pesquisa do SCODES nos cinco anos de judicialização da assistência farmacêutica no Estado de São Paulo, conforme suportado pela SES/SP, comprova inquestionavelmente que, como regra, ao acolher pedidos individuais de medicamentos e outros itens, a escolha do Poder Judiciário recai em produtos não padronizados, isto é, não previstos nos protocolos clínicos (Tabelas 5, 6, 7 e 8). É perceptível que a judicialização da saúde não objetiva corrigir a ausência de política pública, porque todas as patologias registradas têm recursos farmacêuticos disponíveis no SUS (cf. a Classificação Internacional de Doença, a CID), mas, muito ao contrário, vem servindo para substituir programas de assistência farmacêutica pela escolha particular (do médico e do paciente) em determinado caso individualizado, pouco importando a existência de evidência científica e eventual alternativa terapêutica disponível. Estas duas circunstâncias – comprovação de evidência científica e alternativa terapêutica disponível – raramente são consideradas pelo julgador, se é que isso ocorre, pois geralmente a ordem judicial é concedida liminarmente, em cognição sumária sem ouvida prévia do gestor do SUS e instrução probatória. O preço dos medicamentos, inclusive o desconto CAP, então, é matéria estranha aos processos[22].

A Tabela 5, que faz uma comparação entre as ações judiciais por medicamentos padronizados (pacientes obtêm judicialmente os produtos, mas, como explicado, seguem o tratamento sem ingressar no SUS) e as demandas por outros medicamentos, demonstra a persistência desse problema em todos os anos pesquisados, com um montante expressivo de recursos desviados para terapias não previstas nas políticas públicas, que atingiu em 2014, o total de R$ 189.097.456,00, correspondendo a 58,23% dos casos. Note-se que em 2014, como ocorreu nos anos anteriores, R$1.723.976,38 foram gastos somente para medicamentos do componente básico (0,53%), que não são de responsabilidade dos Estados. A determinação de compra de uma marca específica, por outro lado, também desconsidera os protocolos clínicos, e, surpreendentemente, vem se mantendo uma constante em todos os anos, para medicamentos, mate-

---

21 Vieira SF. Ações judiciais e direito à saúde: reflexão sobre a observância aos princípios do SUS, 2008, p. 367-369.

22 Em mais de vinte anos de atuação no MPSP, nunca presenciei o tema do preço dos medicamentos em ações individuais, tendo conhecimento, contudo, de duas ações civis públicas do Ministério Público Federal que pretendem garantir a incidência de desconto CAP em medicamentos que venham a ser vendidos à Administração Pública, ainda pendentes de julgamento final (processo nº. 0008059-82.2014.4.03.6105, da 2ª Vara da Justiça Federal de Campinas, e processo nº 0005237-05.2014.4.03.6111, da 1ª Vara da Justiça Federal de Marília).

riais, nutrições, e itens e procedimentos específicos (Tabela 8). O mesmo se diga dos produtos fármacos importados, que quase sempre não receberam sequer o registro sanitário brasileiro, mas são acolhidos pelas decisões judiciais, com ênfase na escolha de marca também, uma variável constante, verificável em 2010 (22 ações), 2011 (33 ações), 2012 (40 ações), 2013 (65 ações) e 2014 (121 ações). Mesmo existindo programas de acesso excepcional no SUS, o Poder Judiciário desconsidera os protocolos clínicos e os esquemas de tratamento disponíveis, determinando a importação do medicamento (Tabela 9).

Diferentemente da literatura jurídica mais tradicional, que dificilmente dá conta do problema, a literatura científica especializada tem criticado a desconsideração dos protocolos clínicos e das diretrizes terapêuticas pelos juízes e tribunais, demonstrando que decisões pontuais e fragmentadas provocam a desorganização das atividades assistenciais e a desigualdade de acesso e tratamento (Vieira; Zucchi, 2007; Vieira, 2008; Chieffi; Barata, 2009; Machado et al., 2010; Borges; Ugá, 2010; Mapelli Júnior, 2012b, p. 28-34; Ramos, 2013). Não há como negar que, sem o conhecimento global das políticas públicas e com base tão somente na prescrição médica (em cerca de 60% dos casos, repita-se, trata-se de prescrição de médico particular), com desprezo aos programas de fornecimento de medicamentos já existentes, a interferência do Poder Judiciário provoca o deslocamento dos recursos sanitários disponíveis para atender poucos pacientes-autores, esvaziando outras políticas públicas destinadas à população que segue a via administrativa do SUS, geralmente a mais carente. As políticas públicas mais esvaziadas, porque de menor visibilidade política, aliás, geralmente tratam de programas de prevenção, imunizações, medicamentos essenciais, tratamento de doenças associadas à pobreza e negligenciadas pela indústria farmacêutica[23], além de outras ações de atenção básica, que, naturalmente, não são objeto de judicialização.

O sistemático desrespeito aos protocolos clínicos e aos esquemas de tratamento do SUS por meio de ações individuais de saúde, denunciado por literatura científica que parece ser ignorada, não é um assunto que diz respeito, porém, apenas ao gestor público, consistindo também em um problema de natureza jurídica de grande relevância, ainda não enfrentado devidamente pelos tribunais. Fugindo à própria concepção de políticas públicas como programas *organizados* de ação governamental e aos parâmetros de um razoável controle jurisdicional até mesmo para quem o defende (Grinover, 2010), as decisões judiciais pontuais que não consideram os programas de fornecimento de medicamentos e os esquemas terapêuticos públicos violam diretamente o regime jurídico do SUS, o desenho institucional de rede organizada de serviços articulados e contínuos regulada por procedimentos técnico-administrativos criados por consenso administrativo e participação da comunidade (aqui, a integralidade sistêmica ou regulada), em síntese, o próprio texto constitucional.

Nem mesmo o argumento de que a condenação de fornecimento de medicamentos não padronizados ocorre para "salvar a vida" de alguém, tão ao gosto dos lugares-comuns do mundo jurídico, subsiste a uma análise jurídica do regime do SUS, pois existem programas públicos para o acesso a medicamentos experimentais ou únicos, que não tenham alternativa terapêutica disponível, até mesmo se houver necessidade de importação (pesquisa clínica ou experimental, de acesso expandido, de fornecimento de medicamento pós-estudo e de uso compassivo, cf. a Resolução RDC 38/13, da ANVISA), não existindo outra razão para recor-

---

23 O termo "doenças negligenciadas", que surgiu na década de 1970 em um programa da Fundação Rockefeller para designar um conjunto de doenças associadas às condições de pobreza que não despertam o interesse no investimento de pesquisas e no desenvolvimento de medicações, vem sendo utilizado, inclusive pelo Ministério da Saúde, para caracterizar patologias como a doença de chagas, a leishmaníase, a hanseníase, a malária, a esquistossomose, a tuberculose e a dengue (Mapelli Júnior et al., 2012, *op. cit.*, p. 59-60).

rer ao Poder Judiciário do que descumprir as normas éticas e legais correspondentes a esses tratamentos terapêuticos, que são autorizados e controlados pela ANVISA e pela Comissão Nacional de Ética em Pesquisa (CONEP), além dos comitês de ética dos hospitais, com financiamento da indústria farmacêutica interessada. A possibilidade de discutir situações clínicas excepcionais, à margem dos programas públicos regulares, somente é justificável em sede de tutela coletiva e com prova de omissão do Poder Público (erros ou desatualização dos PCDT, por exemplo), como iremos sugerir oportunamente. Na ação individual, não resta dúvida de que o que se quer é descumprir regras de inclusão tecnológica e controle de pesquisas clínicas e casos excepcionais, utilizando-se de dinheiro público para tanto.

Ora, na carta constitucional brasileira a saúde pública foi idealizada no contexto das políticas públicas, que devem promovê-la garantindo um acesso igualitário e universal (art. 196, CF) a um projeto terapêutico que enfatize a atenção básica (atenção primária, notadamente atividades preventivas, cf. o art. 198, II, CF), sendo todo o fluxo de atendimento público submetido à regulamentação, fiscalização e controle do Poder Público, já que todas as ações e serviços de saúde têm a marca da relevância pública (art. 198, CF). O controle público, também por expressa determinação constitucional, inclui a segurança terapêutica no uso dos produtos e tratamentos (arts. 197 e 200, I, II e VII, CF).

Por isso, no desenho constitucional do SUS não há espaço para uma visão privatista, consumista e irrestrita de direito à saúde, como se se tratasse de um direito absoluto, sem regras, descolado dos protocolos clínicos e das diretrizes terapêuticas do Poder Público, dependente apenas da escolha do médico e do interessado, sem controle público. O SUS não pode servir para atender interesses meramente privados que não consideram, sob a ótica coletiva, os interesses ou direitos de outros que podem ser afrontados com o desvio de recursos orçamentários para procedimentos terapêuticos discutíveis, devendo o serviços públicos de saúde ser planejados para atender a todos, segundo escolhas prioritárias que consideram o perfil epidemiológico da população, os custos da tecnologia médica e a escassos recursos públicos, não interesses privados.

Temos insistido no caráter *sistemático* do SUS, revelado já em seu nome e única forma de se resguardar uma unidade ou unicidade de serviços assistenciais essencial aos ideais de justiça e igualdade material, evitando-se decisões tópicas e assimétricas que somente produzem desigualdades (Canaris, 2012). O conjunto das atividades preventivas e curativas públicas, por isso mesmo, deve ser integrado em uma rede de atenção à saúde que contemple portas de entrada reguladas (acesso em unidades do SUS e obtenção dos medicamentos em farmácias públicas) e tenha um fluxo de atendimento acompanhado pelo Poder Público, que deve garantir *igualmente* o atendimento integral para quem ingressa no SUS, padronizando o tratamento (art. 198, CF, arts. 5º, III e 7º, II, e art. 9º, LOS).

A padronização terapêutica exigida pelo princípio da unidade ou unicidade das ações e serviços públicos de saúde ocorre nos protocolos clínicos e nos esquemas terapêuticos propostos pelo SUS, que são periodicamente reavaliados para a inclusão de novas tecnologias médicas, quando há razões favoráveis de ordem técnica, por parecer da CONITEC, que fundamenta decisão administrativa tecnicamente sustentável que não pode se afastada em sede de tutela individual, para quem não ingressou no SUS e não optou pelo tratamento público, sob pena de violação de todo o modelo constitucional de saúde pública. A avaliação tecnológica tem que ser rápida, certamente, mas em princípio ocorre pela CONITEC, podendo-se, apenas, questioná-la em sede de tutela coletiva, como iremos propor, jamais em ações individuais.

É imprescindível, portanto, reconhecer a necessidade da observância dos protocolos clínicos e das diretrizes terapêuticas do SUS, nada justificando a recusa sistemática que lhe opõe a jurisprudência brasileira, como comprovado pelas tabelas da pesquisa realizada. Embora o respeito aos protocolos clínicos e às decisões técnicas que os formatam (CONITEC e Ministério da Saúde), vistas como um mecanismo legítimo de padronização da assistência farmacêutica para propiciar unidade ou unicidade de ações e serviços, não seja pacífico e cause desconforto em alguns, é uma posição dogmática perfeitamente possível para os juristas, pensamos que imprescindível mesmo, que vem sendo consagrada em alguns países que enfrentam a judicialização da saúde. A Corte Suprema Sul-Africana, em especial, tem se destacado pela recusa em suplantar decisões administrativas de órgãos públicos que optaram por determinadas políticas de saúde por critérios técnicos, não dizendo que medicamentos ou procedimentos compõem o núcleo do direito à saúde; de maneira mais produtiva, o seu foco é o controle dos procedimentos de inclusão tecnológica (Ferraz, 2011).

No Brasil, conforme já observado, a jurisprudência do STF tem sido inconstante e enfatiza mais o caso concreto em detrimento das políticas públicas, uma espécie de tentativa de salvamento da vida do paciente-autor muito apropriadamente denominada *rule of rescue* por Daniel W.L. Wang, mas existem algumas decisões da Ministra Ellen Gracie indeferindo medicamentos não previstos nas listas do SUS que, pelas razões invocadas, merecem um registro. Na STA 91 (Suspensão de Tutela Antecipada), ao restringir o dever do Estado de Alagoas em fornecer os medicamentos de dispensação excepcional do Ministério da Saúde (atual componente especializado), excetuando-se os de responsabilidade municipal e os não padronizados, a Ministra Ellen Gracie ponderou que o desrespeito à divisão de competências administrativas e às listas de medicamentos provoca "lesão à ordem pública" e afeta "o já abalado sistema de saúde":

> Verifico estar devidamente configurada a lesão à ordem pública, considerada em termos de ordem administrativa, porquanto a execução de decisões como a ora impugnada afeta o já abalado sistema público de saúde. Com efeito, a gestão da política nacional de saúde, que é feita de forma regionalizada, busca uma maior racionalização entre o custo e o benefício dos tratamentos que devem ser fornecidos gratuitamente, a fim de atingir o maior número possível de beneficiários. Entendo que a norma do art. 196 da Constituição da República, que assegura o direito à saúde, refere-se, em princípio, à efetivação de políticas públicas que alcancem a população como um todo, assegurando-lhe acesso universal e igualitário, e não a situações individualizadas. A responsabilidade do Estado em fornecer os recursos necessários à reabilitação da saúde de seus cidadãos não pode vir a inviabilizar o sistema público de saúde. No presente caso, ao se conceder os efeitos da antecipação da tutela para determinar que o Estado forneça os medicamentos relacionados "(...) e outros medicamentos necessários para o tratamento (...)" (fl. 26) dos associados, está-se diminuindo a possibilidade de serem oferecidos serviços de saúde básicos ao restante da coletividade. Ademais, a tutela concedida atinge, por sua amplitude, esferas de competência distintas, sem observar a repartição de atribuições decorrentes da descentralização do Sistema Único de Saúde, nos termos do art. 198 da Constituição Federal. Finalmente, verifico que o Estado de Alagoas não está se recusando a fornecer tratamento aos associados (fl. 59). É que, conforme asseverou em suas razões,

"(...) a ação contempla medicamentos que estão fora da Portaria n.° 1.318 e, portanto, não são da responsabilidade do Estado, mas do Município de Maceió (...)" (fl. 07), razão pela qual seu pedido é para que se suspenda a "(...) execução da antecipação de tutela, no que se refere aos medicamentos não constantes na Portaria n.° 1.318 do Ministério da Saúde, ou subsidiariamente, restringindo a execução aos medicamentos especificamente indicados na inicial (...)" (fl. 11).

Ante o exposto, defiro parcialmente o pedido para suspender a execução da antecipação de tutela, tão somente para limitar a responsabilidade da Secretaria Executiva de Saúde do Estado de Alagoas ao fornecimento dos medicamentos contemplados na Portaria n.° 1.318 do Ministério da Saúde.

Em outra ocasião, ao indeferir pedido semelhante manejado contra o Estado do Rio Grande do Norte, na SS 073 (Suspensão de Segurança), a Ministra Ellen Gracie considerou, além dos argumentos já apresentados, o "efeito multiplicador" de uma decisão favorável ao fornecimento de medicamentos não previstos nas listas públicas, diante da existência de milhares de pessoas em situação potencialmente idêntica ao interessado, outro motivo para se respeitar o planejamento da assistência farmacêutica nos programas do SUS[24].

É possível, porém, que casos emblemáticos que estão chegando ao STF em um momento de crise financeira nacional, com ampla ressonância na mídia, corrijam o rumo da jurisprudência em determinados aspectos, como se espera em relação ao Recurso Extraordinário (RE) n° 566.471, que trata de situação de paciente que pretende obter medicamento de alto custo (componente especializado da AF) não padronizado pelo SUS, e ao Recurso Extraordinário (RE) n° 657.718, que gira em torno de pedido de paciente para fornecimento de medicamento importado de alto custo sem registro na ANVISA, que foram reunidos para julgamento conjunto mediante o manejamento do instrumento processual da repercussão geral[25].

Deve-se inferir do raciocínio até agora desenvolvido, porém, que os protocolos clínicos e as diretrizes terapêuticas devem ser respeitados pelo Poder Judiciário, sobrepondo-se a eventual prescrição médica elaborada à margem dos procedimentos técnico-administrativos do SUS, porque eles integram o regime jurídico do SUS (caráter sistemático, unicidade de ações e serviços e integralidade regulada). Ao menos em tutela individual, portanto, não é possível a desconsideração dos protocolos no julgamento de casos concretos, porque a racionalização típica das políticas públicas determina a padronização do atendimento do SUS, que é realizada por decisões administrativas de padrão técnico, fundamentadas em parecer técnico-científico da CONITEC, que não podem ser afastadas por uma prescrição médica.

Por isso, parece-nos inegável a ilegitimidade da intervenção do Poder Judiciário nos moldes em que vem ocorrendo, em decisões individualizadas prolatadas ao arrepio das

---

24 Ambos os julgados foram acessados no sítio eletrônico www.stf.jus.br, na pesquisa de jurisprudência [acesso em 16.02.2015]. A posição da Ministra Ellen Gracie, citada em Barroso, 2008 e Wang, 2012, vem sendo reformulada em outros julgamentos do STF e não está pacificada, mas é importante o registro porque significou uma mudança de rumo na interpretação jurisprudencial, permitindo pela primeira vez que algumas secretarias de saúde sustentassem em juízo que não tinham a obrigação de disponibilizar procedimentos terapêuticos não padronizados. Os argumentos vão de encontro, por evidência, à tese aqui apresentada.

25 Os processos foram analisados pelos Ministros Marco Aurélio Mello, Luís Roberto Barroso e Edson Fachin, que proferiram votos com sugestões de requisitos para a assistência farmacêutica no SUS, como o registro sanitário e o respeito aos procedimentos da CONITEC, a comprovação de insuficiência econômica, a demonstração de imprescindibilidade e a evidência de impossibilidade de substituição, estando o julgamento suspenso em razão do pedido de vista do Ministro Teori Zavascki, segundo informações em www.stf.jus.br [acesso: 2.12.2016].

políticas públicas, por ofensa ao regime jurídico-constitucional do SUS e à integralidade sistêmica que lhe é correlata. A pesquisa realizada no SCODES demonstra, a despeito dos argumentos até agora apresentados, que mesmo depois dos novos marcos legais da integralidade, quando o legislador tornou explícito aquilo que estava implícito no texto constitucional, em 2011 e 2012, o Poder Judiciário não alterou seu posicionamento. Ora, como já observado, o Decreto 7.508/11 explicitou que a integralidade da assistência à saúde se inicia e se completa nas redes de atenção à saúde, mediante prescrição, tratamento e diretrizes terapêuticas do SUS (arts. 20 e 28), e a LC 141/12 positivou a proibição de despesas sanitárias com assistência à saúde que não atenda ao princípio de acesso universal e que não esteja contemplada nos planos de saúde (arts 2º e 4º, III). O art. 19-M da LOS, acrescentado pela Lei 12.401/11, sentenciou que "a assistência terapêutica integral" corresponde à "dispensação de medicamentos e produtos de interesse para a saúde, cuja prescrição esteja em conformidade com as diretrizes terapêuticas definidas em protocolo clínico para a doença ou o agravo à saúde a ser tratado ou, na falta do protocolo, em conformidade com o disposto no art. 19-P (referência a relação suplementar, possível por consenso administrativo)" (inciso I), à semelhança do que fez com os procedimentos terapêuticos ambulatoriais e hospitalares, definidos como os constantes nas listas oficiais (inciso II).

O assunto se insere, evidentemente, na problemática de falta de legitimidade democrática do Poder Judiciário, que não passou pelo voto popular para a definição de políticas públicas e não participa dos debates políticos que caracterizam o processo legislativo e o processo executivo, razão pela qual, a menos que exista inconstitucionalidade flagrante, estes devem prevalecer. Por mais boa vontade que se tenha para com o neoconstitucionalismo contemporâneo, que vê imperatividade na Constituição e defende a ponderação de princípios constitucionais pelo juiz de direito, sobretudo em casos de difícil julgamento (*hard cases*, frequentemente caracterizados pelo embate entre princípios e normas constitucionais), não é possível aceitar a rejeição do Poder Judiciário de matéria positivada pelo legislador, dentro do regime democrático, que não seja pelo controle de constitucionalidade. Nesse sentido, o constitucionalista Luís Roberto Barroso, hoje Ministro do STF, escreveu importante obra na qual demonstra preocupação com os riscos de uma constitucionalização excessiva do direito, que pode levar o Poder Judiciário a alargar além do limite razoável a constitucionalização por via interpretativa, embaçando, pelo excesso de rigidez, o governo da maioria, impedindo-a de se manifestar através do processo legislativo ordinário. No enfrentamento da questão, é fundamental que prevaleçam lei e regra, quando há manifestação inequívoca e válida do constituinte ou do legislador, não podendo o juiz escolher o que lhe parece mais conveniente, em uma espécie de "discricionariedade judicial":

> (...) É indispensável que juízes e tribunais adotem certo rigor dogmático e assumam o ônus argumentativo da aplicação de regras que contenham conceitos jurídicos indeterminados ou princípios de conteúdo fluído. O uso abusivo da discricionariedade judicial na solução de casos difíceis pode se extremamente problemático para a tutela de valores como segurança e justiça, além de poder comprometer a legitimidade democrática da função judicial. Princípios como dignidade da pessoa humana, razoabilidade e solidariedade não são cheques em branco para o exercício de escolhas pessoais e idiossincráticas.
> (...) Em meio a múltiplos esforços para coibir as duas disfunções referidas acima (o esvaziamento do poder das maiorias e o decisionismo judicial),

destacam-se dois parâmetros preferenciais a serem seguidos pelos intérpretes em geral:

a) preferência pela lei: onde tiver havido manifestação inequívoca e válida do legislador, deve ela prevalecer, abstendo-se o juiz ou o tribunal de produzir solução diversa que lhe pareça mais convincente;

b) preferência pela regra: onde o constituinte ou o legislador tiver atuado, mediante a edição de uma regra válida, descritiva da conduta a ser seguida, deve ela prevalecer sobre os princípios de igual hierarquia, que por acaso pudessem postular incidência na matéria[26].

Ora, existindo parâmetros jurídicos de conformidade da conduta (protocolos clínicos e as diretrizes terapêuticas) de acordo com as normas constitucionais do SUS e, a partir de 2011, lei com decisão inequívoca (texto expresso de lei) e válida (em conformidade com o modelo constitucional do SUS) do legislador no sentido de corresponder a integralidade aos protocolos clínicos e relações de medicamentos do SUS, afastando-se medicamentos que não se submetam ao procedimento de inclusão tecnológica (CONITEC), não pode o Poder Judiciário deixar de aplicar a lei ao caso concreto, baseando seu posicionamento em princípios genéricos de sentido indeterminado (dignidade da pessoa humana, direito à vida, direito à saúde, etc.). Deve prevalecer a lei, não escolhas pessoais do julgador.

A pesquisa do SCODES revela, contudo, que os juízes acolhem pedidos individuais que não estão contemplados pelos protocolos clínicos, fazendo-o sistematicamente ao longo dos cinco anos pesquisados, com ofensa a texto expresso de lei a partir do advento da Lei 12.401/11. Sabe-se que, em geral, liminares e sentenças desse tipo correspondem a "um conjunto de decisões de sofrível padrão técnico" (Ramos, 2013) e raramente contam com argumentação jurídica para justificar o descumprimento da lei. Ainda que se considere, hipoteticamente, a possibilidade de um controle difuso de constitucionalidade, o que a experiência revela não estar ocorrendo, a sustentação argumentativa de inconstitucionalidade seria frágil e facilmente combatida. Com uma argumentação principiológica, utilizando-se apenas de uma leitura simplória do art. 196 da CF, como demonstram estudos da literatura científica, o que se consegue é apenas impedir a defesa do Estado. O que seria inconstitucional? Todo o bloco de leis criadas pelo Poder Legislativo, dentro de suas atribuições constitucionais, como a Lei 6.360/76, a Lei Orgânica da Saúde e todos os dispositivos legais que reforçam a integralidade sistêmica do art. 19-M? Seriam inconstitucionais todos os princípios e normas específicas da própria CF, como o modelo jurídico-constitucional do SUS (regionalizado e descentralizado, com níveis de assistência organizados mediante consensos administrativos e a participação da comunidade), os demais princípios e diretrizes (universalidade e igualdade)? Ou o sistema legal de inclusão tecnológica? Não, estamos diante de um desvirtuamento da função jurisdicional, que deixa de aplicar a lei ao caso concreto porque a ignora completamente. Há rejeição em bloco da legislação sanitária.

Na realidade, a condenação do SUS em fornecer prestações assistenciais não previstas pelo gestor do SUS, que tomou decisões técnicas com base em suas competências legais e as regras jurídicas, constitui uma grave distorção da atividade jurisdicional, uma invasão nefasta nas atribuições constitucionais dos outros Poderes da República, que foram demo-

---

26 Barroso LR. Curso de direito constitucional contemporâneo: os conceitos fundamentais e a construção do novo modelo. 2013, p. 450.

craticamente eleitos pela maioria, em um ativismo judicial da pior espécie, como sentencia Elival da Silva Ramos:

> Não podem os magistrados, nos limites da função a que estão constitucionalmente habilitados, afastar as opções técnicas do legislador e do administrador, para dar guarida a postulações de prestações de saúde amparadas em documentos (pareceres, laudos, relatórios, etc.) de responsabilidade de médicos particulares contratados pelos autores dessas ações. As decisões judiciais que assim procedem, lamentavelmente de grande incidência entre nós, além do uso inapropriado da técnica da ponderação de princípios (...), fazem tabula rasa dos limites impostos à jurisdição pela liberdade de conformação legislativa ou pela discricionariedade administrativa de padrão técnico (...) Quando o Judiciário, ignorando protocolos clínicos, diretrizes terapêuticas ou relações de medicamentos elaboradas pelos gestores do SUS, impõe, fundado em critérios próprios, a realização de determinado procedimento clínico ou cirúrgico ou o fornecimento de medicamento alternativo, desrespeita o poder discricionário da Administração[27].

Evidentemente tais decisões judiciais, que seguem o padrão argumentativo de citação de princípios de sentido fluido (dignidade humana, direito à vida, etc.) e consideração tão somente da parte inicial do art. 196 da CF ("a saúde é direito de todos e dever do Estado"), sequer atentando para o final do mesmo dispositivo constitucional (referência às políticas públicas), desrespeitam o regime jurídico do SUS em sua totalidade, seus parâmetros constitucionais, infraconstitucionais e administrativos, constituindo um sério problema de insuficiência argumentativa (Ferraz Jr, 2013) que pode, afinal de contas, servir apenas para reforçar a descrença no Poder Judiciário e em sua relevante função de declarar o Direito. Os juízes não têm legitimidade constitucional para julgar segundo escolhas pessoais, ainda que baseadas em prescrições médicas, à margem do ordenamento jurídico.

Além do desrespeito aos protocolos clínicos, as demais hipóteses de casuísmo judicial apontadas neste tópico, o fornecimento de produtos de uma marca específica, não registrados na ANVISA, e importados ou experimentais, seguem o mesmo padrão de ilegitimidade constitucional: não contempladas pelo regime jurídico do SUS e proibidas expressamente pelo legislador, por razões de ordem pública (notadamente a segurança terapêutica), são deduzidas em juízo e acolhidas pelo Poder Judiciário. A situação, porém, é mais embaraçosa ainda, pois a proibição legal nestas hipóteses surgiu em momento bem anterior ao da pesquisa do SCODES, remontando pelo menos até o ano de 1976. Isso não impediu, porém, a proliferação de decisões judiciais *contra legem*.

A determinação de entrega de produtos farmacêuticos de uma marca específica foi uma variável encontrada em todos os anos pesquisados, atingindo materiais, medicamentos, nutrições, procedimentos e outros itens, a despeito dos esforços do gestor estadual do SUS e de seus advogados (Procuradoria Geral do Estado) em reverter a situação, conforme demonstram os dados registrados na Tabela 8. Nem mesmo a atividade extrajudicial desenvolvida pela SES/SP, que orienta os pacientes-autores e lhes entrega os produtos por princípio ativo quando não há ordem judicial expressa em sentido contrário, e a defesa judicial da Fazenda Pública, que tenta nos processos judiciais rever ao menos a opção pela marca, conseguiram

---

27 Ramos, ES. O Direito à Saúde em Face da Discricionariedade Administrativa, 2013, p. 18.

Discussão **155**

diminuir esse fenômeno. Ele é perceptível não somente no caso de medicamentos, mas no de materiais específicos, órteses e próteses, suplementos alimentares e itens estranhos ao setor sanitário (Tabelas 12 a 16 e 19).

Sabe-se que o conhecimento científico não diferencia produtos de um mesmo princípio ativo (a denominação comum ou genérica, segundo orientação da OMS), que são equivalentes terapêuticos segundo o sistema de registro sanitário da Lei 6.360/76. O profissional médico, ademais, não pode induzir a compra de produtos e serviços de um determinado fabricante, direito básico do consumidor (art. 6º, II e III, e arts. 39 a 41, CDC, a Lei nº 8.078, de 11 de setembro de 1990), ou deixar de observar as práticas cientificamente reconhecidas e a legislação vigente (capítulo II, II, CEM, a Res. CFM nº 1.931/2009). A Administração Pública, por sua vez, não pode comprar produtos de uma determinada marca, quando há outro equivalente mais barato no mercado, por contra de seus princípios constitucionais, como a legalidade, a economicidade e a obrigatoriedade de licitação adequada (arts. 37, *caput*, inciso XXI, e 40, *caput*, e Lei 8.666/93).

A Lei 9.787/99 alterou a Lei 6.360/76, corroborando este entendimento por meio de uma decisão legítima e inequívoca do legislador, para determinar que "as aquisições de medicamentos, sob qualquer modalidade de compra, e as prescrições médicas e odontológicas de medicamentos, no âmbito do Sistema Único de Saúde - SUS, adotarão obrigatoriamente a Denominação Comum Brasileira (DCB) ou, na sua falta, a Denominação Comum Internacional (DCI)" (art. 3º).

Mesmo no que tange às fraldas, cuja atipicidade para o setor sanitário já foi comentada (somente existe obrigação legal do SUS quando integram um tratamento, de acordo com os protocolos clínicos e as diretrizes terapêuticas), a SES/SP é compelida a comprar produtos de determinados fabricantes, em uma variedade de tipos impressionante (cf. os dados da Tabela 20, a seguir). É claro que as apresentações e as marcas das fraldas, em quantidades ínfimas (poucos pacientes, às vezes um só), frequentemente prescritas por médicos particulares, fere os princípios constitucionais da Administração Pública (art. 37 e 40, CF), especialmente por dificultar ou impedir um procedimento licitatório adequado (art. 37, XXI, CF e Lei nº 8.666/93). O administrador é compelido a comprar determinado produto, muitas vezes dispondo do mesmo produto em estoque (somente fabricado por outra empresa), ou em estoque de outro gestor da saúde (União e Municípios), como ocorre com as fraldas ofertadas como serviço social que, na divisão de competências administrativas, é de atribuição dos Municípios, à exemplo dos medicamentos essenciais. Em número pequeno e devendo ser adquiridos em curto prazo, de acordo com as ordens judiciais, fraldas e outros produtos atípicos são comprados individualmente, com dispensa de licitação, ou submetidos a uma provável infrutífera licitação: que empresa participará de procedimento licitatório para uma ou duas unidades de um produto? A opção nestes casos, quase sempre, será a compra direta e a tentativa posterior de nova licitação, provavelmente inviável também, com o desdobramento conhecido dos questionamentos do Tribunal de Contas.

Um exemplo bem ilustrativo disso foi representado na Tabela 21 (a seguir), que trata das ordens judiciais para a compra de ácido acetilsalicílico, um medicamento de custo baixo que integra o componente básico da assistência farmacêutica, disponível nas UBS das Prefeituras Municipais. Todos sabem que se trata de medicamento de responsabilidade do Município, mas o Estado é compelido por ordem judicial a comprá-lo em diversas apresentações e marcas, para cada paciente que obteve uma sentença condenatória, uma situação de flagrante indução de desorganização administrativa, desperdício de esforços de agentes públicos e descumprimento de regras básicas de gestão administrativa. Como licitar 86 produtos da marca AAS de 110 mg, três produtos da marca Aspirina Prevent de 100 mg ou, digamos, um produto da marca Cardio AAS de 85 mg, com comprimidos de liberação lenta? Se fizermos uma simples conta, imaginando que a SES/SP pudesse, ao menos, adquirir os produtos em apresentação de 100 mg sem marca, a economia seria de 31%, como anotado na tabela.

Tabela 20 – Ações judiciais: demandas de fraldas

Tipo do item	Fraldas	Ações judiciais
Sem marca	Fralda geriátrica / tamanho G descartável / unidade / sem marca	2.076
	Fralda geriátrica / tamanho M descartável / unidade / sem marca	1.060
	Fralda geriátrica / tamanho extra G descartável / unidade / sem marca	488
	Fralda geriátrica / tamanho P descartável / unidade / sem marca	103
	Fralda infantil / tamanho extra G descartável / unidade / sem marca	67
	Fralda infantil / tamanho G descartável / unidade / sem marca	54
	Fralda infantil / tamanho super extra G descartável / unidade / sem marca	54
	Fraldas outras / juvenil descartável / unidade / sem marca	48
	Fralda infantil / tamanho M descartável / unidade / sem marca	17
	Fralda geriátrica / tamanho G noturna descartável / unidade / sem marca	15
	Fralda geriátrica / tamanho M noturna descartável / unidade / sem marca	10
	Fralda geriátrica / tamanho extra-GG / unidade / sem marca	9
	Fralda infantil / tamanho P descartável / unidade / sem marca	3
	Fralda geriátrica / tamanho extra H noturna descartável / unidade / sem marca	2
	Fralda geriátrica / tamanho PP descartável / unidade / sem marca	2
	Fraldas outras / para natação – tamanho P – de 07 a 12 kg / unidade / sem marca	1
	Sem marca total	4.009
Com marca	Fralda geriátrica / tamanho G descartável / unidade / Bigfral Plus	70
	Fralda geriátrica / tamanho M descartável / unidade / Bigfral Plus	53
	Fraldas outras / juvenil descartável / unidade / Bigfral Plus	32
	Fralda geriátrica / tamanho P descartável / unidade / Bigfral Plus	17
	Fralda geriátrica / tamanho extra G descartável / unidade / Bigfral Plus	14
	Fralda infantil / tamanho extra G descartável / unidade / Turma da Mônica	14
	Fralda infantil / tamanho G descartável / unidade / Turma da Mônica	12
	Fralda infantil / tamanho grandinhos descartável / unidade / Pom Pom	12
	Fralda infantil / tamanho super extra G descartável / unidade / Pom Pom	12
	Fralda geriátrica / tamanho G descartável / unidade / Biofral	10
	Fralda infantil / tamanho extra G descartável / unidade / Pampers	8
	Fralda infantil / tamanho super extra G descartável / unidade / Pampers	6
	Fralda geriátrica / tamanho G noturna descartável / unidade / Bigfral Plus	5

Continua...

Tabela 20 – Ações judiciais: demandas de fraldas – continuação

Tipo do item	Fraldas	Ações judiciais
	Fralda geriátrica / tamanho M descartável / unidade / Biofral	5
	Fralda geriátrica / tamanho M noturna descartável / unidade / Bigfral	4
	Fralda infantil / tamanho extra G descartável / unidade / Pom Pom	4
	Fralda infantil / tamanho G descartável / unidade / Pampers	4
	Fralda infantil / tamanho super extra G descartável / unidade / Natural Baby	4
	Fralda geriátrica / tamanho G descartável / unidade / Plenitude	3
	Fralda geriátrica / tamanho M descartável / unidade / Plenitude	3
	Fralda infantil / tamanho extra extra G descartável – modelo para menina / unidade / Turma da Mônica	3
	Fralda infantil / tamanho G descartável / unidade / Pampers	3
	Fralda geriátrica / tamanho G descartável / unidade / Naturalmaster	2
	Fralda geriátrica / tamanho G descartável / unidade / Tena Slip	2
	Fralda infantil / tamanho extra extra G descartável – modelo para menino / unidade / Turma da Mônica	2
	Fralda infantil / tamanho M descartável / unidade / Pampers	2
	Fralda infantil / tamanho M descartável / unidade / Pom Pom	2
	Fralda infantil / tamanho M descartável / unidade / Turma da Mônica	2
Com marca	Fralda infantil / tamanho mega extra M descartável / unidade / Turma da Mônica	2
	Fralda infantil / tamanho super extra G descartável / unidade / Huggies	2
	Fralda infantil / tamanho super extra G descartável / unidade / Turma da Mônica	2
	Fralda geriátrica / tamanho extra G descartável / unidade / Biofral	1
	Fralda geriátrica / tamanho G descartável / unidade / Confiance	1
	Fralda geriátrica / tamanho G descartável / unidade / Dry Geriatrics	1
	Fralda geriátrica / tamanho G descartável / unidade / Sensaty	1
	Fralda geriátrica / tamanho G descartável / unidade / Suavidade	1
	Fralda geriátrica / tamanho G noturna descartável / unidade / Plenitude	1
	Fralda geriátrica / tamanho M noturna descartável / unidade / Plenitude	1
	Fralda geriátrica / tamanho M descartável / unidade / Adultcare	1
	Fralda geriátrica / tamanho M descartável / unidade / Biofral Premium	1
	Fralda geriátrica / tamanho M descartável / unidade / Masterfral	1
	Fralda geriátrica / tamanho M descartável / unidade / Naturalmaster	1
	Fralda geriátrica / tamanho M descartável / unidade / Tena Pants Plus	1
	Fralda geriátrica / tamanho P descartável / unidade / Biofral	1
	Fralda geriátrica / tamanho P descartável / unidade / naturalmaster	1
	Fralda infantil / tamanho extra G descartável / unidade / Looney Toonnes	1
	Fralda infantil / tamanho extra G noturna descartável / unidade / Turma da Mônica	1

Continua...

158 Judicialização da Saúde – Regime Jurídico do SUS e Intervenção na Administração Pública

Tabela 20 – Ações judiciais: demandas de fraldas – continuação

Tipo do item	Fraldas	Ações judiciais
	Fralda infantil / tamanho G descartável / unidade / Personal Baby	1
	Fralda infantil / tamanho super extra G descartável – acima de 16 kg – centopéia flex / unidade / Pampers	1
Com marca	Fralda infantil / tamanho super extra G descartável / unidade / Pampers Premium Care	1
	Fralda infantil / tamanho super extra G descartável / unidade / Pampers Total Comfort	1
	Fraldas outras / roupa íntima descartável, tamanho M unissex / unidade / Tena Pants Plus	1
	Marcas total	338
	Total geral	4.347

Fonte SCODES: 31/12/2014.

Tabela 21 – Apresentações farmacêuticas de ácido acetilsalicílico por ações judiciais

Ácido acetilsalicílico	Apresentação	Ações judiciais	Quantidade	Valor unitário	Valor total
100 mg/ AAS	Comprimido	86	4.590	0,176	871,56
100 mg/ Aspirina Prevent	Comprimido	3	120	0,293	34,50
100 mg/ sem marca	Comprimido	933	36.158	0,074	2.543,06
100 mg/ AAS Protect	Comprimido de liberação lenta	6	180	0,333	59,85
100 mg/ sem marca	Comprimido de liberação lenta	380	13.553	0,410	5.560,68
100 mg/ Somalgim	Comprimido de liberação lenta	19	670	0,394	265,17
100 mg/ Somalgin Cardio	Comprimido de liberação lenta	2	62	0,437	27,03
100 mg/ Aspirina Prevent	Comprimido revestido	89	3.090	0,332	1,032,99
100 mg/ sem marca	Comprimido revestido	58	1.892	0,433	820,22
162 mg/ sem marca	Comprimido de liberação lenta	2	64	0,442	28,26
200 mg/ sem marca	Comprimido de liberação lenta	17	594	0,486	284,40
300 mg/ Aspirina Prevent	Comprimido revestido	1	30	0,909	27,27
300 mg/ sem marca	Comprimido revestido	6	182	0,965	175,17
325 mg/ sem marca	Comprimido revestido	20	612	0,488	296,96
325 mg/ Somalgin Cardio	Comprimido revestido	2	60	0,790	47,40
500 mg/ sem marca	Comprimido revestido	2	90	0,110	9,90
81 mg/ Buferin	Comprimido de liberação lenta	9	334	0,353	117,72
81 mg/ sem marca	Comprimido de liberação lenta	80	2.726	0,247	677,69
81 mg/ Ecasil-81	Comprimido revestido	2	60	0,188	11,28
81 mg/ sem marca	Comprimido revestido	3	90	0,239	21,51
85 mg/ Cardio Aas	Comprimido de liberação lenta	1	30	0,330	9,90
85 mg/ sem marca	Comprimido de liberação lenta	4	120	0,400	48,00
Total		1.725			12.970,52

Fonte: SCODES: 31/12/2014.
Compra de apresentações distintas = R$ 12.970,52
Compra de apresentação 100mg sem marca = R$ 8.923,96
Economia de = R$ 4.046,56 = 31%

A Figura 9 registra outro exemplo, agora de medicamento não comercializado no país, dependente de importação, cujas determinações judiciais, em grande parte, especificam uma marca de determinada indústria farmacêutica, impedindo uma licitação adequada e a opção por um produto similar:

O Lenalidomide (princípio ativo) é um medicamento anticancerígeno indicado para o tratamento de mieloma múltiplo, podendo ser importado como produto de um fabricante específico (marca Revlimid) ou como medicamento similar de um fabricante indiano. A condenação da SES/SP em fornecer o produto de marca, sem a possibilidade de usar o medicamento similar, tem provocado um acréscimo de 29,3 vezes no preço global quando a apresentação exigida é a de comprimidos de 10 mm e de 15,6 vezes na composição de 25 mg, como registrado na tabela.

Com relação ao tema do registro na ANVISA, também ocorre a desconsideração sistemática da lei nas ações judiciais pesquisadas. O registro sanitário, porém, é exigência incontornável para garantir a eficácia e a segurança terapêutica de produtos fármacos no uso em seres humanos, que constitui uma das tarefas primordiais da vigilância sanitária, segundo atribuição da CF. Somente depois dos exames acompanhados pela ANVISA, que submete medicamentos e tratamentos a vários testes, ensaios clínicos e experiências em animais e seres humanos, é que há registro e possibilidade de comercialização. Muito antes da CF, o sistema de vigilância sanitária foi criado no Brasil, contando inclusive com as ações de controle e fiscalização de medicamentos, insumos terapêuticos, imunobiológicos, hemoderivados, substâncias psicotrópicas e outros produtos de interesse para a saúde, expressamente lembradas pelo legislador constitucional (art. 200, I, II, VI e VII, CF), por meio da Lei nº 6.360/76. Sobre o registro sanitário, a Lei nº 6.360/76 não poderia ser mais taxativa: "nenhum dos produtos de que trata esta Lei, inclusive os importados, poderá ser industrializado, exposto à venda ou entregue ao consumo antes de registrado no Ministério da Saúde" (art. 12).

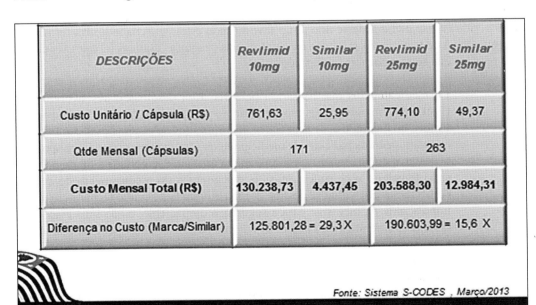

Figura 9 – Análise comparativa dos custos de ações judiciais do medicamento lenalidomide (Similar X Revlimid).

A necessidade de registro sanitário no país, que constitui um dos pilares da saúde pública, que não pode ficar refém de interesses econômicos da indústria fármaco-hospitalar e deve se preocupar com a segurança terapêutica da tecnologia médica (art. 6º, §1º, LOS), foi reforçada pela entrada em vigor da Lei nº 12.401/11, que alterou a Lei Orgânica da Saúde. Como se precisasse reforçar o comando legal anterior, tão desrespeitado pela judicialização da saúde, o legislador proibiu expressamente no novo art. 19-T da LOS qualquer ato administrativo que autorize ou facilite o fornecimento de produtos e procedimentos sem o registro na ANVISA, nacional ou importado, e os experimentais, afastando qualquer possibilidade de hermenêutica jurídica em sentido inverso.

Comprovando o que vem sendo denunciado por alguns estudos científicos (Vieira; Zucchi, 2007; Zhouri et al., 2010; Fagundes; Chiappa, 2010; Chieffi; Barata, 2010; Machado et al., 2011), a pesquisa do SCODES revelou, mais uma vez, o descumprimento de texto expresso de lei, com o fornecimento de produtos sem o registro na ANVISA por ordem judicial. A situação impressiona, porque a regra originária de proibição legal remonta ao longínquo ano de 1976 e, a despeito do reforço com a alteração da LOS em 2011, a determinação judicial para entregar produtos sem o registro sanitário aos pacientes-autores continuou crescendo em todos os anos pesquisados, em números que revelam uma tendência de difícil reversão. Montantes significativos são gastos para comprar produtos sem o registro sanitário (Tabela 9), obrigando à importação de diversos itens com custo comparativamente bem maior do que ocorreria se fossem utilizados os programas de medicamentos do país (Tabela 7), sem nenhuma preocupação com os interesses escusos que podem estar por trás destas demandas e a segurança terapêutica dos pacientes.

Ao analisar os impactos da judicialização na gestão da assistência farmacêutica, Vera Lúcia Edais Pepe, Tatiana de Aragão Figueiredo, Luciana Simas, Claudia Garcia Serpa Osorio-de-Castro e Míriam Ventura demonstram preocupação com o risco que pacientes correm no uso de medicamentos sem registro sanitário, podendo o Poder Judiciário, ao conceder acriticamente pedidos deste tipo, estar favorecendo estratégias da indústria farmacêutica, que deixa de fornecer os produtos em controladas pesquisas clínicas ou quer vendê-los para pessoas que sequer participam das pesquisas:

> Os medicamentos que passaram pela etapa da pesquisa e desenvolvimento (P&D) devem obter o registro sanitário no país para que possam ser disponibilizados no mercado e, se necessário, incorporados no sistema público. Estudos apontam pedidos judiciais de medicamentos sem registro no país. É importante destacar que o registro sanitário realiza uma análise voltada à oferta no mercado brasileiro e considera eficácia e segurança do medicamento de acordo com a indicação a qual se destina. É uma atividade de cunho técnico-científico imprescindível, inclusive para a segurança do paciente, e não uma etapa meramente burocrática na conclusão de uma pesquisa. Estes pedidos podem ter sido motivados em razão do não fornecimento por parte do patrocinador ou instituição de pesquisa, aos sujeitos de pesquisas clínicas, antes do registro sanitário do medicamento pesquisado, como determina a Resolução CNS nº 251/1997, mas, também, por prescrições medicamentosas para pacientes que não participaram da pesquisa. Os pedidos judiciais para o fornecimento de um medicamento ainda sem registro podem também ser parte de estratégia de pressão da indústria farmacêutica para a aprovação de seu produto pela

autoridade reguladora. E, neste sentido, as ordens judiciais podem favorecer este tipo de estratégia, em prejuízo ao paciente, quando concede acriticamente o medicamento pleiteado[28].

Priscila Oliveira Fagundes e Ricardo Chiappa compartilham a mesma preocupação. Em um estudo de caso sobre medicamentos sem registro na ANVISA comprados pela Secretaria de Estado de Minas Gerais por ordem judicial, no período de 1º de janeiro de 2009 a maio de 2010, eles encontraram 33 pacientes fazendo uso de medicamentos sem qualquer evidência científica quanto à sua eficácia e segurança, mesmo se considerada a possibilidade de registro em outro país, e sem um acompanhamento de farmacovigilância. Segundo elas:

> O que vemos com os dados apresentados, no entanto, é que, priorizando-se a ética individualista, segundo a qual a saúde não tem preço e qualquer esforço na tentativa de salvar uma vida é válido e justificável, as decisões judiciais acabam por validar pedidos de medicamentos sem o devido registro no órgão de vigilância sanitária nacional, sobrepondo-se às regras sanitárias do país. O fato é que, muitas vezes, a falta de evidências científicas bem fundamentadas e que respaldem o uso de determinado medicamento para uma finalidade terapêutica acabam por ser uma via contrária de garantia da saúde e, ao invés de proporcionar a recuperação da saúde esperada com essa demanda judicial, acabam por viabilizar um risco sanitário e a potencial ocorrência de efeitos adversos até então não conhecidos[29].

Outra consequência das ordens judiciais de entrega de produtos não registrados no país é a necessidade de importação, também proibida na Lei 6.360/76 e reforçada pelo art. 19-T da LOS, mas determinada pelo Poder Judiciário. Nesse caso, ocorre por vezes a imposição de produto de uma marca específica (Tabela 9) e é inevitável o desvio de considerável quantidade de recursos sanitários para comprar algo que não está disponível no mercado brasileiro (Tabela 7).

Na prática administrativa, novamente o gestor da saúde é compelido a atividades ilegais, faltando-lhe condições mínimas para uma licitação adequada, já que a importação deverá ser realizada em prazos exíguos estabelecidos na ordem judicial. Utilizando-se de uma licitação internacional quando é cabível, de difícil sucesso, ou contando com uma rápida comparação de preços no mercado internacional para evitar abusos, o administrador pode ficar refém da indústria farmacêutica ou de distribuidoras de remédios, tendo que conduzir um contrabando ilegal: detidas na alfândega brasileira, as mercadorias ingressam no país depois que a ANVISA, a contragosto e para evitar a responsabilidade de um gestor público, intervém para que o ato ilegal seja efetivado. Não é difícil supor, na trilha de tanta insensatez, que a judicialização possa servir até mesmo para chancelar criminosos que, já tendo introduzido ilegalmente os produtos fármacos no país, aguardam apenas a ordem judicial para vendê-los; em outros casos, há associação criminosa de indústria farmacêutica e advogados. As autoridades públicas são enganadas, podendo, em caso de má-fé, responder por improbidade administrativa (Lei nº 8.429, de 2 de junho de 1991).

---

28 Pepe VLE et al. A judicialização da saúde e os novos desafios da gestão da assistência farmacêutica, 2010, p. 3.
29 Fagundes PO; Chiappa R. Avaliação do Uso de Medicamentos Não Registrados no Brasil Demandados por Meio de Ações Judiciais no Estado de Minas Gerais, 2010, p. 364.

Ora, mais uma vez a desconsideração da lei não tem qualquer possibilidade de sustentação jurídica, tendo agido corretamente o legislador ao decidir pela proibição de uso de procedimento terapêutico sem passar pelos critérios técnicos de efetividade e segurança. A ingerência do Poder Judiciário, nesse caso, somente pode servir para interesses escusos, como a já mencionada estratégia da indústria farmacêutica em deixar de fornecer medicamentos em pesquisa clínica de seu interesse (inicia-se a pesquisa e, não havendo mais interesse no produto, abandona-se o paciente que, em desespero, busca atendimento no SUS) ou a pretensão de vender produtos sem registro para pacientes, sem qualquer controle de farmacovigilância. Aliás, qual interesse teria a indústria farmacêutica em buscar o registro sanitário de medicamentos no país se pode vendê-los, ao preço e condições que impuser, ao Brasil por meio da judicialização da saúde? Por que passar pela discussão de preços na CMED e vender dentro de padrões legais de custo? Pior ainda imaginar a conduta de um mal médico que, sabendo dos riscos de utilização de um medicamento não registrado, frequentemente em tratamento que deve ser caracterizado como pesquisa clínica, induz o uso do remédio sem a avaliação das comissões de ética médica e da ANVISA.

A Tabela 10 permite identificar mais um problema, que merece registro: há um número de produtos fármacos com registro na ANVISA e que dependem de importação, certamente por não estar disponíveis no mercado brasileiro. A situação é atípica, pois o registro objetiva exatamente a comercialização no país e, assim, seria preciso analisar cada caso concreto para compreender melhor o ocorrido. Há grande probabilidade de que a indústria farmacêutica que obteve o registro sanitário não tem interesse em comercializar os produtos no Brasil em razão do preço discutido na CMED. Se assim o for, estaria a judicialização sendo usada para obrigar a pagar os preços interacionais, a despeito da legislação brasileira? Não é aceitável a ausência de providências da ANVISA quanto a isso, que poderia aplicar sanções administrativas para o fabricante de má-fé e, até mesmo, cancelar o registro sanitário.

Todos os aspectos que envolvem a judicialização da saúde, como é razoável imaginar, ganham maior dimensão quando se percebe a possibilidade de utilização do Poder Judiciário para o uso de drogas ou tratamentos experimentais, como deve estar ocorrendo especialmente na ausência do registro sanitário. Como já anotado, desde as experiências degradantes com seres humanos durante a Segunda Grande Guerra existe um grande debate ético internacional sobre a conveniência e os limites para os tratamentos experimentais e desde a Declaração de Helsinki, que foi completada pela Nota de Clarificação da 55ª Conferência da Associação Médica Mundial de 2004, faz parte do núcleo de direitos humanos o controle das pesquisas médicas pelo Poder Público. Segundo a comunidade internacional, pesquisas clínicas e drogas experimentais somente podem ocorrer em casos excepcionais, mediante a comprovação de evidências científicas mínimas, o livre consentimento do paciente, a garantia de continuidade de fornecimento dos medicamentos pela empresa patrocinadora e/ou a indústria farmacêutica quando encerrado o experimento, em procedimentos técnico-administrativos submetidos às comissões de ética e aos órgãos públicos de vigilância sanitária.

Ora, as decisões judiciais que permitem aventuras terapêuticas experimentais, acolhendo prescrições de produtos e tratamentos sem evidência científica (nem mesmo o registro sanitário!), correm o risco de, a pretexto de garantir o direito à saúde, estar afrontando-o totalmente, em seus contornos éticos mais elementares, garantindo lucro fácil para pessoas inescrupulosas. Pacientes que têm acesso e usam medicamentos sem registro sanitário e importados, em tratamentos privados sem qualquer controle do Poder Público, correm graves riscos. Provavelmente, não estão sendo orientados adequadamente. Nesta matéria, o Poder Judiciário esquece-se de que a pesquisa clínica no SUS deve se desenvolver em hospitais universitários e de ensino, mediante o controle de seus comitês de ética (arts. 4º, §1º, 6º, §3º, II, 14, parágrafo único, 15, XVII e XIX, 27, parágrafo único, 32, §5º e 45), com a aprovação e o acompanhamento da Comissão Nacional de Ética em Pesquisa (CONEP) e da ANVISA (Resolução CNS 466/12). Os órgãos de controle ético e sanitário devem acompanhar o experimento, verificar quais os fundamentos éticos e científicos apresentados pelo pesquisador, se os pacientes foram orientados e assinaram o termo de livre consentimento e se existem garantias de patrocínio integral da empresa patrocinadora ou da indústria farmacêutica interessada, questões não tratadas nos processos judiciais.

A respeito do tema, resumem com muita propriedade Henrique Maciel dos Santos Moreira, Itália Viviani de Larcerda Capanema e Vânia Faerman Rabello:

> No âmbito do SUS não há permissão legal para que recursos públicos sejam utilizados para custear tratamentos experimentais, até mesmo porque tratamentos dessa natureza podem representar riscos à saúde do cidadão. Além disso, tais recursos orçamentários possuem destinação pré-definida.
> (...)
> Quando o Poder Executivo é compelido judicialmente a fornecer tratamento de saúde que ainda não teve sua eficácia comprovada cientificamente ou que ainda não obteve seu registro junto à ANVISA, graves consequências ocorrem:
> a) não são observadas normas atinentes à ética em pesquisa, colocando em risco a saúde do cidadão, que muitas vezes sequer assina termo de consentimento para se submeter a tratamento experimental;
> b) são desconsideradas as regras estabelecidas pela ANVISA atinentes à concessão de registro para que o tratamento/medicamento seja utilizado no país, fato que também coloca em risco a saúde do paciente;
> c) o recurso financeiro do SUS destinado à assistência à saúde de todos (art. 196, CR/88) é desviado para custeio de pesquisa científica, sendo que, geralmente, a terapêutica experimental possui custo elevado[30].

É possível que a judicialização de medicamentos experimentais esteja ocorrendo em razão do abandono de pacientes por empresas patrocinadoras e indústrias farmacêuticas sem interesse econômico em continuar o experimento, que acabam ajuizando ações (com ou sem orientação) contra o Poder Público. De acordo com um estudo de Daniel W. L. Wang e Octavio Luiz Motta Ferraz, que destaca a controvérsia jurisprudencial no Brasil sobre a responsabilidade pelo financiamento do tratamento pós-experimento, ainda não enfrentada pelo STF, apesar de uma sinalização do Ministro Gilmar Mendes, após a audiência pública da saúde de 2009, no sentido de que esta não poderia recair no Estado, isso ocorre porque:

> The courts' broad interpretation of the right to health in Brazil, encompassing the right to receive experimental drugs from the public health system, has incited patients who participated in clinical trials to sue the State to keep receiving tested medicines whose provision was interrupted once the experimente

---

30 Moreira HMS et al. O tratamento experimental e os riscos à saúde do cidadão, 2010, p. 423-424.

was concluded. As courts have been deciding in favor of patients and against the State, the health system was obliged to buy and provide experimental treatments to these patients[31].

Por todos estes motivos, o Poder Judiciário deve se abster de obrigar o SUS a fornecer medicamentos e tratamentos experimentais (o que inclui a ausência de registro na ANVISA), como vêm sustentando diversos doutrinadores (Barroso, 2008; Santos, 2009; Pepe et al., 2010; Moreira et al., 2010; Barcellos, 2011; Fluminham, 2014), como resumem muito apropriadamente Ingo Wolfgang Sarlet e Mariana Fichtiner Figueiredo:

> Em decorrência da aplicação conjunta dos princípios da precaução, da prevenção e da eficiência, aliados ao princípio da dignidade da pessoa humana, inclusive no sentido de proteção do indivíduo contra si mesmo, pode-se sustentar uma presunção de vedação aos tratamentos e medicamentos experimentais (o que inclui as hipóteses de inexistência de registro junto à ANVISA, assim como de registro para finalidade diversa daquela pretendida pelo interessado), custeados pelo SUS – o que não impede, portanto, a participação dos interessados no desenvolvimento de pesquisas, em conformidade às normas éticas, sob o controle dos órgãos competentes para tanto e mediante responsabilidade das entidades interessadas nos resultados a serem obtidos[32].

Mesmo que a prescrição não contenha um experimento clínico, mas afasta-se dos protocolos clínicos sob a alegação de que o medicamento é a única alternativa terapêutica disponível, embora novo, promissor e prestes a obter o registro em outro país (talvez até já o tenha conseguido), é possível o acesso excepcional por meio de programas específicos do SUS, como já explicando, podendo-se até mesmo ser autorizada a importação, nos termos dos arts. 10 e 24 da Lei 6.360/76 (programas de acesso expandido, fornecimento de medicamento pós-estudo, uso compassivo, cf. Res. RDC 38/13, da ANVISA, que substituiu regulamentação anterior). Então, como justificar os pedidos para ordem judicial de produtos importados?

A única explicação para a demanda judicial de drogas e tratamentos experimentais, inclusive com importação, sem a utilização dos programas de pesquisa clínica e acesso excepcional, em processos judiciais onde a discussão dificilmente é veiculada, é o encurtamento do caminho e o descumprimento das normas éticas e legais, à custa do sofrimento de doentes frequentemente ludibriados. Obviamente, ao invés do financiamento da empresa patrocinadora e da indústria farmacêutica, os custos serão suportados pelo SUS (ignora-se a resolução regulamentadora e a LC 141/12). Para evitar isso, bastaria o cumprimento dos parâmetros de segurança sanitária da lei, com prova do registro sanitário e, em casos bastante excepcionais, de evidência científica (medicina baseada em evidências) e demonstração de uso dos programas excepcionais do SUS, o que, lamentavelmente, vem sendo sistematicamente ignorado pela judicialização da saúde, conforme demonstram os dados da pesquisa do SCODES.

---

31 Wang DWL; Ferraz OLM. Pharmaceutical companies vs. the State: who is responsible for post-trial provision of drugs in Brazil?, 2012, p. 192-193.

32 Sarlet W; Figueiredo MF. Algumas considerações sobre o direito fundamental à proteção e promoção da saúde aos 20 anos da Constituição Federal de 1988, 2009, p. 50.

Estratégias da indústria farmacêutica: um choque de realidade necessário

A pesquisa retrospectiva realizada confirma um pensamento comum de juízes de direito, presente pelo menos em boa parte da comunidade jurídica, quando o assunto é saúde pública: há uma espécie de presunção de boa-fé da prescrição médica, ainda que oriunda de um profissional da iniciativa privada e destituída de padrões mínimos de formalidade (regras éticas e legais cujo descumprimento caracteriza infração disciplinar ou, em situações mais extremas, a prática de crime), e, em contraposição, uma desconfiança *a priori* do Poder Público, visto como incompetente, omisso ou desonesto. Daí as liminares deferidas sem a ouvida prévia do gestor do SUS, para medicamentos sem registro na ANVISA, importados e experimentais, ou para produtos que têm alternativa terapêutica prevista em protocolos clínicos e relações de medicamentos, por conta da opção de um médico. Quando informações técnicas são trazidas pelo Poder Público ao processo judicial, a sua valoração sofre certa dose de suspeita, como se o gestor do SUS não estivesse preocupado em atender as pessoas e apenas pretendesse economizar dinheiro. Bem ilustra isso o desconhecimento ou a indiferença à PNM, que é baseada em evidências científicas, orientações da OMS, pactuação de gestores e participação da comunidade, mas raramente aparece nos argumentos decisórios, prevalecendo sobre ela a prescrição médica.

A instrução processual que possibilitaria verificar a necessidade ou não do medicamento e do produto de interesse da saúde (pense-se, por exemplo, em perícia médica), geralmente não é sequer admitida, como ocorre nos mandados de segurança (que continuam, surpreendentemente, a ser utilizados, cf. a Figura 1), ou ocorre sob a desconfiança quanto aos argumentos do SUS e às políticas públicas sanitárias. Um médico da Secretaria fez uma avaliação técnica da prescrição, comparando-a com o que é disponibilizado pela política pública? Ele é suspeito, faz parte do Estado. Um médico que trabalha em um dos hospitais mais luxuosos na capital de São Paulo, contrariando os protocolos deste próprio hospital e das associações científicas, prescreve um medicamento sem registro sanitário e dependente de importação? Devemos confiar nele, para o fornecimento do produto *contra legem*. O paciente, aliás, pode ficar no hospital privado e se utilizar do SUS apenas para obter o caro medicamento importado, às custas do dinheiro destinado aos interesses da população mais carente, que não frequenta aquele hospital e que depende dos hospitais públicos (desvio de verbas públicas para atendimento privado, também *contra legem*).

Esse tipo de raciocínio, tão ao gosto dos que preferem uma ponderação de princípios equivocada (princípio da dignidade humana, conceito impreciso que serve para qualquer coisa; direito à saúde, separado dos outros princípios constitucionais, como a universalidade, a igualdade e a organização em rede de serviços públicos, etc.) e não se debruçam sobre o modelo constitucional do SUS e a legislação sanitária brasileira (arranjo institucional), trata a saúde como se fosse um bem privado disputado entre um paciente-autor (que tem razão, confiemos em seu médico particular) e o Estado (que é sempre o vilão da história, devendo custear qualquer terapia existente no planeta). Nada mais equivocado, porque, como já vimos, a escassez dos recursos públicos faz com que a assistência em saúde desnecessária (há equivalente terapêutico no SUS), cara (a indústria farmacêutica impõe o preço que quer, quando há decisão judicial) e ilegal (ausência de registro e importação representam falta de segurança terapêutica; tratamentos experimentais sem os mínimos controles do Estado, a violação de direitos humanos) desvie dinheiro público de outras políticas públicas, construídas para atender as demandas em saúde de acordo com critérios epidemiológicos. Em oposição à equidade na saúde, quem sai perdendo é a população mais carente. O Poder Judiciário, assim agindo, não está fazendo controle judicial de políticas públicas (Grinover, 2010) e desvirtua sua nobre função jurisdicional ao aplicar o direito para atender um interesse privado, sobrepondo-o a problemas de caráter coletivo e comum, como se se tratasse de uma coisa que deveria ser fornecida a quem tem razão pela lógica da propriedade privada, confirmando a exploração mercantil da saúde e a decadência dos serviços públicos de saúde (Lopes, 2010).

A despeito de eventuais deficiências das políticas públicas de saúde (que, no caso concreto, frise-se, dependem de prova, não de argumentos generalistas e preconceituosos), é essencial incluir neste debate uma componente bastante presente no campo dos medicamentos e das tecnologias sanitárias: a atuação da indústria farmacêutica. É bem verdade, que a evolução das tecnologias em saúde configura uma importante conquista do setor farmacêutico (com a ajuda generosa dos recursos públicos aplicados em instituições universitárias públicas para pesquisa e desenvolvimento e a posterior apropriação pela indústria, diga-se logo), mas as agressivas estratégias utilizadas para vender medicamentos, influenciando médicos e coagindo sistemas públicos e privados de saúde, não permitem mais a crença ingênua nas prescrições médicas. É preciso uma mudança de perspectiva dos agentes jurídicos, inclusive do Poder Judiciário, para não se esquecer dos interesses econômicos que podem estar por trás das demandas da saúde. No mínimo, que se dê crédito ao Poder Público e à padronização do tratamento, característica intrínseca às políticas públicas (presunção de boa-fé), determinando-se instrução probatória substanciosa sempre que a pretensão consistir em procedimento terapêutico não previsto nos programas do SUS. Uma instrução probatória conduzida com habilidade, certamente, vai revelar muita coisa interessante.

A indústria farmacêutica quer vender remédios, o que é permitido no sistema capitalista, mas não é mais possível que os mecanismos que utilizada para tanto, antiéticos e ilegais, sejam ignorados pela comunidade jurídica. Antes de vender seus produtos, a farmaindústria tem a obrigação legal de realizar e custear Pesquisa e Desenvolvimento (P&D), de promover testes em animais e em seres humanos para comprovação de eficácia e segurança terapêutica, de obter o registro sanitário para a comercialização e de respeitar os padrões regulados de preço. Ora, se a indústria farmacêutica consegue vender seus produtos mediante ordens judiciais que não consideram alternativas terapêuticas públicas disponíveis (bem mais baratas, por óbvio), determinam uma marca, permitem tratamentos experimentais custeados pelo dinheiro público, e produtos sem registro sanitário e importados, deixando muitas vezes o Poder Público como refém de seus interesses comerciais, porque perderia tempo em seguir a legislação? Não deveríamos pelo menos desconfiar, já que o ponto central do problema é o receituário do médico, que uma das indústrias mais poderosas e lucrativas do mundo não faria uso de mecanismos insidiosos para influenciar estudo e pesquisa médica, a atuação profissional dos médicos, os setores privados e públicos de saúde, as organizações de doentes e os advogados, com o objetivo de aumentar seus já estratosféricos lucros?

Em matéria de estratégias da indústria farmacêutica, tornou-se referência mundial o livro *A Verdade sobre os Laboratórios Farmacêuticos*, escrito pela médica norte-americana Marcia Angell que, durante os vinte anos em que trabalhou como editora-chefe do *New England Journal of Medicine*, uma das publicações científicas mais prestigiadas da medicina, presenciou o aumento da corrupção das companhias de drogas. Professora do Departamento de Medicina Social da Faculdade de Medicina da Universidade de Harvard, a Dr.ª Angell denunciou diversos mecanismos criminosos da farmaindústria no seu trabalho, minuciosamente comprovados com fatos e situações concretas, revelando os subterrâneos das práticas comerciais dos laboratórios, como o financiamento público de Pesquisa e Desenvolvimento (P&D) que a farmaindústria diz promover, as despesas bem superiores em publicidade e *marketing*, o dinheiro e a influência gastos nas pesquisas clínicas para criar doenças e viciar dados para demonstrar o bom desempenho de novos medicamentos, a contratação de advogados para a prorrogação de patentes e o combate à concorrência de produtos mais baratos, a substituição rápida de um produto de marca cuja patente está vencendo por outro igual e mais caro (com ampla propaganda, para que não seja substituído por genéricos), a vinculação de professores universitários e pesquisadores à indústria farmacêutica, a contratação de propagandistas de remédios que circulam em consultórios e faculdades, a entrega de amostras grátis para induzir o consumo e a oferta de dinheiro ou prêmios a prescritores. Com relação aos novos produtos fármacos colocados no mercado, como se fossem melhores do que os já existentes, a autora diz que o principal negócio da indústria farmacêutica são os "medicamentos de imitação", esclarecendo o seguinte:

> Nos cinco anos entre 1998 e 2002, 415 novas drogas foram aprovadas pela Food and Drug Administration (FDA, a agência de regulação sanitária dos EUA), das quais somente 14% eram realmente inovadoras. Outros 9% eram de drogas antigas que haviam sido modificadas de alguma forma que, sob a ótica da FDA, representava aperfeiçoamentos significativos. E os 77% restantes? Por incrível que pareça, eram todos medicamentos de imitação – classificados pela agência no mesmo nível de outros medicamentos já disponíveis no mercado para tratar a mesma condição. Alguns deles apresentavam composições químicas diferenciadas da original; a maioria, não. Mas nenhum foi considerado um avanço. Portanto aí está. Setenta e sete por cento da produção da indústria farmacêutica foram de sobras[33].

Para lançar os novos medicamentos, equivalentes terapêuticos de produtos já disponíveis de valor econômico maior, os laboratórios manipulam ensaios clínicos e os procedimentos para o registro sanitário, fundamentalmente porque a indústria farmacêutica atualmente controla a pesquisa e o desenvolvimento, não fazendo, porque a lei norte-americana não o exige, desde as generosas modificações da legislação norte-americana incrementadas principalmente durante o governo de Ronald Reagan (depois da mais famosa dessas leis, a Lei Bayh-Dole, de 1980), qualquer comparação com os medicamentos existentes no mercado. O que a indústria faz, para aprovar um registro sanitário, como ocorre também no Brasil, é testar – segundo seu controle, dinheiro e influência, a nova droga com pílulas de açúcar, nada mais:

> Esse disfarce (para vender "sobras" como novidades) torna-se possível em razão de um ponto vulnerável de importância crucial na lei – os laboratórios

---

33 Angell M. A Verdade sobre os Laboratórios Farmacêuticos, 2010, p. 92. Não há espaço aqui para registrar os vários exemplos de substituição de drogas por outras idênticas e mais caras, com a utilização de mecanismos criminosos para convencer a todos de que há inovação tecnológica, como ocorreu com o Sarafem (os comprimidos, idênticos aos do antidepressivo Prozac, foram coloridos de rosa e lilás e vendidos para o inventado "transtorno da disforia pré-menstrual"), o Clarinex (medicamento antialérgico idêntico ao Claritin, testado propositadamente para ambientes fechados para confirmar uma diferença entre as drogas que não existe) e o Nexium (o mesmo Prilozec, supostamente melhorado conforme ensaios clínicos manipulados pela utilização de maiores doses do Nexium e menores do Prilozec). De todo modo, fica o alerta e a sugestão de leitura do livro, que traz inúmeros exemplos de escandalosa manipulação da indústria farmacêutica, sempre atrelados a companha publicitária maciça e a técnicas de convencimento e compra de pesquisadores, médicos e estudantes.

farmacêuticos somente precisam demonstrar à FDA que os medicamentos novos são "eficazes". Eles não precisam mostrar que esses medicamentos são mais eficazes que (nem mesmo tão eficazes quanto) o que já está sendo usado para aquela mesma condição. Só precisam mostrar que são melhores do que nada. E é exatamente isso que os laboratórios estão fazendo. Em ensaios clínicos, comparam suas novas drogas com placebos (pílulas de açúcar) em vez de compará-las com o melhor tratamento disponível[34].

As estratégias de indução de venda de remédios dos laboratórios, segundo outro estudo, atualmente vêm se diversificando bastante, compreendendo, dentre outras frentes, gastos muito mais expressivos em *marketing* do que em Pesquisa e Desenvolvimento (P&D), propaganda em meios de comunicação e em *sites* de relacionamento da *internet* como *Myspace* e *Facebook*, financiamento de palestras de especialistas em congressos e de publicação rápida de artigos científicos escritos por *ghost-writers* contratados, indução de mecanismos de convencimento de novos procedimentos terapêuticos e até mesmo de novas doenças (financia-se o processo de "redefinição" de doenças conhecido por *disease mongering*), concessão de prêmios e benefícios a médicos e centros médicos, e influência sobre as agências reguladoras (Soares; Deprá, 2012).

Ao citar diversos estudos científicos a respeito dessas práticas insidiosas, os autores acima referidos denunciam inclusive a contribuição de expressivas somas de dinheiro para associações representativas de doentes e grupos de advogados, que são objeto de propaganda de fármacos e procedimentos mais caros não necessariamente mais eficazes, como ocorre na Europa (Mosconi, 2003), nos Estados Unidos (Lenzer, 2003; Marshall; Aldhous, 2006) e no Reino Unido (Herxheimer, 2003). Sobre o Brasil, os autores mencionam reveladora reportagem da Folha de São Paulo de 2008, para concluir:

> Assim como em todas as situações já bastante conhecidas de envolvimento entre laboratórios farmacêuticos e pesquisadores, acadêmicos e médicos, as organizações representativas de pacientes também afirmam que suas atividades não são subordinadas aos interesses dos laboratórios patrocinadores. Em matéria sobre as relações financeiras entre ONGs ligadas ao tratamento do câncer e indústrias farmacêuticas no Brasil, os repórteres Cláudia Collucci e Ricardo Westin, do jornal Folha de São Paulo, colheram depoimentos que confirmam tal atitude: "Só dão o dinheiro. Não somos agentes da indústria para vender medicamentos" Associação Brasileira do Câncer ; "Não há nenhuma contrapartida" Associação Brasileira de Linfoma e Leucemia. Porém, como constataram os jornalistas, ao menos 70% do orçamento anual da AB-Câncer, cerca de R$ 936 mil, vêm de cinco laboratórios. Já a Abrale recebeu, em 2007, R$1,5 milhão de oito laboratórios.
> (...).
> É fundamental aprofundar os conhecimentos sobre as relações existentes entre o setor farmacêutico e as associações representativas de portadores de doenças e os advocacy groups, uma vez que podem agravar o panorama da saúde brasileira em relação ao uso crítico e responsável dos medicamentos. (...) E,

---

34 Angell M. A verdade sobre os laboratórios farmacêuticos, 2010, p. 92.

evidentemente, a reflexão sobre a necessidade de desmercantilização da saúde deve estar no âmago desse debate[35].

Em muitos casos, particularmente quando são lançadas no mercado inovações tecnológicas para o tratamento de doenças já contempladas por políticas públicas, há concentração de medicamentos de alto custo em poucos advogados e médicos, outro método bastante empregado para forçar a inclusão de tecnologia no SUS por meio da judicialização. Quando o Estado de São Paulo enfrentou em 2006 2.927 ações de medicamentos ajuizadas por 565 patronos, 549 deles advogados particulares (97,2%), 35% dos processos judiciais eram originados por apenas 1% dos advogados e 76% dos casos eram manejados por 36 patronos; além disso, alguns medicamentos eram demandados por um pequeno grupo de advogados (31 profissionais diferentes pediram 14 medicamentos em 1.309 processos, sendo 47% dos processos iniciados por 11 advogados; um único advogado foi responsável por mais de 70% das ações judiciais para os medicamentos palivizumabe, rituximabe, bevacizumabe e aripiprazol, e outro único advogado por um percentual entre 59% e 70% das demandas de adalimumabe, erlotinibe, perginterferona e etanercepte), o que também ocorreu com médicos (um único profissional médico foi o responsável por 66% dos 59 processos solicitando o medicamento erlotinibe), uma comprovação inequívoca da estreita relação entre os advogados e os fabricantes, que também influenciam médicos por meio de palestras, amostras grátis e propaganda (Chieffi; Barata, 2010).

Sempre criativa, agora a aposta da indústria farmacêutica, como já vem ocorrendo nos Estados Unidos, é a produção de drogas para pessoas saudáveis e a dispensa dos médicos, convertendo-se os usuários/pacientes em clientes/consumidores. Essas novas estratégias, que apareceram a partir da segunda metade dos anos 1990 e são conhecidas por *silent reforms*, consistem em obter alterações sutis nas regras sanitárias (facilitação do processo de registro das drogas, agilizado com taxas pagas pela indústria farmacêutica, inclusive do processo legislativo em matéria sanitária), em ampliar a influência nos órgãos técnicos que definem doenças e tratamentos (criação de novas doenças para vender remédios, como evidenciado nos casos das drogas cosméticas, sexuais ou psíquicas), em controlar as demandas dos consumidores/usuários por meio de subsídios a organizações de pacientes e treinamento de seus membros, em dar publicidade a tratamentos *off label* e novos medicamentos em campanhas de orientação farmacêutica desenvolvidas diretamente nas escolas, comunidades e empresas (como ocorreu com a Ford e a General Motors) e em propagar *websites* defendendo a necessidade de consumir produtos fármacos e cosméticos para uma vida saudável e jovem, preferencialmente de forma preventiva, antes que alguma doença surja. O objetivo final do setor farmacêutico, que já se começa sentir também em outros países, é o de afastar a posição do médico e convencer os consumidores sobre a possibilidade de uma vida saudável longe da velhice e da morte, por meio do consumo intenso de medicamentos e cosméticos, inclusive preventivamente. Trata-se, no fundo, de uma "biomedicalização" da saúde, um passo além da "medicalização da doença" denunciada nos anos 1970, na qual consumidores buscam informações diretas em *sites*, na mídia e em grupos sociais (escolas, empresas, organizações não governamentais, etc.) para, sem consultar médicos, ter acesso direto a drogas e produtos, o que certamente terá impacto na judicialização da saúde (Iliart et al., 2011).

---

35 Soares JCRS; Deprá AS. Ligações perigosas: indústria farmacêutica, associações de pacientes e as batalhas judiciais por acesso a medicamentos, 2012, p. 6-7. A reportagem "Indústria farmacêutica financia ONGs", dos jornalistas Cláudia Collucci e Ricardo Westin, da *Folha de São Paulo*, 18 maio 2008, pode ser acessada em http://www1.folha.uol.com.br/folha/cotidiano/ult95u402991.shtml.

A perigosa proximidade de médicos e indústria é tão conhecida pelos profissionais de saúde que por vezes o reconhecimento de suas práticas criminosas pode surpreender quem não é do meio médico. A Resolução CREMESP nº 273, de 3 de fevereiro de 2015, que complementa outras normas disciplinares[36] e se tornou um marco legal fundamental nesse tema, não deixa dúvidas: há evidências científicas de influência da relação entre médicos e indústria sobre as prescrições; embora muitos defendam o contrário, a participação dos profissionais patrocinada em congressos e eventos científicos é eticamente relevante; os gastos com publicidade dos laboratórios farmacêuticos e das indústrias de órteses e próteses e materiais são repassados ao preço final dos produtos; em muitas situações a relação do profissional com a indústria ultrapassa os limites éticos, bioéticos e sociais da boa prática; a prática médica está subordinada às normas legais, ao reconhecimento científico e aos princípios éticos e bioéticos, não sendo portanto destituída de parâmetros; as prescrições somente podem ser formuladas de acordo com as credenciais científicas dos produtos e as necessidades dos pacientes, devendo a decisão médica se pautar por diretrizes científicas e estudos de custo-efetividade quando houver mais de uma alternativa terapêutica disponível (no introito, nas "considerações" da norma). Para dar transparência e ética na relação médico-indústria, o Conselho Regional de Medina decretou o óbvio, em termos que podem surpreender: a) vedou ao profissional médico a prescrição de medicamentos, órteses, próteses e materiais, bem como a utilização de métodos diagnósticos, mediante "contrapartidas" da indústria, que foram exemplificadas com gratificações, pagamentos de inscrições em evento e viagens e outras formas de vantagem; b) determinou que o especialista contratado como consultor ou divulgador (*speaker*) ou a serviço da indústria informe por escrito ao Conselho Regional de Medicina o tempo dessas atividades e quem as patrocina, revelando o seu conflito de interesses em palestras, principalmente quando abordam eficácia terapêutica ou diagnóstica de produto ou medicamento; c) vedou ao médico, "nos procedimentos que envolvem a colocação ou troca de órteses, próteses e materiais, permitir a entrada na sala cirúrgica de representantes das empresas, exceto quando em função exclusivamente técnica e sem acesso ao campo cirúrgico" (arts. 1º, 2º e 3º). Diante de tanta insensatez, o CREMESP firmou nesses assuntos a solidariedade passiva de médicos, diretores técnicos e diretores clínicos de hospitais na responsabilização pelo cumprimento das regras, os dois últimos também responsáveis pela normatização e pela regulação dos fluxos de atendimento nas unidades de saúde (art. 3º, parágrafo único, e 4º).

O panorama das atividades criminosas da indústria farmacêutica e hospitalar, nesse contexto, não permite ingenuidade e exige das autoridades públicas, inclusive do Poder Judiciário, mais cautela no enfrentamento de demandas por tecnologias em saúde, devendo-se dar crédito às políticas públicas instituídas pelos regulares procedimentos administrativos, não a médicos e propagandistas. É a CONITEC a responsável pela comparação de alternativas terapêuticas, em termos de segurança, eficácia e custo-efetividade, que é formalizada depois de consulta pública em Parecer Técnico-Científico (PTC), não substituindo isso o registro sanitário (obtido sem comparar medicamentos, mas com o uso de placebo) e a opinião de um profissional médico (nem sempre isento, mesmo no exercício de funções regulares no SUS). Nas ações judiciais o julgador deve prestigiar a CONITEC, não médicos e laboratórios farmacêuticos, e determinar consistente instrução probatória quando instaurada dúvida sobre determinado procedimento terapêutico. Mas, neste caso, devemos indicar com um pouco mais de detalhe como operacionalizar o enfrentamento da questão na prática judicial.

---

36 Especialmente a Resolução CFM nº 1.939/10 e a Resolução CREMESP nº 278/15, ambas analisadas no capítulo da Política Nacional de Medicamentos, quando explorada a questão da prescrição médica (Capítulo 8, item 8.3)

CAPÍTULO **12**

Propostas de Enfrentamento da Judicialização

Apesar das críticas da literatura especializada, que enfatizam os prejuízos à equidade na saúde e à organização administrativa decorrentes da judicialização da saúde, a pesquisa do SCODES comprovou que persistem as decisões judiciais fragmentadas, para casos isolados, definindo situações irregulares (escolha de marca, ausência de registro na ANVISA, medicamentos experimentais, produtos importados, etc.) de pacientes-autores que, não tendo ingressado no SUS (cerca de 60% deles estão em hospitais e clínicas privadas), buscam medicamentos, insumos e produtos que não constam dos protocolos clínicos e das relações de medicamentos. No que se refere ao uso de medicamentos experimentais e sem registro sanitário, situação gravíssima que vem sendo acolhida acriticamente pelo Poder Judiciário, os pacientes-autores arriscam-se em tratamentos perigosos, sem o devido acompanhamento. Trata-se claramente de violação direta do regime constitucional do SUS e da integralidade sistêmica ou regulada que lhe é correlata.

É bem verdade que, nos últimos anos, algumas sugestões para a correção dos abusos da judicialização apareceram em fóruns de debates que reúnem operadores do direito e profissionais da saúde, como exemplificam os "45 enunciados interpretativos" aprovados na I Jornada de Direito à Saúde do Fórum Nacional da Saúde do CNJ (Conselho Nacional de Justiça), que ocorreu nos dias 14 e 15 de maio de 2014, na cidade de São Paulo/SP[1].

Mas nada sugere uma mudança de rumo na judicialização de casos individuais, como revelado neste estudo, se as coisas continuarem como estão. Mesmo as sugestões do Conselho Nacional de Justiça (CNJ) registradas na Recomendação nº 31, em 30 de março de 2010, depois do amplo debate nacional na audiência pública nº 4 do STF, vêm sendo totalmente

---

1 CNJ. As propostas de enunciados foram encaminhadas por e-mail, com ampla participação da sociedade civil, dos agentes jurídicos e dos profissionais de saúde, e aprovadas depois de debate público, do qual participaram magistrados, integrantes do Ministério Público, de Procuradorias e da Advocacia, além de gestores, acadêmicos, profissionais da saúde e populares. Depois, em 2015, novos enunciados foram aprovados durante a II Jornada de Direito da Saúde. Representando um consenso possível sobre a ingerência do Poder Judiciário em temas de saúde pública, saúde suplementar e biodireito, os enunciados podem ser acessados no sítio eletrônico www.cnj.jus.br.

ignoradas pelos magistrados, como se não existissem alguns parâmetros mínimos – e consensuais para a ingerência do Poder Judiciário nas políticas públicas de saúde. Para o CNJ, é necessário disponibilizar apoio técnico aos juízes composto por médicos e farmacêuticos, incluir o Direito Sanitário como disciplina obrigatória em concursos de ingresso na magistratura e em cursos de aperfeiçoamento profissional, fortalecer a instrução probatória dos processos (ouvida prévia do gestor do SUS antes das medidas de urgência; relatórios médicos detalhados, com CID, prescrição por denominação genérica ou princípio ativo e posologia exata, etc.) e evitar os medicamentos não registrados na ANVISA e em fase experimental, mas tudo isso é desprezado nas ações judiciais. Mais recentemente, a sugestão é a criação de Varas Especializadas de Saúde Pública, nos termos da Recomendação CNJ nº 43, de 20 de agosto de 2013, providência realmente essencial, mas que deve provocar ainda muita discussão, ou a determinação de instituição obrigatória de Comitês Estaduais de Saúde para enfrentar a judicialização, de Núcleos de Apoio Técnico ao Judiciário e de sítio eletrônico específico com banco de dados com pareceres, notas técnicas e julgados, de acordo com a Resolução CNJ nº 238, de 6 de setembro de 2016[2].

Na tentativa de resolver o dilema, o STJ (Superior Tribunal de Justiça), fazendo uso do instrumento de afetação de processos com idêntica questão de direito (arts. 1.036 e 1.037 do CPC de 2015), em decisão proferida em 26 de abril de 2017 por unanimidade dos Ministros da Primeira Seção, determinou a suspensão, em todo o território nacional, dos processos pendentes, individuais e coletivos, com pedidos de fornecimento de medicamento não incorporado no SUS, para uniformizar a jurisprudência a respeito no prazo de um ano (art. 1.037, 4º, CPC de 2015)[3].

Com relação ao Estado de Direito, não há como esconder a falta de legitimidade constitucional dessas decisões judiciais, pois afrontam princípios e normas constitucionais (igualdade, universalidade, organização em rede de serviços, participação da comunidade) e, sobretudo após as alterações legislativas de 2011, texto expresso de lei. Essa situação de flagrante ilegalidade e ilegitimidade do exercício da função jurisdicional, reveladora de imaturidade institucional e indutora de insegurança jurídica, exige mecanismos de enfrentamento, para retomar a implantação gradual do SUS como idealizado na CF, como um serviço público e universal de saúde. Nesse sentido, é imprescindível o comprometimento de todos – agentes jurídicos e profissionais de saúde – com a implantação de medidas administrativas e judiciais inovadoras tendentes a evitar a via judicial, para que eventuais conflitos sejam solucionados extrajudicialmente. A proposta a seguir apresentada tem como foco principal a necessidade de garantir o atendimento das demandas individuais, com a orientação farmacêutica dos pacientes correspondente ao atendimento integral do SUS de acordo com a legislação sanitária (leia-se: com o ingresso na rede pública e segundo os protocolos clínicos e relações de medicamentos), evitando-se ao máximo a banalização do caminho judicial. A intenção é consolidar o SUS como um sistema de saúde público de todos, segundo os princípios e diretrizes constitucionais, sem privilégios e discriminações, combatendo-se os efeitos deletérios da desenfreada judicialização da saúde.

---

2 Acessíveis no sítio www.cnj.jus.br. Registre-se que a Resolução CNJ nº 238/16, ademais, tornou obrigatória a especialização de varas em matéria de saúde pública onde houver mais de uma Vara de Fazenda Publica, e sugeriu a especialização sanitária nos Tribunais de Justiça onde houver mais de uma Câmara de Direito Público.

3 RE (RECURSO ESPECIAL) nº 1.657.156 – RJ, Primeira Seção. Relator Ministro Benedito Gonçalves, julgado em 26 de abril de 2017 e publicado em 3 de maio de 2017. Acessível no sítio www.stj.jus.br.

Preferência pela solução extrajudicial de conflitos

Não se pode confundir o direito à saúde com o seu pedido perante o Poder Judiciário, como se fossem duas coisas interligadas. Na realidade, a saúde é um direito que deve ser exigido do Estado, mas não necessariamente por meio de ações judiciais, devendo-se, muito ao contrário, buscar formas extrajudiciais de composição dos conflitos. O Poder Judiciário, geralmente despreparado para resolver problemas de saúde pública, deve ser deixado como *ultima ratio*, ou seja, somente deve ser procurado quando não for possível a obtenção espontânea da assistência farmacêutica.

Nesse ponto, a iniciativa tem que ser do gestor do SUS, mediante pactuação de todas as esferas de governo (federalismo cooperativo), para a construção de mecanismos interfederativos e extrajudiciais de triagem farmacêutica e encaminhamento ao SUS, sem que o paciente precise optar pela via judicial. Com uma boa explicação, é possível a contribuição dos agentes jurídicos, desde que compreendam corretamente o que são políticas públicas, programas de ação governamental que não podem ser a todo tempo atacados por prescrições médicas particulares. Propomos o seguinte:

Gestores do SUS

1. Centros de Triagem Farmacêutica: O Estado-membro, que tem como uma de suas atribuições precípuas a construção das redes de atenção à saúde em determinada região, cumprindo os princípios constitucionais da regionalização e da descentralização (Lei Orgânica da Saúde e Decreto 7.508/11), deve se articular com a União e os Municípios para implantar, em todas as regiões, um Centro de Triagem Farmacêutica. No local, que deve estar fisicamente instalado em um equipamento público, os pacientes devem ser recebidos para uma orientação farmacêutica segundo os protocolos clínicos e as relações de medicamentos, cabendo-lhes escolher se querem ser tratados pelo SUS. O centro deve contar, pelo menos, com médicos e farmacêuticos, mas tais profissionais devem responder pelas três esferas de poder e receber capacitação em saúde pública (é essencial a compreensão do funcionamento do SUS, dos seus programas e protocolos, bem como, da pactuação tripartite financeira e operacional para cada tipo de assistência farmacêutica), não podendo ter conflito de interesses (por exemplo, trabalhar para a indústria farmacêutica).

Tem sido um grande equívoco imaginar que as farmácias públicas, espalhadas, sobretudo, nas unidades básicas de saúde (UBSs) das Prefeituras Municipais, tenham condições de orientar os pacientes e evitar a via judicial. Há muito despreparo nos servidores públicos, receito de lidar com a prescrição médica e desconhecimento da legislação sanitária, o que provoca, não raras vezes, desinformação que empurra o paciente de um local para outro, sem conseguir o medicamento. É essencial, assim, a implantação de um local específico, com profissionais capacitados, para filtrar as prescrições médicas, de acordo com os procedimentos técnico-administrativos do SUS e a legislação sanitária.

A criação de um setor específico em cada região de saúde para receber os pacientes e orientá-los, integrando-os aos programas oficiais do SUS, permitirá garantir o direito à saúde e afastar a ingerência desnecessária do Poder Judiciário. O paciente que pretende ser atendido pelo SUS ingressa na rede pública de saúde e segue com o tratamento de acordo com os protocolos clínicos e as diretrizes terapêuticas, mas o fundamental é que seja atendido com orientação farmacêutica, sem os privilégios das ações judiciais.

2. Câmaras Técnicas de Conciliação Extrajudicial: Em algumas situações específicas, a apresentação de uma receita médica não será suficiente para uma assistência farmacêutica imediata ao paciente, que precisará fazer exames laboratoriais complementares ou passar pela avaliação de um especialista. Isso é muito comum em patologias mais complexas e raras, que frequentemente necessitam da análise de especialistas que se encontram, principalmente, nas universidades. Para resolver estes casos, também objetivando filtrar as prescrições médicas, é preciso verificar se existe alternativa terapêutica do SUS, para propor ao paciente o tratamento público, formalizando o procedimento em um acordo extrajudicial. Na prática, como sugerido na hipótese anterior, é o Estado-membro que deverá, em articulação com a União e os Municípios, implantar em cada região uma Câmara Técnica de Conciliação Extrajudicial, disponibilizando-a à população. Ao contrário do centro de triagem farmacêutica, porém, as câmaras técnicas não precisam existir fisicamente em um local público, bastando estar constituídas formalmente para consulta técnica, sempre que necessário (convênios com universidades podem ser suficientes). Depois de consultar o grupo de especialistas, que poderá avaliar pessoalmente o doente (anamnese, necessária em alguns casos) e emitirá um parecer escrito, ainda que simplificado, o centro de triagem proporá ao paciente a assistência terapêutica disponível no SUS, incluindo-o na rede pública de saúde, onde seu tratamento seguirá os protocolos clínicos e as listas de medicamentos. Isso ocorrerá ainda que sejam necessários os acessos excepcionais (pesquisa clínica e programas de acesso expandido, fornecimento de medicamento pós-estudo e uso compassivo). A aceitação do tratamento público pelo paciente deve ser formalizada como um acordo extrajudicial, para eventual comprovação documental perante o Poder Judiciário.

Os setores de triagem farmacêutica (local físico, como centro de orientação e farmácia pública) e câmara de conciliação (encaminhamento para especialistas, para avaliação técnica e acordo com o paciente) devem tomar algumas providências complementares:

a) Comunicação de seus trabalhos aos agentes jurídicos, especialmente o Poder Judiciário, o Ministério Público, a Defensoria Pública e a Ordem dos Advogados do Brasil (OAB), colocando-se à disposição para formalizar termos de parceria;

b) Constatada a necessidade de disponibilização de um novo produto fármaco, somente possível em casos muito excepcionais (ausência de alternativa terapêutica disponível e comprovação de eficácia e segurança terapêutica por medicina baseada em evidências), postulação de inclusão da tecnologia junto à CONITEC, para atualização do protocolo clínico correspondente à patologia subjacente ao tratamento;

c) Em se tratando de medicamento experimental ou de uso terapêutico excepcional por faltar alterativa terapêutica disponível no SUS, inclusão do paciente nos programas de pesquisa clínica, de acesso expandido, de fornecimento pós-estudo ou uso compassivo, mediante aprovação e controles do Poder Público (Comissão Nacional de Ética em Pesquisa e ANVISA) e financiamento do patrocinador ou indústria farmacêutica interessada.

3. Fortalecimento e divulgação da ANVISA: Os gestores do SUS precisam se dedicar, ademais, ao fortalecimento e à divulgação do papel da Agência Nacional de Vigilância Sanitária, muito mal compreendido pela sociedade e pela comunidade jurídica. Nesse sentido, precisam ser intensificados os mecanismos de transparência, notadamente as consultas públicas, as audiências públicas e a publicação de pareceres (Lei 9.782, de 26 de janeiro de 1999), bem como, redobrados os esforços de avaliação

para o registro sanitário com rapidez, para que sejam acompanhados os avanços das ciências médicas. Maior transparência, rapidez e publicidade tornarão mais razoável a defesa do controle sanitário da produção e comercialização de produtos e serviços de saúde, afastando-se lugares comuns como a afirmação (irrelevante) de que o medicamento já foi registrado no exterior.

4. Fortalecimento e divulgação da CONITEC: Em complementação, devem os gestores também promover o fortalecimento e a divulgação do trabalho da Comissão Nacional de Incorporação de Tecnologias no SUS, no que tange à incorporação, exclusão ou alteração dos protocolos clínicos, segundo a via regular do procedimento administrativo (Lei 12.401, de 28 de 04 de 2011, que incluiu os arts. 19-Q, 19-R, 19-T na Lei Orgânica da Saúde, e Decreto 7.646, de 21.12.2011), insistindo na necessidade de avaliação técnica e financeira das tecnologias médicas. Para tanto, é fundamental avançar na incorporação rápida de tecnológicas sanitárias que estejam baseadas em evidências científicas, aproximando o conhecimento médico das políticas públicas. A transparência que já vem sendo demonstrada nas atividades da CONITEC, sobretudo por meio de consultas públicas, audiências públicas, publicação dos pareceres e atualização de seu excelente sítio eletrônico, deve ser incrementada também, buscando reconhecimento na sociedade brasileira.

Agentes jurídicos

5. Câmaras Técnicas de Conciliação Extrajudicial: Teoricamente, o funcionamento regular dos setores de triagem farmacêutica e câmara técnica do SUS será suficiente para combater os excessos da judicialização e propiciar o acesso seguro e racional dos medicamentos, segundo os protocolos clínicos e as diretrizes terapêuticas. É possível, porém, que pacientes procurem os agentes jurídicos para denunciar um suposto atendimento deficiente, provocando – se o agente jurídico não se informar adequadamente ou não receber a informação solicitada – o ajuizamento da demanda. É aconselhável, assim, a instalação de câmaras técnicas de conciliação extrajudicial, especialmente sob coordenação do Ministério Público, órgão comprometido com o interesse coletivo na sua fiscalização das ações e serviços de relevância pública (arts. 129, II, e 198, CF), com a participação das três esferas de governo, para que o paciente ingresse nos programas oficiais do SUS, ainda que necessite de algum cuidado específico. O Poder Judiciário, tão assoberbado de serviços, deve ser deixado para questões realmente complexas, somente quando o acordo extrajudicial coordenado pelo Ministério Público (quase sempre possível, se todos se dispuserem a conversar) se mostrar inviável.

Que fique claro, porém, que o Ministério Público deve ter acesso rápido a informações técnicas dos gestores federal, estadual e municipal, para a observância da pactuação financeira e operacional dos programas públicos (que ninguém procure se afastar de suas responsabilidades), promovendo-se a devida assistência farmacêutica pública e eventual compensação entre os gestores públicos, em benefício das políticas públicas.

Ações judiciais: parâmetros para o controle jurisdicional

1. Varas Especializadas em Saúde Pública: A complexidade dos temas de saúde pública, em suas duas vertentes dogmáticas de *Direito à Saúde* (direito humano subjetivo

e público, oponível ao Poder Público) e *Direito da saúde* (normas de Direito Administrativo que regulamentam as atividades estatais destinadas à promoção, proteção e recuperação da saúde), que formam o Direito Sanitário, e da própria legislação sanitária, aconselha, como sugerido na Recomendação CNJ nº 43, de 20 de agosto de 2013 e determinado pela Resolução CNJ nº 238, de 6 de setembro de 2016, a implantação de varas especializadas em saúde pública. Não faz o menor sentido exigir de juízes generalistas o julgamento dos litígios de saúde pública, sem apoio técnico adequado e capacitação em Direito Sanitário, situação que somente será modificada, pelo visto, com a especialização.

2. Câmaras Técnicas de Conciliação no Poder Judiciário: Havendo ajuizamento de ações judiciais de medicamentos e outros produtos, a demanda não precisa ser resolvida por decisão judicial, muito menos liminarmente. Para isso, é preciso que o Poder Judiciário também implante câmaras técnicas de conciliação, como ocorreu recentemente em uma iniciativa inovadora da Secretaria de Estado da Saúde de São Paulo e do Poder Judiciário paulista que, pelo sucesso alcançado, recebeu em 2013 uma menção honrosa do Prêmio Innovare[4]. Com a presença (física ou virtual) de médicos e farmacêuticos do SUS responsáveis pelas três esferas de poder (novamente, a única maneira de se respeitar a pactuação e responsabilizar o ente administrativo correto), para orientação farmacêutica e conhecimento do funcionamento do SUS, é possível promover a conciliação, atendendo-se o paciente mediante sua inclusão na rede pública de saúde. O objetivo é o de garantir o acesso seguro e racional dos medicamentos, no local adequado, segundo os programas oficiais e a pactuação tripartite, evitando-se a condenação judicial e suas nefastas consequências. Frise-se que, em razão de expressa proibição legal, medicamentos e produtos não previstos nos protocolos, sem registro na ANVISA e importados não podem ser objeto de conciliação, neste caso devendo os agentes públicos fundamentar o indeferimento por escrito, indicando a alternativa terapêutica disponível, para posterior comunicação ao juízo.

3. Ações Individuais: observância restrita dos protocolos clínicos e relações de medicamentos: A única forma de se compatibilizar o direito individual com os princípios da universalidade, da igualdade (e/ou equidade) e da integralidade (sistêmica ou regulada, segundo os procedimentos técnico-administrativos, inclusive os referentes à inclusão de tecnologias médicas pela CONITEC) é que as ações judiciais de tutela individual se restrinjam aos medicamentos e produtos tipicamente sanitários previstos nos programas do SUS. Aqui, no âmbito individual, o juízo de valor do julgador acerca da integralidade deve respeitar os parâmetros dos protocolos clínicos e relações de medicamentos (art. 19-M, I, LOS), da tipicidade das ações e serviços de saúde (arts. 2º, I, II e III, 3º e 4º, LC 141/12) e de obrigatório ingresso no SUS (arts. 20 e 28, Decreto 7.508/11), sob pena de violação do acesso universal e igualitário e dos planos de saúde (planejamento ascendente e interfederativo, com participação da comunidade), descumprindo-se o sistema legal de controle das verbas públicas sanitárias (LC 141/12).

---

4 Seguindo entendimento do DD. Secretário de Estado da Saúde da época, Prof. Dr. Giovanni Guido Cerri, de quem eu era chefe de gabinete, foi implantado um setor de triagem farmacêutica da SES/SP no Juizado Especial da Fazenda Pública da Capital, que recebeu o nome de "Projeto JEFAZ", cujo sucesso no atendimento extrajudicial das demandas individuais levou ao reconhecimento do Prêmio Innovare de 2013, principal prêmio nacional sobre práticas inovadoras da comunidade jurídica, cf. pode ser verificado em www.premioinnovare.com.br.

No atual estágio de desenvolvimento do SUS é quase impossível que à uma determinada patologia não corresponda uma política pública definida (hipótese que, se existir, obviamente comportará a condenação do SUS por omissão administrativa), devendo o juiz de direito, na aplicação da lei ao caso concreto, verificar como funciona o programa público correspondente e se houve falha na assistência farmacêutica pública (falta de medicamento ou espera em prazo não razoável). Em ações individuais não pode o Poder Judiciário fugir dos protocolos clínicos e das diretrizes terapêuticas do SUS, o que já foi proposto por um importante constitucionalista brasileiro (Barroso, 2008), porque senão estará afrontando o modelo constitucional do SUS e a integralidade sistêmica, hoje expressamente prevista em lei.

Como os argumentos costumeiramente trazidos na petição inicial dependem de prova, como a ausência de atendimento no SUS e o risco de morte, o mandado de segurança revela-se via inadequada para postular o direito individual à saúde. Não existe direito líquido e certo a um medicamento específico, prescrito por médico particular e fora dos programas do SUS, sem que o administrador tenha, sequer, a oportunidade de indicar qual a alternativa terapêutica disponível na rede pública de saúde. E a indústria de liminares, francamente, precisa acabar. Dessa forma, as demandas judiciais individuais devem se ater aos produtos fármacos previstos nos protocolos clínicos e relações de medicamentos, como expressamente determinado pela lei (integralidade sistêmica ou regulada), e somente merecem procedência se seus argumentos sustentadores forem comprovados em dilação probatória. Algumas providências complementares são necessárias:

a) Antes de apreciar medidas de urgência requeridas em ação judicial individual (liminar ou pedidos de antecipação de tutela), o magistrado deve consultar os gestores do SUS, inclusive por meio eletrônico (disponível para acesso rápido dos juízes, como o fez a SES/SP[5]), principalmente para saber se existe programa público disponível, como o paciente deverá proceder para ingressar no SUS e qual a alternativa terapêutica pública, afastando-se prescrições privadas irregulares;

b) Dentre os documentos que minimamente devem instruir a inicial, deve ser exigido um relatório médico circunstanciado do caso *sub judice*, não uma prescrição médica simplificada sem rigor formal (requisitos ético-legais do ato médico), que indique o diagnóstico da doença (Classificação Internacional de Doenças) e o medicamento por princípio ativo ou denominação genérica (jamais a marca), com as doses e a periodicidade do tratamento. O receituário médico deve indicar, expressamente, a existência ou não do registro na ANVISA do medicamento ou produto fármaco, bem como, declarar que não se trata de tratamento experimental ou dependente de importação, pois nestes casos há regras éticas e jurídicas para o tratamento terapêutico de conhecimento do médico. As alegações na petição inicial não substituem essa prova inicial e não têm qualquer valor probatório, pois são meros argumentos;

c) A instrução probatória (obrigatória, pois está configurado um litígio entre o paciente-autor e o SUS) deve contar, ao menos, com as versões dos gestores do SUS e do paciente-autor e a realização de perícia médica (sugere-se, para tanto, a criação de Núcleos de Apoio Técnico ao Poder Judiciário/ NATs, cf. Mapelli Júnior, 2012, p. 28-34), além de informações técnicas complementares a ser buscadas nas associações médicas de especialistas, nos conselhos regionais de profissões de saúde (medicina, farmácia, etc.), em universidades e em centros de medicina baseada em evidências

---

5 Na mesma época do projeto JEFAZ, também por determinação do DD. Secretário de Estado da Saúde, foi criado um e-mail específico para a consulta técnica de juízes de direito.

(Centro COCHRANE do Brasil). Em qualquer hipótese, por tratar de interesse individual com repercussão em políticas públicas do SUS, a ação civil depende de intervenção do Ministério Público como *custo legis*, sob pena de nulidade absoluta;

d) No caso de condenação, o juiz deve determinar o ingresso do paciente na rede pública do SUS e o cumprimento dos procedimentos técnico-administrativos do programa de medicamentos correspondente, inclusive os regulares e periódicos exames laboratoriais e prescrições médicas, para retirada em farmácia pública comum. Ressalte-se que, em se tratando de tratamento oncológico, o paciente-autor deve obrigatoriamente ingressar nas Unidades de Assistência de Alta Complexidade em Oncologia (UNACON) ou nos Centros de Assistência de Alta Complexidade de Oncologia (CACON), hospitais credenciados que recebem recursos públicos para fornecer atendimento integral (além dos medicamentos, radioterapia, quimioterapia, assistência psicológica, etc.);

e) No caso de condenação, o juiz deve determinar, também, que as compras públicas sigam as regulamentações técnicas da CMED, especialmente o desconto CAP por se tratar de produtos fármacos decorrentes de ação judicial, possibilitando ao administrador uma aquisição pública adequada ou, se houver recusa da indústria farmacêutica, a tomada das devidas providências legais cabíveis (comunicação ao Ministério da Saúde, requisição administrativa de medicamentos e ação judicial para exigir o desconto CAP). O prazo a ser fixado deve ser razoável, tendo em conta a necessidade de obediência à regra da licitação pública.

4. <u>Ações Civis Públicas ou Ações Coletivas: possibilidade de atualização dos protocolos clínicos</u>: Somente em ações civis públicas ou coletivas, ajuizadas pelo Ministério Público e por outras instituições legitimadas por lei, é que se pode discutir judicialmente as políticas públicas de medicamentos, seus protocolos clínicos e as diretrizes terapêuticas. Não há outra alternativa viável, pois se houver necessidade de disponibilização de nova tecnologia médica, isso deve ocorrer coletivamente, sem privilégios. Trata-se, em suma, de pretensão a ser deduzida em ações coletivas.

Nesse sentido, o melhor a se fazer é requerer administrativamente a criação ou a alteração do protocolo clínico junto à CONITEC, segundo o procedimento administrativo de inclusão de tecnologia no SUS (arts. 19-Q e 19-R, LOS, e Decreto 7.646/2011), não existindo, ao menos em princípio, justificativa para a intervenção do Poder Judiciário (falta de interesse de agir, uma das condições da ação civil, segundo o direito processual civil). Somente quando o procedimento administrativo apresentar falhas formais (por exemplo, não cumprimento do prazo legal de conclusão), seu Parecer Técnico-Científico (PTC) for comprovadamente equivocado (lembre-se: se fundamentar regular opção administrativa baseada em evidência científica, há que prevalecer, por respeito à discricionariedade administrativa de padrão técnico) ou não existir a padronização do tratamento no SUS, é que a via judicial se mostra admissível, mediante o ajuizamento de ação civil pública.

Nesse caso, é importante respeitar algumas regras:

a) Algumas questões circunstanciais podem ser levadas ao controle judicial das políticas públicas (portas de entrada, tempo de espera, necessidade de transporte sanitário para outra localidade, etc.) sem significar propriamente a alteração de protocolos clínicos, mas nesse caso é imprescindível a instrução probatória e a prolação de sentença de efeito *erga omnes* (efeitos que atingem todos os indivíduos, obtidos em ação coletiva em respeito aos princípios da universalidade, igualdade e integralidade);

b) Nas ações civis públicas ou coletivas, é primordial que a instrução probatória conte com a versão dos gestores do SUS, de associações médicas de especialistas, dos conselhos regionais de profissões de saúde (medicina, farmácia, etc.), de universidades e de centros de medicina baseada em evidências (Centro COCHRANE do Brasil), conforme postulado pelas partes e deferido pelo juiz, mas, como se trata de pedido de inclusão (ou alteração) de tecnologia médica no SUS, o magistrado deve requisitar informações circunstanciadas sobre a eficácia, acurácia, segurança, efetividade e custo-efetividade do produto fármaco (requisitos legais expressos nos arts. 19-O, parágrafo único, e 19-Q, §2º, da LOS). Essas informações técnicas devem ser requisitadas dos seguintes órgãos públicos:

b.1) Comissão Nacional de Incorporação de Tecnologias no SUS (CONITEC), inclusive para saber se foi requerida administrativamente a inclusão tecnológica (procedimento administrativo específico) e qual o seu parecer técnico (Parecer Técnico-Científico/PTC);

b.2) Agência Nacional de Vigilância Sanitária (ANVISA), inclusive para conhecer a situação do registro sanitário do medicamento e saber se o uso do produto fármaco constitui tratamento experimental ou passível de inclusão nos programas de acesso excepcional (acesso expandido, medicamento pós-estudo e uso compassivo);

b.3) Ministério da Saúde, para informações técnicas complementares (trata-se do ente federativo responsável pelos protocolos clínicos e as diretrizes terapêuticas);

b.4) Conselho Nacional de Ética em Pesquisa (CONEP), para saber se a hipótese é de pesquisa clínica e medicamento experimental, bem como, se os procedimentos ético-legais correspondentes foram cumpridos, sobretudo a aprovação prévia das comissões de ética, a tomada de consentimento esclarecido do paciente-autor e a garantia do financiamento da empresa patrocinadora ou da indústria farmacêutica interessada.

c) em caso de condenação judicial, deve-se determinar à CONITEC e ao Ministério da Saúde a reformulação do protocolo clínico e das diretrizes terapêuticas, para a devida inclusão da tecnologia no SUS;

d) em caso de condenação judicial, deve ser determinada a prévia estipulação de preço pela CMED e o respeito às suas regulamentações técnicas no que tange à compra pública de medicamentos, inclusive o desconto CAP por se tratar de ação judicial. Mais uma vez, o objetivo é permitir ao administrador condições de compra adequada ou, na recusa da indústria farmacêutica, a tomada das providências legais cabíveis à espécie (comunicação ao Ministério da Saúde, requisição administrativa de medicamentos e ação judicial para exigir o desconto CAP). O prazo na sentença deve ser razoável, considerando que haverá necessidade de nova licitação pública para a aquisição dos produtos fármacos e distribuição nacional.

CAPÍTULO 13

Conclusões

O pensamento jurídico tradicional, que ainda não assimilou a disciplina do Direito Sanitário e desconhece o funcionamento do Sistema Único de Saúde (SUS), parte de uma ideia difusa e pouco clara, no sentido de que a Constituição Federal de 1988, teria garantido a saúde em termos amplos, como algo não muito definido pelo Direito, sendo de rigor a condenação do Poder Público em fornecer o que um médico prescreveu *porque o texto constitucional assim o determinou. Não haveria, segundo esse pensamento, parâmetros legais para definir o conteúdo material do direito à saúde, ou seja, quais medicamentos, equipamentos, tratamentos e procedimentos terapêuticos corresponderiam a seu conceito, ficando o mesmo, então, condicionado à prescrição de um médico e* à discricionariedade de um julgador. Em linhas gerais, como demonstramos neste estudo, usa-se a primeira parte do art. 196 da CF, a conhecida expressão "a saúde é direito de todos e dever do Estado", descolada do restante do mesmo dispositivo constitucional (que aponta para políticas econômicas e sociais como o mecanismo que garante saúde para todos) e de princípios constitucionais genéricos e/ou de sentido ambíguo, como a dignidade da pessoa humana, para concluir pela responsabilidade de todos os gestores do SUS, indistintamente, em fornecer os medicamentos e produtos prescritos para os pacientes-autores. Na ausência de parâmetros jurídicos que balizam o conteúdo do direito à saúde, a prescrição médica seria inquestionável e o juiz de direito deveria acolhê-la para determinar o fornecimento de qualquer produto fármaco ou procedimento terapêutico, mesmo os experimentais e os sem registro sanitário, já que a "integralidade da assistência em saúde" é princípio constitucional do SUS. Nesse diapasão, tornam-se tábula rasa os procedimentos técnico-administrativos do SUS, a organização dos programas de saúde e a divisão de competências administrativas. Mas seria correto imaginar que o Direito e a dogmática (ciência) jurídica não possuem princípios e regras suficientes para a compreensão *jurídica* do direito à saúde, dentro de padrões mínimos de segurança jurídica, impedindo subjetivismos e arbitrariedades?

Esse problema nos levou ao <u>primeiro objetivo de nosso trabalho</u>, que foi o de fazer uma análise jurídica, sistemática e teleológica, da Constituição Federal e das normas infraconstitucionais que tratam do direito à saúde e do sistema público de saúde brasileiro, para verificar a possibilidade de definir um regime jurídico-constitucional do SUS e os contornos da integralidade da assistência em saúde. O objetivo era, em suma, encontrar parâmetros legais para a implementação das políticas públicas e para a hermenêutica jurídica, notadamente considerando a atividade jurisdicional de solução dos conflitos (aplicação da lei ao caso concreto). A incerteza jurídica quanto ao que consiste o direito à saúde a ser garantido pelo Poder Público, no nosso sentir, não era compatível com a cientificidade que se espera de uma ciência do Direito.

Mas havia outra questão a ser enfrentada. O jurista tradicional, além de trabalhar com um conceito difuso ou fluido de direito à saúde, supostamente autorizado ou impulsionado pelo texto constitucional, tem outro problema quando se dedica a analisar um fenômeno da sociedade: tem pouca familiaridade com dados estatísticos, normalmente derivando suas conclusões de argumentos teóricos. Em geral, parte do ordenamento jurídico (interpreta o sentido da lei) para construir um discurso argumentativo apoiado em ponderações de ordem filosófica, sociológica e política, bem ao gosto do pós-positivismo, chegando a conclusões não confirmadas por dados extraídos da realidade. Ele pode afirmar, por exemplo, que o aumento da repressão penal, como a fixação de penas privativas de liberdade mais rigorosas e a admissão da prisão perpétua, não diminui os índices de criminalidade de uma sociedade, mas raramente o faz mediante a avaliação de dados estatísticos que confirmem ou não suas suposições.

É por isso que parte da literatura científica que revisamos se queixa da falta de *avaliação empírica* da judicialização da saúde, normalmente criticada ou elogiada por doutrinadores da ciência jurídica que se amparam em afirmações teóricas sem comprovação científica, nas quais prevalecem generalidades como a convicção de que os protocolos clínicos estão sempre desatualizados, ou que o fator econômico não tem relevância para os direitos fundamentais (reserva do possível, segundo as possibilidades orçamentárias), ou ainda que a pressão das ações judiciais acaba induzindo o apuramento das políticas públicas sanitárias. Essas afirmações, apesar de sua gravidade, não passam pelo crivo da comprovação por dados estatísticos.

O segundo objetivo do trabalho, justamente para não ficarmos apenas no plano teórico e buscamos compreender o fenômeno da judicialização como uma experiência prática, consistiu na pesquisa retrospectiva de todas as ações judiciais de medicamentos, insumos terapêuticos e produtos de interesse à saúde, cadastradas no sistema informatizado do SCODES (Sistema de Coordenação de Demandas Estratégicas do SUS) da Secretaria de Estado da Saúde de São Paulo, em um período de tempo significativo (2010 a 2014), para uma confrontação com o regime jurídico-constitucional do SUS e a integralidade da assistência em saúde, registrando as principais características das demandas judiciais (objetivos secundários). A ideia era compreender *juridicamente* como se comportam as ações judiciais na prática, comparando as liminares e decisões definitivas com a legislação sanitária e o Direito Sanitário, para saber como está ocorrendo a intervenção do Poder Judiciário, bem como, apresentar propostas de enfrentamento da judicialização (terceiro objetivo).

As conclusões a que chegamos, analisando a judicialização sob o enfoque jurídico e o empírico, estão delimitadas a seguir.

Os parâmetros legais da assistência farmacêutica integral

A interpretação sistemática e teleológica da Constituição Federal e da legislação sanitária (leis e atos administrativos) permitiu desvendar normas e princípios que formam o regime jurídico do SUS, de forma a constatar, ao final, que ele foi desenhado *juridicamente* como um conjunto de ações e serviços públicos de saúde organizados em programas de ação governamental (polícias públicas). Os juristas, ainda não dispondo de uma teoria jurídica das políticas públicas, que somente nos últimos anos parece estar se formando (Bucci, 2013), e sem familiaridade com a disciplina do Direito Sanitário, que pressupõe conhecimentos interdisciplinares específicos (Dallari, 1988), precisam reconhecer que o direito à saúde existe no contexto dos programas governamentais, que têm regras e procedimentos técnico-administrativos instituídos de acordo com a lei.

Como vimos, o corpo básico normativo do SUS é o seguinte:

a) A Constituição Federal de 1988 (art. 6º e arts. 196 a 200, CF), que, em patamar hierárquico superior, define princípios, diretrizes e algumas regras específicas que devem parametrizar a saúde pública;

b) A Lei Orgânica da Saúde (Lei nº 8.080, de 19 de setembro de 1990), que regulamenta, em todo território nacional, "as ações e serviços de saúde, executados isolada e conjuntamente, em caráter permanente ou eventual, por pessoas naturais ou jurídicas de direito público ou privado" (art. 1º);

c) A Lei nº 8.142, de 28 de dezembro de 1990, que complementa a anterior para dispor sobre a participação da comunidade no SUS, as Conferências e os Conselhos de Saúde, bem como, as transferências intergovernamentais de recursos nos fundos de saúde;

d) A Lei nº 12.401, de 28 de abril de 2011, que alterou dispositivos da LOS para dispor sobre a assistência terapêutica e a incorporação de tecnologias em saúde no SUS;

e) A Lei nº 12.466, de 24 de agosto de 2011, que alterou a LOS para dar *status* de lei aos foros de pactuação e negociação conhecidos como Comissão Intergestores Tripartite (CIT) e Comissão Intergestores Bipartite (CIB), bem como, o Conselho Nacional de Secretários de Saúde (CONASS) e o Conselho Nacional de Secretarias Municipais de Saúde (CONASEMS);

f) O Decreto nº 7.508, de 28 de junho de 2011, que regulamenta a LOS no que diz respeito à Organização do SUS, ao Planejamento da Saúde, à Assistência da Saúde e à Articulação Interfederativa;

g) A Lei Complementar nº 141, de 13 de janeiro de 2012, que vincula os recursos sanitários para ações e serviços tipicamente de saúde e regulamenta os critérios de rateio interfederativo; e

h) Normas administrativas complementares, especialmente, para este estudo, a Portaria MS 3.916, de 30 de outubro de 1998 (Política Nacional de Medicamentos) e a Resolução CNS 338, de 6 de maio de 2004 (Política Nacional de Assistência Farmacêutica).

Os contornos e os requisitos legais do direito à saúde que devemos buscar no direito positivo *decorrem do próprio desenho institucional do SUS previsto na Constituição Federal* que, em nenhuma hipótese ou sob nenhum argumento, admitiu a saúde como direito individual absoluto e descolado das políticas públicas. Em linhas gerais, observa-se que:

1. Embora o conceito jurídico de saúde seja bastante fluido, porque a legislação brasileira não define o que é saúde e os autores utilizam, quando necessário, a ampla concepção de saúde como completo bem-estar físico, mental e social, da Organização Mundial da Saúde (preâmbulo da Constituição da OMS, de 7 de abril de 1948), é possível apontar para alguns critérios que sinalizam o seu sentido jurídico. Trata-se, em suma, de um bem jurídico que não se restringe à mera assistência médica ou farmacêutica, configurando um bem-estar biopsicossocial mais amplo que deve ser proporcionado por um sistema público e universal de saúde, com foco principal na

atenção básica e em serviços preventivos (art. 198, II, CF, Declaração de Alma-Ata de 1978 e Portaria MS 2.488, de 21 de outubro de 2011), e por outras políticas públicas que condicionam e determinam esse direito, mas não se confundem com ele (art. 3º, LOS e LC 141 de 13 de janeiro de 2012).

2. A institucionalização das políticas públicas se faz pelo direito, por meio de uma série de atos normativos que sistematizam o programa governamental (leis, decretos, resoluções, portarias, normas de serviço, etc.) e são formulados no interior das instituições, como o Estado e os Conselhos de Direito, tendentes a organizar as atividades administrativas para que as finalidades do Estado sejam atingidas, com duração no tempo e em grande escala (processo legislativo, processo de planejamento, processo orçamentário, processo administrativo, processo judicial, etc.). Direitos sociais como a saúde, assim, estão inseridos no contexto dos procedimentos técnico-administrativos dos programas de ação governamental que constituem as políticas públicas, que os vinculam e condicionam (art. 196, CF).

3. É no próprio texto constitucional que devemos buscar o regime jurídico do SUS, os princípios, diretrizes e normas que formam o seu desenho institucional e parametrizam a assistência em saúde que deve ser proporcionada pelo Estado. O pensamento neoconstitucionalista do jurista contemporâneo, que opera sob as premissas da normatividade, da superioridade e da centralidade da Constituição, afastando-se do positivismo jurídico que não tem preocupações com a distribuição da justiça, é que exige a compreensão de que existe um modelo constitucional do SUS, que não pode ser desprezado. O modelo constitucional do SUS, na realidade, é central para a hermenêutica jurídica. A CF de 1988, quando afastou o anterior sistema de serviços fragmentados e contratados por comandos diversos do Poder Público (INAMPS e Ministério da Saúde), desenhou o SUS como um conjunto de ações e serviços de saúde federais, estaduais e municipais articulados, que devem integrar uma rede regionalizada e hierarquizada que garanta a universalidade, e integralidade e a igualdade de acesso e tratamento, sem privilégios e distorções (arts. 196 e 198, CF).

4. A tônica principal é a da organização e estruturação dos programas governamentais sanitários em todos os níveis de governo, de forma articulada e pactuada que permita a constituição de um *sistema único* (art; 198, *caput*, CF), entendendo-se sistema como unidade reunida segundo princípios ordenadores (Canaris, 2012). Deve haver a construção de consensos administrativos (federalismo brasileiro cooperativo e consensual) sobre o planejamento, o financiamento e a prestação de serviços, do acesso inicial ("portas de entrada") até a assistência em serviços de maior complexidade, garantindo-se a integralidade do atendimento dos usuários do SUS. Os princípios informadores do *sistema* SUS, assim, como a universalidade, a integralidade, a igualdade, a gratuidade, a regionalização e a hierarquização, a descentralização, a participação da comunidade e a informação, além da equidade (como mecanismo para se tratar diferentemente os desiguais, na lição clássica de Rui Barbosa, pode ser entendida como decorrência da igualdade), devem ser interpretados harmonicamente, não isoladamente. Não há, por exemplo, integralidade sem universalidade (o SUS é para todos) e igualdade (não pode haver privilégios), todos constituindo um todo orgânico normativo para a interpretação do que seja o direito à saúde.

5. O caráter sistemático do SUS, determinado pela CF, exige: a) a unidade ou unicidade das ações e serviços públicos de saúde, que devem ser os mesmos para todos os usu-

ários; b) a padronização dos tratamentos públicos, mediante opções de caráter técnico e econômico que garantam a adequada alocação dos escassos recursos públicos para atender o maior número de pessoas em todos os níveis de atenção (primária, secundária e terciária) (art. 198, CF, arts. 7º, II e 9, I a III, LOS), como ocorre com os protocolos clínicos e as relações de medicamentos (arts. 19-M, 19-Q e 19-R, LOS); c) a configuração de Redes de Atenção à Saúde (RAS), inseridas nas regiões de saúde (art. 5º, Decreto 7.508, de 28 de junho de 2011), com um fluxo de atendimento que contém portas de entradas reguladas (art. 9º, do decreto) e encaminhamento automático para serviços mais especializados (sistema de referência e contrarreferência – art. 10 do decreto), para acompanhamento contínuo da assistência do usuário em todas as fases de seu tratamento pelo Poder Público (art. 7º, *caput*, inciso II, LOS). É na RAS, jamais fora dela, que se inicia e se complementa a integralidade da assistência, inclusive no que se refere a medicamentos e insumos terapêuticos (art. 20, do decreto).

6. As redes de atenção à saúde são planejadas pelos gestores do SUS de forma ascendente, do nível local até o federal (art. 36, LOS), nas Comissões Intergestores Tripartite e Bipartite (CIT e CIB), com a contribuição de debates no Conselho Nacional de Secretários de Saúde (CONASS) e no Conselho Nacional de Secretarias Municipais de Saúde (CONASEMS) e a avaliação dos Conselhos Nacional, Estadual e Municipal de Saúde (participação da comunidade). As normas de conteúdo organizacional e financeiro que daí resultam, como os decretos, as portarias e as resoluções, porque baseadas no sistema de federalismo cooperativo ou consensual, com participação da comunidade, determinado pela CF (art. 198, *caput*, III, CF), hoje positivado em lei (Lei 12.466, de 24 de agosto de 2011), têm valor jurídico e devem parametrizar a hermenêutica jurídica sobre o direito à assistência farmacêutica e terapêutica. Correspondem, no fundo, ao desenho formatado no regime jurídico-constitucional do SUS.

7. A chamada "integralidade da assistência", seguindo a diretriz constitucional (art. 198, II, CF), deve ser dar "em todos os níveis de complexidade do sistema" (art. 7º, II, LOS), jamais fora dele: o paciente deve ingressar na rede pública de saúde pela porta de entrada regular, em determinada região de saúde (arts. 5º, 9º e 10, do Decreto 7.508/11), local de início do tratamento e coordenação de todo o cuidado (atenção básica/primária), de onde deve automaticamente ser referenciado para os níveis mais especializados de atenção (atenção secundária e terciária), em um fluxo contínuo e articulado de serviços preventivos e curativos (art. 7º, II, *in fine*) de responsabilidade do Poder Público.

8. Nesse sentido, a integralidade do SUS é *sistêmica* ou *regulada*, pois o modelo constitucional do SUS pressupõe o ingresso na rede pública de saúde, a padronização do atendimento e o fluxo contínuo e articulado de serviços preventivos e curativos, sob comando e fiscalização do Poder Público (arts. 197 e 198, CF). Isso foi detalhado na Lei Orgânica de Saúde. Dentre os argumentos que fortalecem a concepção sistêmica ou regulada da integralidade, que não se confunde com o "tudo para todos" propagado por alguns, destacam-se: a) a regulação sanitária, entendida como o controle da eficácia e da segurança dos procedimentos, remédios e produtos de interesse à saúde por meio da vigilância sanitária e epidemiológica, inclusive o registro da Agência Nacional de Vigilância Sanitária (ANVISA), é uma das principais atribuições do SUS (art. 200, I, II, VI e VII, CF), razão pela qual os procedimentos terapêuticos não autorizados pelas autoridades brasileiras não podem compor a integralidade; b) a ori-

gem histórica do termo "integralidade", que foi cunhado pelos sanitaristas nos anos 1980 para designar a necessidade de integração da medicina preventiva e da curativa, bem como, o atendimento público independentemente da complexidade da assistência (setores conservadores defendiam que se restringisse a serviços básicos), como se depreende do relatório final da VIII Conferência Nacional de Saúde (CNS) de 1986, que serviu de base para a CF de 1988. Historicamente, integralidade nunca significou *qualquer* tratamento ou procedimento, mas integração de serviços curativos e preventivos de todos os níveis de complexidade, em um modelo público de saúde; c) a concepção pública de saúde do texto constitucional, que impede uma concepção consumista de saúde, conferindo-lhe *status* de direito social de "relevância pública", sempre submetido a intensa regulamentação, fiscalização e controle do Poder Público, razão pela qual a regulamentação administrativa da assistência terapêutica, inclusive a farmacêutica, como a organização do acesso aos serviços, a avaliação das novas tecnologias médicas, o registro na ANVISA (Agência Nacional de Vigilância Sanitária), a fixação de preços e descontos pela CMED (Câmara de Regulação do Mercado de Medicamentos) e a padronização em protocolos clínicos e listas oficiais de produtos e serviços, é legítima constitucionalmente.

9. O conceito de integralidade sistêmica ou regulada, decorrência lógica do regime jurídico-constitucional do SUS, foi fortalecido por novos marcos legais que surgiram no ordenamento jurídico brasileiro: a Lei 12.401/11, a Lei 12.466/11, o Decreto 7.508/11 e a Lei Complementar 141/12. Assim, se anteriormente uma leitura desatenta da Constituição, que desconsiderasse o próprio modelo ou desenho institucional do SUS e a Lei Orgânica da Saúde, pudesse justificar uma interpretação amplificada demais do direito à saúde, como um direito ilimitado e sem regras, a partir de 2011 isso não é mais possível, pois seus contornos ou limites jurídicos foram positivados, isto é, tornaram-se texto expresso de lei.

10. O Decreto 7.508/11 regulamentou a LOS, tornando expresso o que nela era, por vezes, implícito. A respeito da integralidade da assistência em saúde, consignou que ela se inicia e se complementa na Rede de Atenção à Saúde (RAS), mediante referenciamento do usuário na rede regional e interestadual, conforme pactuado nas Comissões Intergestores (art. 20), proibindo que não usuários usufruem de seus remédios e serviços fora da rede pública. Além disso, estabeleceu como regra geral para o acesso a medicamentos e insumos terapêuticos do SUS a obrigatoriedade de ingresso na rede pública de saúde, de prescrição por médico vinculado ao SUS, de observância da Relação Nacional de Medicamentos Essenciais (RENAME) e dos Protocolos Clínicos e Diretrizes Terapêuticas (PCDT) ou relação específica complementar, e retirada dos medicamentos nas farmácias públicas (art. 28). Trata-se, à toda evidência, da explicitação de regras que clareiam o desenho constitucional do SUS, idealizado na CF como um sistema público organizado em regiões e níveis de complexidade, a ser percorrido por seu usuário segundo regramentos técnicos e administrativos previamente estabelecidos.

11. A Lei 12.401/11, ao acrescentar um novo capítulo sobre a Assistência Farmacêutica e a Incorporação de Tecnologia em Saúde na LOS (Capítulo III), definiu a integralidade da assistência do SUS: trata-se da dispensação de medicamentos e produtos de interesse para a saúde prescritos de acordo com as diretrizes terapêuticas definidas em protocolos clínicos ou, na falta deles, em listas de medicamentos suplementares instituídas na forma do art. 19-P (assistência integral farmacêutica), ou da oferta de

procedimentos terapêuticos definidos nas tabelas do gestor federal do SUS realizados em serviços ambulatoriais ou hospitalares próprios, ou seja, serviços públicos ou privados conveniados ou contratados (assistência integral terapêutica). Na ausência de protocolos clínicos, a integralidade deve ser resguardada em relações específicas de medicamentos instituídas pelo gestor federal após pactuação na Comissão Intergestores Tripartite (inciso I), pelo gestor estadual após pactuação na Comissão Intergestores Bipartite (inciso II), e pelo gestor municipal após pactuação no Conselho Municipal de Saúde (inciso III) (art. 19-P, LOS).

12. Na elaboração dos protocolos clínicos, relações de medicamentos e tabelas de procedimentos terapêuticos, ainda segundo a Lei 12.401/11, o gestor do SUS deve atentar para critérios de custo-efetividade, comparando a nova tecnologia médica com as que já constam das políticas públicas, bem como, para critérios de avaliação "quanto à sua eficácia, segurança, efetividade e custo-efetividade para as diferentes fases evolutivas da doença ou do agravo à saúde" (art. 19-O e p. único, LOS).

13. A Lei nº 12.401/11, de outra parte, proibiu o gestor do SUS de praticar qualquer ato administrativo que provoque ou auxilie a compra e a disponibilização de medicamentos e procedimentos experimentais, sem registro na ANVISA e importados (art. 19-T, LOS). A proibição de uso de produtos e procedimentos terapêuticos em seres humanos sem a autorização da ANVISA, que quase sempre configuram tratamento experimental, já constava da Lei nº 6.360, de 23 de setembro de 1976, mas seu descumprimento persistente exigiu nova positivação, agora em linguagem jurídica que pode ensejar, se houver má-fé do gestor, a caracterização de improbidade administrativa (art. 10, inciso VIII, ou art11, inciso I, da Lei 8.429, de 2 de junho de 1991).

14. Como já vimos, a Lei 12.466/11 elevou ao patamar legal os foros de negociação e pactuação dos gestores do SUS (CIT, CIB, CONASS e CONASEMS), dando maior substancialidade jurídica para o federalismo cooperativo do SUS. Em outros termos, as pactuações reguladas dos programas de saúde, que fixam responsabilidades de planejamento, financiamento e execução, e se submetem ao controle social (Conselhos de Saúde), têm valor jurídico hoje assentado em lei, constituindo decretos, resoluções e portarias que integram o ordenamento jurídico sanitário.

15. A LC 141/12, fazendo ressonância aos argumentos jurídicos que sustentavam que os recursos sanitários não podiam ser desviados para ações e serviços que não constituem atividades típicas da saúde, como é frequentemente combatido em ações civis públicas do Ministério Público, estabeleceu que o orçamento do SUS somente pode ser usado para atividades que atendam, simultaneamente, aos princípios estatuídos no art. 7º da LOS, e que: I - sejam destinadas às ações e serviços públicos de saúde de acesso universal, igualitário e gratuito; II - estejam em conformidade com objetivos e metas explicitados nos Planos de Saúde de cada ente da Federação; e III - sejam de responsabilidade específica do setor da saúde, não se aplicando a despesas relacionadas a outras políticas públicas que atuam sobre determinantes sociais e econômicos, ainda que incidentes sobre as condições de saúde da população (art. 2º). Para não pairar dúvidas, definiu expressamente o que são ações e serviços públicos de saúde para fins de utilização dos recursos do SUS (art. 3º) e o que não pode ser atribuído ao setor sanitário (art. 4º). Dessa forma, na discussão do conceito jurídico de integralidade, é preciso acrescentar aos parâmetros de caráter organizacional (ingresso no SUS e observância de seus pro-

cedimentos técnico-administrativos, inclusive os protocolos clínicos e as listas de medicamentos e procedimentos terapêuticos) e de segurança terapêutica (registro na ANVISA e proibição de produtos e procedimentos sem registro, experimentais e importados), que o direito à assistência terapêutica integral pressupõe observância do planejamento do SUS e de atividades típicas do setor saúde, não contemplando outras atividades que podem ser direito do cidadão, mas que se submetem a outro regime jurídico e não podem ser atribuídas ao SUS.

16. A incorporação, a exclusão ou a alteração de tecnologias em saúde no SUS é responsabilidade do Ministério da Saúde, submetendo-se a um procedimento administrativo específico, que pode ser iniciado por qualquer interessado, contém consultas e audiências públicas e tem prazo para acabar (180 dias, prorrogável por mais 90 se necessário for), finalizando com a emissão de Parecer Técnico-Científico (PTC) da Comissão Nacional de Incorporação de Tecnologias no SUS (CONITEC) que avalia a proposta, para a promoção da atualização periódica dos protocolos clínicos (art. 19-Q, LOS). O ato administrativo que acolhe ou não determinada tecnologia médica constitui decisão administrativa de padrão técnico, posto que fundado em critérios de eficácia, acurácia, efetividade, segurança e custo-efetividade (art. 19-Q, §2º, incisos I e II, LOS), que passa pelo crivo da participação da comunidade (consulta e audiência públicas) e publicidade (das discussões e do PTC, inclusive em sítio eletrônico próprio), somente contornável se houver *error in procedendo* (desobediência de normas procedimentais, como o prazo e a publicidade) ou evidente erro científico demonstrado em ação civil pública (sobre a possibilidade de ação civil pública para corrigir protocolos, cf. o Capítulo 12).

17. A Política Nacional de Medicamentos (PNM), concebida depois de amplo debate nacional e com a participação da sociedade civil (gestores e profissionais de saúde, associações de médicos e pacientes, conselhos de saúde), e confirmada por Conferência Nacional da Saúde e regulamentação do Conselho Nacional da Saúde (Resolução CNS 338/2004, que instituiu a Política Nacional de Assistência Farmacêutica/ PNAF), foi instituída por meio de um ato juridicamente qualificado, a Portaria MS 3.916/88, que estipulou parâmetros jurídicos e regulamentos técnicos de acesso e uso dos medicamentos, como a elaboração de uma relação de medicamentos essenciais (RENAME), a preferência por medicamentos genéricos, o uso racional dos medicamentos e o controle público da segurança, eficácia e qualidade dos produtos fármacos, com a repartição de atribuições de planejamento, financiamento e execução das atividades farmacêuticas dependente de pactuação dos gestores do SUS.

18. A organização dos programas públicos que formam a Política Nacional de Medicamentos (PNM) não permite a escolha de particulares por qualquer produto fármaco existente no mercado, devendo o portador de uma prescrição médica, que deve observar regras éticas e legais da medicina, ingressar no SUS em um de seus programas de assistência farmacêutica (componente básico da AF, componente estratégico da AF e componente especializado da AF, cf. Portaria MS 204/07 e Portaria MS 837/09, e assistência oncológica, cf. Portaria MS 2.439/05 e Portaria MS 834/13, este último caso disponível apenas nos hospitais credenciados no Ministério da Saúde, as Unidades de Alta Complexidade em Oncologia/UNACON e os Centros de Alta Complexidade em Oncologia/CACON) e prosseguir no tratamento segundo os regramentos administrativos;

19. Seguindo as diretrizes da PNM, as prescrições médicas de remédios devem respeitar as regras legais e éticas da profissão do médico, segundo normatização do Conselho Federal de Medicina e a legislação sanitária (identificação legível do médico, com seu registro no conselho profissional, e do estabelecimento médico; descrição do produto fármaco, a forma farmacêutica e sua concentração; obediência às normas específicas de controle, como o receituário de controle especial, o retido em farmácia e o de psicotrópicos), e quando utilizadas no SUS, obrigatoriamente, devem adotar a Denominação Comum Brasileira (DCB), ou seja, o princípio ativo da droga, jamais a marca do produto, seja em razão do princípio constitucional de licitação que proíbe à Administração Pública a aquisição por marca comercial, quando outros produtos de mesma natureza estão disponíveis no mercado (art. 37, CF, e Lei 8.666/93), seja em razão de expressa proibição legal (art. 3º, Lei nº 9.787/90).

20. É possível, em hipóteses excepcionais, o uso experimental ou humanitário de medicamentos sem registro na ANVISA, ainda que dependam de importação, desde que o interessado tenha uma doença debilitante grave ou que ameace sua vida e não exista outra alternativa terapêutica disponível, por meio de programas de pesquisa clínica (experimento médico, com autorização e acompanhamento de comissões de ética), de acesso expandido (fornecimento de medicamento novo, sem registro na ANVISA e não comercializado no país, em adiantado estado de estudo clínico, para um grupo de pacientes), de fornecimento de medicamento pós-estudo (disponibilização gratuita de medicamentos a paciente de pesquisa clínica encerrada) e de uso compassivo (disponibilização de medicamento novo, promissor, em processo de desenvolvimento clínico, para pacientes que não estejam contemplados nos outros programas). Nesses casos, o paciente deve ingressar nos programas de droga experimental ou acesso excepcional e obter a aprovação e a fiscalização da ANVISA, bem como, das Comissões de Ética em Pesquisa do hospital que sedia o experimento (CEP) e do Conselho Nacional de Ética em Pesquisa (CONEP) no caso de pesquisa clínica, devendo todo o tratamento ser custeado, enquanto perdurar a necessidade do doente, pela indústria farmacêutica interessada ou pela empresa patrocinadora (Resolução CNS 466, de 12 de dezembro de 2012, e Resolução RDC 38, de 12 de agosto de 2013).

21. Nas compras públicas de medicamentos, deve ser respeitada a fixação de preços da CMED (Câmara de Regulação do Mercado de Medicamentos) e, em relação a determinados produtos fármacos, como os do componente especializado (medicamentos excepcionais ou de alto custo), os do programa de tratamento de DST/AIDS, os hemoderivados, os antineoplásicos e adjuvantes do tratamento do câncer, e os decorrentes de ação judicial, o CAP (Coeficiente de Adequação de Preços), desconto mínimo obrigatório que as empresas produtoras e as distribuidoras de medicamentos devem aplicar nas vendas, incluindo, repita-se, as oriundas de ordens judiciais (Resolução CMED 4, de 18 de dezembro de 2006).

Em resposta ao primeiro objetivo, portanto, devemos concluir que o conjunto de normas legais e administrativas que integram a legislação sanitária brasileira, vista como um todo harmônio, coeso e sistemático como deve ser o ordenamento jurídico, sob pena de se aceitar voluntarismos para casos singulares (Kelsen, 2011 e Cannaris, 2012), constitui o regime jurídico-constitucional do SUS, que contempla claramente um conceito de integralidade sistêmica ou regulada e os parâmetros legais para usufruto de quem pretende escolher a assistência na rede pública de saúde, não em hospitais e clínicas privadas .

A pesquisa retrospectiva das ações judiciais em face da legislação sanitária

As principais características das ações judiciais, que buscamos como objetivos secundários do trabalho, são as seguintes:

- Houve um acréscimo gradual das ações judiciais durante os anos pesquisados, em termos quantitativos (9.385 ações em 2010, atingindo a soma de 14.383 em 2014) e econômicos (somando as novas ações com outras em cumprimento, de quase 189 milhões de reais gastos em 2010 a quase 395 milhões em 2014);
- O maior impacto financeiro foi causado pelas demandas de medicamentos, que em 2014 custaram para a SES/SP quase 325 milhões de reais, destacando-se, dentre eles, os medicamentos não padronizados no SUS (em 2014, foram 58,23% do total gasto com a judicialização, consumindo quase 190 milhões de reais), os do componente especializado (22,88% em 2014) e os oncológicos (17,82% em 2014);
- Dentre os medicamentos mais judicializados, as insulinas análogas de longa duração e as de ação rápida para o tratamento de diabetes mellitus tipo I predominam, a despeito dos equivalentes terapêuticos disponibilizados pelo SUS (insulinas NPH e regular) e de contrário Parecer Técnico-Científico da CONITEC;
- Em todos os anos pesquisados foram comuns as decisões judiciais para o fornecimento de medicamentos sem registro na ANVISA, importados e experimentais, crescendo anualmente a compra dos importados de iniciais 28 milhões, correspondendo a 16,89% dos judicializados (2010), para mais de 97 milhões de reais para comprar 29,97% dos judicializados (2014);
- Também foi constante a determinação judicial de compra de produtos por marca, sejam medicamentos, materiais ou itens de nutrição, em uma grande variedade de tipos de difícil manejo pelo gestor público (Tabelas 8 e 9);
- O Estado vem sendo condenado a prestações sanitárias de atribuição de outros entes federativos, como exemplifica o caso dos medicamentos essenciais, que são de responsabilidade dos Municípios, mas o gestor estadual vem sendo compelido judicialmente a comprá-los e distribui-los para os pacientes-autores, em uma variedade impressionante de marcas e apresentação farmacêutica, o que em 2014 correspondeu a 0,53% dos casos, ao custo de mais de 1 milhão e 700 mil reais;
- São frequentes as condenações do SUS para o fornecimento de prestações *atípicas*, ou seja, sem relação com as atividades assistenciais de saúde, como absorventes femininos, hidratantes, sabonetes, antisséptico bucal, colchões, travesseiro, filtro de cerâmica, achocolatados, adoçantes, água mineral, água de coco e as fraldas, neste último caso com significativa variedade em razão da marca e do modelo exigidos (foram encontradas 23 marcas e tamanhos diferentes de fraldas geriátricas, 28 marcas e tamanhos diferentes de fraldas infantis e 2 tipos diferentes de fraldas juvenis);
- Com relação à origem das prescrições médicas, os hospitais e as clínicas privadas foram responsáveis pela maior parte das ações judiciais, em percentuais sempre superiores a 50% e em aumento crescente até 2014, quanto atingiram 60,5% dos casos;
- Os médicos do SUS, apesar disso, também são responsáveis pelas prescrições usadas nas ações judiciais, constituindo em 2014, à semelhança dos anos anteriores, 20,4% dos casos (UBS, Centros de Saúde e Ambulatórios Médicos de Especialidades), com um pequeno percentual oriundo de hospitais públicos (em 2014, foram 8,7%);

- A distribuição das ações judiciais pelas regiões do Estado de São Paulo é bastante desigual, segundo o Índice Paulista de Judicialização da Saúde, atingindo em alguns lugares patamares que chamam a atenção, sobretudo Barretos (IPJS de 64,80%), São José do Rio Preto (IPJS de 43,60%), Ribeirão Preto (IPJS de 40,78%), Franca (IPJS de 37,95%) e Presidente Prudente (IPJS de 31,75%), bem superiores à média de outras localidades, inclusive a Grande São Paulo (IPJS de 4,21%);
- As demandas judiciais são manejadas ora contra o Estado, ora contra o Estado em solidariedade com a União e/ou os Municípios, com nítida predominância do gestor estadual (sozinho em 64,87% das ações, com o Município em 34,43%, com o Município e a União em 0,37% e junto com a União em 0,06% dos casos), sem existir critério para a escolha do ente administrativo responsável;
- O mandado de segurança, ação judicial que não permite a produção de provas, corresponde a 25,20% dos casos, sendo frequente a concessão de liminares no começo do processo, sem a ouvida da outra parte (*inaudita altera pars*).

Ora, os dados estatísticos encontrados revelam que as decisões judiciais em regra acolhem acriticamente os pedidos formulados nas ações judiciais de assistência farmacêutica, desconsiderando em bloco todas as normas jurídico-constitucionais da saúde pública e do SUS, pois elas:

1 Desconsideram que as políticas públicas, como programas de ação governamental organizados para atender a todos sem privilégios, em condições de igualdade, conforme as possibilidades financeiras do Estado, desenham os contornos jurídicos do direito à saúde, que não é isolado e absoluto *por determinação constitucional*. Assim, quando alguém postula determinado medicamento alegando que ele não é fornecido pelo Estado, o juiz de direito deveria preliminarmente questionar o Sistema Único de Saúde para saber se a assistência farmacêutica requerida possui evidência científica (medicina baseada em evidências), se é fornecida regularmente nos programas de medicamentos ou se existe outra alternativa terapêutica pública possível nos programas públicos.

2 Não ponderam, nem minimamente, as questões relacionadas com o mínimo existencial e a reserva do possível. O incremento anual das ordens judiciais, em progressão que aumentou ano a ano durante o período pesquisado (de 9.385 ações judiciais em 2010, passou-se para 14.383 em 2014, cf. Tabela 1 e Figura 2), mesmo quando o gestor estadual do SUS criou um pedido administrativo para produtos não padronizados tentando evitar a judicialização (Figura 3), com impacto orçamentário que atingiu a soma de quase quatrocentos milhões de reais em 2014 quando a elas se somam as determinações judiciais dos anos anteriores em cumprimento (Tabela 2), é sintomático sobre a irrelevância que os argumentos de reserva do possível e escassez de recursos assumiram na jurisprudência. O fator econômico, na realidade, não sensibiliza os juízes.

3 Não compreendem que o verdadeiro embate subjacente aos litígios em matéria de saúde não se dá entre a saúde e o "interesse financeiro e secundário" do Estado, conforme afirmado em conhecida jurisprudência do STF, mas entre a vida (e a saúde) de uns e a vida (e a saúde) de outros. Ao prestigiar supostamente a vida ou a saúde do paciente-autor, em detrimento das questões orçamentárias, em uma espécie de sentimento moral para salvar indivíduos que já foi denominado *rule of rescue* (Wang, 2012), os juízes provocam a violação do direito à saúde de outras pessoas, preferindo sobrepor o interesse individual, frequentemente reconhecido em liminares sem dilação probatória, ao interesse coletivo.

4 Desrespeitam a repartição de competências administrativas dos gestores do SUS, provocando uma desorganização da atividade estatal. Ao desprezar a divisão administrativa das atividades que competem à União, aos Estados e aos Municípios, condenando o ente federativo ao fornecimento de fármaco como e onde quiser o autor do processo, sozinho ou em solidariedade com outro gestor (Tabela 11), o Poder Judiciário determina que os gestores do SUS realizem as mesmas tarefas administrativas, com a sobreposição de atividades de planejamento, financiamento e execução, desperdiçando-se recursos humanos e econômicos. Viola-se, nesta hipótese, a descentralização político-administrativa (art. 198, I, CF), com sua ênfase na municipalização dos serviços sanitários (art. 7º, IX, a, LOS), a responsabilidade dos Municípios de prestar diretamente os serviços assistenciais, embora com a colaboração técnica e financeira da União e dos Estados (art. 30, VII), a divisão de competência administrativa estipulada pela Lei Orgânica da Saúde (art. 16, I a XIX, art. 17, I a XIV, e art. 18, I a XII, LOS) e a pactuação proporcionada pelo federalismo cooperativo brasileiro (art. 19-U, LOS).

5 Permitem, como regra geral, que prescrições médicas particulares, formuladas para pacientes que estão sendo tratados em hospitais e clínicas privadas, sejam utilizadas para a obtenção de medicamentos e produtos de alto custo à margem dos programas do SUS. Superior a 50% dos casos, o percentual das prescrições médicas privadas nas ações judiciais manejadas contra o SUS foi majoritário em todos os anos pesquisados, atingindo o patamar de 60,45% no ano de 2014 (Tabela 3 e Figuras 4 a 8). Com isso, viola-se o modelo sistemático para as ações e serviços públicos de saúde, o princípio da unidade ou unicidade do SUS e a equidade em saúde, criando-se situações discriminatórias (art. 198, CF, e art. 7º, II, LOS). É preocupante que, mesmo depois de determinação normativa expressa no sentido contrário (art. 28, do Decreto Federal 7.508/11), o posicionamento do Poder Judiciário não tenha se alterado, persistindo o acolhimento generalizado de prescrições oriundas de hospitais e clínicas privadas, em todos os anos chegando perto de 60% dos casos, percentual ultrapassado em 2014. A proibição em lei complementar de que recursos do SUS sejam utilizados fora de seus programas, para situações que ofendam o caráter universal e igualitário e os planos de saúde (art. 1º, LC 141/12), da mesma forma, nenhuma repercussão teve na jurisprudência. O uso da prescrição médica particular na rede pública de saúde somente pode ser aceito em caráter excepcional, por decisão administrativa do gestor do SUS, para garantir o acesso em casos pontuais (Portaria GM/MS nº 2.928, de 12 de dezembro de 2011), jamais como regra geral, indiscriminadamente, sem que fiquem demonstradas pelo autor eventuais falhas da Administração Pública.

6 Acolhem, apesar de corresponderem a um percentual menor, as prescrições de médicos do SUS, sem uma avaliação técnica mínima, determinando o fornecimento de produtos e serviços à margem das políticas públicas. Em todos os anos pesquisados foram utilizadas prescrições médicas de unidades do SUS (Tabela 3 e Figuras 4 a 8), que cresceram em número e em custo, ficando em primeiro lugar as unidades básicas de saúde e os ambulatórios de especialidades (com 4.194 casos em 2010, atingiram 8.048 casos em 2014) e, depois, os hospitais públicos (2.382 casos em 2010, atingindo 3.433 casos em 2014). Está comprovado, portanto, que pacientes em tratamento ambulatorial ou hospitalar do SUS também optam pela via judicial para garantir sua assistência em saúde, ou por deficiências próprias da rede pública (afirmação depen-

dente de prova no processo judicial) ou, o que é provável no contexto das agressivas estratégias da indústria farmacêutica (descritas, em linhas gerais, no item 11.10 do Capítulo 11), para descumprir a legislação sanitária de acesso a drogas experimentais ou de uso excepcional. Os médicos que estabelecem um vínculo profissional com o sistema de saúde submetem-se às regras técnicas e administrativas e aos princípios e diretrizes do SUS (art. 4º, §§1º e 2º, e art. 24, §2º, LOS), como os protocolos clínicos e as listas de medicamentos (art. 19-T, LOS), a proibição de indicação de fármacos não padronizados, experimentais, sem registro na ANVISA e importados (art. 19-T, LOS) e a escolha de marca (art. 3º da Lei 9.787/99). Suas prescrições devem seguir, rigorosamente, as regras ético-legais do Conselho Federal de Medicina (item 8.3 do Capítulo 8), o que não é fiscalizado pelos juízes. Nas hipóteses de droga experimental, acesso expandido, medicamento pós-estudo e uso compassivo, os médicos públicos, como ocorre com os profissionais privados, somente podem prescrever o tratamento depois de cumprir os requisitos legais dos programas de acesso excepcional (Resolução CNS 466/11 e Resolução RDC 38/13). A pesquisa revelou, porém, que todas essas normas jurídicas são ignoradas e que a prescrição médica pública não é um atestado de idoneidade: deve, sempre, ser confrontada com a legislação sanitária e os programas de medicamentos do SUS.

7   Acolhem demandas atípicas, ou seja, que não constituem ações e serviços do setor da saúde, desviando os recursos do orçamento sanitário, montado de acordo com o planejamento do SUS, para outros serviços. Os registros demonstram que as decisões judiciais vêm drenando recursos do orçamento da SES/SP para comprar mercadorias como absorventes femininos, hidratantes, sabonetes, antisséptico bucal, colchões, travesseiros, filtros de cerâmica, achocolatados, adoçantes, água mineral, água de coco e fraldas. Mesmo com a criação de um sistema legal de controle das verbas sanitárias pela LC 141/12, que definiu expressamente o que são e o que não são ações e serviços públicos de saúde, o Poder Judiciário não alterou o seu posicionamento, continuando a proferir decisões para o fornecimento de produtos atípicos para a saúde, não previstos nos planos e programas do SUS (Tabela 19).

A violação do sistema de controle do orçamento sanitário, como não deixa dúvida a redação do 2º da LC 141/12, se dá também com as condenações judiciais de entrega generalizada de produtos fármacos para tratamento em hospitais e clínicas privadas (Tabela 3 e Figuras 4 a 8), não previstos nos programas de medicamentos (Tabelas 5, 6 e 7), de uma marca específica (Tabela 8) e de medicamentos importados, com ou sem exigência de marca (Tabelas 7 e 9).

8   Acolhem, como regra geral, pedidos de remédios e produtos não padronizados, ou seja, não previstos nos Protocolos Clínicos e Diretrizes Terapêuticas (PCDT) e nas relações de medicamentos do SUS, como a Relação Nacional de Medicamentos Essenciais (RENAME), instituída por orientação da Organização Mundial da Saúde (OMS). Desrespeitando a pactuação dos entes federativos e a Política Nacional de Medicamentos (PNM), as decisões do Poder Judiciário recaem, como regra geral, em produtos não previstos nos protocolos clínicos e nos programas de medicamentos (Tabelas 5, 6, 7 e 8), apenas porque ouve uma escolha particular (do médico e/ou paciente). A Tabela 5, que compara as ações judiciais de medicamentos padronizados (pacientes obtêm judicialmente os produtos do SUS, mas seguem o tratamento sem ingressar na rede pública de saúde) com as de outros medicamentos, compro-

va a permanência desse fenômeno em todos os anos pesquisados, representando o desvio de expressivo montante de recursos públicos para terapias não previstas nas políticas públicas, que atingiu em 2014 o valor global de R$ 189.097.456,00 para atender 58,23% dos casos. Em 2014, confirmando o quadro dos anos anteriores, R$1.723.976,38 foram gastos somente para medicamentos do componente básico (0,53%), que são de responsabilidade dos Municípios. Em todo o período pesquisado, por outro lado, houve determinação de compra de produtos de uma marca específica, sejam medicamentos, materiais, nutrições, e itens e procedimentos diversos (Tabela 8), de medicamentos importados, alguns sem o registro na ANVISA e outros possuidores do registro sanitário, mas não comercializados no país. Mesmo no que tange aos importados, as decisões judiciais determinam uma marca específica, o que foi verificado em 2010 (22 ações), 2011 (33 ações), 2012 (40 ações), 2013 (65 ações) e 2014 (121 ações). Tudo somando, conclui-se que o Poder Judiciário desconsidera, como regra geral, os protocolos clínicos, as diretrizes terapêuticas, as relações de medicamentos e os programas de droga experimental e de acesso excepcional, determinando até mesmo a importação do medicamento, o que está proibido no Brasil, salvo autorização do Ministério da Saúde, desde 1976 (arts. 10 e 24, Lei 6.360/76) (Tabela 9). Os dados registrados nas Tabelas comprovam, mais uma vez, que mesmo o advento de expressa determinação legal no sentido de que a assistência farmacêutica integral corresponde aos protocolos clínicos e às diretrizes terapêuticas ou, na falta, às listas suplementares pactuadas (art. 19-M, I e art. 19-P, LOS, na alteração da Lei 12.401/11), e de que os recursos sanitários previstos nos programas decorrentes do planejamento sanitário não podem ser desviados para situações particularizadas que violam o acesso universal e igualitário do SUS (art. 2º, I a III, LC 141/12), não alterou os rumos da jurisprudência, persistindo as decisões judiciais que condenam o SUS no fornecimento de produtos fármacos não padronizados aos pacientes-autores, tão somente porque prescritos por seus médicos.

9 Determinam, não aceitando os argumentos do SUS de que deve prevalecer o princípio ativo ou a denominação genérica (explicados a pacientes-autores e levados aos processos judiciais pela Procuradoria Geral do Estado), o fornecimento de remédios e produtos de uma marca específica da indústria fármaco-hospitalar, em desrespeito aos princípios constitucionais da Administração Pública. A equivalência terapêutica entre produtos fármacos de mesmo princípio ativo é consenso científico, orientação da OMS, diretriz do sistema de registro sanitário da Lei 6.360/76, exigência dos princípios constitucionais da Administração Pública como a legalidade, a economicidade e a obrigação de procedimento licitatório (art. 37, *caput*, inciso XXI, e 40, *caput*, CF, e Lei 8.666/93), direito do consumidor, que não pode ser enganado (art. 6º, II e III, e arts. 39 a 41, CDC, a Lei 8.078/90), e regra de cumprimento obrigatório dos médicos, que devem observar as práticas cientificamente reconhecidas e a legislação vigente (capítulo II, II, CEM, a Resolução CFM 1.931/09). Desde 1999, com a alteração da Lei 6.360/76 pela Lei 9.787/99, a Denominação Comum Brasileira (DCB), ou, na falta, a Denominação Comum Internacional (DCI), deve obrigatoriamente ser adotada nas prescrições médicas e odontológicas utilizadas no âmbito do SUS (art. 3º), ficando proibida a referência à marca. As ordens judiciais em nossa pesquisa, porém, reiteradamente determinam o fornecimento de medicamentos e produtos de uma marca específica, impedindo a Administração Pública de fornecer o mesmo pro-

duto, porém de outra marca ou genérico, se estiver disponível na rede, ou de realizar uma adequada licitação (Tabelas 8, 12 a 16 e 21).

10 Determinam o fornecimento de remédios e produtos não registrados na ANVISA, violando frontalmente o ordenamento jurídico sanitário brasileiro que, desde 1976, proíbe a comercialização no país de produtos que afetam a saúde das pessoas sem a comprovação, por meio de testes laboratoriais e em seres humanos, de eficácia e de segurança terapêutica, condição para a obtenção do registro sanitário. Com grande impacto econômico, inclusive por impossibilitar um procedimento licitatório adequado, muitas vezes colocando a Administração Pública à mercê da indústria farmacêutica (produto único, vendido no exterior, muitas vezes com escolha de marca e prazo exíguo para o cumprimento da ordem judicial), as decisões judiciais obrigaram o gestor estadual do SUS, durante os cinco anos pesquisados, a comprar produtos sem registro na ANVISA para os pacientes-autores, para uso sem segurança terapêutica e acompanhamento de farmacovigilância (Tabela 9), ensejando importações de mercadorias com custo bem superior do que ocorreria se fossem utilizados os medicamentos dos programas públicos (Tabela 7).

Apesar da necessidade do registro sanitário, um dos pilares da saúde pública, que não pode ficar refém de interesses econômicos da indústria fármaco-hospitalar e deve atentar para padrões de segurança da tecnologia médica, o Poder Judiciário persistentemente determina a compra e a entrega de produtos fármacos sem o registro na ANVISA a pacientes-autores, apenas porque prescritos por médicos (que conhecem as regras ético-legais para o uso excepcional ou experimental de drogas novas), colocando-os em risco em tratamentos que não se submetem aos controles de pesquisa clínica e farmacovigilância, mesmo depois da alteração da Lei Orgânica da Saúde pela Lei 12.401/11, que, mais uma vez, positivou proibição expressa (art. 19-T, LOS).

11 Permitem o tratamento experimental, com drogas novas que não possuem registro no Brasil e, por vezes, sequer no exterior, à margem dos programas de acesso excepcional e dos mínimos controles ético-legais de pesquisa clínica que, desde as atrocidades da Segunda Guerra Mundial, vêm sendo exigidos pela comunidade mundial, especialmente com a Declaração de Helsinki (Princípio 30) e a Nota de Clarificação da 55ª Conferência da Associação Médica Mundial (2004) (item 8.2 do Capítulo 8). Com efeito, ignorando até mesmo o reforço legislativo do art. 19-T da LOS, introduzido em 2011 para dizer o mesmo que diz a Lei 6.360/76 (art. 10, 12 e 24), os juízes e tribunais sequer analisam o tema do tratamento experimental para deferir, acriticamente, pedidos de medicamentos sem registro sanitário. Casos excepcionais de uso experimental ou humanitário dependem de requisitos legais como o consentimento do paciente, o controle ético e o financiamento da indústria farmacêutica ou da empresa patrocinadora (Resolução CNS 466/12 e Resolução RDC 38/13), mas as ordens judicias têm permitido aventuras terapêuticas pagas com dinheiro público.

12 Determinam a compra de produtos importados, sem seguir os trâmites legais, provocando um "contrabando oficial" de produtos e serviços. Somente duas conclusões podem ser retiradas disso: ou o Poder Judiciário está sendo utilizado para contrabandear produtos ilegais no Brasil (repita-se: se necessários, bastaria autorização da ANVISA para a importação, medida burlada com a judicialização), ou a judicialização está servindo para chancelar criminosos que, já tendo introduzido ilegalmente os produtos fármacos no país, aguardam apenas a ordem judicial para vendê-los. Enga-

nadas, as autoridades públicas podem até responder por improbidade administrativa, em caso de má-fé (Lei 8.429/91).

13 Possibilitam, mais uma vez favorecendo os interesses da indústria farmacêutica, a venda de medicamentos sem a observância dos preços delimitados pelos regulamentos técnicos da CMED (Câmara de Regulação do Mercado de Medicamentos), inclusive o desconto mínimo CAP (Coeficiente de Adequação de Preços), (Resolução CMED 4/06). Evidentemente as ordens judiciais que fixam prazos curtos para o fornecimento das drogas e estabelecem singularidades que dificultam ou impedem a licitação (marca comercial, apresentação específica, necessidade de importação, etc.) servem, quase sempre, para colocar a Administração Pública como refém da farmacoindústria, que vende o produto pelo preço que quer e sem o desconto CAP.

14 Permitem, apesar da complexidade das políticas públicas de saúde exigir instrução probatória, a utilização do mandado de segurança para a obtenção de medicamentos e produtos, impossibilitando qualquer defesa processual da Fazenda Pública, o que correspondeu a 25,20% das ações judiciais de nossa pesquisa (Figura 1). Juntamente com as liminares concedidas *inaudita altera pars* (no início do processo judicial, sem ouvir a outra parte), isso tem representando o principal obstáculo processual para a Justiça se efetivar nos casos concretos. Os argumentos relacionados com os temas que circundam as políticas públicas de saúde, como a existência de alternativa terapêutica do SUS, a necessidade de comprovação de evidência científica (medicina baseada em evidências/MBE) e a verificação de hipóteses de droga experimental ou uso excepcional, dentre outros assuntos, demandam instrução probatória, como sugerimos no Capítulo 12, sendo inadmissível a via do mandado de segurança. Não existe direito líquido e certo a um determinado medicamento descolado dos programas inseridos nas políticas públicas, muito menos quando prescrito por médico particular, sem a observância das regras ético-legais da prescrição médica, em instituições de saúde particulares.

15 Desconsideram a realidade fática por trás de grande parte da judicialização da saúde: as estratégias da indústria farmacêutica, denunciadas com profundidade pela literatura científica (item 11.10 do Capítulo 11). As características das ordens judiciais pesquisadas no nosso estudo, em todos os aspectos, demonstram que, no Brasil, tais práticas antiéticas e ilegais vêm produzindo um bom resultado, servindo para aumentar os lucros já estratosféricos de uma das indústrias mais poderosas e ricas do mundo (Angell, 2010). Juízes e tribunais, induzidos em erro por médicos inescrupulosos e por advogados responsáveis pelas ações judiciais, desconfiam *a priori* das políticas públicas do SUS, para dar crédito a médicos e propagandistas.

Assim, no que tange ao segundo objetivo do trabalho, a análise dos dados registrados no sistema SCODES da SES/SP de 2010 a 2014 mostra que o Poder Judiciário, ao julgar as demandas individuais, tem se distinguido pela rejeição completa da legislação sanitária brasileira, mesmo a do patamar constitucional. As decisões judiciais nesse sentido expressam, seguramente, o desconhecimento dos contornos jurídicos do direito à saúde, do que sejam políticas públicas e do funcionamento do SUS, com o desrespeito contínuo à legislação sanitária que trata da integralidade da saúde.

É importante destacar que a situação não é a de eventual declaração incidental de inconstitucionalidade de alguma norma jurídica, que o juiz pode fazer por meio do controle difuso de constitucionalidade[1], sempre dependente do *conhecimento prévio da existência da norma jurídica sanitária* e *do seu afastamento por meio de um discurso argumentativo persuasivo que deve ter fundamento dogmático*, mas, pura e simplesmente, de recusa ampla de todo o ordenamento jurídico sanitário.

Essa situação tornou-se mais grave ainda depois dos novos marcos legais da integralidade surgidos a partir de 2011, pois as regras de obrigatoriedade de ingresso no SUS, prescrição por médico do SUS, respeito aos protocolos clínicos e procedimentos técnico-administrativos, e proibição de produtos sem relação com o setor sanitário, sem registro na ANVISA, importados e experimentais, foram positivadas expressamente, quase sempre em texto de lei (Lei 12.401/11, Lei 12.466/11, Decreto 7.508/11 e LC141/12), mas o posicionamento dos juízes e tribunais não se alterou.

As propostas para a judicialização

Diante desse quadro, tornou-se fundamental pensar em propostas de enfrentamento da judicialização da saúde que, sem desconsiderar a necessidade de atendimento integral do paciente do SUS, de acordo com suas necessidades clínicas, propiciassem o respeito às políticas públicas formuladas segundo o regime jurídico-constitucional do SUS.

Atendendo ao terceiro objetivo deste trabalho, portanto, propomos a preferência pela solução extrajudicial dos conflitos e, no caso de demandas judiciais, ênfase na correção das políticas em ação civil pública, não em ações individuais. Sugerimos, para tanto:

1   Centros de Triagem Farmacêutica: setor específico em cada região de saúde, coordenado pelo Estado-membro e com participação dos demais gestores interfederativos do SUS, para orientar os pacientes, objetivando o atendimento de suas necessidades dentro do SUS.

2   Câmaras Técnicas de Conciliação Extrajudicial: para casos clínicos excepcionais, de difícil diagnóstico e tratamento, setor específico de conciliação em cada região de saúde, também sob a coordenação do Estado-membro e a participação dos demais gestores interfederativos, com possibilidade de consulta técnica de especialistas, objetivando atendimento no SUS e providências para assistência nos casos de ausência de alternativa terapêutica disponível ou pesquisa clínica, fazendo-se a inclusão das novas tecnologias por meio da CONITEC.

3   Fortalecimento e divulgação da ANVISA: intensificação de mecanismos de transparência, rapidez para o registro sanitário e publicidade, nas atividades da ANVISA, por parte dos gestores do SUS.

4   Fortalecimento e divulgação da CONITEC: intensificação de mecanismos de transparência, incorporação rápida de tecnologias e publicidade, nas atividades da CONITEC, por parte dos gestores do SUS.

5   Câmaras Técnicas de Conciliação Extrajudicial: setor de conciliação extrajudicial, especialmente sob coordenação do Ministério Público, evitando-se o ajuizamento de ações judiciais desnecessárias.

6   Varas Especializadas em Saúde Pública: instituição de Varas de Saúde Pública pelos Tribunais de Justiça.

---

1 No processo, incidentalmente, e não em ações diretas de inconstitucionalidade (controle concentrado) (Mendes; Branco, 2013, e Barroso, 2013).

7 <u>Câmaras Técnicas de Conciliação no Poder Judiciário</u>: criação de setor de conciliação pelo Poder Judiciário.

8 <u>Ações Individuais; observância restrita dos protocolos clínicos e relações de medicamentos</u>: em demandas individuais, respeito às políticas públicas legitimamente formuladas pelos gestores do SUS.

9 <u>Ações Civis Públicas: possibilidade de atualização dos protocolos clínicos</u>: correção de protocolos clínicos, diretrizes terapêuticas e listas oficiais do SUS por meio de ações coletivas.

No capítulo específico, foram elencadas as medidas que devem ser adotadas quando da solução extrajudicial dos conflitos, bem como, as informações técnicas que os juízes devem requisitar nos processos judiciais e as providências que obrigatoriamente devem determinar no caso de condenação do SUS, em respeito aos parâmetros de padronização dos tratamentos e preço regulado (Capítulo 12).

CAPÍTULO 14

Ponderações Finais

Registradas as conclusões de nossa pesquisa, no campo da análise jurídica (<u>primeiro objetivo</u>: regime jurídico-constitucional do SUS, conteúdo material do direito à saúde e integralidade sistêmica e regulada) e no da análise fenomenológica para confronto com o ordenamento jurídico sanitário (<u>segundo objetivo</u>: características das ordens judiciais, demonstrando o descumprimento do sistema jurídico sanitário pelo Poder Judiciário), com propostas para a correção dos problemas (<u>terceiro objetivo</u>: medidas de enfrentamento da judicialização), cabem ainda algumas ponderações finais.

Sabe-se, há tempos, que a "a aplicação do Direito difere essencialmente da criação do Direito" (Kelsen, 2011, p. 43), pois os juízes não estabelecem as normas jurídicas, mas as interpretam para a solução de um caso concreto (hermenêutica jurídica), aos poucos consolidando determinados posicionamentos (jurisprudência). É o Poder Legislativo que cria o direito posto (lei), complementado por atos normativos do Poder Executivo (decretos, resoluções, portarias, etc.), em um regime democrático. Ainda que se tenha acrescentado ao tradicional raciocínio do julgador conhecido como <u>técnica da subsunção</u>, segundo a qual a norma jurídica (premissa maior) incide sobre os fatos (premissa menor) para produzir um resultado (aplicação da norma ao fato concreto, solucionando o conflito – trata-se, em suma, de um raciocínio tipicamente silogístico), a <u>técnica da ponderação</u>, ou seja, a possibilidade de valoração de normas e princípios jurídicos, principalmente aqueles que tratam dos direitos fundamentais e entram em colisão, raciocínio típico do moderno neoconstitucionalismo que confere maior liberdade à interpretação judicial, isso não significa que o Poder Judiciário pode ignorar a legislação, para "criar" o Direito livremente, de acordo com escolhas subjetivas e imprevisíveis.

Em um século marcado por tantas novidades tecnológicas, ninguém mais defende o positivismo jurídico puro, restringindo o papel do juiz à uma atividade autômata e robótica de mero cumprimento do texto da lei, sem poder trazer aos argumentos jurídicos que necessariamente devem constar de sua decisão (art. 93, IX, CF) ponderações de ordem filosófica, psicológica e sociológica que, em síntese, objetivam a efetivação concreta da Justiça. Direito sem Justiça não é Direito. De outro lado, com o advento do neoconstitucionalismo e da doutrina da imperatividade dos princípios e normas constitucionais, principalmente quando tratam dos direitos humanos que constituem a base para a vida de todas as pessoas com o mínimo de dignidade (mínimo existencial, de responsabilidade do Estado, decorrente do princípio da dignidade da pessoa humana – art. 1º, III, CF), maior liberdade interpretativa foi conferida ao Poder Judiciário, possibilitando-lhe a fundamentação de suas decisões em argumentos principiológicos e constitucionais, para a solução de conflitos com a concretização da Justiça no caso concreto (responsabilidade finalística do juiz). A Justiça deve ser buscada além da lei. Mas, a despeito do que querem entusiasticamente aqueles que postulam acriticamente direitos em ações judiciais (advogados, defensores públicos e membros do Ministério Público), como se o controle judicial fosse resolver todos os conflitos sociais, o neoconstitucionalismo e a técnica da ponderação não são um cheque em branco para o Poder Judiciário julgar de acordo com convicções pessoais, casuisticamente, ignorando-se a lei e o ordenamento jurídico como um todo.

A pesquisa retrospectiva das ações judiciais de medicamentos, insumos terapêuticos e produtos diversos (alguns, relembre-se, nem mesmo dizem respeito a atividades sanitárias, são mercadorias) propostas em face do Estado de São Paulo no período de 2010 a 2014, demonstra que, na judicialização da saúde, como deve estar ocorrendo possivelmente na judicialização de qualquer política, o que se verifica não é a ponderação de princípios e normas constitucionais ou, ainda, a utilização de um discurso argumentativo a favor ou contra determinada norma jurídica, com base na Constituição Federal de 1988, para a solução justa dos conflitos. O Poder Judiciário, em regra, não tem diante de si uma colisão de normas e direitos fundamentais, nem mede o valor constitucional de uma determinada norma jurídica (exercendo o ônus argumentativo correspondente, para demonstrar a suposta inconstitucionalidade, *ex vi* do art. 93, IX, CF, a permitir, ao menos, a defesa do SUS), mas, pura e simplesmente, rejeita em bloco todo o ordenamento jurídico brasileiro. Nem mesmo pode-se dizer que o objetivo é o de distribuir a Justiça, pois o que as ordens judiciais fragmentadas e individualizadas acarretam é muita injustiça, como denunciado sobejamente na literatura científica especializada.

Frise-se: nosso estudo demonstra que a judicialização da saúde, ao menos como vem sendo desenvolvida nas hipóteses de ação judicial de interesse individual, não constitui uma intervenção do Poder Judiciário em processos judiciais cuja lide corresponde a um conflito de princípios ou direitos fundamentais[1], *por estar ausente uma opção do legislador ou ela for conflitiva ou de difícil aceitação pela sociedade (falta de lei ou conflito de leis e princípios)*, que justificaria uma argumentação jurídica baseada na técnica da ponderação, objetivando uma solução possível e justa para o caso concreto. Muito ao contrário, trata-se de uma intervenção jurisdicional caracterizada, principalmente, pela recusa em bloco de toda a legislação sanitária (*a opção do legislador foi posta na norma jurídica*) que regulamenta detalhadamente o conteúdo material do direito à saúde e o regime jurídico-constitucional do SUS, em seus <u>parâmetros de caráter organizacional</u> (ingresso no SUS e observância de seus procedimentos técnico-administrativos, inclusive os protocolos clínicos e as listas de medicamentos e procedimentos terapêuticos), de <u>segurança terapêutica</u> (registro na ANVISA e

---

1 Frequentemente a doutrina chama esses casos de *hard cases*, ou seja, casos difíceis, pois, *na ausência de uma regra no ordenamento jurídico que resolva o conflito, ou na incidência de duas ou mais regras solucionadoras, ou ainda quando a hipótese causa estranheza aos costumes vigentes,* o julgador usa certa discricionariedade para julgar, sobretudo por meio de um discurso argumentativo baseado em princípios constitucionais e na teoria dos direitos humanos, demonstrando as razões pelas quais optou por uma posição jurídica.

proibição de produtos e procedimentos sem registro, experimentais e importados), e de pla-nejamento (planos de saúde, com vinculação das verbas sanitárias para atividades típicas do setor saúde que respeitem o acesso universal e igualitário). A técnica da ponderação, quando utilizada, serve apenas para esconder o desconhecimento ou o desprezo da lei, para permitir decisões subjetivas e arbitrárias, à margem do sistema jurídico.

Por desconhecimento da legislação sanitária, mesmo a do patamar constitucional, da essencial Lei Orgânica da Saúde, e do Direito Sanitário[2], disciplina que não consta da grade curricular das faculdades de direito, e com base tão somente na primeira parte do art. 196 da Constituição Federal, esquecendo-se do restante deste dispositivo legal e de todas as demais normas e princípios constitucionais da saúde pública, juízes e tribunais, impulsio-nados por advogados, defensores públicos e membros do Ministério Público, condenam o SUS ao fornecimento de qualquer tecnologia em saúde, bastando para tanto a prescrição de um médico, ainda que irregular e elaborada em clínica ou hospital particular. Sequer con-sideram os programas de medicamentos do SUS, pervertendo a própria concepção do que sejam políticas públicas. São condenações, como comprovado na pesquisa retrospectiva, para o fornecimento de medicamentos e produtos de uma marca específica, não padroniz-ados em protocolos clínicos e relações de medicamentos formulados de acordo com a CF e lei sanitária, sem registro na Agência Nacional de Vigilância Sanitária (ANVISA), im-portados e experimentais, que descumprem todas as normas jurídicas que tratam da saúde pública e do sistema público de saúde brasileiro, que remontam, ao menos, ao ano de 1976. Frequentemente são decisões liminares, proferidas no começo do processo judicial, sem a ouvida prévia do gestor do SUS e perquirição sobre a existência de política pública como sugerido pelo Conselho Nacional de Justiça (CNJ) desde 2010 (Rec. nº 31/2010), baseadas apenas na prescrição de um médico, que continua sendo vista como intransponível mesmo depois de todas as denúncias sobre as estratégias da indústria farmacêutica para vender medicamentos de imitação caros e desnecessários. São decisões para casos individuais, não coletivos, sendo sintomático que a SES/SP até hoje não tenha se preocupado em implantar um sistema informatizado para ações coletivas, apenas o SCODES para ações individuais de medicamentos e outros produtos. Tais decisões impõem à Administração Pública, muitas vezes, o descumprimento de outras normas jurídicas, como a obrigatoriedade de licitação e de respeito à eficiência e economicidade, obrigando-a à compra rápida de medicamentos e produtos pelo preço que a indústria farmacêutica quer, violando os padrões de preço e des-conto (CAP) da Câmara de Regulação do Mercado de Medicamentos (CMED).

As situações excepcionais, tão citadas por aqueles que gostam de generalizar as defici-ências do SUS sem conhecer minimamente suas virtudes (e defeitos, não se nega que exis-tem) e o seu funcionamento, dependem de instrução probatória e devem ser concentradas em ações civis públicas e coletivas, também para forçar a inclusão rápida de procedimentos terapêuticos necessários, como sugerimos no Capítulo 12, respeitando-se o sistema legal de inclusão de tecnologias sanitárias no SUS (CONITEC), inclusive porque tratamentos expe-rimentais são perigosos e devem ser eticamente controlados por comissões de ética e órgãos de vigilância sanitária, e o próprio SUS dispõe de programas de acesso expandido, forneci-mento de medicamento pós-estudo e de uso compassivo, realidades não ignoradas pela Lei

---

2 Os livros de Direito Sanitário que se encontram nas livrarias, quando existem, são muito poucos. Os *Vade mecuns* Jurídicos, coletâneas de leis utilizadas por estudantes e profissionais de direito, não contêm a LOS e nada da legislação sanitária, como pode ser verificado em qualquer edição. Com base em que estudo doutrinário e legal os agentes jurídicos postulam e julgam?

6.360/76 e pela Lei Orgânica da Saúde. Os casos excepcionais devem ser financiados pela empresa patrocinadora e pela indústria farmacêutica interessada, mas, conforme se depreende de nossa pesquisa, toda a legislação sanitária que os regulamenta é desconsiderada, por meio da judicialização de pedidos individuais mal instruídos, para experiências terapêuticas pagas pelo dinheiro público.

Decisões judiciais que desconsideram as políticas públicas como um todo, a Política Nacional de Medicamentos especificamente (exemplo de política construída democraticamente, com debate em Conferência Nacional, ampla discussão com gestores, médicos e doentes, com pactuação de responsabilidades dos entes da federação, de acordo com diretrizes da OMS e fundamentação em literatura científica), a tipicidade das ações e serviços públicos de saúde, a divisão de competências administrativas, os requisitos de uma prescrição médica, a obrigatoriedade da prescrição médica pública e do ingresso no SUS, os protocolos clínicos e os programas de medicamentos, a proibição de escolha de uma marca comercial, a necessidade de registro na ANVISA, a proibição de importados e as regras ético-legais do tratamento experimental, de modo sistemático ao longo de cinco anos, violam o regime jurídico do SUS *determinado pela própria Constituição*.

O casuísmo judicial *contra legem*, nesse sentido, traduz, na realidade, um problema de <u>falta de legitimidade constitucional do Poder Judiciário</u> que, impulsionado por entusiasmados advogados, avança sobre as atividades que competem constitucionalmente ao Poder Legislativo (lei) e ao Poder Executivo (políticas públicas), e descumpre o princípio da legalidade subjacente ao Estado Constitucional ou Democrático de Direito, desorganizando atividades administrativas e sugando os escassos recursos orçamentários, em prejuízo dos mais pobres. O "mínimo existencial" torna-se o "máximo" para quem souber defender seus interesses perante o Poder Judiciário, por mais caro que tenha se tornado a tecnologia médica no mundo contemporâneo, que nenhum sistema público de saúde tem condições de suportar acriticamente (daí a necessidade de regras de inclusão tecnológica e os protocolos clínicos), ficando de fora os mais humildes, que dependem da rede pública de saúde, esvaziada com a retirada dos recursos sanitários para atender os mais ricos (mais uma vez, contra a lei, notadamente a LC 141/12).

Alguns juristas brasileiros já vêm alertando para o perigo do alargamento demasiado da interpretação jurisprudencial de base constitucional, que se afasta da lei para permitir escolhas pessoais e voluntaristas, retirando da esfera política as discussões próprias da democracia, como a disputa de bens e interesses segundo prioridades escolhidas, para deixá-las nas mãos de juristas e do Poder Judiciário, tecnocratas que formariam uma espécie de classe sacerdotal; no fundo, seria uma preocupante politização ou repolitização do Judiciário (Ferraz Junior, 1994 e 2014; Barcellos, 2011; Barroso, 2013; Mendes; Branco, 2013). Na medida em que a preferência da lei é a única forma de se concretizar os princípios da separação de Poderes, da segurança jurídica e da isonomia (Barroso, 2013), as decisões do Poder Judiciário que descumprem sistematicamente o ordenamento jurídico, ignorando as regras que o integram, como na judicialização da saúde pesquisada, representam uma ruptura do Estado Constitucional de Direito. Recebendo a chancela do trânsito em julgado, ou seja, tornando-se definitivas depois dos recursos, mesmos que injustas e ilegais, as decisões do Poder Judiciário desse tipo representam a consagração do subjetivismo e da arbitrariedade.

Mas existe outro aspecto que merece reflexão por todos os que se preocupam com a Justiça. Desde a **Tópica** de Theodor Wiegweg (1953), passando por trabalhos dedicados ao decisionismo jurídico de autores como o alemão Carl Schmitt (**Sobre os Três Tipos de**

Pensamento Jurídico, de 1934) e o brasileiro Tercio Sampaio Ferraz Junior (desde 1978, com **Teoria da Norma Jurídica: ensaio de Pragmática da Comunicação Normativa**, e outras obras citadas, nas edições de 2015, 2014, 2013 e 1994), sabe-se que as decisões judiciais dependem de uma argumentação jurídica consistente, com linguagem técnica fundamentada que seja racional e convincente, ainda que se possa discordar delas. Em outros termos, o discurso argumentativo das decisões judiciais, sempre obrigatório (art. 93, IX, CF), deve ter capacidade de persuadir as pessoas, não no sentido de impedir a discórdia, mas no de convencê-las de que a opção escolhida pelo juiz foi razoável e racional, dentro dos parâmetros permitidos pelo direito (a lei, a jurisprudência, a doutrina, etc.). Na medida em que as decisões judiciais das ações individuais de medicamentos ignoram a lei, o Direito Sanitário e os parâmetros jurídicos das políticas públicas, limitando-se a um discurso genérico com pouca ou nenhuma possibilidade de persuasão, já que se restringem a dizer que a saúde deve ser proporcionada pelo Estado *tout court*, falta-lhes o mínimo de credibilidade. O discurso não opera dentro do ordenamento jurídico sanitário, valorando ou ponderando argumentos, mas à margem da lei, trazendo subjetivismos indisfarçáveis, acabando por <u>descredenciar a própria intervenção do Poder Judiciário</u>. Já são muitos os setores da sociedade, principalmente aqueles que trabalham mais proximamente das políticas públicas de saúde, sejam agentes públicos ou pessoas de direito privado, que não acreditam mais nesse tipo de Poder Judiciário, que não considera a lei, mas também não se justifica, ficando apenas na abstração dos princípios constitucionais.

Evidentemente o papel do Poder Judiciário, bem como, dos outros agentes jurídicos que integram o sistema da Justiça (advogados, defensores públicos, Procuradores do Estado e membros do Ministério Público), é essencial no Estado Constitucional do Direito, para que direitos sociais – mesmo quando de titularidade de populações minoritárias ou vulneráveis, ocasião em que o papel contramajoritário dos tribunais é primordial – sejam respeitados e a ineficiência ou desídia da Administração Pública afastada, quando comprovada. Mas a amplificação da atividade jurisdicional por meio de interpretação jurídica subjetiva, que desconsidera por completo as opções legislativas e administrativas (leis e atos administrativos) que formatam as políticas públicas de saúde de acordo com o regime jurídico-constitucional do SUS, com um discurso argumentativo destituído de persuasão, até mesmo porque não baseado em provas, poderá levar a um perigoso questionamento da legitimidade do Poder Judiciário. No caso do SUS, caso não ocorra uma mudança de rumo da jurisprudência, o risco é o de comprometimento do projeto constitucional da CF de 1988, diante dos excessos da descontrolada judicialização da saúde.

CAPÍTULO **15**

Referências

- Aith F. A saúde como direito de todos e dever do Estado: O papel dos poderes Executivo, Legislativo e Judiciário na efetivação do direito à saúde no Brasil. In: Aith F, Saturnino LTM, Diniz MGA, Monteiro TC. (organizadores). Direito Sanitário - Saúde e Direito, um diálogo possível. Belo Horizonte: Escola de Saúde Pública do Estado de Minas Gerais; 2010. p. 100.
- Aith F, Bujdoso Y, Nascimento PR do, Dallari SGD. Os princípios da universalidade e integralidade do SUS sob a perspectiva da política de doenças raras e da incorporação tecnológica. Rev Direito Sanitário, São Paulo, 2014 mar./jun.;15(1):10-39.
- Aith F. Curso de Direito Sanitário – a proteção do direito à saúde no Brasil. São Paulo: Quartier Latin; 2007.
- Angell M. A verdade sobre os laboratórios farmacêuticos. 5ª ed. Rio de Janeiro: Record; 2010.
- Asensi FD. Judicialização ou juridicização? As instituições jurídicas e suas estratégias na saúde. Physis Rev Saúde Coletiva, Rio de Janeiro. 2010;20(1): 33-55.
- Ball DE, Tisocki K, Herxheimer A. Advertising and disclosure of funding on patient organisation websites: a cross-sectional survey. BMC Public Health. 2006 Aug 3;6:201.
- Barbosa R. Oração aos moços, edição popular anotada por Adriano da Gama Kury. 5ª ed. Rio de Janeiro: Fundação Casa de Rui Barbosa; 1997.
- Barcellos AP de. A eficácia jurídica dos princípios constitucionais: O princípio da dignidade da pessoa humana. 3ª ed. revista e atualizada. Rio de Janeiro: Renovar; 2011.
- Barcellos AP de. Neoconstitucionalismo, direitos fundamentais e controle das políticas públicas. Disponível em www.mundojuridico.adv.br. 28.06.2005, p. 1-29. Acesso em 28.09.14.
- Barroso LR. Curso de direito constitucional contemporâneo: os conceitos fundamentais e a construção do novo modelo. 4ª ed. São Paulo: Saraiva; 2013.
- Barroso LR. Da falta de efetividade à judicialização excessiva: direito à saúde, fornecimento gratuito de medicamentos e parâmetros para a atuação judicial. Rev Jur UNIJUS,

Universidade de Uberaba e Ministério Público do Estado de Minas Gerais. 2008 novembro;11(15):13-38.

- Borges DCL, Ugá MAD. Conflitos e impasses da judicialização na obtenção de medicamentos: as decisões de 1ª instância nas ações individuais contra o Estado do Rio de Janeiro, Brasil, em 2005. Cad Saúde Pública, Rio de Janeiro. 2010 jan.;26(1):59-69.
- Brasil. Política Nacional de Atenção Básica. Portaria MS 2.488, de 21 de outubro de 2011.
- Brasil. CONASS (Conselho Nacional de Secretários de Saúde). Direito à Saúde. Para entender a Gestão do SUS – 2015. Brasília: CONASS; 2015.
- Brasil. CONASS (Conselho Nacional de Secretários de Saúde). Assistência Farmacêutica no SUS. Para Entender a Gestão do SUS – 2011. Brasília: CONASS; 2011. vol. 7.
- Brasil. Ministério da Saúde. Insulinas análogas para Diabetes Mellitus tipo I, Relatório de Recomendação da Comissão Nacional de Incorporação de Tecnologias no SUS - CONITEC – 114, Ministério da Saúde, Secretaria de Ciência Tecnologia e Insumos Estratégicos, dezembro de 2013, disponível em www.conitec.gov.br [acesso em 18.03.2015].
- Brasil. Ministério da Saúde. Guia para a elaboração do Contrato Organizativo da Ação Pública: Construindo o COAP passo a passo. In: Andrade OM (coordenador) Série Articulação Interfederativa. Brasília/DF: Ministério da Saúde; 2013. vol. 2.
- Brasil. Ministério da Saúde. Secretaria de Vigilância em Saúde. Programa Nacional de DST e AIDS. O remédio via Justiça: Um estudo sobre o acesso a novos medicamentos e exames em HIV/AIDS no Brasil por meio de ações judiciais. Brasília: Ministério da Saúde; 2005.
- Bucci MPD. Políticas públicas e direito administrativo. Revista de Informação Administrativa, Brasília. 1997 jan./mar.;34(133):89-98.
- Bucci MPD. Fundamentos para uma teoria jurídica das políticas públicas. São Paulo: Saraiva; 2013.
- Bucci MPD (org.). Políticas públicas: reflexões sobre o conceito jurídico, São Paulo: Saraiva; 2006.
- Byum W. História da Medicina. Porto Alegre: L&PM; 2011.
- Canaris C-W. Pensamento sistemático e conceito de sistema na ciência do Direito. 5ª. ed. Lisboa: Fundação Gulbenkian; 2012.
- Carvalho EB (organizador). O financiamento da saúde no Brasil: um debate sobre a vinculação constitucional de recursos para a saúde, dívida pública e projeto de reforma tributária. São Paulo: Conselho Regional de Medicina de São Paulo (CREMESP); 2010.
- Carvalho GI de; Santos L. Sistema Único de Saúde: comentários à Lei Orgânica da Saúde (Leis nº 8.080/90 e nº 8.142/90). 4ª edição revista e atualizada. Campinas/SP: Editora da UNICAMP; 2006.
- Carvalho Filho JS. Manual de direito administrativo. 25ª ed. rev., ampl. e atual. até a Lei nº 12.587, de 3.1.2012, São Paulo: Atlas; 2012.
- Chieffi AL, Barata RCB. Judicialização da política pública de assistência farmacêutica e equidade. Cad Saúde Pública, Rio de Janeiro. 2009;25(8):1839-1849.
- Chieffi AL, Barata RCB. Ações judiciais: estratégia da indústria farmacêutica para introdução de novos medicamentos. Rev Saúde Pública. 2010;44(3):421-9.
- Cintra ACA, Dinamarco CR, Grinover AP. Teoria geral do Processo. 30ª edição. São Paulo: Malheiros; 2014.
- Colucci C, Westin E. Indústria Farmacêutica financia ONGs. Folha de São Paulo [periódico online], 18/05/2008. Disponível em: www.folha.uol.com.br/fsp/cotidian/ff1805200801/htm.

- Comparato FK. A afirmação histórica dos direitos humanos. São Paulo: Saraiva; 1999.
- Conselho Nacional de Justiça. 45 enunciados interpretativos. I Jornada de Direito à Saúde do Fórum Nacional da Saúde do CNJ (Conselho Nacional da Justiça), 14 e 15 maio 2014, São Paulo/SP. Disponível em www.cnj.jus.br
- Dallari SG, Nunes Júnior VS. Direito Sanitário. São Paulo: Editora Verbatim; 2010.
- Dallari SG (organizador). O conceito constitucional de Relevância Pública. Brasília: Organização Pan-Americana da Saúde; 1992.
- Dallari SG. Uma nova disciplina: o Direito Sanitário. Rev Saúde Pública, São Paulo. 1988;22(4):327-34.
- Declaração de ALMA-ATA. Conferência Internacional sobre Cuidados Primários de Saúde, 12 setembro 1978, antiga URSS.
- Draibe SM. Estado de bem-estar, desenvolvimento econômico e cidadania: algumas lições da literatura contemporânea. In: Horchan G, Arretche M, Marques E (organizadores). Políticas públicas no Brasil. Rio de Janeiro: Editora Fiocruz; 2014. p. 27-63.
- Fagundes PO, Chiappa R. Avaliação do uso de medicamentos não registrados no Brasil demandados por meio de ações judiciais no Estado de Minas Gerais. In: Aith F, Saturnino LTM, Diniz MGA, Monteiro TC (organizadores). Direito Sanitário – Saúde e Direito, um diálogo possível. Belo Horizonte: Escola de Saúde Pública do Estado de Minas Gerais; 2010. p. 353-371.
- Ferraz OLM. Harming the poor through social rights litigation: lessons from Brazil. Texas Law Review, University of Texas: EUA. 2011;89:1643-1668.
- Ferraz Junior TS. Direito, retórica e comunicação: subsídios para uma pragmática do discurso jurídico. São Paulo: Atlas; 2015.
- Ferraz Junior TS. O Direito, entre o passado e o futuro. São Paulo: Noeses; 2014.
- Ferraz Junior TS. Introdução ao estudo do direito: técnica, decisão, dominação. 7ª ed. São Paulo: Atlas; 2013.
- Ferraz Junior TS. O judiciário frente à divisão dos poderes: um princípio em decadência? Revista USP. 1994;21:12-21.
- Ferraz Junior TS. Teoria da norma jurídica: ensaio de pragmática da comunicação normativa. 4ª ed. Rio de Janeiro: Forense; 2009.
- Fluminhan VP. SUS versus Tribunais: limites e possibilidades para uma intervenção judicial legítima. Curitiba: Juruá; 2014.
- Folli B. Gasto do Ministério da Saúde com ações judiciais cresce 129%. Reportagem de 6 de maio de 2015. Disponível em: http://saudebusiness.com/noticias/gasto-ministerio-da-saude-com-acoes-judiciais-cresce-129/ [acesso em: 13.5.2015].
- Gandin JAD, Barione SF, Souza AE. A judicialização do direito à saúde: a obtenção de atendimento médico, medicamentos e insumos terapêuticos por via judicial – critérios e experiências. Revista Jus Vigilantibus, disponibilizado na internet em 19 de março de 2008.
- Gloppen S; Roseman MJ. Can Litigation Bring Justice to Health? In: Yamin AE, Gloppen S (editores). Litigating health rights: can courts bring more justice to health?. Human Rights Series/Harvard Law School: EUA. Cambridge, MA: Harvard University Press; 2011. p.1.
- Grau ER. O conceito de "Relevância Pública" na Constituição de 1988. In: Dallari SG (organizador). O conceito constitucional de Relevância Pública. Brasília: Organização Pan-Americana da Saúde; 1992. p. 13-20.
- Grinover AP. O controle das Políticas Públicas pelo Poder Judiciário. Revista do Curso de Direito da Faculdade de Humanidades e Direito. 2010;7(7): 9-37.

- Hauriou M. A teoria da instituição e da fundação: ensaio de vitalismo social. Porto Alegre: Sergio Antonio Fabris Editor; 2009.
- Herxheimer A. Relationships between the pharmaceutical industry and patients' organisations. BMJ. 2003;326(7400)1208-10.
- Holmes S; Sunstein CR. The cost of rights: why liberty depends on taxes. New York: W. W. Norton; 1999.
- Houaiss A, Villar MS. Dicionário Houaiss da língua portuguesa. Instituto Antônio Houaiss de Lexicografia e Banco de Dados da Língua Portuguesa S/C Ltda. Rio de Janeiro: Objetiva; 2009.
- Iriart, C, Franco, T e MERHY, EE. The creation of the health consumer: challenges on health sector regulation after managed care era. Globalization and Health, 7:2, 2011.
- Immergut E. O núcleo teórico do novo institucionalismo. In: Saraiva E, Ferrarezi E (organizadores). Políticas Públicas. Coletânea, vol. 1. Brasília: Escola Nacional de Administração Pública (ENAP); 2066. p. 155-195.
- Jornal Folha de São Paulo. Equilíbrio judicial, primeiro Caderno, Opinião, 30 de dezembro de 2013.
- Jornal O Estado de São Paulo, 1º de outubro de 2013, Caderno Política. Disponível em: www.politica.estadao.com.br/noticias/geral,orcamento-de-sp-vai-priorizar-saude-e--mobilidade-urbana,1080831 [acesso em 06.02.2015].
- Kelsen H. A paz pelo Direito. São Paulo: MWF Martins Fontes; 2011.
- Lenzer J. Lay campaigners for prostate screening are funded by industry. BMJ. 2003;326(7381:680.
- Lima RMG. Judicialização da Política. Jornal O Estado de São Paulo, São Paulo, 2012 out 02; primeiro Caderno, Opinião.
- Lopes JRL. Direito subjetivo e direitos sociais: o dilema do Judiciário no Estado Social de Direito. In: Faria JE (organizador). Direitos Humanos, Direitos Sociais e Justiça. 1ª edição, 5ª tiragem, São Paulo; Malheiros; 2010. p. 113-143.
- Macedo Júnior RP. Carl Schmitt e a fundamentação do Direito. 2ª ed. São Paulo: Saraiva; 2011.
- Machado MAÁ, Acurcio FA, Brandão CMR, Faleiros DR, Guerra Jr AA, Cherchiglia ML, Andrade EIG. Judicialização do acesso a medicamentos no Estado de Minas Gerais, Brasil. Rev Saúde Pública, 2011;45(3):590-598.
- Manual de orientações básicas para a prescrição médica. Brasília: Conselho Regional de Medicina do Estado da Paraíba (CRM-PB) e Conselho Federal de Medicina (CFM); 2011.
- Mapelli Júnior R. A judicialização da saúde em debate. Revista da Associação Paulista de Medicina (APM). 2013a jun.;645:50.
- Mapelli Júnior R. Avanços e desafios do SUS na atualidade. In: Direito à Saúde, coleção "Para Entender a Gestão do SUS – 2015", Brasília: CONASS; 2015.
- Mapelli Júnior R. Ministério Público: atuação na área da saúde pública. In: Sabella WP, Dal Pozzo AAF, Burle Filho JE (coordenadores). Ministério Público – Vinte e cinco anos do novo perfil constitucional. São Paulo: Malheiros Editores; 2013b. p. 457-484.
- Mapelli Júnior R. Novos desafios para as políticas públicas de saúde mental no Brasil. Revista Jurídica Consulex, Brasília/DF, ed. Consulex. 2010 maio;ano XIV, nº 320.
- Mapelli Júnior R. O Ministério Público e o papel regulador na Medicina. Responsabilidade e orientação em cirurgia plástica. Revista PLASTIKO'S, São Paulo: Sociedade Brasileira de Cirurgia Plástica (SBCP). edição especial, ano XXVIII, 2011, p. 19-24.

- Mapelli Júnior R. O papel do Ministério Público nas internações psiquiátricas e nos abrigamentos compulsórios. In: Oliveira RA, Cordeiro Q, Lima MGA (organizadores). Transtorno mental e perda de liberdade. São Paulo: Conselho Regional de Medicina (CREMESP); 2013. p. 99-113.
- Mapelli Júnior R. O papel dos estados na organização do SUS. In: Santos L (organizador). Direito da Saúde no Brasil. vol. 2. Campinas/SP: Saberes Editora: no prelo.
- Mapelli Júnior R. O Sistema Único de Saúde e as áreas de risco. In: Ussier JL (coordenador), e Malaquias MAV (organizador). Temas de Direito Urbanístico 6. São Paulo: Ministério Público do Estado de São Paulo (MPSP) e Imprensa Oficial do Estado de São Paulo; 2012a. p. 343-356.
- Mapelli Júnior R. Palestra no Debate em São Paulo sobre a Criação do NATs (Núcleo de Apoio Técnico à 1ª instância). Judicialização do Direito à Saúde. Jornal da Justiça e Centro Cochrane do Brasil, São Paulo. 2012b, p. 28-34.
- Mapelli Júnior R. Saúde com justiça, mas sem judicialização. Interação Diagnóstica. 2014 fev./mar.;13(78):16.
- Mapelli Júnior R, Bardaro R. Saúde mental – Legislação e normas aplicáveis. In: Cerqueira LR, Mateus MD (organizadores). Políticas de saúde mental: baseado no curso Políticas públicas de saúde mental, do CAPS. São Paulo: Instituto de Saúde; 2013. p. 376-399.
- Mapelli Júnior R, Coimbra M, Matos YAPS. Direito Sanitário. São Paulo: Ministério Público do Estado de São Paulo (MPSP) e Imprensa Oficial do Estado de São Paulo; 2012.
- Mapelli Júnior R, Mapelli JAD. O poder público nas internações psiquiátricas e nos abrigamentos compulsórios – A questão dos inimputáveis. In: Cordeiro Q, Lima MGA (organizadores). Medida de Segurança – uma questão de saúde e ética, São Paulo: Conselho Regional de Medicina (CREMESP); 2013. p. 65-86.
- Mapelli Júnior R, Mendes LA, Lima MA. Legislação e atendimento psiquiátrico. In: Psiquiatria clínica. Miguel EC, Gentil V, Gattaz WF (editores). São Paulo: Manole; 2011. Seção VIII, cap. 139.
- Mapelli Júnior R, Puccini PT (coordenadores). O controle da infecção hospitalar no Estado de São Paulo. São Paulo: Conselho Regional de Medicina (CREMESP) e Ministério Público do Estado de São Paulo (MPSP); 2010.
- Marques SB, Dallari SG. Garantia do direito social à assistência farmacêutica no Estado de São Paulo. Rev Saúde Pública. 2007;41(1):101-107.
- Marshall J, Aldhous P. Patient groups special: Swallowing the best advice? New Scientist. 2006;192:18-22.
- Maués AGM, Simões SAS. Direito público sanitário constitucional. In: Aranha MI, Tojal SBB (organizadores). Curso de extensão à distância em Direito Sanitário para membros do Ministério Público e da Magistratura Federal. Brasília: Ministério da Saúde; 2002. p. 422-452.
- Mendes EV. As redes de atenção à saúde. Brasília: Organização Pan-Americana de Saúde; 2011.
- Mendes GF; Branco PGG. Curso de Direito Constitucional. 8ª edição. São Paulo: Saraiva; 2013.
- Mendes JDV, Bittar OJNV. Perspectivas e desafios da gestão pública no SUS. Rev Faculdade de Ciências Médicas de Sorocaba. 2014;16(1):35-59.
- Moreira HMS, Capanema IVL, Rabello VF. O tratamento experimental e os riscos à saúde do cidadão. In: Aith F, Saturnino LTM, Diniz MGA, Monteiro TC (organizado-

res). Direito Sanitário – Saúde e Direito, um diálogo possível. Belo Horizonte: Escola de Saúde Pública do Estado de Minas Gerais; 2010. p. 401-428.

- Mosconi P. Industry funding of patients' support groups: declaration of competing interests is rare in Italian breast cancer associations. BMJ. 2003;327(7410):344.
- Naffah Filho M, Chieffi AL, Correa MCMMA. S-Codes: um novo sistema de informações sobre ações judiciais da Secretaria de Estado da Saúde de São Paulo. BEPA (Boletim Epidemiológico Paulista). 2010;7(84):18-30.
- National Institute for Clinical Excellence (NICE). Social Value Judgments: Principles for the development on NICE Guidance. 2nd edition. London: NICE; 2008.
- Navarro F, Román A. Derecho a la salud. San José/Costa Rica: Editorial Juricentro; 2010.
- Nunes Júnior VS. A cidadania social na Constituição de 1988 – estratégias de positivação e exigibilidade judicial dos direitos sociais. São Paulo: Verbatim; 2009.
- Organização Mundial da Saúde. Perspectivas Políticas sobre Medicamentos de la OMS – 4. Selección de Medicamentos Esenciales. Genebra: OMS; 2002.
- Organização Mundial da Saúde. Relatório da OMS, baseado em dados de 2008, cf. informações em http://cartamaior.com.br/?/Editoria/Politica/7%B0-PIB-Brasil-e-72%B0--no-ranking-da-OMS-de-gasto-per-capita-em-saude-/4/17653 [acesso: 13.2.2015]
- Paim JS. O que é o SUS. Rio de Janeiro: Fiocruz; 2009.
- Pepe VLE, Figueiredo TA, Simas L, Osorio-de-Castro CGS, Ventura M. A judicialização da saúde e os novos desafios da gestão da assistência farmacêutica. Ciência & Saúde Coletiva. 2010;15(5):2405-2414.
- Puccini PT. Perspectivas do controle da infeção hospitalar e as novas forças sociais em defesa da saúde. Ciência & Saúde Coletiva. 2011;16(7):3043-3049.
- Ramos ES. O direito à saúde em face da discricionariedade administrativa. In: Marques Neto FA, Almeida FDM, Nohara IP, Marrara T. (organizadores). Direito e administração pública - estudos em homenagem a Maria Sylvia Zanella Di Pietro. São Paulo: Atlas Editora; 2013. p. 482-510.
- Ramos ES. Ativismo judicial: parâmetros dogmáticos. São Paulo: Saraiva; 2010.
- Randall BR. Stages of the policy process. In: McCool DC (editor) Public policy theories, models and concepts. an anthology. New Jersey: Prentice-Hall; 1995. p. 157-162.
- Reveiz L, Chapman E, Torres R, Fitzgerald JF, Mendoza A, Bolis M, Salgado O. Litigios por derecho a la salud en três países de América Latina: revisión sistemática de la literatura. Rev Panam Salud Pública. 2013;33(3):213-222.
- Ripley RB. Stages of the Policy Process. In: McCool DC. (ed.). Public Policy Theories, Models, and Concepts: An anthology. New Jersey: Prentice Hall; 1995.
- Romano S. O ordenamento jurídico. Florianópolis: Editora da Fundação Boiteux; 2011.
- Santos L. SUS e Lei Complementar 141 comentada. Campinas/SP: Saberes Editora; 2012.
- Santos L. SUS: Contornos jurídicos da integralidade da atenção à saúde. In: Keinert TMM, Paula SHB, Bonfim JRA (organizadores). As ações judiciais no SUS e a promoção do direito à saúde. São Paulo: Instituto de Saúde; 2009. p. 63-72.
- Santos L, Andrade LOM. SUS: o espaço da gestão inovadora e dos consensos interfederativos: aspectos jurídicos, administrativos e financeiros. 2ª ed., Campinas/SP: Saberes Editora; 2009.
- São Paulo. Boletim do Instituto de Saúde – BIS. Secretaria de Estado da Saúde. Heimann LS, Derbli M, Toma TS, Bonfim JRA, Venancio SI (editores). Avaliação de Tecnologias de Saúde, BIS, vol. 14, nº 2. São Paulo: SES/SP, maio de 2013.

- São Paulo. Secretaria de Estado da Saúde de São Paulo. Política Nacional de Medicamentos. Disponível em: www.saude.sp.gov.br
- Sarlet IW, Figueiredo MF. Algumas considerações sobre o direito fundamental à proteção e promoção da saúde aos 20 anos da Constituição Federal de 1988. In: Keinert TMM, Paula SHB, Bonfim JRA (organizadores). As ações judiciais no SUS e a promoção do direito à saúde. São Paulo: Instituto de Saúde; 2009. p. 25/62.
- Silva JA. Curso de Direito Constitucional Positivo. 16ª ed. São Paulo: Malheiros; 1999.
- Silva VA, Terrazas FV. Claiming the right to health in Brazilian Courts: the exclusion of the already excluded? Law & Social Inquiry – Journal of The American Bar Foundation. 2011;36 (4):825-853.
- Soares JCRS, Deprá AS. Ligações perigosas: indústria farmacêutica, associações de pacientes e as batalhas judiciais por acesso a medicamentos. Physis: Rev de Saúde Coletiva, Rio de Janeiro. 2012;22(1):311-329.
- Vieira FS, Zucchi P. Distorções causadas pelas ações judiciais à política de medicamentos no Brasil. Rev Saúde Pública. 2007;41(2):214-22.
- Vieira FS. Ações judiciais e direito à saúde: reflexão sobre a observância aos princípios do SUS. Rev Saúde Pública. 2008;42(2):365-9.
- Wang DWL. Courts and health care rationing: the case of Brazilian Federal Supreme Court. In: Health Economics, Policy and Law. Cambridge: Cambridge University Press; 2012. p. 1-19.
- Wang DWL, Ferraz OLM. Pharmaceutical Companies vs. the State: who Is responsible for post-trial provision of drugs in Brazil? The Journal of Law, Medicine & Ethics. 2012;40:188-196.
- Weichert MA. O direito à saúde e o princípio da integralidade. In: Santos L (organizador). Direito da Saúde no Brasil. Campinas/SP: Saberes Editora, 2010. p. 101-142
- Yamin AE, Gloppen S (editores). Litigating health rights: can courts bring more justice to health?. Human Rights Series/Harvard Law School: EUA. Cambridge, MA: Harvard University Press; 2011.
- Zhouri FP, Oliveira FNV, Araújo KÉG, Pereira KTR, Melo MB. Direito à saúde e o perfil das decisões judiciais mineiras. In: Aith F, Saturnino LTM, Diniz MGA, Monteiro TC (organizadores). Direito Sanitário – Saúde e Direito, um diálogo possível. Belo Horizonte: Escola de Saúde Pública do Estado de Minas Gerais; 201. p. 291-321.

CAPÍTULO 16

Índice Remissivo

A

Ação judiciais, 95, 97, 103, 106-110, 156, 158-159
    10 itens diversos mais frequentes, 108
    20 CIDs mais frequentes, 109
    20 itens de nutrição mais frequentes, 105
    20 materiais mais frequentes, 106
    20 medicamentos mais frequentes, 104
    20 procedimentos mais frequentes, 107
    demandas de fraldas, 156
    por ano, valor e local de tratamento, 95
    por ano, valor e tipo de demanda, 97
    por rito ou procedimento do processo judicial, 110
    solidariedade passiva, 103
Análise comparativa dos custos de ações judiciais do medicamento lenalidomide, 159
Apresentações farmacêuticas de ácido acetilsalicílico por ações judiciais, 158

C

Conceito jurídico de saúde e a assistência farmacêutica, 41
Conclusões, 181
    parâmetros legais da assistência farmacêutica integral, Os, 182
    pesquisa retrospectiva das ações judiciais em face da legislação sanitária, A, 190
    propostas para a judicialização, As, 197
        ações, 198
            civis públicas: possibilidade de atualização dos protocolos clínicos, 198

individuais; observância restrita dos protocolos clínicos e relações de medicamentos, 198

câmaras técnicas de conciliação, 197-198

    extrajudicial, 197

    no poder judiciário, 198

centros de triagem farmacêutica, 197

fortalecimento e divulgação da, 197

    ANVISA, 197

    CONITEC, 197

varas especializadas em saúde pública, 197

Custo anual da judicialização da assistência farmacêutica, 95

D

Demandas judiciais atípicas, 142

Discussão, 113

    custo da judicialização da saúde, O, 124

    desrespeito à tipicidade das ações e serviços públicos de saúde, 141

    estratégias da indústria farmacêutica: um choque de realidade necessário, 165

    incremento da intervenção do Poder Judiciário nas políticas de assistência farmacêutica, O, 120

    judicialização: opinião pública e experiências, 117

    medicamentos não padronizados, escolha de marca, ausência de registro na ANVISA, importados e experimentais, 145

    possibilidade de controle judicial das políticas públicas, A, 113

    prescrições, 134, 139

        médicas particulares no contexto das políticas públicas de saúde, 134

        por médicos do sus, 139

    repartição de competências administrativas e desorganização da atividade administrativa, 131

I

Índice paulista de judicialização da saúde, 102

Integralidade da assistência em saúde, 61

    incorporação de tecnologias de saúde no SUS, 75

    integralidade sistêmica ou regulada, 61

    novos marcos legais da integralidade, 68

Introdução, 01

J

Judicialização da saúde: regime jurídico do SUS e intervenção na administração pública, I

M

Material e métodos: o SCODES da Secretaria de Estado da Saúde, 91

O

Objetivos, 05

P

Política nacional de medicamentos, A, 79
  política nacional de medicamentos como programa organizado de ações assistenciais, 79
    assistência oncológica, 82
    componente, 82
      básico da assistência farmacêutica, 82
      especializado da assistência farmacêutica, 82
      estratégico da assistência farmacêutica, 82
  prescrição médica, 86
    adscrição, 88
    cabeçalho, 87
    data, assinatura e número de inscrição, 88
    inscrição, 88
    receita, 88
      amarela ou receita A, 88
      azul ou receita B, 88
      de controle especial, 88
      simples, 88
    subinscrição, 88
    superinscrição, 87
  programas de pesquisa clínica, acesso expandido, fornecimento de medicamento pós-
    -estudo e uso compassivo, 84
Ponderações finais, 199
Propostas de enfrentamento da judicialização, 171
  ações judiciais: parâmetros para o controle jurisdicional, 175
    ações, 176, 178
      civis públicas ou ações coletivas: possibilidade de atualização dos protocolos clí-
        nicos, 178
      individuais: observância restrita dos protocolos clínicos e relações de medica-
        mentos, 176
    câmaras técnicas de conciliação no poder judiciário, 176
    varas especializadas em saúde pública, 175
  agentes jurídicos, 175
    câmaras técnicas de conciliação extrajudicial, 175
  gestores do SUS, 173
    câmaras técnicas de conciliação extrajudicial, 173
    centros de triagem farmacêutica, 173
    fortalecimento e divulgação da, 174
      ANVISA, 174
      CONITEC, 174
  preferência pela solução extrajudicial de conflitos, 172

Q

Quantidade de ações judiciais por, 94, 100
    ano, 94
    determinação de marca do produto, 100

R

Regime jurídico do Sistema Único de Saúde (SUS), 47
    institucionalização das políticas públicas pelo direito, A, 47
    redes de atenção à saúde: fluxo de atendimento e padronização, 55
    regime jurídico do SUS na concepção de um sistema, 49
Relatório comparativo de ações judiciais por, 97-98
    componente de assistência farmacêutica e outros medicamentos, 97
    medicamentos mais frequentes e protocolos clínicos e relações de medicamentos, 98
Relatório comparativo de custo, 100-101
    da judicialização com importados e outros itens, 100
    de produtos importados por A.J. (marca e s/ marca) (com e sem registro na ANVISA), 101
Representação gráfica da quantidade de, 122-123
    ações judiciais por ano, 122
    pedidos administrativos por ano, 123
Representação gráfica, 111, 135-136
    A.J. por rito ou procedimento do processo judicial, 111
    das ações judiciais por local de tratamento, 135-136
Resultados: ações judiciais contra o estado de São Paulo, 93
Revisão da literatura, 07

S

Saúde como direito, 35